U0892446

注册制 2

IPO逻辑和标准的思考与重构

投行小兵　柯铮　著

法律出版社 LAW PRESS·CHINA
北京

图书在版编目(CIP)数据

注册制. 2, IPO逻辑和标准的思考与重构 / 投行小兵, 柯铮著. -- 北京 : 法律出版社, 2022
ISBN 978-7-5197-6309-1

Ⅰ. ①注… Ⅱ. ①投… ②柯… Ⅲ. ①上市公司-股票发行-研究-中国 Ⅳ. ①F279.246

中国版本图书馆CIP数据核字(2021)第281316号

注册制2:IPO逻辑和标准的思考与重构
ZHUCEZHI 2:IPO LUOJI HE BIAOZHUN DE SIKAO YU CHONGGOU

投行小兵 柯 铮 著

责任编辑 慕雪丹 章 雯
装帧设计 马 帅 臧晓飞

出版发行 法律出版社
编辑统筹 法商出版分社
责任校对 赵明霞
责任印制 胡晓雅
经 销 新华书店

开本 710毫米×1000毫米 1/16
印张 37.75 字数 522千
版本 2022年5月第1版
印次 2022年5月第1次印刷
印刷 永清县金鑫印刷有限公司

地址:北京市丰台区莲花池西里7号(100073)
网址:www.lawpress.com.cn
投稿邮箱:info@lawpress.com.cn
举报盗版邮箱:jbwq@lawpress.com.cn
版权所有·侵权必究
销售电话:010-83938349
客服电话:010-83938350
咨询电话:010-63939796

书号:ISBN 978-7-5197-6309-1
定价:139.00元

凡购买本社图书,如有印装错误,我社负责退换。电话:010-83938349

序

小兵的新书又和大家见面了，本次出版的是注册制系列书籍的第二部《注册制2：IPO逻辑和标准的思考与重构》，还记得去年的这个时候，小兵带着注册制系列书籍第一部《注册制：IPO的新逻辑和新标准》在华商律师事务所举办了新书发布会。注册制系列的第二部书籍，诞生在注册制改革的第三年，小兵总结分析了更多、更新的IPO案例，引发了我们更多的感悟和思考。

小兵一直坚持研究IPO案例，通过研究最新的审核案例去发现审核规则的变化趋势，掌握注册制下的上市规则原理与精髓。对于迎接即将到来的全面注册制时代，小兵注册制系列书籍的指引作用非常之大，我认为是投行相关从业人员一本不可或缺的学习宝典。

在《注册制2：IPO逻辑和标准的思考与重构》一书中，关于注册制基本规则和规范问题的两大章节篇幅占比仍比较大，通过梳理这些案例的共同规律，能感受到注册制的主要特点与变化在于对基本规则的尊重和规范问题的宽容。小兵常说，注册制最重要的原则就是充分信息披露、尊重商业逻辑，在注册制下，监管机构对于企业的规范性问题以及商业逻辑问题会有更大的尊重和容忍。而我认为，即使在注册制的变革中，财务造假仍是不可触碰的底线，法律合规更是企业上市必备的前提条件。

小兵坚持研究和写作的精神非常值得我们学习，他在用自己的专业去帮助企业上市，企业通过资本市场的助力，有机会去创造更加辉煌的业绩。小兵说投行是服务业，自己是投行民工，我觉得这与律师业务有共通之处，我常强调专业是律师的立身之本，是律所发展的基石。这样看来大家都是在用自己的专业服务客户，为客户创造价值。华商律师事务所的宗旨就是“法律创造价值”，也一直秉持“讲政治、重专业、比奉献”的核心价值观，不断创新法律服务产品，尽心竭力为客户提供专业、精细、高效的法律服务。

注册制的改革无疑给资本市场注入了新的生机与活力，随着注册制的发展，无论是投行从业人员，还是为企业提供各类服务的各方机构，都将会迎来一个更具挑战性的时代。我们将应对市场提出的新问题，这要求我们必须提升自己的专业技能，更深入理解企业需求，为客户发现并创造更大的价值，在时代的洪流中抓住新的机遇，勇往直前！

是为序！

华商律师事务所主任

2022 年 4 月 27 日

自　序

如果自科创板设立时起算，IPO 的注册制改革已进行三年有余。

对于 IPO 各个领域的参与者来说，最开始对于注册制都是陌生的，无论是大的方向还是小的细节。关于注册制跟以前的审核方式有什么本质区别，到底应该遵守怎样的逻辑、坚持怎样的标准、又该履行怎样的程序，谁也不能给出一个明确的答案。

目前科创板已经运行了三年的时间，创业板的注册制改革也接近两年的时间，而主板的注册制改革也已箭在弦上。很快，中国的 IPO 审核将全面进入注册制时代。

在这三年的时间里，无论是监管层、中介机构还是发行人，从开始的迷茫和不知所措，到现在捕捉到了注册制模糊的样子，大家都付出了很多，也收获了很多。

从 2020 年开始，小兵就开始研究注册制 IPO 审核的案例，通过归纳、整理和分析，尝试找出注册制在审核逻辑和审核标准等方面的本质差别，各种层面的创新之处，同时也会思考哪些方面做得不对，还应该向着怎样的方向去努力。

案例分析，一直是小兵进行业务学习最重要的方式，也是跟大家进行业务交流和技术探讨最好的渠道之一。日常的交流我们可以通过微博和微信公众号等自媒体平台，而针对系统性的探讨和传播，我们仍旧选择了出版书籍这种最传统也是最严谨的方式。

在2021年的春天，小兵的《注册制：IPO的新逻辑和新标准》和大家见面，很荣幸受到了大家的欢迎和好评。注册制系列书籍还是延续了以往的案例分析的方式，通过不同的角度，让大家更好也更加形象地理解什么是注册制。注册制系列书籍通过六大板块的内容，更加理性、直观、系统地分析了注册制与审核制的不同，注册制到底进行了哪些有意义的探索和尝试，注册制对于IPO的发展和改革到底有哪些价值。当然还包括，注册制具体的审核标准和要求在哪些细节方面与以前有哪些重大的变化，而这样的变化，对于落实到每个IPO项目的执行过程中，有着非常针对性和积极的指导作用。

小兵和团队每一次的努力，并不奢望能够给大家创造多大的价值，带来多少改变，如果能够偶尔在某些时刻给大家一些启示、引导或灵感，就已经心满意足。

三年的时间，注册制同样也一直不乏争议，且这样的争议越来越多，根本就没有达成共识的趋势。这样的注册制是大家所期待的注册制吗？这样的注册制是最符合当下资本市场发展现实的吗？这样的注册制是让所有人满意的吗？

对于注册制，无论是批评还是赞许，都应该有一个前提：这样的观点是有理有据，是理性的，是有利于IPO的改进和完善的。如果纯粹为了批判而批判，即使声音再大或是再高位置的声音，也没有任何意义。

如果说《注册制：IPO的新逻辑和新标准》主要的目的是为了学习注册制新的逻辑和审核标准，那么注册制系列的第二本书《注册制2：IPO逻辑和标准的思考与重构》，是在保持原有的框架和体系完整不变的情况下，主动增添了一些思考和探讨的内容。

在当下信息大爆炸的时代，一些有价值的信息和观点，可能并不是跑的最快就最早能知道的。那些跑的慢的甚至有些踉跄的信息，可能才是大家更应该吸收和反思的信息和观点。以出版书籍的方式跟大家分享和交流，看似不具有及时性和便捷性，但却也是最珍贵，我们应该珍视的一种交流方式。

因为这种方式，可以让我们的思考更加深刻和系统。在这本书中，我们会尝试回答关于注册制的类似问题：注册制的审核对于很多问题的宽容和接受是否应该是有条件的，是否应该是在某种限定条件下的接受？充分的信息披露是否能够完全解决IPO审核的问题，是否触碰IPO审核的本质问题？IPO审核中监管机构与中介机构的认知冲突形成的核心原因是什么，应当如何提出有效的解决方案？

深知，我们的能力有限，经验也不丰富，站的不高看的也不远，我们只是在我们的认知内，提出自己的想法和意见，供大家参考，自然也欢迎大家批评指正。任何有意义的见解，都是资本市场健康发展不可缺少的一块砖，看似平常但也各有价值。

从2010年第一本书出版开始，到现在已经12年的时间了。时光荏苒，我很庆幸我还一直在分享的路上，更要感谢大家一直以来的陪伴、不离不弃。

我们都没有变老，我们一直在进步，一直在成熟，并且，从来没有放弃努力。

感谢法律出版社一如既往的专业工作，感谢各位朋友和粉丝长期以来的鼓励和支持，感谢家人对我这种给家庭贡献不多的枯燥工作的容忍和关爱。

春暖花开，我们继续努力！

投行小兵于北京

2022年4月7日

目 录

第四部分

从业人员的挑战

第五部分

注册制的底线

PART 01

第一部分

商业逻辑的敬畏

如果从科创板的试点改革起算，那么注册制已经走过了三年左右的时间，制度更加成熟、规则更加完善、框架也更加清晰。小兵跟大家一起分析和学习了在注册制下审核的众多 IPO 案例，根据这些案例我们将注册制总结为五句话，也就是这本书的标题。而不论如何变化，小兵在体系上总是愿意将注册制 IPO 审核对于商业逻辑的敬畏作为最重要的一个前提和根基。

在注册制审核理念下，IPO 审核更加体现对于商业逻辑的尊重，给予发行人充分自我解释和说明的机会。商业领域的合作和竞争，无论是外部环境，还是每个企业个体，都是极其复杂且不可复制的，规则再丰富也无法穷尽和涵盖现实中发生的各种情形，这时候我们对于商业规则的敬畏和宽容就显得格外重要。

IPO 审核中的很多问题，都是从偶然发生到慢慢熟悉，从争议很大到意见逐步形成统一，从一个没有先例的重点疑难问题成为一个普遍的典型规则应用，从一个审慎判断严格要求变成只需要充分信息披露的问题。这样的一个过程，是对于一个问题认识和解决的正常路径，不思考不解决放任问题存在与只想着匆匆赶路从不反思回头看的想法，是对待问题的两个极端，都是不对的。

还有一点需要说明，小兵在进行案例分析的时候，一般会刻意避开国有企业的案例，因为无论是怎样的审核逻辑，国有企业都会有一些特殊之处。小兵的理解是，这些特殊之处有时候也并非就是我们所认为的国企的傲慢或者“法外之地”，很多时候这些特殊的处理也符合当时的政策背景以及国有企业运营的自身规律。你可以说这样是错的，但是这并不是 IPO 审核逻辑的错。

第一章　两票制

关于医药、医疗行业的“两票制”，我们在《注册制：IPO的新逻辑和新标准》一书中已经详细介绍过，这里只是补充几个不同的案例。目前部分省、市正探索“一票制”政策，即医疗机构与生产企业直接结算货款、生产企业自行或委托配送，药品生产企业到医疗机构只开一次发票。“一票制”政策尚未正式实施，若未来“一票制”在部分省、市实施并在全国范围内推广，如果发行人不能及时根据相关政策作出业务调整，则可能对医院渠道的产品销售造成不利影响。

案例1　威高骨科（688161）——现金发放5000万元销售奖金，竟然是因为“两票制”

【问询问题】

请发行人结合现金给付研发费用相关情形，进一步说明：(1)“医工合作”的具体合作模式，结合合同签署情况说明发行人的合作对象系医生还是医院，合作情况是否符合行业惯例，报告期各年“医工合作”涉及的研发项目、费用金额及现金支付比例；(2) 现金给付研发费用是否涉及税务风险，给付对象任职单位对“医工合作”和现金给付研发费用事项是否知情，结合法律法规和任职单位的内部规定说明发行人“医工合作”模式及现金给付研发费用事项是否合法合规；(3) 给付对象是否为发行人开拓其任职单位销售渠道提供便利；(4) 给付对象是否为发行人相关产品取得注册批件的评审人员，是否为发行人相关产品取得注册批件提供了便利；（5）是否针对现金给付研发费用情形制定明确的整改、规范措施。

【披露信息】

一、“医工合作”的具体合作模式，结合合同签署情况说明发行人的合作对象系医生还是医院，合作情况是否符合行业惯例，报告期各年“医工合作”涉及的研发项目、费用金额及现金支付比例

（一）发行人相关“医工合作”的具体合作模式

发行人相关合作情况类似同行业上市公司三友医疗所公开披露的“医工合作”形式，具体情况如下：

“医工合作”尚无统一的定义，行业内一般是指“医学与工程学”“医生与工程师”之间的合作。报告期内，发行人存在相关医工合作的情况，根据协议约定，具体合作模式为合作专家结合其自身的临床经验，为发行人相关研发项目的研发、试生产及试验、检测及临床试验等多环节提供评估和建议服务，不属于合作研发、校企合作、研发外包、专利授权及专利许可等模式，公司对相关专利技术拥有完整的知识产权。

（二）结合合同签署情况说明发行人的合作对象系医生还是医院

合作专家结合其自身的临床经验，为单髁膝关节项目、翻修髋股骨柄项目、MB/CR型膝关节项目在研发、试生产及试验、检测及临床试验等多环节提供评估和建议服务。

（三）合作情况是否符合行业惯例

发行人相关“医工合作”存在同行业可比案例，如同行业上市公司三友医疗在其招股说明书中、凯利泰在其非公开发行预案中披露了相关“医工合作”情况，大博医疗则在年报中披露了其存在“医工合作”研发的情形。因此，发行人的技术服务采购行为符合行业惯例。

（四）报告期各年“医工合作”涉及的研发项目、费用金额及现金支付比例

报告期各期，发行人“医工合作”涉及的研发项目分部为单髁膝关节项目、翻修髋股骨柄项目、MB/CR型膝关节项目，发行人根据各项目进度进行研发投入，根据项目情况需要于多环节请外部专家提供专业评估和建议，并根据相关协议约定支付相关费用。报告期各期，发行人“医工合作”涉及的各个研发项目现金支付的咨询服务费用占研发金额比例均不超过60%。报告期各期，发行人“医工合作”涉及的各个研发项目现金支付的咨询服务费用合计占研发费用的比例均不超过7%，占比较小。

二、现金给付研发费用是否涉及税务风险，给付对象任职单位对“医工合作”和现金给付研发费用事项是否知情，结合法律法规和任职单位的内部规定说明发行人“医工合作”模式及现金给付研发费用事项是否合法合规

（一）现金给付研发费用是否涉及税务风险

发行人已根据上述协议约定于相关研发阶段支付含税费用，并根据相关税务要求，于相关服务发生后获取了该研发服务的主要提供者出具的增值税发票，发行人已于收取相关发票时核验了该等发票的真实性。经确认：相关增值税发票开具时已向主管税务机关同步缴纳了相关增值税、城市维护建设税、教育费附加、地方教育附加及个人所得税。

主管税务机关于2020年7月27日出具的“涉税信息查询结果”显示，发行人自2017年1月1日至2020年7月27日未因欠税、偷逃税款和重大违反税收管理法规的情形而受到行政处罚。

综上所述，发行人现金给付研发费用事项不存在涉及税务风险的情形。

（二）给付对象任职单位对“医工合作”和现金给付研发费用事项是否知情

给付对象任职的相关医院各科室较为独立，层级较为复杂，发行人

未能有效联系到相应医院的相关负责人员。报告期各期，发行人对上述医院进行的终端销售金额均不超过0.7%，金额很小，发行人与相关医院联系较少。发行人相关“医工合作”存在同行业可比案例，如同行业上市公司三友医疗在其招股说明书中、凯利泰在其非公开发行预案中披露了相关“医工合作”情况，大博医疗则在年报中披露了其存在“医工合作”研发的情形。因此，发行人相关“医工合作”行为符合行业惯例，相关医院作为任职单位，一般对相关医工合作行为不予禁止。根据本次发行相关中介机构就相关事项对给付对象访谈结果，被访谈对象已明确，其所任职的单位“不存在不允许相关兼职的禁止性规定，确认具备签署协议的主体资格”。同时，被访谈对象在访谈中确认：如果存在协议被第三方论证无效，可以承担威高骨科因此而产生的损失。

因此，相关给付对象已经作出明确确认，其与发行人的合作符合其任职单位的相关规定，且愿意承担如协议被论证无效而对威高骨科产生的损失。

相关医工合作协议签署地山东威海的主管医疗体系相关事项的主管机关威海市卫健委对本事项出具了合法合规确认函。

（三）结合法律法规和任职单位的内部规定说明发行人“医工合作”模式及现金给付研发费用事项是否合法合规

1. 发行人采购相关技术咨询服务的“医工合作”具备合法合规性

(1) 发行人采购相关技术咨询服务的“医工合作”符合相关法律法规规定

经比对查询《执业医师法》《医师执业注册管理办法》《医师定期考核管理办法》等关于医师从业的主要法律法规，相关法律法规均未禁止医师在本职工作之外提供相关技术咨询服务。同时，《“十三五”全国卫生计生人才发展规划》指出：“在国家法律法规和政策允许范围内，医务人员可通过兼职兼薪获取报酬”；《关于全面推进卫生与健康科技创新的指导意见》指出：“鼓励医疗卫生机构、高等院校、科研院所、食品药品检验检测机构、企业及其他组织开展科技人员交流，支持本单位科技人员以在职创业、离岗创业等方式到企业及其他组织从事科技成果转化活动。”

综合上述法律法规及相关规定，发行人采购相关技术咨询服务的“医工合作”模式符合相关法律法规的规定。

(2) 发行人采购相关技术咨询服务的“医工合作”不存在违反相关任职单位内部规定的情形

根据本次发行相关中介机构于2020年9月就相关事项对给付对象访谈结果，被访谈对象明确，其所任职的单位“不存在不允许相关兼职的禁止性规定，确认具备签署签署协议的主体资格”。

同时，被访谈对象在访谈中确认：如果存在协议被第三方论证无效，可以承担威高骨科因此而产生的损失。

(3) 相关主管部门已就题述事项的合法合规情况出具了《确认函》

综上所述，题述“医工合作”事项符合相关法律法规的要求。

2. 现金给付研发费用事项具备合法合规性

根据《现金管理暂行条例》《现金管理暂行条例实施细则》等，开户单位可以将现金用于支付个人劳务报酬。因此相关现金研发费事项符合相关法律法规的规定。

三、给付对象是否为发行人开拓其任职单位销售渠道提供便利

根据协议约定，相关合作方具体合作模式为合作专家结合其自身的临床经验，为发行人相关关节类产品研发项目的研发、试生产及试验、检测及临床试验等多环节提供评估和建议服务。报告期各期，发行人对相关终端医院的关节类产品销售收入各期合计占比均不超过0.7%，收入占比较小，相关终端销售不会对发行人的经营产生重大影响。发行人关节类产品进入相关终端医院均履行了招投标或阳光挂网程序，相关终端医院根据自身临床需求下达订单，发行人对相关终端医院的销售不存在异常情形。

同时，根据本次发行相关中介机构于 2020 年 9 月就相关事项对给付对象的访谈结果，访谈对象在访谈中明确：威高骨科及相关方不存在向给付对象进行商业贿赂的情形，不存在通过给付对象进行商业贿赂的情形，相关款项不存在任何形式的商业贿赂情形。

综上所述，发行人相关合作专家根据协议约定为相关关节类产品项目研发提供评估和建议服务，不存在为发行人开拓其任职单位销售渠道提供便利的情形。

四、给付对象是否为发行人相关产品取得注册批件的评审人员，是否为发行人相关产品取得注册批件提供了便利

发行人关节类产品属于第三类医疗器械产品，由国家药品监督管理局医疗器械技术审评中心负责相关医疗器械的临床试验和注册的申请受理和审批。经查询国家药品监督管理局医疗器械技术审评中心网站，发行人相关合作专家不属于其相关公告列示的审评人员，相关合作专家未参与发行人相关产品的审批。经发行人确认，根据《医疗器械注册管理办法》第 33 条第 3 款的规定，需要外聘专家审评的情形技术审评机构会予以相关书面告知；发行人相关关节类产品在医疗器械技术审评中心过往审批过程中未收到相关通知，不涉及外聘专家参与审评的情形，发行人相关合作专家未以外部专家形式参与相关产品的审批。

综上所述，给付对象不是发行人相关产品取得注册批件的评审人员，不存在为相关产品取得注册批件提供便利的情形。

发行人报告期内销售奖金主要采用现金形式发放，主要系出于增强激励效果的考虑，原计划通过现金发放后先不做代扣代缴，再通过税务机关沟通争取相关个人所得税优惠，实际取得优惠后相关个税由员工自行缴纳；后因未争取到具体优惠政策，为维持被激励人员的薪酬预期，经总经理办公会讨论通过，决定由公司承担相关代扣代缴的所得税费用及滞纳金。

综上所述，发行人发放销售奖金背景主要系“两票制”的推行，发

行人基于应对医疗政策的变革以及“两票制”实施给行业、市场带来的变化考虑，根据配送和直销模式销售收入的一定比例发放销售奖金，主要采用现金方式发放，争取先不代扣代缴，以图后期节税考虑，具备相关业务背景。

小兵评析

1. 小兵在这里先和大家分享几个观点：（1）发行人是一个绝对具有先进技术和行业竞争力的企业，这样的企业自然需要鼓励 IPO 上市；（2）在注册制的审核理念下，我们对于规范性问题以及内控问题的容忍度逐步提高并达成共识，对于优秀的企业自然更应该有足够的宽容；（3）这个宽容的底线在哪里呢，是不是为了鼓励一个优秀的企业 IPO 就可以没有标准没有底线的宽容呢？

2. 我们分析的发行人通过现金支付研发费用以及销售奖金的事项，是不是就在我们讨论的应该坚守的底线范畴内？发行人涉及的现金交易的情形主要包括：（1）通过现金支付某些产品的研发费用，金额在 300 万～500 万元；（2）通过现金支付销售人员的销售奖金，金额达到 3000 万元以上；（3）还有其他金额几百万元的备用金、其他现金支出等。

3. 从小兵的角度来看，基于发行人自身业务规模的考量，一个企业报告期内有几百万元的现金的支出或者交易，就算是在真实性和可验证性方面存在一些障碍，那么基本上也不构成实质障碍，毕竟占比很低，影响甚微。通过现金支付研发费用的情形，主要是涉及“医工合作”的问题，也就是：发行人聘请了一些医院的技术人员兼职给发行人搞点技术支出，然后赚点外快。这个问题，从审核的角度来说，关注的主要就是合规性，例如，是否违反相关法律法规的规定，是否违反医院的相关规定，是否涉及通过这样的费用支出带来销售订单或者业务机会，是否通过这样的费用让这些人员帮助通过一些资质审核等。

4. 说实话，对于这个问题，尽管发行人作了很多解释，小兵觉得没有太大价值。发行人也取得了卫健委的确认，没有违规行为，也查询了发行人以及相关人员不存在商业贿赂的情形，至少形式上可以自证清白。

5. 怎么看待发行人通过大额现金向销售人员支付销售奖励（也就是提成）的问题呢？根据披露信息，这个销售奖金的金额分别为 3031.33 万元、5668.43 万元和 4356.82 万元，2019 年 7 月末发行人停止发放现金奖金。从财务数据的有效性和重要性方面，小兵认为这个金额可以直接影响到定性。审核中心三次对这个问题做了重点问询，不得不说非常仔细，关于关注的要点和一些信息大家可以学习借鉴：（1）为什么大规模计提销售奖金（计提比例 12% ~15% 不等）？因为实施“两票制”了，发行人要大力促进销售，因而要给销售人员足够的奖励。(2）为什么要现金支付？因为不想让销售人员交税。

6. 对于审核来说，关注到了这些销售人员拿到现金的后续处置情况，也列表说明了他们都拿去理财和消费了，但是这样统计的依据是什么？既然是现金，那就没有痕迹可查，又是怎么追溯这些现金后续的去向呢？审核机构也技术性地关注到是否存在商业贿赂、是否存在体外资金循环等情形。如果让小兵来判断这个企业的 IPO 审核，小兵的个人观点是：发行人报告期内不得存在大额现金支付的情形。

案例 2 百洋医药（301015）——“两票制”对医药渠道商的影响

【问询问题】

2018 年开始，“两票制”在全国范围内全面实施。公司自有批发配送业务区域内，公司对医院渠道的销售全面采用服务费支付的模式。发行人核算销量并计算服务费的具体方式，如何保证服务费计算所依据的销量与实际销量相一致。请发行人：（1）补充披露在实施“两票制”的区域，医药配送企业针对医院渠道销售采用服务费方式是否为行业惯例；（2）上述收费模式是否实质规避“两票制”的监管政策，是否存在被相关主管部门处罚的风险，是否涉及重大违法违规行为；（3）量化分析并补充披露“两票制”及后续拟推行的“一票制”政策对发行人收入结构、财务数据以及毛利率的具体影响。

【披露信息】

一、在实施“两票制”的区域，医药配送企业针对医院渠道销售采用服务费方式为行业惯例

（一）“两票制”实施前后，发行人的主要职责未发生变化，服务费方式符合公司的业务实质

“两票制”实施前后发行人的业务模式如下：

项目	“两票制”实施前	“两票制”实施后
发行人、生产商、配送商的合作模式	发行人从品牌生产商采购产品，下游配送商从发行人采购产品	发行人向品牌生产商下达销售订单，由品牌生产商直接向配送商发货
发行人主要职责	1. 消费者教育、产品学术推广、营销策划、渠道管理等 2. 产品发货至配送商	消费者教育、产品学术推广、营销策划、渠道管理等
发行人收入构成	服务费收入比例相对较低	服务费收入比例相对较高

在“两票制”实施前后，发行人主要职责未发生变化，收取品牌服务费的方式和品牌运营商提供品牌运营服务的实质也较为契合，是公司为品牌所做的消费者教育、产品学术推广、营销策划、渠道管理等服务的对应报酬，具有合理性，符合品牌运营业务的本质。

（二）品牌运营业务收取服务费在“两票制”之前长期存在

在“两票制”实施之前，品牌运营业务收取品牌服务费的结算方式已经存在。

（三）同行业公司收取服务费的模式较为常见

根据公开资料披露，“两票制”实施后，多家医药上市公司均存在收取品牌服务费的情况，具体如下：

项目	“两票制”实施前	“两票制”实施后
易明医药	通过产品销售获取收益	生产合作商根据订单指令将产品按照约定价格直接销售给流通企业，订单完成后收取市场管理和推广服务费
塞隆药业		收取销售推广费的形式获得合作产品收益
海思科		市场服务收入系按照生产合作商直接对外销售的配送价与原模式下约定的回购结算价差收取
康哲药业		公司在履行推广义务并安排供应商向分销商提供医药产品的时候，确认推广服务费收入

根据上述公司公开披露文件，业务模式调整后其生产经营和盈利情况未受到重大不利影响，收取品牌服务费的形式符合行业惯例。

二、上述收费模式不存在规避“两票制”的监管政策的情形、不存在被相关主管部门处罚的风险、不涉及重大违法违规行为

发行人品牌运营业务下，承担推广及销售对接职能并收取品牌服务费，权利责任对等，符合行业惯例，不存在因此被行政处罚的风险，主要原因如下：

（一）“两票制”政策的主要目的是规范药品流通秩序，并非改变药品生产、流通各环节的职能

根据相关实施文件规定，“两票制”政策旨在深化药品流通领域改革，净化流通环境，规范药品流通秩序，压缩中间环节，理顺药品价格，打击药品购销中的违法违规行为，并非为了改变药品生产、流通各环节的职能和合理收益。

如上所述，“两票制”政策实施之后，发行人在品牌产品推广、销售及供应商与经销商对接方面仍发挥主导作用，其通过品牌服务费获取合理收益并不违背“两票制”政策的宗旨。

（二）发行人收取品牌服务费的行为不违反相关法律法规强制性规定

发行人与合作方收取品牌服务费的行为，系市场经济交易主体双方意思自治的范畴，符合《民法典》等法律的规定和精神，且不违反《药品管理法》《药品管理法实施条例》《药品流通监督管理办法》等医药行业相关法律法规强制性规定。

（三）发行人已取得政府相关部门出具的合规证明

发行人及其境内控股子公司已取得报告期内食品药品监督管理部门、税务部门出具的合规证明，报告期内，发行人不存在因违反“两票制”规定被处以行政处罚的情况。

综上所述，发行人承担推广及销售对接职能并收取品牌服务费的行为合法合规，且符合行业惯例，不存在因此被行政处罚的风险，不涉及重大违法违规行为。

经核查，保荐人、发行人律师认为：发行人承担推广及销售对接职能并收取品牌服务费的行为合法合规，且符合行业惯例，不存在因此被行政处罚的风险，不涉及重大违法违规行为。

三、量化分析并补充披露“两票制”政策及后续拟推行的“一票制”政策对发行人收入结构、财务数据以及毛利率的具体影响

（一）“两票制”政策对发行人收入结构、财务数据以及毛利率的具体影响

报告期内，发行人收入情况相关财务数据影响情况如下表所示：

单位：万元

类别	2020 年 1～6 月		2019 年度		2018 年度		2017 年度	
	金额	占比	金额	占比	金额	占比	金额	占比
品牌运营业务收入	90,463.99	37.36%	199,404.24	41.24%	167,126.31	45.94%	157,437.08	51.09%
其中：“两票制”服务费	13,129.75	5.42%	25,634.51	5.30%	21,903.48	6.02%	6455.31	2.09%

续表

类别	2020 年 1～6 月		2019 年度		2018 年度		2017 年度	
	金额	占比	金额	占比	金额	占比	金额	占比
批发配送业务收入	138,221.46	57.09%	261,330.07	54.05%	176,100.64	48.41%	127,820.83	41.48%
零售业务收入	13,439.75	5.55%	22,744.76	4.70%	20,572.06	5.65%	22,913.73	7.44%
主营业务收入合计	242,125.20	100.00%	483,479.07	100.00%	363,799.00	100.00%	308,171.64	100.00%

“两票制”政策对于发行人品牌运营业务的收入结构产生一定影响，对于发行人批发配送业务和零售业务未产生重大不利影响，具体如下：

1. 品牌运营业务

在“两票制”政策实施前后，尽管发行人的收入和利润结构发生了调整，“两票制”政策下服务费的结算原则保持了“两票制”政策实施之前的各方的利益格局，因此发行人的利润空间未因此发生重大变更。

2. 批发配送业务

报告期内，受“两票制”政策的影响，发行人所在运营地部分规模较小、不具有核心竞争力的医药批发配送商由于难以获得上游医药生产厂商的认可，在流通渠道层级受到压缩的情况下，逐步退出了行业竞争；与此同时，公司作为山东省内最具有核心竞争力的医药批发配送厂商之一，凭借优秀的物流配送体系和健全的医药产品品种，占领了更多的市场份额，在 2018 年和 2019 年医院端批发配送收入分别较同期增长 40.49% 和 21.59%。

3. 零售业务

报告期内，“两票制”政策对于发行人零售业务未产生重大不利影响。

（二）“一票制”政策对发行人收入结构、财务数据以及毛利率的潜在影响

目前“一票制”政策仍属于探索阶段，山东省尚未出台“一票制”

的执行细则。未来“一票制”政策的执行，可能会对发行人的批发配送业务产生影响，而对发行人的品牌运营业务、零售业务不会产生重大影响，具体如下：

1. 品牌运营业务

目前“两票制”政策已全面实施，面向公立医院的品牌运营业务，公司已通过服务费方式收取推广报酬。“一票制”政策实施后，改变的是配送企业和生产企业的结算方式，公司收取的品牌服务费不会受到实质影响。

因此，“一票制”政策对面向品牌运营业务影响已经在“两票制”政策阶段体现，“一票制”政策的实施不会对品牌运营业务造成进一步影响。

2. 批发配送业务

由于公立医疗机构的日常用药品种结构不同，药品生产企业产品种类、配送数量也不同，无论是一家医院对接众多生产企业，还是一家生产企业服务全国几千家医院，均存在一定困难。因此，大部分药品生产企业不会采用自建配送团队和搭建销售网络，而采用委托有配送能力的药品经营企业配送到指定医院，医院（或医保局）与药品生产企业直接结算药品货款，药品生产企业与配送企业结算配送费用的方式。

全面推行“一票制”政策后，发行人批发配送业务的收入预计将从产品销售转为药品配送服务收入（实质为产品进销差价的补偿），收入结构将发生变化，但是整体盈利空间预计不会发生重大变化。

3. 零售业务

“一票制”政策对于发行人零售业务预计不会产生重大不利影响。

经核查，保荐人、发行人律师认为：“两票制”政策对于发行人品牌运营业务的收入结构产生一定影响，对于发行人批发配送业务和零售业务未产生重大不利影响；目前“一票制”政策仍属于探索阶段，山东省尚未推行。发行人已于招股说明书中补充披露，若推行“一票制”政策，可能对发行人收入结构、财务数据以及毛利率的潜在影响、相关风险已进行了披露。

小兵评析

1. 关于“两票制”政策对医药行业的影响的这个问题，不论是商业模式的影响还是财务数据和指标的调整，都已经不是新鲜话题，有很多讨论，结论很明确，案例也很丰富。

2. 在以前讨论“两票制”政策案例的时候，我们主要还是从医药或者医疗器械行业的的角度去考量的，医药企业作为产业链的上游，如何受到“两票制”政策的影响，又应该采取哪些措施去应对。而具体到本案例，则是关注“两票制”政策对于产业链下游，也就是销售领域的影响，这是一个相对比较新颖、很少有人关注到的角度。

3. 尽管对于本案例发行人来说，渠道商业务在发行人收入中的占比并不是很高，感觉并不是那么典型，不过在审核中还是值得被重点关注。究其原因，一个是这样的情形还是比较特殊少见，另一个更加重要的是“两票制”政策对这种业务的影响趋势还是很明显的，对于发行人的影响也很大。

第二章　特殊商业模式

随着注册制的推行，出现了越来越多的创新商业模式实现IPO，这也带给中介机构更大的挑战。对于一些创新的特殊的商业模式，除了要增加相应的核查手段，还需要思考商业模式的合理性，探求背后真实的商业目的，核验逻辑的合理性。

面对这些新兴的商业模式，IPO审核更加尊重发行人自身的商业逻辑，小兵也觉得对于一些具有特殊原因形成的问题，只要能从商业合理性的角度解释清楚，不应拘泥于审核条件的条条框框，在尊重真实性和合理性的前提下，我们应该更加宽容。

第一节　客户或供应商的关联关系

案例3　绿岛风（301043）——前员工离职成为发行人经销商的商业合理性

【问询问题】

请发行人补充披露：（1）前员工经销商的模式是否符合行业惯例，以及前员工经销商的股权结构及演变过程、主营业务及主要产品、经营情况等，相关经销商各期销售发行人产品的具体内容、期末库存情况，销售价格的定价公允性，毛利率及其合理性；（2）前员工王全等人离职后控制的其他企业情况，报告期内相关员工及其控制的企业是否与发行人及其控股股东、实际控制人、董事、监事、高级管理人员（以下简称董监高）之间存在资金、业务往来、关联关系或其他利益安排；（3）报告期内与发行人在职、离职员工（含董监高）、股东存在关联关系的全部经销商的情况，包括成立时间、注册资本、实际从事的业务、实际控制人、报告期内销售发行人产品收入金额和占比、是否实现了最终销售等，包括最终客户名称、销售单价、数量和金额，以及报告期内上述经销商及其实际控制人与发行人及其关联方之间是否存在资金、业务往来、关联关系或其他利益安排；（4）报告期内使用发行人商号的经销商情况，包括公司名称、设立及股权演变过程、实际控制人情况、相关经销商是否只销售发行人产品，是否经营其他业务，销售发行人产品收入占其营业收入的比例，采购价格与发行人其他客户相比是否存在差异，使用发行人商号是否均取得发行人书面授权，发行人对使用商号的授权经销商的遴选标准，发行人实际控制人、董监高、持股5%以上股东是否与共用商号的经销商及其股东、实际控制人存在关联关系或其他利益安排。

【披露信息】

一、前员工经销商的模式是否符合行业惯例，以及前员工经销商的股权结构及其演变过程、主营业务及主要产品、经营情况等，相关经销商各期销售发行人产品的具体内容、期末库存情况，销售价格的定价公允性，毛利率及其合理性

（一）前员工经销商模式符合行业惯例

以经销模式为主的企业，经常出现部分员工由于看好所处行业的市场前景，为谋求个人事业发展而离职创业的情形，公司考虑到该等员工拥有一定的工作经验，对公司产品及行业的熟悉和理解程度较高，在开拓终端客户方面具有一定优势，因此愿意接纳其设立的公司作为经销商。

奥普家居（股票代码：603551）产品应用场景与发行人类似，主要附着商用、家用建筑物使用，主营浴霸、集成吊顶等，该行业内普遍采

用以经销商渠道为主的销售模式。奥普家居存在20家前员工经销商，占报告期末总经销商数量的2.32%。报告期各期，前员工经销商总体销售规模分别占经销商渠道的17.66%、17.99%、20.07%、19.61%，且奥普家居向前员工经销商实现的销售毛利率略高于经销商渠道平均毛利率，主要原因系前员工经销商浴霸产品占比相对较高，而浴霸产品毛利率较高。2019年1~6月公司前十大经销商中有3家为前员工经销商，其中包括第一大经销商北京中天诚投科贸有限公司。

（二）发行人前员工经销商基本情况

根据中介机构对于上述经销商的走访、网络查询等方式了解，上述企业经营情况良好。

（三）发行人前员工经销商各期销售发行人产品的具体内容、期末库存情况

上述经销商为满足日常经营和配送的及时性，备有合理库存，其向发行人采购的绿岛风产品实现了最终销售。

（四）发行人向前员工经销商销售价格的定价公允性

经销商向绿岛风的采购价格按照建议终端销售价格下浮点方式定价，终端销售价格在产品上市前确定并根据市场竞争情况、产品策略调整，下浮点以合同形式约定。对于经销商向下游的销售，绿岛风设定了指导价格，经销商参照指导价格并结合当地市场竞争情况、下游客户规模及资信情况等因素，确定产品最终销售价格。绿岛风对经销商开展促销活动推广时，亦会将活动政策告知终端销售网点，以保证最终促销效果传递至终端。经比较建朝、西蒙、龙晴/鸿晴与其他主要经销商的合同约定价格，各品类的下浮点数与其他主要经销商相比不存在重大差异，符合公司定价体系。

（五）发行人向前员工经销商销售的毛利率及其合理性

发行人向建朝、西蒙销售风幕机的毛利率高于经销渠道风幕机的整体毛利率，主要原因为建朝、西蒙为工程代理类经销商，由于工程代理

类经销商直接向建筑公司、装修装饰公司等终端使用者销售产品，销售层级少于流通渠道；而流通渠道的培育与壮大对于公司客户流量的积累至关重要，为了保证流通渠道各层级均有合理利润率，公司政策规定工程代理类经销商不允许参加产品促销活动，因此发行人向工程代理类经销商的产品销售毛利率较高。龙晴/鸿晴的合并风幕机毛利率在 2017 年、2018 年与经销渠道整体毛利率接近，2019 年起有较大增长，主要原因是龙晴与发行人签订的销售合同约定为非工程代理类经销商；鸿晴为发行人工程代理类经销商，鸿晴自 2019 年开始与发行人合作。发行人向建朝、西蒙销售新风系列产品的毛利率低于经销渠道新风系列产品的整体毛利率，主要原因为向建朝、西蒙销售建筑风机比例较大，而建筑风机毛利率较低。发行人向龙晴/鸿晴销售新风系列产品的毛利率高于经销渠道整体毛利率，主要原因为向龙晴/鸿晴销售换气扇比例较大，而换气扇毛利率较高。

综上，发行人向上述前员工经销商销售的毛利率水平合理。

二、前员工王全等人离职后控制的其他企业情况，报告期内相关员工及其控制的企业是否与发行人及其控股股东、实际控制人、董监高之间存在资金、业务往来、关联关系或其他利益安排

前员工王全等人离职后控制的其他企业情况如下：

前员工姓名	离职后控制的其他企业	是否与发行人及其控股股东、实际控制人、董监高之间存在资金、业务往来、关联关系或其他利益安排
王全	无	否
汤镇炎	无	否
邵西龙	上海鸿怡机电设备有限公司	否

三、报告期内与发行人在职、离职员工（含董监高）、股东存在关联关系的全部经销商的情况，包括成立时间、注册资本、实际从事的业务、

实际控制人、报告期内销售发行人产品收入金额和占比、是否实现了最终销售等，包括最终客户名称、销售单价、数量和金额，以及报告期内上述经销商及其实际控制人与发行人及其关联方之间是否存在资金、业务往来、关联关系或其他利益安排

报告期内上述经销商及其实际控制人与发行人及其关联方之间不存在资金、业务往来、关联关系或其他利益安排。

四、报告期内使用发行人商号的经销商情况，包括公司名称、设立及股权演变过程、实际控制人情况、相关经销商是否只销售发行人产品，是否经营其他业务，销售发行人产品收入占其营业收入的比例，采购价格与发行人其他客户相比是否存在差异，使用发行人商号是否均取得发行人书面授权，发行人对使用商号的授权经销商的遴选标准，发行人实际控制人、董监高、持股5%以上股东是否与共用商号的经销商及其股东、实际控制人存在关联关系或其他利益安排

2017年度、2018年度、2019年度和2020年1～6月，发行人向经销商销售产品的金额分别为926.05万元、1885.06万元、2062.23万元和667.56万元，占发行人营业收入的比例分别为3.14%、4.89%、4.80%和3.99%，销售金额及占比均较小。

经销商向绿岛风的采购价格按照建议终端销售价格下浮点方式定价，终端销售价格在产品上市前确定并根据市场竞争情况、产品策略调整，下浮点以合同形式约定。经比较上述经销商与其他主要经销商的合同约定下浮点，上述经销商主要品类的下浮点数与其他主要经销商不存在重大差异，符合公司定价体系。发行人与上述经销商的销售政策等合作条款与其他经销商相比并无明显差异，发行人向上述经销商销售产品价格公允。

上述经销商使用公司商号并非基于发行人的主动授权，而是由经销商股东自行注册，发行人在上市规范过程中发现该情况后，要求上述经销商与发行人签订《商号使用规范协议》，协议约定了经销商使用发行人

商号的规范；此外，为了更好地保护发行人商号权益，发行人还制定了《商号、商标使用与保护管理规定》。

根据发行人《商号、商标使用与保护管理规定》，授权经销商使用发行人商号的原则如下：（1）需由经销商主动申请，原则上不主动授权；（2）申请提出后，公司根据自身在该区域业务发展需求，并结合经销商客户的资金实力、渠道建设能力、人力资源配置、资源整合能力、合规经营情况等综合确定是否授权经销商使用公司商号；（3）经销商需与公司签订商号使用规范协议。

根据发行人的说明，其未来将根据《商号、商标使用与保护管理规定》确定的原则进行商号授权。

根据上述经销商的工商档案，发行人实际控制人、自然人股东、董监高等填写的调查问卷，发行人及其控股股东、实际控制人、董监高、核心人员等的银行流水，中介机构对部分使用发行人商号的经销商的访谈及相关经销商出具的书面确认，并经网络查询，上述使用发行人商号的经销商及其股东、实际控制人与发行人、实际控制人、主要股东、董监高不存在关联关系或利益安排，不存在商品购销以外的其他资金业务往来。

小兵评析

1. 对于前员工经销商问题，在 IPO 的审核实践中也讨论了好几年，从刚开始的相对谨慎并重点关注，到现在的基本认可充分披露，也算是经历了一个过程。

2. 在本案例中，审核机构对于这个问题的关注角度比较常规，小兵觉得有些问题还是没有关注到位，如员工离职前后控制的客户资源情况以及对于发行人生产经营的影响等。小兵为大家简单总结一下这个问题的重点关注思路：（1）前员工经销商的离职背景、在公司工作的时间经验以及积累的相关客户资源情况；（2）前员工成立经销商后采购发行人产品的金额跟离职之前实现的销售金额是否存在逻辑关系；（3）员工经销商是否与发行人的相关人员存在关联关系；（4）是否存在囤货的情形，存货是否合理，是否实现最终销售；（5）与发行人是否存在资金、人员、客户等交叉的情形等。

3. 说实话，最早的时候，对于前员工经销商的担心主要是可能存在员工帮助发行人虚构业绩的风险。现在来看，发行人员工经过在公司的任职，积累了一定的经验，对客户和产品都有了更多的了解，然后就想着去独立创业，继续跟发行人合作，至少从商业逻辑上存在合理性。不过，有一点我们是不能忽略的，那就是：在很多前提因素和条件没有发生变化的情况下，员工在发行人处领取的薪酬跟自己独立创业实现的收益是否具备可比性。当然，这也可以理解，自己做老板和给老板打工承担的风险是不一样的，收益自然也不一样。

4. 在寻找同行业模式的案例时找到的某些案例中，前员工设立的经销商数量或者实现的销售的占比还是很高的，甚至有的超过了30%，大家也可以学习参考。

案例4　西藏多瑞（301075）——发行人独家供应商的采购价格高于其他供应商的合理性

【问询问题】

申报文件及首轮问询回复显示：（1）根据发行人醋酸钠林格注射液的规格及成分情况，500ml醋酸钠林格注射液含有三水醋酸钠（$C_2H_3NaO_2 \cdot 3H_2O$）1.9g；辽宁康博士生产的醋酸钠原料药为无水醋酸钠（$C_2H_3NaO_2$），台山新宁、河北华晨等其他主流供应商生产的醋酸钠原料药为三水醋酸钠。（2）报告期内发行人向辽宁康博士采购原材料醋酸钠价格显著高于台山新宁、河北华晨等其他主流供应商的报价，主要是基于对醋酸钠供应稳定性和质量稳定性的考虑。请发行人：（1）结合报告期内国内醋酸钠市场供应的紧张程度、报告期内外醋酸钠供应短缺事件（如有）、公司向不同供应商采购及运输醋酸钠的难易程度等，说明发行人基于供应稳定性角度以远高于其他主流供应商的报价向辽宁康博士采购的合理性。（2）结合其他主流供应商生产的醋酸钠是否存在质量问题或品质显著低于辽宁康博士醋酸钠的情形，说明发行人出于质量稳定考虑，以远高于其他主流供应商的报价向辽宁康博士采购是否合理。

【披露信息】

一、结合报告期内国内醋酸钠市场供应的紧张程度、报告期内外醋酸钠供应短缺事件（如有）、公司向不同供应商采购及运输醋酸钠的难易程度等，说明发行人基于供应稳定性角度以远高于其他主流供应商的报价向辽宁康博士采购的合理性

（一）报告期内国内醋酸钠供应厂家较多，公司向不同供应商采购及运输醋酸钠在难度上无明显差别

目前，从国家药监局备案登记的醋酸钠厂商情况来看，市场上该原料药的生产厂家较多，市场供应量能满足发行人的生产需求，报告期内外未曾发生供应短缺事件。报告期内，发行人向辽宁康博士采购的醋酸钠原料系无水醋酸钠，需在10℃～30℃的环境和密闭干燥条件下进行运输，市场上其他主流供应商供应的为三水醋酸钠，需在不超过20℃的环境和密闭干燥条件下进行运输，从运输条件来看三水醋酸钠的运输要求略高一些，但难度上无明显差别。同时，从国内其他醋酸钠供应商的地理分布来看，主要分布在广东、河北、北京、陕西和江苏等地区，就运输距离和便利性而言，与向辽宁康博士采购无本质差别。

（二）发行人基于供应稳定性角度以高于其他主流供应商的报价向辽宁康博士采购的合理性分析

对于化学制剂厂商而言，原料药的稳定供应至关重要。与辽宁康博士相比，国内其他醋酸钠供应商系根据制剂厂家需求面向全市场供应，而非独家为发行人配套生产，因而在供应稳定性和价格稳定性方面均存在一定的不确定性。

辽宁康博士作为化学药品制剂和原料药的生产企业，目前经营规模超过1亿元。自与辽宁康博士合作以来，发行人核心产品生产所需的醋酸钠原料药能及时稳定供应，且在质量方面未出现任何问题。报告期内发行人向辽宁康博士和武汉康瑞的醋酸钠采购量分别为5.90吨、4.62吨和6.96吨，采购金额分别为167.65万元、134.89万元和203.29万元，采购量及金额较小，公司醋酸钠采购金额占营业收入比重不到1%，尽管台山市新宁制药有限公司（以下简称台山新宁）等其他醋酸钠供应商在价格层面存在一定的优势，公司基于供应稳定性角度未向除辽宁康博士外的其他供应商采购醋酸钠用于核心产品的生产，具备商业合理性。

二、结合其他主流供应商生产的醋酸钠是否存在质量问题或品质显著低于辽宁康博士醋酸钠的情形，说明发行人出于质量稳定考虑，以远高于其他主流供应商的报价向辽宁康博士采购是否合理

发行人核心产品醋酸钠林格注射液作为注射剂产品，系通过静脉输注进入人体内，在用药安全上要求极高。辽宁康博士向公司供应的醋酸钠原料质量稳定，双方合作期间公司核心产品未出现任何质量安全问题，公司基于临床用药安全方面的考虑，不倾向于更换核心原料供应商，因而报告期内公司未向其他报价更低的主流供应商采购醋酸钠用于核心产品的生产，具有商业合理性。

小兵评析

1. 本案例探讨的其实是商业逻辑的问题，发行人主要是涉及供应商的合作采购以及主要原材料独家采购的问题，具体体现在以下几个方面：

（1）发行人的主要原材料由一家原材料供应商独家供应，自然要关注到：①发行人为什么只跟这一家合作，背景和原因是什么；②是否还有其他稳定的供应商，发行人替换供应商是否有障碍，是否大幅提高成本。

（2）发行人向这家独家供应商采购的价格要高于其他供应商是否合理：

①既然是独家供应商，当初发行人还给予这个供应商指导和帮助，为什么价格却更高；②这个供应商并不是单纯给发行人供应产品，只是某个产品是独家供应发行人的，还有其他业务，发行人采购占其营业收入比例在10%左右。

（3）发行人不只向供应商独家采购，还向其他经销商采购，但是这个经销商也是向这个独家供应商采购的，这样的话，采购价格没有重大差异的情况下，为什么要这样处理，这样处理，经销商是否能够获取稳定的收益。

2. 对于上述问题，发行人都从自己商业合作的角度进行了解释，有些问题定量分析，有些分析是简单定性说明，没有进行展开说明，也可能是经不起推敲。尽管如此，发行人还是给了一个说得过去的理由，从另外一个角度来说，只要这样的合作对于发行人财务数据的真实性没有本质影响，倒也不必纠结太多。

第二节　外部投资者入股对于业务模式的影响

案例5　深水规院（301038）——国企混改，要求新股东带着业务订单来

【问询问题】

申报材料显示，发行人股东深投控、深高速、水务集团、铁汉生态、水规院投资向发行人增资时与发行人签订合同，约定：深高速、水务集团承诺每年提供10亿元以上的PPP或EPC总承包项目，或水务规划、勘察设计费用达到5000万元以上项目业务资源，铁汉生态承诺每年提供5亿元以上的PPP或EPC总承包项目，或水务规划、勘察设计费用达到2500万元以上项目业务资源，并约定了违约补偿的安排。请发行人补充披露：（1）上述增资时签订合同是否属于对赌协议，是否需要解除；上述合同的主要条款，权利义务划分情况；结合《深圳证券交易所创业板股票首次公开发行上市审核问答》（以下简称《审核问答》）的相关内

容，披露该协议是否对发行人控股股东、实际控制人股权清晰、稳定构成不利影响。(2) 协议签订至今上述合同义务的实际履行情况，是否已向发行人提供项目及业务资源、已履行项目及业务资源的基本情况、产生背景、涉及金额、对应发行人目前主营收入及净利润的情况；是否存在应披露未披露的关联交易；发行人主营业务是否依赖于上述股东支持而开展。(3) 发行人与上述股东是否已约定未来履行的具体时点及计划，是否待发行人上市后向发行人提供项目或业务资源；发行人上市后主营业务是否将依赖于上述股东支持而开展。(4) 结合上述协议的违约补偿条款，披露发行人对该合同违约的救济措施，是否已有切实补偿安排；上市后该事项是否将侵害发行人中小股东的利益。

【披露信息】

1. 发行人战略投资者增资时签订的合同不属于对赌协议，不构成《审核问答》中应当在申报前解除的情形；发行人已在招股说明书披露合同的主要条款，权利义务划分情况；该协议对发行人控股股东、实际控制人股权清晰、稳定不构成不利影响。

2. 发行人确认各战投股东依托其品牌影响力和市场业务资源，对发行人市场拓展、业务衔接发挥了积极的作用，战投股东各年度达到了相应承诺履行要求。深投控确认其对 2017 ~ 2019 年度深高速、水务集团、铁汉生态的承诺履行情况无异议；发行人已在招股说明书中披露上述股东提供的转化为业务合同的业务资源的基本情况、产生背景、涉及金额等，上述股东提供的转化为业务合同的业务资源占发行人报告期内累计的收入及利润规模较小；发行人已完整披露关联交易，不存在应披露未披露的关联交易；发行人主营业务不存在依赖股东支持而开展的情形。

3. 《新增股东承诺函》自战略投资者成为发行人股东之日起即生效，根据深投控及发行人出具的说明，战略投资者自《新增股东承诺函》生效起即已开始履行相关承诺，发行人与战略投资者未以发行人上市为条件约定未来履行的具体时点及计划，不存在待发行人上市后向发行人提供项目或业务资源的情形；发行人上市后主营业务不会依赖于上述股东支持而开展。

4. 发行人已在招股说明书中披露合同违约的救济措施；深投控与发行人对《新增股东承诺函》履行情况不存在异议，业绩承诺各方未触发《新增股东承诺函》中违反承诺的补偿条款及违约救济条款；深投控与发行人不存在上市后放弃其依据《新增股东承诺函》而获得的权益安排。上市后该事项不会侵害发行人中小股东的利益。

小兵评析

1. 发行人是深圳国资委控制的公司，属于根正苗红的国有企业。发行人上市之前进行了混改，国资委要求混改时引入的股东都必须是知名的企业，同时还要求这些股东入股的时候必须要给发行人带来新的业务和客户资源。只有满足这个条件，才能成为发行人股东。如果不能满足承诺，在利润分配的时候要扣除这些业绩。

2. 根据国资委的要求，3 个股东入股发行人的时候，都签署了《新增股东承诺函》，分别承诺会给发行人带来具体 10 亿元或是 5 亿元的合同或者项目。关于股东带着客户资源和业务订单入股发行人是否符合相关规定，我们后续再说，单是这个合同的履行就存在很大争议。

3. 根据发行人经营的实践，发行人通过 3 个股东实现的收入只有 600 万元左右，远远没有达到承诺的标准。发行人解释说，股东当初承诺提供的只是客户资源和业务机会，但是发行人是否真的决定去做这个业务，是发行人自主决定的。因而，3 个股东其实是完成了承诺的。这个解释似乎有些勉强，不过发行人以及发行人的实际控制人均出具确认文件，确认这些股东完成了相关的承诺。

4. 2020 年 11 月，为支持发行人上市，经各方友好协商，解除《新增股东承诺函》的同时，就上述业务差距情况作出积极的救济措施。经协商，业绩承诺方合计应向发行人支付5,646,258.30元。这个解除承诺并支付费用可以理解为对国有资产流失的保护。同时，发行人解释股东完成了承诺，后续也不会再有承诺。既然股东已经完成了承诺，那么，当时按照股份比例分配利润的情形也是合理的，不存在损害小股东利益的情形。最后，深圳市国资委出具复函，确认对承诺函的解除没有异议。

5. 关于这个案例，小兵认为还有几个技术问题需要思考：

（1）关于股东的承诺函，算不算是对赌协议，这个问题问得好，发行人的回复也值得学习。

（2）在以前的IPO审核中，关于股东带着客户和业务资源入股发行人的操作一直都是禁区，很容易被质疑收入的真实性和业务的独立性，而现在这样的操作是否可以被认可呢？在注册制审核理念下，如果股东带来的客户资源是确定的且没有任何水分，也经得起核查，同时股东的入股价格也合理公允，这是一个可以思考的问题。就怕实践中这种情况猫腻太多，很难讲清楚。

（3）如果是新增股东带来的业务资源形成的收入，则必然是发行人的关联交易，因而关注到关联交易是否完整披露的问题。根据《审计报告》，发行人2017年度、2018年度、2019年度收入分别为4.91亿元、5.17亿元、7.15亿元，综合考虑市场竞争等因素的影响，上述承诺业绩预计在发行人上市后每年度收入占比不超过30%。公司已完整披露关联交易，不存在应披露未披露的关联交易。

案例6　宏微科技（688711）——客户入股之后，销售额和销售比例大幅增加

【问询问题】

请发行人说明：（1）2020年发行人向汇川技术销售收入大幅上升的原因，销售的产品类型及金额构成、2020年各月的销售金额及占比情况，相关产品客户端的应用情况，是否实现最终销售或使用；（2）发行人向关联方销售收入和占比持续上升是否与汇川投资入股有关，在多数物料

价格差异率为负的情况下，得出“价格不存在明显差异，不存在利益输送情形”的结论是否合理审慎，发行人以较低价格向汇川技术销售的客观原因，相关交易是否公允，是否构成严重影响独立性或显失公平的关联交易；（3）汇川投资于2020年5月减持发行人股份的原因，定价依据及公允性，高于同期股权转让价格的原因，减持股份是否对发行人与汇川技术的继续合作产生不利影响，发行人对汇川技术的在手订单情况；发行人与客户A合作协议签订的具体时间，相关协议的履行情况、对应的收入情况；（4）报告期各期是否存在苏州汇川收到货物后3个月内没有领用也没有退回公司、视为销售的情况，若有，请说明金额及占比、后续领用时点，相关收入确认是否符合《企业会计准则》的规定，报告期内是否存在对其他客户采用VMI模式销售的情况；（5）发行人向英飞凌采购芯片单价的公允性。

【披露信息】

一、2020年向汇川技术销售收入大幅上升的原因，销售的产品类型及金额构成、2020年各月的销售金额及占比情况，相关产品客户端的应用情况，是否实现最终销售或使用

（一）2020年向汇川技术销售收入大幅上升的原因

2020年汇川技术对发行人自研芯片生产的IGBT单管和IGBT模块进行了大量的验证工作，开展了多次小批量采购验证，在通过验证后相关产品采购量增长。

（二）2020年发行人向汇川技术（包括苏州汇川、深圳汇川）销售的产品类型及金额构成

总体而言，公司向汇川技术分月销售金额分布情况与公司主营业务收入按季度分布情况相符，不存在明显异常情形。

（三）相关产品客户端的应用情况，是否实现最终销售或使用

汇川技术对其供应商采用零库存管理和订单采购两种模式，对于大批量生产的产品采用零库存管理模式，对于尚未进入批量生产的产品采

用订单采购模式。2020年发行人通过VMI交货模式确认收入1758.55万元，根据协议约定汇川技术对VMI交货模式下采购的原材料采用零库存管理，2020年发行人通过VMI交货模式销往汇川技术的产品均已实现最终使用；通过订单交货模式确认收入1738.03万元，根据汇川技术生产报表数据显示截至本问询回复日发行人2020年订单交货的产品已经全部投产。

二、发行人向关联方销售收入和占比持续上升是否与汇川投资入股有关，在多数物料价格差异率为负的情况下，得出“价格不存在明显差异，不存在利益输送情形”的结论是否合理审慎，发行人以较低价格向汇川技术销售的客观原因，相关交易是否公允，是否构成严重影响独立性或显失公平的关联交易

（一）发行人向关联方销售收入和占比持续上升与汇川投资入股无关

报告期内向关联方销售金额及占比上升主要与上述两项因素相关，即下游需求持续上升、汇川技术市场地位不断攀升，公司凭借较强的技术优势和市场竞争能力，抓住汇川技术等下游客户对于进口替代的内在需求，不断提升公司对苏州汇川的销售交易金额。因此，发行人向关联方销售收入和占比持续上升与汇川投资入股无关。

（二）在多数物料价格差异率为负的情况下，得出“价格不存在明显差异，不存在利益输送情形”的结论是否合理审慎，发行人以较低价格向汇川技术销售的客观原因，相关交易是否公允，是否构成严重影响独立性或显失公平的关联交易

报告期内公司向苏州汇川销售的产品价格与向其第三方销售的价格不存在显著差异，定价公允。公司部分型号产品以较低价格向汇川技术销售的客观原因真实合理，符合正常的商业逻辑，不构成严重影响独立性或显失公平的关联交易。公司与汇川技术签订竞争性条款属于行业惯例，在签订竞争性条款的前提下交易具有公允性，不存在利益输送的情形。

三、汇川投资于2020年5月减持发行人股份的原因，定价依据及公允性，高于同期股权转让价格的原因，减持股份是否对发行人与汇川技术的继续合作产生不利影响，发行人对汇川技术的在手订单情况；发行人与客户A合作协议签订的具体时间，相关协议的履行情况、对应的收入情况

汇川投资于2020年5月减持发行人股份的原因，定价依据及公允性，高于同期股权转让价格的原因：

汇川投资于2020年5月减持发行人股份的价格系根据公司的资产状况、经营业绩以及未来发展趋势，并经转让双方协商确定。该转让价格与最近一次（2020年6月）增资价格（7.44元/股）以及赵善麒转让员工股份价格相同，定价公允。

汇川投资转让股份的价格（7.44元/股）略高于同期九洲创投及其他投资者对外转让股权价格（6.70元/股），九洲创投入股公司时间较早，持股成本相对汇川投资低，最终两者价格谈判结果也有差异。因此，汇川投资转让股份的价格高于同期股权转让价格具有合理性。

四、报告期各期是否存在苏州汇川收到货物后3个月内没有领用也没有退回公司、视为销售的情况，若有，请说明金额及占比、后续领用时点，相关收入确认是否符合《企业会计准则》的规定，报告期内是否存在对其他客户采用VMI模式销售的情况

（一）报告期各期是否存在苏州汇川收到货物后3个月内没有领用也没有退回公司、视为销售的情况，若有，请说明金额及占比、后续领用时点，相关收入确认是否符合《企业会计准则》的规定

报告期内，不存在苏州汇川收到货物后3个月内没有领用也没有退回公司、视为销售的情况。

（二）报告期内是否存在对其他客户采用VMI模式销售的情况

报告期内存在对其他客户采用VMI模式销售的情况。

小兵评析

1. 注册制下一个新的审核问题值得我们深度思考：投资者的入股以及与发行人的业务合作应该保持怎样的商业逻辑和合理边界。

2. 关于供应商或客户的入股问题，以前我们基本的审核口径是：如果是先有的业务合作且保持稳定，那么，后续的入股是被允许的且具有商业合理性的，审核的时候要重点关注入股前后发行人与客户或供应商的商业合作条款是否有重大变更，是否存在销售金额、销售价格以及信用政策发生重大变化的情形。

3. 目前的注册制审核理念下，我们还需要顺着以前的思路进一步思考以下情形：（1）客户入股发行人之后，发行人向这个客户销售的金额和占比大幅增加，远高于其他客户是否可以；（2）客户入股发行人之前没有产品销售记录，而客户入股之后实现销售且金额大幅增加，是否允许；（3）客户入股发行人之后，产品销售价格发生重大变化或者商业信用政策发生重大变化是否允许。

4. 关于第一种情况合理的商业逻辑是：客户跟发行人一直都有业务合作且比较稳定，因为行业发展的原因以及客户本身的业务发展，发行人与客户的合作自客户入股之后销售金额大幅增加是符合商业规律的，只是一种巧合或者说入股与合作增加是相互映衬的商业现象，没有必然的联系。因为看好合作，所以入股，又因为入股了有了更多的合作，这么来看并不违和。

5. 关于第二种情况，看起来更加敏感一些，但是实践中可能也有这样的商业逻辑：发行人的产品要进入客户的供应商体系需要很长时间的互相验证和筛选，这样的时间短则几个月长则几年，发行人的产品经过考验被认为很好，后续会有大规模的合作，于是这时候客户就选择要入股发行人，绑定合作关系。这种情况下，发行人与客户的合作是靠自身实力竞争来的，并不是靠单纯入股得来的，因而也是合理的。甚至可以这么想，凭借自身实力，发行人不仅找到了客户，还拉来了投资。

6. 关于第三种情况，是否具有合理性呢？目前没有看到相关案例，但是小兵可能想到的合理性在于：行业的变化、客户竞争的变化、发行人产品或者经营策略的变化等。不管怎样，要论证的一个核心理论是：发行人与客户的合作以及客户的入股是独立的事件，没有必然的联系。

7. 具体到本案例发行人，就属于第二种情况，发行人也作了很多的解释，解释理由的核心观点就是小兵在上面提到的逻辑。

第三节　特殊的销售模式

案例 7　翼捷股份（科创板已过会，终止注册）——大规模技术服务商的审核要点

【问询问题】

请保荐人进一步核查发行人技术服务商提供的服务是否真实发生并发表明确核查意见。

【披露信息】

发行人聘请技术服务商与直销模式有关。报告期内，发行人采用直销与经销相结合的销售方式。在经销模式下，发行人将产品直接通过买断式销售至经销商，除质量保证外，无须提供任何售后服务。

发行人仅在直销模式下存在外聘技术服务商向客户提供服务的情况。

一、技术服务商提供服务与发行人客户服务的关系

报告期内，存在技术服务费的业务模式下累计销售回款占累计销售收入比例达到 87.87%。发行人普遍针对石油化工行业大型国有集团客户或其他信用情况较好、经营状况健康、生产规模较大的客户提供技术服务，发行人采购技术服务对应的客户信用情况良好，相应的销售收入坏账风险较低，回款及时，销售收入真实。

二、服务量及费用变动与发行人业务和业绩的匹配关系

发行人对外采购技术服务具备合理性，符合行业惯例。

在自建销售团队可以满足客户服务需求的情况下，发行人及同行业公司不会对外采购技术服务。然而，当自有销售团队无法覆盖全部客户服务需求时，采购外部技术服务也是行业惯例的做法，具有合理性。与发行人经营同类产品的可比上市公司未披露类似商业模式。但存在上市公司与发行人具备相同的客户及相同的商业模式的情形。

由上述对比可知，发行人聘请技术服务商的商业模式是发行人在直销销售中对自身服务能力的补充，计提费用占总收入比例相对较低，基本在10%以下，存在技术服务费的业务模式对应收入占总收入比例相对较低，基本在30%以下。

发行人向技术服务商结算及支付政策明确，以计提金额为上限，以客户回款为前提，以服务基本完成为必要条件。在实际结算时，技术服务商一般按季度提交结算申请。

报告期内各期，发行人当期计提的技术服务费与销售收入保持相对稳定的量化关系，发行人期后支付的技术服务费主要基于技术服务已基本提供且客户已回款。

报告期内，发行人技术服务费定价的公允性具体体现为：

1. 发行人目前无法自行提供与销售相关的全部技术服务。

2. 技术服务费的定价依据具有可参考性或可比性：

（1）客户对技术服务的高预期导致服务代价较高

发行人采购技术服务的销售收入定价主要通过招投标方式确定。与其他客户相比，上述客户能够接受的销售价格相对较高，主要是由于该销售价格中已包含客户对服务需求及服务质量的预期，该类客户所在地区较为分散、偏远、产品使用地点工作环境艰苦，提供服务的成本相对较高，客户愿意承担高于市场平均售价的溢价实质反映的是与销售产品相关的潜在服务需求。

然而，客户对发行人的服务需求并未在双方的产品购销协议中明确约定，服务与否与服务的质量与本次销售收入均不直接相关，但影响客户满意度，随即影响发行人后续订单的获取能力。为持续获取该类客户的订单，发行人不得不自行或聘请第三方向上述客户提供全面优质的服务。

（2）按服务订单计提技术服务费的具有市场参考依据

发行人产品服务单价的计算方式是基于发行人与技术服务商多年合作、反复协商达成一致的结果，其计提的服务单价具有市场参考依据。

技术服务商为发行人提供的服务，不构成与客户签订合同中的单项履约义务，系发行人为获取下次订单提供的一项增值服务，并非必须发生的直接成本，更加符合销售费用定义，不属于主营业务成本。

小兵评析

1. 对于 IPO 的发行人来说，一些隐形费用的处理一直都是一个敏感、棘手的问题。就是如何保证发行人经营的合规性以及潜在风险的对外隔离问题，需要一些有技巧性的处理。

2. 在经销模式下，显然经销商承担了这样的职能。尽管，从产业化分工的角度来说，经销商是商业合作进一步分工细化的产物，也更加体现出渠道对于商品的流通和价值最大化的影响力。但是，从中国的商业现实来说，经销商同样很大程度上承担了风险隔离的功能，这个毋庸置疑。

3. 那么，在直销模式下呢？发行人承担了跟生产销售相关的所有成本和费用，同时要保证这些费用的合规合法。最重要的是，本来有些费用的处理，就是一种商业潜规则的存在在注册制下，充分信息披露的要求就决定了：你的事情要么不做，只要做了就要去说，并且一定要说得充分，能够自圆其说，形成逻辑闭环。

4. 在直销模式下，从技术的角度来讲，IPO 审核实践中已经出现了渠道商、中间商、居间商、销售服务商、技术服务商等各种承担相关职能的角色和企业。他们都在产业链的不同环节承担着各自最擅长的职能，同时可能会帮助处理一些潜在的费用。在以前的案例分析中，我们就介绍过销售服务商数量大且支付的销售服务费金额较大的案例。本案例则涉及较大比重的技术服务商的内容。

5. 具体到本案例，就涉及了数量较多、金额较大的技术服务商的情形。关于这个问题，审核过程中也做了重点关注，小兵总结一下重点关注的问题：

（1）聘请技术服务商的背景和原因，包括：服务客户的类型、服务的难点和需求、服务的内容、服务的成本、服务的目的等。重点解释技术服务商存在的合理性。

（2）需要聘请技术服务商的收入占比情况，提供技术服务与没有技术服务商在业务内容和本质上是否有区别。

（3）公司支付技术服务费的金额以及变动情况，重点关注技术服务费与营业收入的变动情况是否匹配。

（4）技术服务商的外部管理和内部控制制度是否完善，能否保证发行人生产经营的独立性和合规性。

（5）技术服务费的计提标准和结算的依据，计提政策是否准确并审慎。

（6）技术服务商的区域分布以及历年变动的情况，发行人是否稳定与技术服务商合作，是否存在较大波动的情形，是否与发行人以及相关人员存在关联关系。

（7）技术服务费的定价是否公允，是否存在利益输送或者体外垫付成本费用的情形。

（8）聘请技术服务商是否属于行业惯例，发行人找到的已上市公司存在这种情形的并不多。

案例8 兰卫检验（创业板已过会，未上市）——“搭售”模式是否构成不正当竞争的理由和条件

【问询问题】

审核问询回复显示，报告期内发行人销售仪器数量为596台、665台、680台及359台，免费投放仪器420台、546台、538台及425台，

出租仪器 39 台、31 台、26 台及 4 台。国家市场监督管理总局、国家卫生健康委员会自 2017 年以来多次发文，严禁试剂耗材捆绑设备进行销售，多个地方政府也相继发文禁止此类行为。请发行人补充披露：(1) 免费投放、出租仪器是否符合行业惯例，是否违反相关行业主管部门的有关规定，免费投放、出租仪器涉及的客户与医学诊断服务客户是否重叠及报告期内对应的销售金额；(2) 报告期内向免费投放、出租仪器客户销售体外诊断产品的金额，与销售、免费投放及出租仪器客户签订的合同是否约定搭配销售体外诊断产品的条款及具体情况；(3) 报告期内免费投放、出租仪器的具体折旧情况，相关做法是否符合《企业会计准则》的规定，是否存在通过调整折旧年限少计成本的情形；(4) 免费投放、出租仪器的管理情况，相关内部控制情况是否存在重大缺陷；(5) 免费投放、出租仪器的盘点情况，特别是异地仪器的盘点情况，包括但不限于盘点计划、盘点时间、盘点人员、盘点范围及盘点结果等。

【披露信息】

一、免费投放、出租仪器是否符合行业惯例，是否违反相关行业主管部门的有关规定，免费投放、出租仪器涉及的客户与医学诊断服务客户是否重叠及报告期内对应的销售金额

（一）发行人免费投放、出租仪器符合行业惯例

免费投放、出租仪器为目前体外诊断产品生产经营企业的通行做法。同行业已上市/拟上市公司的免费投放、出租仪器情况如下：

公司名称	是否存在免费投放、出租仪器	免费投放、出租仪器的来源	具体方式
安图生物 (603658)	是	自产、外购	收取客户保证金或者维保费用后提供给客户诊断仪器
万泰生物 (603392)	是	自产、外购	公司的体外诊断仪器主要通过经销商实施投放，包括免费投放和向经销商收取一定数额的保证金、押金或者服务费等费用的方式

续表

公司名称	是否存在免费投放、出租仪器	免费投放、出租仪器的来源	具体方式
新产业（300832）	是	自产	包括由公司直接向终端医疗机构投放或公司提供给经销商、经销商向终端医疗机构投放两种模式
深圳市亚辉龙生物科技股份有限公司	是	自产、外购	包括由公司直接向终端医疗机构投放或公司提供给经销商、经销商向终端医疗机构投放两种模式
热景生物（688068）	是	自产	公司通过招投标或竞争性谈判，主要通过经销商向终端医疗机构销售试剂，并免费配套提供仪器
硕世生物（688399）	是	自产、外购	在实际生产经营过程中，公司会根据终端客户的要求，投放部分体外诊断设备，也会应终端客户的要求，偶发性代其采购或向其销售体外诊断设备
圣湘生物（688289）	是	自产、外购	根据客户的需求，通过经销商或直接向客户销售试剂，并免费配套提供仪器
之江生物（688317）	是	自产、外购	将自产或外购的仪器提供给客户使用
浩欧博（688656）	是	外购	包含直投和租赁两种方式。发行人依据仪器资产的情况（单价高低）、对应客户的情况并结合商业谈判采取直投或出租的方式
科美诊断技术股份有限公司	是	自产、外购	公司销售的试剂产品与提供给终端客户使用仪器设备配套使用

免费投放、出租仪器并从体外诊断试剂销售盈利中收回成本、赚取利润是目前体外诊断行业内一种较为普遍的经营模式。发行人免费投放、出租仪器符合行业惯例。

（二）发行人不存在违反相关行业主管部门有关规定的情形

1. 发行人不存在违反《反不正当竞争法》相关规定的情形

发行人与医疗机构合作均基于公开、公平的招标或商业谈判，不存在违反《反不正当竞争法》相关规定的情形，不构成不正当竞争。

2. 发行人不存在违反《关于进一步加强医药领域不正当竞争案件查处工作的通知》和《2018 年纠正医药购销领域和医疗服务中不正之风专项治理工作要点》相关规定之情形

国家工商总局反垄断与反不正当竞争执法局下发的《关于进一步加强医药领域不正当竞争案件查处工作的通知》（以下简称《查处工作通知》）和国家卫生计生委等九部委下发的《2018 年纠正医药购销领域和医疗服务中不正之风专项治理工作要点》（以下简称《专项治理工作要点》），要求严肃查处假借租赁、捐赠、投放设备等形式，捆绑耗材和配套设备销售等行为。

国家明令禁止的捆绑销售行为应同时具备以下几个要素：首先，经营者存在假借租赁、捐赠等形式向医疗机构提供医用耗材的行为；其次，经营者以上述形式向医疗机构提供设备的真实意图系向医疗机构捆绑销售耗材，二者存在因果关系。

客户的试剂耗材采购需要通过招投标或竞争性谈判，其采购需要是根据开展的检验项目及其检验数量而定，不会因发行人销售或投放仪器而采购发行人的试剂。发行人销售或投放相应仪器时，不存在对试剂耗材采购量和采购额的限制性要求，未使客户丧失自由选择权，不符合捆绑销售的特征。

综上，发行人不存在违反《查处工作通知》和《专项处理工作要点》相关规定的情形。

3. 发行人不存在违反国家卫生和计划生育委员会、国家中医药管理局《关于印发加强医疗卫生行风建设“九不准”的通知》（以下简称《九不准通知》）相关规定之情形

根据《九不准通知》第 4 条之规定，公益医疗机构“严禁接受附有

影响公平竞争条件的捐赠资助”“严禁将接受捐赠资助与采购商品（服务）挂钩”。发行人投放仪器是依据客户需求形成的体外诊断行业通行的模式，且发行人并不要求终端客户承诺最低采购额或采购量，不存在影响公平竞争条件的情形；发行人投放仪器的所有权、处置权仍归发行人所有，医疗机构拥有投放仪器的使用权，如果终端客户与发行人不再合作，发行人有权收回投放仪器，不构成对医疗机构的捐赠或资助行为。因此，发行人不存在违反《九不准通知》相关规定的情形。

4. 发行人合法合规情况

发行人已取得工商登记部门、药监部门等相关部门的合法合规证明等文件。自2017年1月1日至今，发行人不存在因违反《反不正当竞争法》《九不准通知》《查处工作通知》《专项治理工作要点》的规定受到行政处罚的情形，经营行为合法合规。

（三）免费投放、出租仪器涉及的客户与医学诊断服务客户是否重叠及报告期内对应的销售金额

免费投放、出租仪器并从体外诊断试剂销售盈利中收回成本、赚取利润是目前体外诊断行业内一种较为普遍的经营模式。因此免费投放、出租仪器涉及的客户主要为公司体外诊断产品销售客户，与医学诊断服务客户重叠的情况较少。

二、报告期内免费投放、出租仪器的具体折旧情况，相关做法是否符合《企业会计准则》的规定，是否存在通过调整折旧年限少计成本的情形

（一）报告期内免费投放、出租仪器的具体折旧情况，相关做法是否符合《企业会计准则》规定

报告期内，公司免费投放、出租仪器相关账务处理如下：

报告期内，当发行人将仪器租赁给客户使用时，将仪器从存货结转至固定资产科目核算，仪器所有权归发行人所有，不确认仪器销售收入，与仪器使用权让渡相关的经济利益能够流入及收入的金额能够可靠计量

时，发行人确认仪器租赁收入，固定资产后续计量中折旧费计入主营业务成本。

报告期内，当发行人免费投放仪器给客户使用时，将仪器从存货结转至固定资产科目核算，仪器所有权归发行人所有，不确认仪器销售收入、不确认仪器租赁收入，固定资产后续计量中折旧费计入主营业务成本。

综上所述，发行人相关账务处理符合《企业会计准则》的规定。

（二）是否存在通过调整折旧年限少计成本的情形

发行人仪器设备选取的折旧年限为5年，报告期内保持了一贯性，并符合行业的通行做法。同行业上市公司关于仪器设备的折旧计提政策比较如下：

公司简称	类别	折旧方法	折旧年限（年）	残值率（%）	年折旧率（%）
迪安诊断	机器设备	年限平均法	5～8	5	11.875～19
金域医学	专用设备	年限平均法	5	0～5	19～20
塞力斯	集约化销售业务资产	年限平均法	5	10	18
兰卫检验	仪器设备	年限平均法	5	5	19

综上所述，发行人不存在通过调整折旧年限少计成本的情形。

三、免费投放、出租仪器的管理情况，相关内部控制情况是否存在重大缺陷

针对免费投放、出租仪器，发行人完善补充了《固定资产核算管理制度》，对仪器的出库流程、维修与保养、盘点等事项作了明确规定。

发行人免费投放、出租仪器的监盘情况如下：

保荐人、申报会计师对投放仪器执行盘点、函证以及照片或视频确认等程序，就仪器设备名称、型号、数量、实际使用单位、资产状态等信息进行确认。截至2020年6月30日，发行人投放仪器净值金额为

4056.40 万元。2019 年 11～12 月，对投放仪器进行走访盘点，因新冠疫情的影响，2020 年主要采用带识别码照片或视频确认等方式对投放仪器进行确认。此外，选取大额投放仪器，向投放单位执行函证程序，并对未回函部分执行替代程序，具体核查金额、核查比例情况如下：

单位：万元

核查方式	2020 年 6 月 30 日		2019 年 12 月 31 日	
	核查金额	核查比例	核查金额	核查比例
实地走访盘点	—	—	2090.57	37.37%
函证	2929.06	72.21%	795.23	14.22%
替代测试和照片或视频确认	1014.83	25.02%	1730.52	30.94%
合计	3943.89	97.23%	4616.33	82.53%

注：上表中核查金额为资产净值，核查金额及比例剔除了各核查程序中重复的部分。

通过资产盘点及监盘，发行人确认免费投放、出租仪器真实存在、使用良好。

小兵评析

1. 这种将检测设备免费送给客户或者出租给客户，然后主要靠销售检测试剂获得收益的模式，在体外诊断试剂或者其他医用耗材领域是非常普遍的，也算是一种行业惯例。实践中，我们将这种模式定义为“搭售”。

2. “搭售”并不能理解为捆绑销售或者强买强卖。捆绑销售的意思是一瓶飞天茅台和一瓶雪碧一起卖，想买飞天茅台就必须买雪碧，或者是要想买我的房子必须买我亲自画的国画。捆绑销售是这几年市场监督管理局以及相关单位严厉打击的，属于典型的违反《反不正当竞争法》的行为。

3. 关于搭售，我们可以这样简单理解：对于客户来说，发行人免费给的设备可以使用也可以不使用，可以租发行人的设备也可以不租。就算是用了发行人免费的设备或者租了设备，试剂还是可以选择不用发行人的。这种情况下，无论是使用免费设备还是采购发行人试剂产品，理论上客户具有完全的自主权。换句话说，免费试用设备和租赁设备，与采购试剂之间是完全独立的实践，互相没有因果关系，也不能互相影响彼此的判断。

4. 当然，这只是理论上，具体实践中怎么勾兑和操作我们不得而知，不过至少这样的模式在商业逻辑上是解释得清楚的。至少，客户用发行人的机器，再用发行人的试剂，不说是否有互相兼容的问题至少有使用习惯的问题吧。当然，从问题的解释角度，发行人在向客户免费提供设备的时候，必须解决兼容的问题，不得存在设备只能使用发行人试剂的情形，这也是需要关注的核心，不然就是捆绑销售，因为如果兼容存在问题那么就剥夺了客户的选择权。遗憾的是，本案例的审核好像并没有对这个问题进行重点关注。

5. 具体到本案例，发行人对外赠送或者租赁的设备数量和金额还是很大的，设备的原值有 8000 多万元，净值也有 4000 多万元，因而还是引起了重点的关注。尤其是关注到，发行人这种行为是否符合行业惯例，是否违反不正当竞争监管的相关法规。

6. 这种情形下，发行人赠送或者租赁的设备都属于发行人的固定资产，因为属于异地存在的存货，因而需要异地盘点，这个问题也是需要重点关注的。发行人受新冠肺炎疫情影响，主要通过识别码的照片和视频的方式进行盘点，同时盘点的比例超过了 80%，这也符合规定的比例。

7. 关于会计处理，还是比较明确的，就是发行人根据固定资产的规定计提折旧，审核中关注到是否存在通过调节折旧年限调节成本的情形。

案例 9 卓锦环保（688701）——同一种代理产品，代理与自用如何划分？

【问询问题】

根据申报材料，报告期内，公司主要代理 Xylem（赛莱默）等品牌环保产品，包括泵、搅拌器等。赛莱默（中国）有限公司为发行人设备及原材料的主要供应商。请发行人说明：（1）向赛莱默采购和销售代理赛莱默产品的对应关系，自用和代理销售的金额和比例；（2）自用赛莱默产品的具体情况，在公司环保治理项目中的作用，是否对赛莱默存在依赖，核心技术是否受限于赛莱默。

【披露信息】

一、向赛莱默采购和销售代理赛莱默产品的对应关系，自用和代理销售的金额和比例

（一）向赛莱默采购和销售代理赛莱默产品的对应关系

1. 公司环保产品销售与服务业务中的赛莱默采购为代理销售

公司的环保产品销售与服务业务主要是根据客户的技术要求以及品牌需求等信息情况，为客户提供环保产品的销售、安装与维保服务，其主要采购内容为设备及相应的备件等。鉴于赛莱默的品牌知名度与产品工艺水平较高，部分客户在签订合同时会指定使用赛莱默品牌产品及产品规格、型号等要求，因此公司按照合同要求向赛莱默进行采购。

2. 公司环保综合治理服务业务中的赛莱默采购为自用

公司环保综合治理服务业务中向赛莱默采购的环保产品主要应用于水污染治理与土壤及地下水修复两类项目，上述两类项目一般包括高浓度废水处理或污染地下水的修复与处置等服务内容，其工艺路线包括混凝沉淀工艺、Fenton 氧化工艺、厌氧—兼氧—好氧生物处理工艺等，而上述定制化方案往往需要使用大量的水泵、搅拌器等通用型水处理设备。因此，针对水污染治理、土壤及地下水修复两类项目，公司会根据客户需求、项目特点、经济效益等因素综合考虑采购赛莱默或其他品牌的通用型水处理产品、备件，作为相关工艺路线中的配套设备。

（二）赛莱默产品代理销售与自用的金额和比例

报告期内，公司环保产品销售与服务和环保综合治理服务两类业务向赛莱默采购的产品中用于代理销售及自用的金额及比例情况如下：

单位：万元

项目	2020 年 1～9 月		2019 年		2018 年		2017 年	
	金额	占比	金额	占比	金额	占比	金额	占比
环保产品销售与服务（代理销售）	1578.97	81.96%	1238.33	100.00%	1089.63	71.19%	2314.09	95.74%
环保综合治理服务（自用）	347.45	18.04%	—	—	440.98	28.81%	103.02	4.26%
合计	1926.42	100.00%	1238.33	100.00%	1530.61	100.00%	2417.11	100.00%

二、自用赛莱默产品的具体情况，在公司环保治理项目中的作用，是否对赛莱默存在依赖，核心技术是否受限于赛莱默

（一）自用赛莱默产品的具体情况以及在公司环保治理项目中的作用

报告期各期，根据相关项目需求情况，公司向赛莱默采购的用于自用的产品金额分别为 103.02 万元、440.98 万元、0、347.45 万元。公司采购的自用赛莱默产品的类型主要为水泵、搅拌器及相应备品备件。水泵和搅拌器是针对涉及水质污染治理的主流通用设备之一，水泵的作用是输送液体或使液体增压，而搅拌器是为了推进含有悬浮物的污水并通过加强搅拌以防止污泥沉淀。赛莱默的搅拌器作为废水处理的配套设备通过加强搅拌能够实现水质均匀的功能，设备运行稳定可靠、故障率低、检修率低。

（二）公司的业务开展对赛莱默依赖较低，核心技术亦不受限于赛莱默

报告期内公司在环保综合治理服务业务中向赛莱默采购的自用产品系通用设备，采购金额占比较低，公司开展环保综合治理服务业务不构成对赛莱默产品的依赖，公司核心技术的应用亦不受限于赛莱默产品。

小兵评析

1. 发行人代理了国外的知名产品，一种是代理销售，另一种是自用。其实商业逻辑很简单：如果是自己做工程需要消耗一些产品，那么就是自用；如

果是发行人为客户服务的时候，客户指定国外这个品牌，那么就是发行人代理采购销售。两种模式还是能分得比较清楚的。

2. 发行人对两种模式下的产品情况作了分析，自然也回答了一个问题：是否对这个境外品牌存在重大依赖。

案例 10　倍特药业（创业板已过会，终止注册）——带量集采对发行人业绩的影响

【问询问题】

首轮问询回复显示，发行人头孢呋辛酯片、富马酸替诺福韦二吡呋酯片、氟康唑胶囊、非那雄胺片、头孢地尼胶囊等产品在集中采购目录范围内中标，中标产品价格最高降幅为96.43%，最低降幅为79.66%。请发行人：（1）结合报告期内中标集采产品原销售情况、中标后销售价格及销量变动情况，量化分析中标集采产品对发行人经营业绩的影响；（2）结合同行业其他公司生产的同通用名药品已纳入集中采购目录的采购区域、中标价格、数量，分析发行人已上市产品未中标集中采购对发行人该类产品销售及生产经营业绩的影响；（3）结合国家集中采购改革计划及推进情况，说明发行人产品价格是否存在全面下滑风险，是否影响发行人持续经营能力，如是，请说明发行人拟采取的应对措施并充分披露相关风险。

【披露信息】

一、结合报告期内中标集采产品原销售情况、中标后销售价格及销量变动情况，量化分析中标集采产品对发行人经营业绩的影响

报告期内，发行人中标药品集采的产品中标前后价格、销量、收入情况如下：

单位：数量：万片、万粒；平均单价：元/片、元/粒；收入：万元

序号	药品名称	规格	中标带量采购批次	中标前一年			中标后一年		
				销售数量	平均单价	收入	销售数量	平均单价	收入
1	头孢呋辛酯片	250mg	2018年12月第一轮带量采购	1742.45	0.87	1521.60	11,417.27	0.58	6654.34
2	富马酸替诺福韦二吡呋酯片	300mg	2018年12月第一轮带量采购、2019年9月扩面带量采购	2408.46	8.37	20,147.26	6958.09	2.73	18,975.16
3	氟康唑胶囊	50mg	2020年1月第二轮带量采购	13.68	5.09	69.69	不适用	不适用	不适用
4	非那雄胺片	5mg	2020年8月第三轮带量采购	3433.40	0.52	1800.09	不适用	不适用	不适用
5	头孢地尼胶囊	100mg	2020年8月第三轮带量采购	—	—	—	不适用	不适用	不适用

由上表可见，药品集中采购对于发行人销售收入是一把“双刃剑”：对于集中采购前市场占有率高的品种，集中采购大幅降低了药品价格，对销售收入将产生不利影响；但对于在集中采购前市场占有率较低的品种，如果能够中标集中采购，可以迅速扩大销量，抢占市场，从而提高销售收入。

二、结合同行业其他公司生产的同通用名药品已纳入集中采购目录的采购区域、中标价格、数量，分析发行人已上市产品未中标集中采购对发行人该类产品销售及生产经营业绩的影响

发行人未中标药品集采的已上市产品（指已取得药品注册批件的产品）在集采前后的收入情况如下：

序号	药品名称	规格	纳入带量采购批次	集采前一年收入（万元）	集采后一年收入（万元）
1	盐酸右美托咪啶注射液	0.2mg/2ml	2018年12月第一轮带量采购、2019年9月扩面带量采购	—	—
2	阿奇霉素注射剂	0.5g	2018年12月第一轮带量采购	44.78	89.19
3	头孢呋辛酯片	250mg	2019年9月扩面带量采购	6654.34	不适用
4	左氧氟沙星滴眼液	5ml：24.4mg	2020年8月第三轮带量采购	—	不适用
5	头孢克洛分散片	0.25g	2020年8月第三轮带量采购	2297.11	不适用

除头孢呋辛酯片外，发行人上述品种未中标集中采购主要是由于相关产品尚未通过一致性评价，无法参与集中采购。

由于该品种实际中选企业为3家，根据集采招标文件，首年约定采购量为首年约定采购量计算基数的70%。

发行人该规格产品2019年实现毛利2189.86万元，占发行人2019年整体毛利的0.84%。即使假设2020年公立医院完全不采购发行人该产品，对发行人经营业绩影响也较小。

三、结合国家集中采购改革计划及推进情况，说明发行人产品价格是否存在全面下滑风险，是否影响发行人持续经营能力

（一）国家集中采购改革计划及推进情况

2015年2月，国务院办公厅发布了《关于完善公立医院药品集中采购工作的指导意见》（国办发〔2015〕7号），首次提出"量价挂钩""落实带量采购"；同年6月，原国家卫生计生委发布了《关于落实完善公立医院药品集中采购工作指导意见的通知》（国卫药政发〔2015〕70

号），提出“省级药品采购机构应及时汇总分析医院药品采购计划和采购预算，合理确定药品采购范围，落实带量采购”。由此，各省份及试点城市开始陆续实施药品集中带量采购。

2018年11月，中央全面深化改革委员会第五次会议审议通过了《国家组织药品集中采购试点方案》，明确了“国家组织、联盟采购、平台操作”的总体思路。同月，11个试点地区委派代表组成的联合采购办公室在上海阳光医药采购网正式公布了《4+7城市药品集中采购文件》，并在4个直辖市（北京、天津、上海、重庆）及7个试点城市（沈阳、大连、厦门、广州、深圳、成都、西安）试点“带量采购”。第一批“带量采购”涉及31个品种，均为化学仿制药，促进了仿制药价格的下降。

第一轮带量采购实施后，带量采购实施范围及采购区域不断深化延伸：①2019年9月，上海阳光医药采购网正式发布联盟地区药品集中采购拟中选结果，“4+7”试点带量采购推广至全国25个联盟。②2019年12月，上海阳光医药采购网发布了《全国药品集中采购文件（GY－YD 2019－2）》，开展第二轮国家组织药品集中采购和使用工作，本轮带量采购涉及33个新品种。③2020年7月，上海阳光医药采购网发布了《全国药品集中采购文件（GY－YD 2020－1）》，开展第三批国家组织药品集中采购和使用工作，本轮带量采购涉及56个品种。第三轮带量采购已于2020年8月20日在上海开标。

（二）发行人产品价格不存在全面下滑风险，不影响发行人持续经营能力

基于我国集中采购改革计划及近年来几轮带量采购推进执行情况，发行人产品价格不存在全面下滑风险，带量采购不会影响发行人持续经营能力，主要原因如下：

1. 药品带量采购将有步骤地逐步推进：我国带量采购旨在降低患者用药负担、降低交易成本、提高群众用药安全。根据近年来多轮带量采购纳入标准，国内带量采购所遴选品种主要为有3家及3家以上（含原

研药）通过一致性评价的化学仿制药物，通常为临床需求量大、已过专利期且市场上存在多家仿制药竞争较为充分的化学药。因此带量采购工作并非一蹴而就地在全国仿制药品种中全面铺开，而将随着仿制药一致性评价工作进程逐步推进。

2. 发行人已上市产品布局丰富：发行人拥有超过210个制剂产品和60个原料药产品的注册批件，多个产品为首仿或独家，主要产品中同通用名竞品已有3家以上通过一致性评价的并不多。结合目前已执行带量采购情况，发行人中标第二轮带量采购的品种氟康唑胶囊、非那雄胺片中标前销售收入较低，发行人中标第三轮带量采购的品种头孢地尼胶囊系新申报上市品种，多元化的产品布局有益于发行人抵御带量采购带来的价格压力。

3. 带量采购对纳入品种具有积极正向作用：带量采购的本质逻辑之一为“以量换价”，自第一轮带量采购以来，中标品种的中标价格有一定程度下降，但一方面，价格下降主要系带量采购政策释放了制度性成本而打开了合理降价空间、形成合理稳定预期，并非持续性竞价下降；另一方面，参与带量采购有益于促进药物的销量、深化药品在采购地区的渗透率、增加发行人的市场影响力，为患者提供质量可靠、供应稳定的健康保障。例如：①发行人中标第一轮带量采购的头孢呋辛酯片，中标后一年销售收入增加5132.74万元、毛利增加1297.83万元；②发行人中标第三轮带量采购的头孢地尼胶囊为新申报上市品种，中标前尚未展开销售，纳入带量采购目录后将对其销售业绩有显著提升，有益于其迅速打开市场。因此中标带量采购并不必然导致对应品种销售收入减少，虽中标价格较中标前价格有一定程度下降，但其带来的销量迅速增长、渗透率提升等正向促进效果有益于其促进销售收入上升。

4. 发行人高度重视药物质量，稳步推进药品一致性评价工作并积极参与带量采购：从药物质量研究技术储备、科研团队、药物潜力评估分析等维度保障一致性工作的稳步有序推进，2020年上半年，发行人申报一致性评价的数量位列全国前十，目前已有头孢克肟分散片、注射用氨苄西林钠、盐酸氨溴索注射液等近 20 个品种一致性评价申请获 CDE 受理，竞争位次靠前；与此同时，磷酸奥司他韦胶囊及干混悬剂、吸入用布地奈德混悬液、甲磺酸仑伐替尼胶囊等多个按新药品注册分类申报（视同通过一致性评价）的高端仿制药已位于审批上市阶段。未来随着更多高潜力品种一致性评价工作的完成及高端仿制药品种按新注册分类申报上市工作的不断推进，发行人将进一步巩固在高端仿制药领域的优势布局，有效抵御集中采购带来的价格下降风险。

综上所述，发行人产品价格不存在全面下滑风险，带量采购政策的深化执行不会影响发行人持续经营能力。

小兵评析

1. 这个案例简单提到了最近很重要的一个医药行业的政策：带量集采。带量集采最大的影响就是药品的采购价格会大幅下降，发行人的两个产品价格分别降低了 96% 和 80%，下降的幅度还是很大的，自然会对发行人的经营业绩产生不利影响。

2. 当然，因为发行人产品众多，目前带量集采目录的产品只有两个，就算价格大幅下降，对盈利水平的影响也不是很突出。

3. 发行人解释说带量集采是一把“双刃剑”，尽管产品价格大幅下降，但是进了目录销售数量和市场规模也会大幅提升，自然也有好的效果。不过，既然带量集采是为老百姓争取最大的福利，那么必然抢走的就是药企的“蛋糕”，不然这个逻辑怎么站得住脚呢？

案例 11 力量钻石（301071）——与竞争对手进行业务合作

【问询问题】

申报材料显示，报告期内存在 6 家公司既是客户又是供应商的情形，其中，有3家公司系发行人竞争对手，发行人称向竞争对手采购的原因系下游客户需求多种多样，存在调货需求。请发行人：(1) 补充披露发行人与前述公司开展合作的历史和合作模式变化情况，同行业可比公司是否存在相似情形，是否符合行业惯例；补充说明前述6家客户的设立时间、股权结构、实际控制人、主营业务和经营规模，发行人与其交易金额占其相关采购和销售金额的比例，该等主体是否专为与发行人开展业务而设立，是否与发行人的其他客户供应商存在业务或资金往来、与发行人及其关联方存在关联关系或者其他未披露的利益安排。(2) 结合与前述公司签订的合作协议主要条款，包括但不限于合作内容、主要权利义务、定价政策、合作期限、合作排他条款、商业保密条款、续期安排和违约责任安排等，补充披露对其销售是否必须以采购为前提，与前述公司合作在返利政策、信用政策、结算政策和维保政策方面与其他第三方是否存在差异，并进一步说明相关合作模式的稳定性和可持续性，发行人对该等主体是否存在业务依赖；补充披露采购、销售的产品与其他第三方产品的价格或公开市场报价是否存在重大差异，如是，说明原因及合理性。

【披露信息】

一、发行人与前述公司开展合作的历史和合作模式变化情况，同行业可比公司是否存在相似情形，是否符合行业惯例

（一）发行人与前述公司开展合作的历史和合作模式变化情况

公司与上述公司开展合作的历史均较长，均采用直销模式，未发生变化。

（二）同行业可比公司是否存在相似情形，是否符合行业惯例

由于金刚石单晶、金刚石微粉产品根据粒度、品级、用途等不同可分为上百种规格型号的细分产品，不同规格型号的产品具有不同用途、价格，由于下游客户需求多种多样，在单个企业不能满足客户需求时，行业内企业之间存在合理的调货需求。

因此，在上述行业背景和产品特点的基础上，报告期内公司存在部分客户与供应商重叠、与竞争对手存在交易等情况符合业务发展实际情况和行业惯例。

同行业可比公司惠丰钻石存在客户与供应商重叠、客户与竞争对手重叠的情形。中兵红箭、黄河旋风、豫金刚石等同行业公司未公开披露其具体客户、供应商名称，因此，通过公开披露信息无法判断其是否存在同类情况，但是通过与公司的实际交易情况可以判断其亦存在相似情况：对于黄河旋风而言，公司既是其客户又是其供应商；对于黄河旋风、豫金刚石、联合精密等公司而言，公司既是其供应商又是竞争对手。

综上所述，由于人造金刚石行业、产品的特点，同行业可比公司与发行人存在相似情形，均存在客户与供应商重叠、客户与竞争对手重叠的情形，该等情形符合行业惯例。

二、发行人与其交易金额占其相关采购和销售金额的比例，该等主体是否专为与发行人开展业务而设立，是否与发行人的其他客户供应商存在业务或资金往来、与发行人及其关联方存在关联关系或者其他未披露的利益安排

（一）前述 6 家客户的设立时间、股权结构、实际控制人、主营业务和经营规模

上述 6 家客户的成立时间较早，均成立于报告期外；其主营业务均属于超硬材料范畴，与公司同属于人造金刚石产业链的上下游，公司与上述客户的业务合作属于正常的商业往来。

（二）发行人与其交易金额占其相关采购和销售金额的比例

报告期内，发行人与既是客户又是供应商的交易金额占其相关采购和销售金额的比例较低，且不超过 30%。

（三）上述主体并非为发行人开展业务而设立

报告期内，上述主体对发行人销售金额占其营业收入的比例均低于

30%，对发行人采购金额占其采购金额的比例均低于30%。因此，上述主体并非为发行人开展业务而设立的。

（四）是否与发行人的其他客户供应商存在业务或资金往来、与发行人及其关联方存在关联关系或者其他未披露的利益安排

经访谈了解，湖南金辉新材料有限公司、克石通金刚石（厦门）有限公司存在向公司供应商中南钻石、黄河旋风采购金刚石单晶的情况。

报告期内，发行人、发行人控股股东、实际控制人、持股5%以上股东、董事、监事、高级管理人员与上述公司均不存在关联关系或其他未披露的利益安排。

三、发行人向前述公司采购、销售的产品价格

整体上公司向上述客户销售产品的价格与当期同类产品销售均价基本保持一致。由于公司金刚石单晶和金刚石微粉的产品规格型号较多，不同规格型号产品的销售存在价格差异，上述销售均价系公司全品类产品的销售均价，如果客户在某一期间采购产品型号相对集中，则存在一定的价格差异。

小兵评析

1. 关于客户和供应商重叠的情形，其实在目前IPO审核案例中已经非常普遍了。这样的重叠情形，不会构成IPO的实质性障碍，对于这种问题的审核关注也基本成熟，彼此达成了共识。毕竟，随着产业链的进一步延长和分化，这种上下游重合的事情只会越来越多。

2. 关于发行人与竞争对手合作的情形，其实也不是什么新鲜事，毕竟在商业竞争环境下，没有永远的朋友，也没有永远的敌人，只有永远的利益。在存在互相购买设备和原材料以及调货的情形下，发行人与竞争对手的合作也不是什么新鲜事。对于竞争对手与发行人合作这样的问题，本身就不应该大惊小怪，应该属于非常普遍的商业竞争和合作的情形。

3. 其实，关于发行人和竞争对手的合作情形，在以前的案例中就存在其他情形，例如，竞争对手成为发行人最重要的客户、竞争对手入股发行人、发行人与竞争对手一起进行招投标开发客户等。只要坚持利益永远都是公平的这个基本法则，看待这些问题你就不会觉得奇怪，IPO 审核也不应该过度敏感。

PART 02

第二部分

基本规则的尊重

我们一直讲尊重规则，简单来说，就是以最强的宽容态度，以最大的政策底线，在规则范围内去认识和解释规则。

举一个简单的例子：这里有一个橙子，有的人说我喜欢吃，有的人说我肠胃不好不适合吃，但是没有人否认这是个橙子，我觉得这个思路可以。如果这里有一个橙子，大家都觉得是橙子，可是你非要说它是个橘子，并且反驳法规不是允许我们自己对事物的判断吗，那我就说它是橘子也不违法对不对，毕竟橙子和橘子都是水果。如果是这种解释思路呢？

以前的IPO审核，如果监管机构觉得你就是在胡搅蛮缠、避重就轻，那么，轻则暂停审核冷处理，重则直接打回来重新申报。这种处理方式确实有时候看起来太简单粗暴，但是也确实把握住了IPO审核的底线，没有出现大的失误。而在注册制下，审核节奏加快了，审核标准多样了，审核环境宽容了，审核的根基好像也有点不稳。

小兵研究了一些案例，发现中介机构总是一次次试探监管底线，关键是很多次也成功了。对于审核机构来说，注册制审核理念变成了自身的紧箍咒，你非说这是橘子，只要你有合理的理由，也没有明显违反规则的地方，我也只能认可你的说法，真正成了“谁主张，谁举证”的逻辑。

于是，我们就看到了一些对于问题不可思议的处理方式，但是这的确不算是创新。我们应该用大无畏的勇气和智慧去迎接改变和创新，哪怕是惊天动地的变革，但是不管是怎样的发展趋势，IPO的很多底线和原则，小兵觉得还是要坚持，这样我们可以进步更大，也会跑得更快。

我们必须要知道：合法是一个问题处理的最低标准，合理才是更高要求啊！

第一章　股权相关问题

对于任何一个企业来说，股权问题都是复杂且敏感的，毕竟动辄就涉及重大利益的分配甚至纠葛。在以前的IPO审核中，发行人在公开资料中一般也会尽量简略披露，顶多披露一个关于股权问题的结论，至于问题发生的背景、问题解决的过程以及可能存在的利益纠纷，都是能不说就不说。而在注册制的审核理念下，基于充分信息披露的审核理念，我们确实看到了更多、更丰富的关于股权相关的案例和素材。

同样，在以前的IPO审核标准中，股权相关的问题一直都是绝对的红线，无论是大股东还是小股东，无论是股权纠纷还是法律风险，都可能会直接影响IPO审核进程。在注册制的审核标准中，对于股权问题的判断，主要还是基于重要股东的股份是否清晰，相关的股权问题是否影响发行人实际控制权，而对于一些小的股权纠纷，允许带着问题审核，只要能够充分披露这样的股权问题可能带来的之后的以及对发行人本身的影响。

因而，在本章内容中，我们从不同的角度，整理和分析了各种情况下涉及股权问题的案例，主要是想通过这些案例来跟大家分享注册制下关于股权问题审核理念和审核标准的重大变化。从某种意义上来说，股权问题可能是注册制审核中变化最大的内容之一。

第一节　实际控制人的特殊认定情形

案例 12　信濠光电（301051）——执行事务合伙人是合伙企业实际控制人吗

【问询问题】

2016 年 12 月至 2019 年 5 月，富沃盈丰直接持有发行人 30% 的股份。同时，梁国豪为富沃盈丰的执行事务合伙人，持有富沃盈丰 33.58% 的财产份额，是富沃盈丰第一大份额持有人。上述期间内，梁国豪直接持有发行人 16% 股权，并对其兄梁国强持有的 4% 股权具有重大影响力。在上述情形下，认定梁国豪不能控制富沃盈丰、进而不能控制发行人是否合理，依据是否充分。

【披露信息】

一、认定梁国豪无法控制富沃盈丰的原因

（一）梁国豪作为富沃盈丰执行事务合伙人，仅对外代表合伙企业执行合伙企业事务，不能对重大事项独自作出决策

1. 富沃盈丰自 2015 年 7 月成为发行人员工持股平台，其决策均主要由梁国豪、姚浩、梁建、梁金培 4 人协商确定，该等决策机制具备一贯性和延续性

富沃盈丰自成为发行人持股平台时至 2016 年 11 月 21 日共有 4 名普通合伙人，分别为梁国豪、梁建、姚浩及梁金培，梁国豪并非唯一的普通合伙人；同时，根据当时的《合伙协议》，处分合伙企业的不动产、转让或者处分合伙企业的知识产权和其他财产权利、以合伙企业的名义为他人提供担保等特殊事项须经全体合伙人一致同意方可作出决议，其他合伙企业的一般事项需经全体合伙人过半数通过作出决议，执行事务

合伙人仅负责合伙企业日常运营、对外代表合伙企业，并按照《合伙协议》的约定或合伙人会议作出的决议执行合伙企业事务。同时，根据富沃盈丰日常运作及决策的实际情况，合伙企业的一般事项及重大事项均需经富沃盈丰当时的4名普通合伙人梁国豪、梁建、姚浩及梁金培协商确定，梁国豪不能对富沃盈丰运营管理及重大事项独自作出决策。

2016年11月21日，为简化富沃盈丰审批流程，经富沃盈丰全体合伙人共同作出决议，决定对富沃盈丰的合伙人构成及《合伙协议》的决策程序作出相应修改，原普通合伙人姚浩、梁建及梁金培变更为有限合伙人，梁国豪作为富沃盈丰唯一普通合伙人继续担任富沃盈丰执行事务合伙人，对外代表全体合伙人执行合伙企业事务。根据修改后的《合伙协议》的约定，合伙企业的日常经营管理事宜由执行事务合伙人决定并执行，《合伙协议》下列重大事项需由持有合伙企业2/3以上出资份额的合伙人同意方可执行：以合伙企业名义为他人提供担保；同意有限合伙人与本合伙企业进行交易；制定合伙企业的基本管理制度；出售、转让或以任何方式处置合伙企业的资产，或在合伙企业的资产上设置第三方权属负担。除上述事项及《合伙协议》第14条事项外，合伙企业的其他重大事项均须经合伙人会议决策并由持有合伙企业1/2以上出资份额的合伙人同意方为有效，执行事务合伙人应按照合伙人会议的决定执行合伙企业事务。

根据《合伙协议》的上述约定，富沃盈丰出售、转让或以任何方式处置其持有的信濠光电股权及其他合伙企业资产、富沃盈丰对外提供担保、选任执行事务合伙人、决定合伙人身份转变、合伙人入伙、退伙及相应财产份额调整等重大事宜均由合伙人会议作出决议，梁国豪无法通过担任执行事务合伙人独自对上述重大事宜作出决策。

因梁国豪转让其通过信濠精密所持有的信濠光电全部股权后，拟将未来的主要精力专注于信濠精密的经营管理，不再主持信濠光电的日常经营管理事项，仅通过出席信濠光电董事会及股东大会行使股东及董事权利，梁国豪、姚浩、梁建及梁金培达成一致约定，梁国豪在作为富沃盈丰普通合伙人并执行合伙事务期间，在与姚浩、梁建及梁金培充分协商前，不能独立行使富沃盈丰持有信濠光电相应股权的表决权。

此外，梁国豪、姚浩、梁建及梁金培签署了《关于深圳市富沃盈丰投资合伙企业（有限合伙）合伙协议的补充约定》："现对富沃盈丰合伙协议补约定如下：梁国豪在作为富沃盈丰普通合伙人并执行合伙事务期间，在与梁建、姚浩及梁金培充分协商并取得一致意见前，不得独立行使富沃盈丰持有信濠光电相应股份的表决权。如协商后无法达成一致意见的，应提交富沃盈丰合伙人会议并经持有合伙企业1/2以上出资份额的合伙人同意方可执行。如梁国豪违反本补充协议约定，视为在执行合伙企业事务时存在不当行为，其他合伙人有权要求更换执行事务合伙人。"

综上，富沃盈丰的重大事项均由梁国豪、梁建、姚浩及梁金培协商一致后决定，该等决策机制具备一贯性和延续性。

2.《合伙协议》中有明确更换执行事务合伙人的流程及依据，梁国豪对更换执行事务合伙人事项未拥有否决权

综上，结合富沃盈丰《合伙协议》的上述约定，在梁国豪作为执行事务合伙人不存在任何不当行为且不存在任何《合伙企业法》或《合伙协议》约定的应予退伙或除名的事由的前提下，富沃盈丰合伙人仍可以根据《合伙协议》的约定通过以下事由和程序随时更换执行事务合伙人：（1）梁国豪不再有足够的时间和能力执行合伙企业事务，持有富沃盈丰1/2以上出资份额的合伙人可以更换执行事务合伙人；（2）经持有富沃盈丰1/2以上出资份额的合伙人同意，将梁国豪由普通合伙人转变为有限合伙人，并将其他有限合伙人转变为普通合伙人执行合伙企业事务。

因此，姚浩、梁建和梁金培当时分别持有富沃盈丰33.33%、14.09%和6.94%出资额，合计已超过51%，在不考虑其他合伙人出资额的情况下，姚浩、梁建和梁金培可以行使其表决权对富沃盈丰执行事务合伙人

予以更换，梁国豪对更换执行事务合伙人事项未拥有否决权。

3. 梁国豪对富沃盈丰其他合伙人的决策不存在重大影响

自富沃盈丰作为发行人持股平台以来，梁国豪与富沃盈丰其他合伙人不存在亲属关系或一致行动协议等类似安排，对其他合伙人的决策不存在重大影响。

保荐机构和发行人律师对富沃盈丰主要合伙人梁国豪、姚浩、梁建及梁金培进行了访谈，对富沃盈丰其他小份额合伙人吕珠香、刘军等人进行访谈，在富沃盈丰的实际运营中，梁国豪对富沃盈丰其他合伙人的决策不存在重大影响，富沃盈丰决策主要由梁国豪、姚浩、梁建、梁金培四人协商确定，任意单一合伙人均无法单独决策其重要事项。

（二）富沃盈丰各合伙人出资比例相对分散，且第一和第二份额持有人份额相当，梁国豪无法通过其持有的财产份额控制富沃盈丰

截至2016年12月，梁国豪、姚浩、梁建及梁金培分别持有富沃盈丰33.58%、33.33%、14.09%及6.94%的出资份额（其中梁国豪、姚浩持有出资份额比例接近且均超30%），其他29名合伙人共持有12.06%的出资份额。自2016年12月至2020年，富沃盈丰各合伙人出资份额进一步分散，任一合伙人均不能单独实际控制富沃盈丰。据此，各合伙人持有富沃盈丰出资份额的比例较为分散，任一合伙人均不能对富沃盈丰形成控制。

（三）主要合伙人已书面确认富沃盈丰自2015年7月至2020年无实际控制人

根据《深圳证券交易所创业板股票首次公开发行上市审核问答》问题9关于实际控制人的认定："……在确定公司控制权归属时，应当本着实事求是的原则，尊重企业的实际情况，以发行人自身的认定为主，由发行人股东予以确认。"根据富沃盈丰主要合伙人出具的书面确认，富沃盈丰自2015年7月至2020年，均无实际控制人。

（四）梁建、梁凤连、梁金培和梁富明不存在为梁国豪、梁国强代持股份的情形

梁建、梁凤连、梁金培和梁富明投资富沃盈丰资金来源主要为自筹及自有资金，不存在为梁国豪、梁国强代持股份的情形。

综上，虽然梁国豪担任富沃盈丰的执行事务合伙人，但根据富沃盈丰《合伙协议》的约定及富沃盈丰日常经营的实际决策情况，其不能对富沃盈丰的重大事项独自作出决策，不能控制富沃盈丰，亦不能间接控制富沃盈丰持有发行人股份的表决权。因此，认定梁国豪不能控制富沃盈丰符合富沃盈丰实际情况，依据充分。

二、认定梁国豪进而无法控制发行人的原因

2016年12月，梁国豪控制的信濠精密将其持有发行人20%的股权转让给了5名新增股东，本次股权变更完成后即自2016年12月27日起，梁国豪不再通过其实际控制的信濠精密持有公司任何股权，仅直接持有发行人16%的股权（其兄梁国强持有4%股权），已低于王雅媛30%的持股比例。同时，梁国豪将其持有富沃盈丰的11.66%的出资份额转让给其他合伙人，其通过富沃盈丰间接持有的公司权益减少了3.50%。

综上，因梁国豪无法控制富沃盈丰，其合计持有的股份所享有的表决权已无法对股东大会决议产生决定性影响，梁国豪不能控制发行人，公司自2016年12月27日起变更为无实际控制人。

小兵评析

1. 某个合伙企业持有发行人30%的股份，而梁国豪持有合伙人第一大份额，且是唯一的普通合伙人兼执行事务合伙人。在这种情况下，发行人认为梁国豪不能实际控制这个合伙企业，进而也就不能通过直接持有和重大影响的20%股份一起来控制发行人。如果认定梁国豪能够实际控制这个合伙企业，那么，梁国豪能够控制的发行人股份为50%。而现在，发行人是另外的解释思路，

认定发行人不存在实际控制人，因而需要充分解释梁国豪不能控制这个合伙企业。

2. 梁国豪不能控制这个合伙企业，理由是：（1）梁国豪是执行事务合伙人，但是不能单独对外决策；（2）梁国豪的执行事务合作人存在被撤换可能，没有一票否决权；（3）交易所不是说实际控制人认定要尊重事实，股东可以自我约定，于是合伙企业出资人一致认定，合伙企业没有实际控制人。为了进一步解释梁国豪不是公司实际控制人，梁国豪不只转让了其他间接持有的发行人股份，还转让了部分合伙企业的份额。

3. 就目前的审核规则来说，认定为无实际控制人其实也没有太多好处，既规避不了同业竞争也规避不了股份锁定期。以前有人说没有实际控制人就不存在实际控制人变更的问题，这也是无稽之谈。发行人为什么一定要解释没有实际控制人呢？发行人认为，梁国豪确实管理重心已经不在发行人，只是作为股东和董事参与决策，这个小兵是认可的，那么，为什么就不能解释为梁国豪直接不再担任合伙企业的执行事务合作人呢？

4. 还需要注意的是，发行人找了现在已经上市和正在上市的关于合伙企业实际控制人认定的案例，最近三年 IPO 审核案例中，没有执行事务合作人不是合伙企业实际控制人的案例。偶尔有几个，其一是已经上市的公司，其二与控制权没关系，也只能参考而不能作为依据。

案例 13 泽宇智能（301179）——公司创始人和实际控制人不持有发行人股份

【问询问题】

审核问询回复显示，夏耿耿未持有公司股份系因其与张剑夫妻二人在多年的创业历程中形成的默契，为其二人共同的意愿表示。根据申报材料，夏耿耿主要工作经历均涉及电力及相关行业，张剑早期未有相关行业从业经历。请发行人结合张剑、夏耿耿的个人履历及创业经历、在同行业公司中的任职经历及工作职能情况、家庭财产分配相关安排等，进一步披露夏耿耿未直接持有发行人股份的原因及合理性，是否存在其他利益安排，夏耿耿直接持有发行人股份是否存在法律或其他事实障碍。

【披露信息】

一、张剑、夏耿耿的个人履历及创业经历、在同行业公司中的任职经历及工作职能情况、家庭财产分配相关安排

（一）个人履历

姓名	职务	个人履历
张剑	董事长	1984年9月至1985年10月，任南通市规划设计院测量队技术员； 1985年10月至2005年6月，任南通市城市建设档案馆助理馆员、馆员、副馆长； 2005年8月至2011年11月，任润源宇执行董事； 2011年11月至2018年12月，任泽宇有限执行董事； 2018年12月至今，任公司董事长
夏耿耿	董事兼总经理	1985年8月至1995年2月，任南通市供电公司设计院技术员； 1995年2月至2000年5月，任南通电联技贸中心总经理； 2000年5月至2004年3月，任泽惠沁总经理； 2004年3月至2011年11月，任润源宇总经理； 2011年11月至2018年12月，任泽宇有限总经理； 2018年12月至今，任公司董事兼总经理

（二）创业经历

2000年，发行人实际控制人夏耿耿从南通电联技贸中心离职后自主创业，设立泽惠沁开始从事通信设备的销售，主要产品为光通信设备、会议电视网络等设备；2004～2005年，因业务发展需求以及看好电力行业相关的通信网络建设，发行人实际控制人先后成立润源宇、泓宇惠，从事电力行业通信设备的销售，主要产品包括光通信设备、会议电视网络设备、交换、软交换、数通等通信设备；2008年，因扩展南京、北京业务，泓宇惠、泽惠沁分别出资设立源濠元、恩泽沁源，从事通信设备的销售；2009年，随着业务规模的扩大以及对公司整体业务发展的考虑，

实际控制人通过润源宇投资设立泽宇工程，开始从事电力信息化行业通信工程施工业务；2011年，随着我国智能电网建设的展开，市场空间逐渐放大，基于多年电力行业的沉淀，实际控制人考虑拓展业务和服务范围，成立泽宇有限和泽宇设计，分别从事电力信息化行业的系统集成服务和电力咨询设计业务。

（三）在同行业公司中的任职经历及工作职能情况

1. 夏耿耿

1985年8月至1995年2月，夏耿耿就职于南通市供电公司，担任设计院技术员，从事电力设计工作；1995年2月至2000年5月，夏耿耿就职于南通电联技贸中心，担任总经理，负责南通电联技贸中心的日常经营管理活动，南通电联技贸中心主要从事通信设备的销售。

此后，夏耿耿未在其他非关联企业任职。

2. 张剑

张剑在与夏耿耿自主创业前，未有在同行业公司任职的情况。

（四）家庭财产分配相关安排

夏耿耿与张剑于1989年建立婚姻关系，其夫妇二人未对家庭财产分配有过任何特殊安排，二人对在婚姻关系存续期间所得的生产经营权益和收益归夫妻共同所有，有平等的处理权。

二、夏耿耿未直接持有发行人股份的原因及合理性，是否存在其他利益安排

夏耿耿未持有公司股份系因其与张剑夫妻二人在多年的创业历程中形成的默契，为其二人共同的意愿表示。二人在创业过程中，除泽惠沁、泓宇惠、恩泽沁源外，二人设立的其他同行业公司中均由张剑持股。在创业过程中，夏耿耿主要负责公司的业务开拓，张剑主要负责公司的后勤管理、人事行政等内部管理工作。

此外，基于夏耿耿与张剑的夫妻关系，夏耿耿与张剑共同享有后者通过直接和间接持有公司股份所对应的权利并共同承担相应的义务，并

就相关股权对外承担连带责任。

综上所述，夏耿耿未持有发行人股份的原因系其夫妻二人在多年创业历程中形成的共同意愿表示，具有合理性，不存在其他利益安排。

三、夏耿耿直接持有发行人股份是否存在法律或其他事实障碍

（一）外商投资企业负面清单管理制度

我国对外商投资实行准入前国民待遇加负面清单管理制度，根据泽宇有限、泽宇设计、泽宇工程设立时有效的《外商投资产业指导目录（2007年修订）》及其后续修订版本（以下统称《负面清单》）。

发行人所从事的电力咨询设计、系统集成、工程施工及运维业务不属于《负面清单》所规定的禁止或限制外商投资的产业。

（二）外商投资建筑业企业管理规定

根据《外商投资建筑业企业管理规定》（已于2020年1月17日废止）第15条的规定，外资建筑业企业（外商独资设立的建筑业企业）只允许在其资质等级许可的范围内承包以下特定工程：（1）全部由外国投资、外国赠款、外国投资及赠款建设的工程；（2）由国际金融机构资助并通过根据贷款条款进行的国际招标授予的建设项目；（3）外资等于或者超过50%的中外联合建设项目；外资少于50%，但因技术困难而不能由中国建筑企业独立实施，经省、自治区、直辖市人民政府建设行政主管部门批准的中外联合建设项目；（4）由中国投资，但因技术困难而不能由中国建筑企业独立实施的建设项目，经省、自治区、直辖市人民政府建设行政主管部门批准，可以由中外建筑企业联合承揽的。

除外商独资设立的建筑业企业外，中外合资经营建筑业企业和中外合作经营建筑业企业取得建筑业企业资质后均可在其资质等级许可的范围内承包工程，无特定承包工程的限制。

（三）夏耿耿的股东资格

夏耿耿具有完全民事行为能力，不存在权利能力受到限制的情形，不属于《公司法》《证券法》《公务员法》《中共中央、国务院关于进一

步制止党政机关和党政干部经商、办企业的规定》《中共中央、国务院关于严禁党政机关和党政干部经商、办企业的决定》等法律、法规、规章和规范性文件规定的不得担任公司股东的情形，不存在因其身份不合法不得担任发行人股东的情况。

综上所述，夏耿耿直接持有发行人股份不存在法律或其他事实障碍。

小兵评析

1. 这个案例不是很复杂，但是有些违背常识，值得关注。就案例的情况来看，作为发行人的真正原始创始人、具有丰富的行业经验的人，公司的董事长后来的董事兼总经理，却没有持有发行人的股权，因为其把股权都给了配偶。

2. 这样的事情的确有些奇怪，但若说是创业的默契或者说就是夫妻之间的一种约定，不违法也不违规，小兵觉得也没有什么，至于是否影响控制权稳定，那是另外的问题了。

3. 我们借鉴此类案例梳理一下目前 IPO 审核实践中一些比较“奇怪”的情形，例如：（1）实际控制人是不是一定是公司的董事或者高管，不担任任何职务是不是可以；（2）发行人的第一大股东并不是控股股东也不是实际控制人是不是可以；（3）发行人持有公司 49% 的股份，是否有可能实际控制这个公司。

案例 14 江南奕帆（301023）——家族企业上市前紧急转让实控权，儿子担任技术工人为继承股份做准备

【问询问题】

申请文件显示，发行人原实际控制人为陈渊技、龚建芬、陈奕峰 3 位陈氏家族成员，其中陈渊技、龚建芬为夫妻关系，陈奕峰为陈渊技、龚建芬之子。2016 年 10 月、2017 年 5 月和 2018 年 7 月，刘锦成分三次

从原实际控制人处受让合计56%的股权，其中前两次股权转让为“一揽子”约定，其中，股权转让前，陈奕峰持有发行人56%的股权，陈渊技、龚建芬分别持有发行人22%的股权。2017年5月，在合计受让发行人51%的股权后，发行人实际控制人变更为刘锦成。截至2021年，刘锦成持有发行人55.14%的股权，为发行人控股股东和实际控制人、董事长；陈渊技、龚建芬直接持有发行人30%的股权，同时通过一帆投资间接持有发行人3%的股权，陈渊技为发行人董事、总经理，龚建芬为董事、副总经理；陈奕峰不再持股，且未在发行人处担任职务。请发行人：(1) 披露发行人实际控制人变更的原因及合理性；(2) 披露刘锦成对发行人相关股权转让款的支付情况、资金具体来源及合法合规性，涉及发行人实际控制人变更的系列股权变动是否真实，是否存在股份代持、委托持股、信托持股或其他利益输送安排，如是，披露相关股权代持等行为是否合法、有效，是否影响实际控制人所持发行人的股份权属清晰，是否构成本次发行上市的法律障碍；(3) 结合陈奕峰的基本情况、履历、对外投资情况、报告期内行为合法合规性、曾在发行人担任的具体职务、报告期内对发行人实施的实际经营管理等情况，补充披露陈奕峰退出发行人持股及任职的背景和原因，陈奕峰是否具备法律法规规定的股东资格，是否存在不适合认定为实际控制人及/或不适合担任上市公司董监高的情形；(4) 披露陈奕峰、陈渊技、龚建芬是否存在通过变更实际控制人规避同业竞争、承诺履行、股份限售期等监管要求，是否构成本次发行上市的法律障碍；(5) 结合陈氏家族成员对发行人核心技术研发及生产经营等方面的实际影响，披露陈氏家族成员是否主导或对发行人重要决策、市场定位、战略发展等产生关键影响，未将陈渊技、龚建芬认定为共同实际控制人的原因，以及关于发行人实际控制人的认定和陈渊技、龚建芬等相关股东股份锁定承诺是否符合规定；(6) 披露发行人原实际控制人陈氏家族成员及相关人员退出、调整或发生其他变动情况时，是否影响发行人生产经营的稳定，发行人对此采取的保持公司业务稳定、经营持续相关措施或安排；（7）分析并披露发行人的控制权在首发后可预期期限内是否具有稳定性，发行人是否存在潜在控制权争夺风险。

【披露信息】

一、发行人实际控制人变更的原因及合理性

发行人原实际控制人为陈渊技、龚建芬、陈奕峰3位陈氏家族成员，其中陈渊技、龚建芬为夫妻关系，陈奕峰为陈渊技、龚建芬之子。为了公司更好地发展，陈氏家族决定引入实力雄厚、熟悉资本市场、认同公司发展理念的合作伙伴，进一步优化公司股权结构，增强公司经营管理能力，实现股东价值最大化。

刘锦成毕业于武汉大学，具有多年从事钟表、机芯等精密制造企业经营管理经验，曾任合康新能（300048）董事长，熟悉发行人所属电气机械和器材制造业行业，具有资本市场经验。经过与陈氏家族多次沟通协商，充分认可公司的发展前景，决定收购公司控股权。

2016年10月，龚建芬、陈渊技、陈奕峰与刘锦成签署《股权转让协议》，约定刘锦成收购龚建芬、陈渊技和陈奕峰合计持有公司的51%股权，股权转让价格为13,260.00万元。但龚建芬、陈渊技、陈奕峰在股份转让协议签署时系公司董事或高管，根据《公司法》的规定，公司董事、监事、高级管理人员在任职期间每年转让的股份不得超过其所持有公司股份总数的25%，离职后半年内，不得转让其所持有的本公司股份。因此，本次控制权转让分二次完成交割，第一次交割刘锦成于2016年10月受让陈氏家族所持25%的股权，股权转让价格为6500.00万元；第二次交割刘锦成于2017年5月受让陈氏家族所持26%的股权，股权转让价格为6760.00万元。上述转让完成后，刘锦成持有发行人51%的股权，为发行人控股股东、实际控制人。

二、刘锦成对发行人相关股权转让款的支付情况、资金具体来源及合法合规性，涉及发行人实际控制人变更的系列股权变动是否真实，是否存在股份代持、委托持股、信托持股或其他利益输送安排，如是，披露相关股权代持等行为是否合法、有效，是否影响实际控制人所持发行人的股份权属清晰，是否构成本次发行上市的法律障碍

刘锦成受让陈渊技、龚建芬、陈奕峰所持发行人股份的转让价款均已支付完毕，资金主要来源于减持及质押合康新能（300048）股份、控制公司经营所得等自有及自筹资金，合法合规。根据股权转让协议、转让价款支付凭证、纳税凭证，以及对刘锦成、陈渊技、龚建芬、陈奕峰的访谈确认，发行人实际控制人变更的一系列股权变动真实，不存在股份代持、委托持股、信托持股或其他利益输送安排。

三、结合陈奕峰的基本情况、履历、对外投资情况、报告期内行为合法合规性、曾在发行人担任的具体职务、报告期内对发行人实施的实际经营管理等情况，补充说明陈奕峰退出发行人持股及任职的背景和原因，陈奕峰是否具备法律法规规定的股东资格，是否存在不适合认定为实际控制人及/或不适合担任上市公司董监高的情形

（一）陈奕峰的有关情况

陈奕峰先生，1982 年出生，中国国籍，拥有澳大利亚永久居留权，本科学历。2003 年 11 月至 2019 年 1 月，任无锡市江南微电机厂法定代表人。2011 年 6 月至 2016 年 10 月，任发行人董事长、法定代表人。2016 年 10 月至 2021 年，任职于发行人技术部。无锡市江南微电机厂和发行人曾为陈渊技家族控制的企业，主要由陈渊技夫妇实际经营管理。目前陈奕峰持有 EF International Holdings Pty Ltd. 的股权，该公司尚未实际经营。

根据公安机关出具的无违法犯罪证明、通过互联网检索、对陈奕峰进行访谈并取得其出具的调查问卷，报告期内，陈奕峰行为合法合规。

（二）陈奕峰退出发行人持股及任职的背景和原因

2016 年 10 月，陈奕峰、陈渊技和龚建芬合计持有公司 100% 股权，

均担任公司董事或高管，其中陈奕峰持股56%。龚建芬、陈渊技、陈奕峰与刘锦成签署《股权转让协议》，约定刘锦成收购龚建芬、陈渊技和陈奕峰合计持有公司的51%股权，陈奕峰辞去公司董事长，控制权转让分二次交割。

陈奕峰退出发行人持股及任职主要系为履行与刘锦成签署的《股权转让协议》，满足《公司法》规定的董事在任职期间每年转让的股份不得超过其所持有公司股份总数的25%，离职后半年内，不得转让其所持有的股份。

（三）陈奕峰具备法律法规规定的股东资格

（四）陈奕峰不存在不适合认定为实际控制人及/或不适合担任上市公司董监高的情形

四、结合陈氏家族成员对发行人核心技术研发及生产经营等方面的实际影响，披露陈氏家族成员是否主导或对发行人重要决策、市场定位、战略发展等产生关键影响，未将陈渊技、龚建芬认定为共同实际控制人的原因，以及关于发行人实际控制人的认定和陈渊技、龚建芬等相关股东股份锁定承诺是否符合规定

（一）陈氏家族成员未主导或对发行人重要决策、市场定位、战略发展等产生关键影响

发行人的重要决策、市场定位、战略发展等重大事项均根据公司章程及相关内部规章管理制度，由公司董事会或者股东大会进行决策。2017年5月以后，发行人控股股东、实际控制人刘锦成持股比例超过50%、刘锦成提名或推荐的非独立董事在董事会中占多数，足以主导或控制公司的重要决策、市场定位、战略发展等。

陈氏家族成员包括陈渊技、龚建芬、陈奕峰，其中陈渊技先生作为公司董事、总经理、核心技术人员，深耕微电机行业多年，拥有丰富的产品设计开发经验，对公司核心技术研发及生产经营具有重要影响。龚建芬、陈奕峰曾担任公司董事，熟悉公司情况。2016年10月，刘锦成与

陈渊技、龚建芬、陈奕峰签署股权收购协议后，龚建芬、陈奕峰辞去公司董事职务。2018 年 12 月，龚建芬被公司增选为董事和副总经理，参与公司经营管理。陈奕峰自 2016 年 10 月起，任职于发行人技术部。

综上，陈氏家族成员不足以主导或对发行人重要决策、市场定位、战略发展等产生关键影响，但作为公司主要股东、董事、高管，可以对公司重要决策、市场定位、战略发展等产生重要影响。

（二）未将陈渊技、龚建芬认定为共同实际控制人的原因

1. 发行人及其股东确认陈渊技、龚建芬不是公司共同实际控制人

根据《深圳证券交易所创业板股票首次公开发行上市审核问答》的规定，在确定公司控制权归属时，应当本着实事求是的原则，尊重企业的实际情况以发行人自身的认定为主，由发行人股东予以确认。根据发行人、刘锦成、陈渊技、龚建芬的确认，公司的控股股东、实际控制人为刘锦成，持有发行人 55.14% 的股权，拥有绝对控股权，陈渊技、龚建芬不是公司共同实际控制人。

2. 陈渊技、龚建芬与刘锦成不存在亲属关系

陈渊技、龚建芬与刘锦成不存在亲属关系，不适用《深圳证券交易所创业板股票首次公开发行上市审核问答》中“实际控制人的配偶、直系亲属”关于共同实际控制人认定的要求。

3. 陈渊技、龚建芬与刘锦成无共同控制的协议或安排

4. 公司实际不存在共同控制的情况

（三）关于发行人实际控制人的认定，符合规定

认定刘锦成为公司实际控制人的依据如下：

1. 2017 年 5 月起，刘锦成为发行人控股股东

2017 年 5 月，刘锦成受让陈渊技、龚建芬、陈奕峰所持发行人股份后持有发行人 51% 的股份；2018 年 7 月，刘锦成受让陈奕峰持有发行人 5% 的股份后持有发行人 56% 的股份；2019 年 5 月，刘锦成将所持 0.86% 股权转让后持有公司 55.14% 的股份。根据《公司法》第 216 条之

规定，控股股东，是指其出资额占有限责任公司资本总额50%以上或者其持有的股份占股份有限公司股本总额50%以上的股东……因此，刘锦成自2017年5月至2021年，为发行人控股股东。

2. 刘锦成拥有公司的控制权

刘锦成作为发行人控股股东，通过发行人董事会、股东大会能够决定和实质影响公司的经营方针、决策和经营管理层的任免等重大事项，能够实际控制发行人，为公司实际控制人。

五、发行人原实际控制人陈氏家族成员及相关人员退出、调整或发生其他变动情况时，是否影响发行人生产经营的稳定，发行人对此采取的保持公司业务稳定、经营持续相关措施或安排

报告期内，公司营业收入分别为15,185.36万元、14,561.85万元、16,947.90万元和7927.15万元，净利润分别为5589.20万元、5328.97万元、6315.97万元和2996.20万元，整体呈上升趋势，未受陈氏家族成员及相关人员退出、调整或发生其他变动情况的影响。目前，陈氏家族虽对公司发展有重要影响但不足以主导或控制公司的经营决策，基于公司已建立健全的相关内部管理制度和决策机制，并组建了结构合理、人员稳定的研发和经营管理团队，未来若原实际控制人陈氏家族成员及相关人员退出、调整或发生其他变动情况时，不会对发行人生产经营的稳定造成显著影响。

六、发行人的控制权在首发后可预期期限内是否具有稳定性，发行人是否存在潜在控制权争夺风险

公司的控股股东和实际控制人刘锦成持有公司1544.00万股股份，占公司发行前总股本55.14%，占发行后总股本的41.36%，持股比例超过30%，仍为发行人控股股东、实际控制人，已出具承诺自公司股票上市之日起36个月内不转让或者委托他人管理其直接或间接持有的公司公开发行股票前已发行的股份。根据发行人股东的书面确认、股东持有的发行人股份权属清晰，不存在可能导致控制权变化的重大权属纠纷。陈

渊技、龚建芬承诺不会谋求发行人的控制权。

综上，发行人的控制权在首发后可预期期限内具有稳定性，发行人不存在潜在控制权争夺风险。

陈奕峰，在大学时期学习机械设计制造及其自动化专业，并具有海外留学经历，2011 年 6 月至 2016 年 10 月，任公司董事长，作为陈渊技、龚建芬夫妇的独生子，发挥其专业背景和英语优势，协助陈渊技、龚建芬夫妇进行公司管理，参与公司产品研发、境外客户开拓和客户沟通。为履行与刘锦成签署的《股权转让协议》，2016 年 10 月陈奕峰辞去董事职务。2016 年 10 月至 2021 年，陈奕峰任发行人技术部员工，对发行人技术开发及生产经营无重要影响。陈奕峰无意愿接管公司但其父母希望陈奕峰在公司任职了解公司情况，有利于未来继承股权，故陈奕峰在退出公司持股并辞任公司董事后，仍然任职于发行人具有合理性。

小兵评析

1. 实际控制人变更之后发行人立即启动了上市计划，小兵将具体的情形简要归纳如下：

（1）发行人原本是陈氏家族 100% 持股控制的公司，夫妻两个持有 44% 的股权，独生子儿子持有 56% 的股权，儿子是公司实际控制人且担任董事长。

（2）根据发行人解释，儿子无意接手公司也不愿意运营公司，同时陈氏家族想着找个有专业经验且懂资本市场的“大牛人”一起运作经营公司且运作上市，于是就有了受让公司控制权的计划。

（3）刘锦成曾任合康新能（300048）董事长，在行业领域有着丰富的经营经验，且持有上市公司股票，那么就是很合适的受让对象：有经验，有资金。

（4）由于陈氏家族的股权转让方受董监高股份转让每年不超过 25% 的限制，因而 2016 年双方签署了“一揽子”协议，第一步控制权的转让分两次进行：2016 年 10 月和 2017 年 5 月分两次将合计 51% 股份转让给刘锦成（交易价格 1.3 亿元），控制权正式转移。

（5）2018 年 7 月，刘锦成又受让了陈氏家族 5% 的股份，合计持有 56% 的股份，进一步确定了公司的控制权地位。

（6）值得注意的是，刘锦成受让的 56% 的股份，正好就是原来陈氏家族独生儿子持有的全部股份。控制权转让之后，儿子不再持有公司股份，而父亲和母亲仍旧持有 44% 的股份，且一个在公司担任副董事长，另一个担任董事；一个负责技术经营，另一个负责行政财务。

（7）儿子因为没有了股份，也就不再担任公司高管职务，而是在技术部担任一个普通员工。发行人解释的理由是为了更好地了解公司，为以后继承父母的股份做准备。

2. 关于这个案例，在审核过程中自然也是重点关注，核心要点主要包括：

（1）发行人实际控制人变更的原因及合理性，尤其是在 IPO 之前突击转让实际控制权，没有强有力的说明很难被认可。

（2）刘锦成对发行人相关股权转让款的支付情况、资金具体来源及合法合规性，涉及发行人实际控制人变更的系列股权变动是否真实，是否存在股份代持、委托持股、信托持股或其他利益输送安排。

（3）陈奕峰退出发行人持股及任职的背景和原因，陈奕峰是否具备法律法规规定的股东资格，是否存在不适合认定为实际控制人及/或不适合担任上市公司董监高的情形。

（4）陈氏家族是否存在通过变更实际控制人规避同业竞争、承诺履行、股份限售期等监管要求。

（5）陈氏家族成员是否主导或对发行人重要决策、市场定位、战略发展等产生关键影响，未将陈渊技、龚建芬认定为共同实际控制人的原因，以及关于发行人实际控制人的认定和陈渊技、龚建芬等相关股东股份锁定承诺是否符合规定。

（6）发行人原实际控制人陈氏家族成员及相关人员退出、调整或发生其他变动情况时，是否影响发行人生产经营的稳定。

（7）发行人的控制权在首发后可预期期限内是否具有稳定性，发行人是否存在潜在控制权争夺风险。

（8）原实际控制人在公司技术开发及生产经营过程中的角色和具体作用，公司对前述人员是否存在依赖，前述人员退出是否将与其签订竞业禁止协议。

（9）刘锦成及其关联自然人控制或担任董事、高管的各关联方与发行人之间的业务关系，报告期内是否存在为发行人承担成本费用的情形。

第二节 股东出资及减资

案例 15 倍轻松（688793）——发行人的小股东是否可以认缴出资

【问询问题】

根据反馈回复，武玉珍系实控人近亲属，其尚未对赫廷科技和日松管理实缴出资。武玉珍分别持有赫廷科技和日松管理 20% 权益，赫廷科技和日松管理合计持有发行人 15.77% 股份。请发行人说明：（1）武玉珍未实际缴纳出资的具体原因及合理性，是否与实际控制人、股东、董监高、客户供应商等存在特殊利益安排，是否涉及违法违规行为；（2）武玉珍是否实际持有赫廷科技和日松管理 20% 权益，后续具体出资安排，是否存在应披露未披露事项，发行人实际控制人合计持有的股份比例是否清晰。

【披露信息】

一、武玉珍未实际缴纳出资的具体原因及合理性，是否与实际控制人、股东、董监高、客户供应商等存在特殊利益安排，是否涉及违法违规行为

根据赫廷科技现行有效的公司章程，武玉珍以货币方式认缴出资额 10 万元，出资期限为 2039 年 12 月 31 日。根据日松管理现行有效的合伙

协议，武玉珍以货币方式认缴出资额10万元，出资期限为10年，即2029年12月10日。

根据武玉珍提供的出资凭证，截至本审核问询函回复出具日，武玉珍已以货币方式向赫廷科技、日松管理分别实缴出资10万元，其出资义务已履行完毕。

在赫廷科技与日松管理成立时，武玉珍未实际缴纳出资系因赫廷科技、日松管理的出资期限未满。保荐机构及发行人律师认为，股东/合伙人有权根据公司章程/合伙协议约定的出资期限履行出资义务，武玉珍当时未实际缴纳出资未违反赫廷科技公司章程、日松管理合伙协议的约定以及《公司法》《合伙企业法》的有关规定，其未实际缴纳出资的行为具有合法性和合理性。

截至本审核问询函回复出具日，武玉珍除投资赫廷科技、日松管理并担任赫廷科技经理外，未控制或参股其他企业，也未担任其他企业的董事、监事或高级管理人员。除与马学军系母子关系、持有赫廷科技和日松管理权益外，武玉珍与发行人其他股东、董事、监事、高级管理人员及客户、供应商之间不存在关联关系。经保荐机构及发行人律师对武玉珍的访谈确认，并根据发行人实际控制人、股东、董监高出具的说明以及武玉珍出具的《关于与公司客户供应商无关联关系和利益安排的说明》，武玉珍与发行人实际控制人、股东、董事、监事、高级管理人员、客户、供应商等不存在特殊利益安排，不涉及违法违规行为。

二、武玉珍是否实际持有赫廷科技和日松管理20%权益，后续具体出资安排，是否存在因披露未披露事项，发行人实际控制人合计持有的股份比例是否清晰

经保荐机构及发行人律师对武玉珍和马学军的访谈确认，武玉珍实际持有赫廷科技和日松管理20%权益，其所持股权/出资份额不存在代持或其他利益安排。

截至本审核问询函回复出具日，武玉珍已完成向赫廷科技、日松管

理的出资义务，不存在后续具体出资安排。武玉珍在赫廷科技和日松管理所持有的权益及出资情况已在招股说明书中如实披露，不存在应披露未披露事项。

根据公司的股东名册并经实际控制人确认，截至本审核问询函回复出具日，发行人实际控制人马学军直接持有发行人53.7497%的股份，通过赫廷科技间接持有发行人7.9602%的股份，通过日松管理间接持有发行人4.6542%的股份，通过鼎元宏间接持有发行人0.5739%的股份，通过倍润投资间接持有发行人0.4238%的股份，通过赫峰正富间接持有发行人0.0029%的股份，合计持有发行人67.3647%的股份。除此之外，马学军未直接或间接持有发行人其他股份，其所持发行人股份比例清晰。

小兵评析

1. 这个案例涉及的问题，实践中其实有很多争议和讨论，也确实有不同的理解，即拟上市公司的小股东或者拟上市公司投资的影响不大的子公司，出资是否必须实缴出资到位。

2. 根据《公司法》的规定，现在股东的出资全面实施了认缴制，在这种情况下，股东认缴出资并且在出资期限内随时实缴出资都是股东的权利，不应该有任何的争议。

3. 可是，实践中也确实存在一些问题：（1）实践中有的股东认缴出资几亿元，实际出资1万元，这时候公司登记的注册资本的金额完全失真且容易误导；（2）如果是已经准备上市的公司，如果股东连出资都不能到位，总有点资金不宽裕的感觉，与上市的动作不匹配。

4. 具体到本案例，发行人实际控制人的亲属持有两个合伙企业的份额，但是都是认缴了10万元而实缴完毕。从发行人和中介的角度来说，认缴是股东的权利且是小股东对公司没有本质影响，没有影响因而IPO申报也没有实缴到位，结果还是给自己争取了一个反馈意见，有点没有必要。

5. 后来，发行人还是让小股东赶紧出资到位，算是彻底解决了这个问题。不过，小兵觉得，审核中心的关注点是否合理存疑。不知道将来是否能看到中介机构按照《公司法》的规定认真回复，坚持自己的观点。

案例 16 华立科技（301011）——入股价格低于公允价值，因为不提供服务所以不用股份支付

【问询问题】

请发行人说明周斌入股价格低于此前投资者入股价格的合理性，周斌是否服务于发行人，是否需要计提股份支付费用。

【披露信息】

一、周斌入股价格低于此前投资者入股价格具备合理性

2019 年 2 月，周斌以 11.00 元/股认购华立科技股份。周斌本次增资价格相较于前次增资（2018 年 3 月，粤科新鹤等投资者入股价格为 13.00 元/股，以下简称前次投资者入股）略低的合理性如下：

（一）前次投资者入股时签署了含有对赌条款的补充协议，对投资者的保护措施更为完善

从增资协议相关条款分析，前次投资者入股条件较为优厚，因而入股价格略高。粤科新鹤及其管理人系已在中国证券投资基金业协会办理私募基金及管理人备案手续的专业私募投资机构，其具备较强的价值发掘及风险控制能力。

粤科新鹤入股时，与苏本立签署《广东粤科新鹤创业投资有限公司与苏本立关于广州华立科技股份有限公司股票发行认购合同之补充合同》，双方约定如出现华立科技未能在 2020 年 12 月 31 日前完成首次公开发行 A 股并上市等约定情形时，粤科新鹤有权要求苏本立回购粤科新鹤所持有的华立科技股份。周斌在入股时并未与公司及其关联方签署任何具有对赌条款性质的协议或作出任何类似约定。

综上，前次投资者入股条件较为优厚，因而入股价格略高。目前含有对赌条款的补充协议已经解除。

（二）周斌入股时的市盈率不存在明显低于前次投资者入股时市盈率的情形

从估值角度分析，周斌于 2019 年入股时静态市盈率为 22.45 倍，略高于前次投资者 2018 年增资时的静态市盈率，即 20.97 倍。鉴于两次增资相隔时间较短，前次投资者投入资金尚未产生预期效益，对基本每股收益具有一定的摊薄效应，因此周斌与前次其他投资者入股时的估值水平基本一致，不存在以明显偏低的估值水平入股的情形。

估值指标	周斌入股	前次投资者入股
基本每股收益（元/股）	0.49	0.62
静态市盈率（倍）	22.45	20.97

（三）周斌入股价格不存在显著低于相邻期间外部投资者增资转让价格的情形

从相邻期间外部投资者增资转让价格纵向对比角度分析，周斌入股价格高于 2018 年 5 月猛狮工业出让股票的价格 10 元/股，低于粤科新鹤等增资入股价格 13 元/股，处于相邻期间外部投资者增资转让合理价格区间之内，不存在显著低于相邻期间外部投资者增资转让价格的情形。

综上，周斌入股价格低于此前投资者入股价格具备合理性。

二、周斌未曾服务于发行人，无须计提股份支付费用

经核查，报告期内周斌未曾服务于发行人。2018 年年末，公司经审计归属于母公司普通股股东的每股净资产为 4.79 元/股。周斌入股价格不存在低于当时每股净资产的情况，不存在以明显偏低的估值水平入股的情形，不存在显著低于相邻期间外部投资者增资转让价格的情形。综上，根据《企业会计准则第 11 号——股份支付》的相关要求，发行人无须计提股份支付费用。

小兵评析

小兵总结一下，在 IPO 审核中，关于同一次入股或者时间间隔很短的入股，价格差异却比较大的解释理由，主要有：

1. 接受的条件不一样，如有的有对赌条件而有的没有，那么有对赌的价格就要高一些。

2. 锁定期不同，有的可能刚好突击入股需要锁定 36 个月，有的可能就不需要锁定 36 个月，价格也不一样。

3. 身份不同，有的股东可能帮助企业解决过问题或者提供过服务，最常见的就是为 IPO 曾经出谋划策，所以价格会低一些。

4. 谈判的时间点不同，有的股东可能后来入股的时间点比较靠后，但是其实谈判的时间比较靠前，应该按照前面的盈利情况去估值。

案例 17 风光股份（301100）——股东通过第三方周转 1 亿元出资

【问询问题】

申报材料及首轮问询回复显示：（1）实际控制人之一王文忠于 2009 年参与出资设立浙江福瑞德化工有限公司（以下简称浙江福瑞德）（该项目后因各方未达合作预期而终止），所投入资金金额较大，为避免王文忠投资该项目所承担的出资责任导致家庭资产受到影响，韩秀兰与王文忠办理了离婚手续，并对资产进行分割，同时为避免后续王文忠投资项目失败面临诉讼而在诉讼终结前被冻结相关资产，韩秀兰自此时起预留部分资金在其他亲属银行账户中定期存储。（2）发行人实际控制人王磊、韩秀兰在 2016 年 5 月和 8 月两次向发行人增资时，存在占用发行人资金并通过第三方周转拆借的方式先行增资，后通过发行人分红等方式偿还拆借款的情况。（3）发行人前身风光有机、风光精细均由王文忠实际出资并经营管理，但先后由其胞兄王文平、其子王磊作为名义出资人及法定代表人。(4) 发行人增资过程中涉及较多大额现金存取，发行人称系实际控制人自有资金的使用和管理习惯，韩秀兰、王磊将部分大额自有资金存放于定期存折等个人储蓄账户中。请发行人说明上述事项的原因及合理性，发行人实际控制人、董监高及其控制的其他企业是否存在负有数额较大债务到期不能清偿的风险，所持发行人股份是否存在抵押、质押等权利受限情形；实际控制人及其控制的其他企业的负债状况是否会对实际控制人所持有发行人股份的权属清晰、稳定造成不利影响，是否会导致发行人存在重大偿债、担保风险，是否构成本次发行上市的法律障碍，发行人是否符合《创业板首次公开发行股票注册管理办法（试行)》第 12 条第 2 项、第 3 项的规定。

【披露信息】

一、王文忠出资设立浙江福瑞德后家庭资产分割及分散存储的原因

根据公开网络检索及对发行人实际控制人的访谈，王文忠于 2009 年 8 月与张海青、张丽萍等自然人共同投资设立浙江福瑞德，拟从事三乙基铝的生产、销售，计划产能为年产 1500 吨。鉴于后续该项目的投资金额逐步加大，同时三乙基铝属于高易燃化学品，在生产经营中的安全风险较高，为避免王文忠在浙江福瑞德经营过程中为债务融资提供担保、承担股东出资责任、因安全事故等承担侵权赔偿责任，进而导致其与韩秀兰之间的夫妻共同财产被第三方追索或被主张用于承担债务，王文忠于 2009 年 8 月将其所持有的发行人股权全部分别转让给王磊、韩秀兰，并于 2010 年 6 月 23 日与韩秀兰办理离婚手续，将夫妻共同财产进行分割，韩秀兰在此期间逐步形成了将部分资金存放于其他亲属银行账户以分散风险的资金存放习惯。根据王文忠、韩秀兰提供的《个人信用报告》并查询裁判文书网、中国执行信息公开网、信用中国、百度搜索等公开网络，截至本问询函回复出具日，王文忠、韩秀兰不存在诉讼纠纷，也不存在负有数额较大债务且到期未清偿的情况。

根据发行人实际控制人的说明，上述分割资产及将部分资金存放于

其他亲属银行账户以分散风险的行为，主要系因为当时浙江福瑞德所从事业务具有高风险性，且对王文忠后续基于该等风险可能承担的责任尚无充分的判断能力，故采用了上述安排。

二、王磊、韩秀兰在2016年向发行人实缴增资时存在占用发行人资金并通过第三方周转拆借、使用分红款偿还拆借款情况的原因

（一）短期内增加注册资本并完成实缴的原因及合理性

发行人在2016年拟参与神华集团等下游客户的招投标，其中部分金额较大的招标项目中对发行人的注册资本具有不低于10,000万元的要求，且招标工作人员表示因投标方均具有较强实力，不排除后续在评标过程中通过考察投标方注册资本实缴情况遴选中标方。为此，发行人为增加中标可能性需要在短期内将注册资本增加至10,000万元以上并完成全部实缴。

（二）关于通过占用发行人资金的方式获取增资资金后通过分红方式归还部分资金的原因及合理性

鉴于上述实缴注册资本的时间周期较短且金额较大，王磊、韩秀兰难以在短时间内通过归集其名下及对外存放的各账户资金完成对发行人的注册资本实缴。但直接向自然人股东分红将涉及较高税负且此次分红安排主要用于向发行人增资，故王磊、韩秀兰在当时积极研究税收筹划方案（通过王磊、韩秀兰所控制企业对发行人增资并向该企业定向分红的方案）并就该税收筹划方案与所在地税务主管部门进行了沟通。但鉴于该等税收筹划方案的论证及沟通均需要一定时间周期，为尽快推动注册资本实缴，王磊、韩秀兰决定暂通过向发行人拆借资金的方式解决实缴出资的资金问题，并在税收筹划方案确定后通过分红及其他自有资金的归集尽快完成占用资金的归还。

同时，王磊、韩秀兰为避免直接占用资金对发行人造成不利影响，故通过飞翔电脑及上海布艾以往来款方式拆借该等资金，同时通过多个第三方归集、周转的方式予以归还。

三、发行人前身风光有机、风光精细均由王文忠实际出资并经营管理，但先后由其胞兄王文平、其子王磊作为名义出资人及法定代表人的原因及合理性

根据王文忠、王磊出具的《关于营口市风光有机化工厂等主体历史沿革相关事项的说明及承诺函》（该文件已作为确认风光有机、风光精细不涉及集体资产等相关事项的申请材料层报辽宁省人民政府确认）及对王磊、王文忠的访谈，并经书面核查风光有机、风光精细的工商档案，风光有机、风光精细实际出资人与名义出资人不一致的原因如下：

（一）王文平曾作为风光有机名义出资人及法定代表人的原因及合理性

1996 年 6 月，王文忠以货币及固定资产出资 9 万元设立风光有机。鉴于当时王文忠之胞兄王文平曾在老边区柳树镇前山村担任村主任一职，其离职后在风光有机经营所在地仍具有良好的社会关系，能够与挂靠单位及监管部门进行较为顺畅的沟通，为促使风光有机在创业初期能够顺利开展业务并获得更多支持，经协商暂由王文平代表王文忠作为风光有机的法定代表人及工商登记的出资人。

1998 年 11 月，随风光有机业务逐步稳定，其法定代表人变更为王文忠。

（二）王磊曾作为风光精细名义出资人及法定代表人的原因及合理性

1999 年 12 月，王文忠以实物出资 714,840 元设立风光精细。鉴于当时王文平、王文忠均以个人名义为王文平之子王志出国留学提供了担保，为避免将风光精细的资产纳入担保财产范围，故由王文忠之子王磊作为风光精细的名义出资人及法定代表人，以减少风光精细的经营性风险。2002 年 10 月，随上述担保的解除，风光精细的法定代表人根据实际经营情况变更为王文忠。

四、王磊、韩秀兰缴纳增资款过程中多次出现大额现金存取的原因及合理性

根据对发行人实际控制人、相关银行工作人员的访谈并书面审查实际控制人提供的银行账户流水，鉴于实际控制人部分资金使用金额较大，

基于其对操作安全性的判断，存在使用银行存折进行个人储蓄或资金周转、归集的习惯。根据《人民币银行结算账户管理办法》第 43 条“储蓄账户仅限于办理现金存取业务，不得办理转账结算”的规定，韩秀兰、王磊在使用银行存折向外支付时，在支付方的银行流水中会被银行内部操作系统标记为取现，在接受支付的第三方银行流水中会被银行内部操作系统标记为存现。

此外，根据对发行人实际控制人的访谈并书面审查其现金支票存根，风光实业向实际控制人支付资金以归还向发行人的拆借款时使用了现金支票的形式，因此在银行内部操作系统中被标记为先取现后存现的大额现金存取操作。

综上，实际控制人王磊、韩秀兰在归还拆借发行人资金过程中多次出现大额现金存取主要系王磊、韩秀兰基于对操作安全性的判断，长期存在使用银行存折进行个人储蓄或资金周转、归集的习惯，在使用银行存折向外支付时，该等操作在支付方和接收方银行流水中会被银行内部操作系统根据《人民币银行结算账户管理办法》分别标记为取现、存现。

小兵评析

1. 这个案例是关于股东出资的问题，也是一个在实践中非常普遍的问题，只是因为这个案例中涉及的金额非常大，涉及的角色也比较复杂，且发生在不太久远的 2016 年，因而发行人作了非常详细的披露和解释，也给了我们研究案例的机会。

2. 从目前的 IPO 审核政策来看，对于历史沿革问题，除非存在重大纠纷或者法律风险的问题，只要能够合理解释，自圆其说，且不存在重大违法违规行为，一般会充分尊重“意思自治”原则，审核中心不轻易发表意见，也不轻易将其作为上市条件的红线。

3. 关于股东的出资，在实践中经常会存在过桥资金、借用发行人资金、出资之后抽逃出资等情形，以往的案例已经认定这些都不会构成 IPO 的实质性障碍。而具体到本案例，情形比较特殊，主要体现在：

（1）发行人要参与下游客户的招投标，客户要求招投标的注册资本要达到 1 亿元，并且因为其他竞争对手都很强，客户会核查发行人注册资本的实缴情况，也就是 1 亿元必须要实缴。

（2）股东是没有钱的，发行人是有钱的，但是发行人的钱怎样才能成为股本呢，这是一个问题。这时候，一般人想到的处理方案自然是：未分配利润转增股本或者先分红然后股东再增资这种最直接的处理方式。当然，这时候会涉及个人所得税问题，这时候其实如果去跟税务局沟通缓缴，应该也是可以的。

（3）显然，要缴纳个税是不存在的，那是必须要进行所谓的税收筹划，并且搞了两个思路：①自然人股东设立了一个法人，然后发行人向法人分红（不缴税），然后法人再向发行人增资。这个方案尽管当时不涉及个人所得税问题，不过后续还是避免不了的。②发行人向第三方周转借款，第三方把钱借给股东，然后股东再向发行人出资，相当于资金通过周转方转了一圈。这时候，虽然不涉及税的问题，但是资金流转就非常复杂了，更何况是 1 亿元的资金。先是发行人借钱给第三方，然后第三方借给股东再出资。回过头来，股东再去筹钱还给第三方，第三方再还给发行人。

（4）发行人用了很大的篇幅逐笔去解释资金的流转方向以及归还的情况，动用的第三方机构也有 3 家以上，有些自然人也牵扯其中，为了避免股权纠纷，还专门作了公证。

4. 坦率地讲，小兵只是对这个问题作了大致的脉络分析，想不明白的是，发行人是不是有什么别的隐情，不然的话为什么要如此折腾一番？

5. 还有一点，在注册制审核理念下，我们强调信息的充分披露，充分揭示风险，但是对于一个历史上的股东自主决定的出资行为，只要相关的主管部门能够确认不存在违法违规的行为，也不存在纠纷，是否需要披露得如此详细呢，是不是已经涉及个人隐私的保护问题呢？小兵认为，在商业信息和个人隐私保护与注册制充分信息披露之间，我们有必要去思考该保持怎样的一个平衡。

案例 18 华立科技（301011）——减资的基本情形和特殊情况

【问询问题】

发行人在对东莞微勤作出减资决议以及减资公告时，东莞微勤账面货币资金仅为 18.89 万元，结合东莞微勤可收回的款项，公司对东莞微勤的投资损失已经可以合理预计，公司在 2018 年计提投资损失具有合理性。公司于 2019 年 3 月 20 日收回减资款 354.16 万元，于 2019 年 3 月 26 日收回减资款 2.00 万元，共计收回减资款 356.16 万元。公司预计无法收回剩余减资款的时点为 2018 年 12 月 31 日。2017 年东莞微勤实现营业收入 5545.42 万元，利润为 390.58 万元。2018 年东莞微勤实现营业收入 5368.82 万元，利润为亏损 57.86 万元。请发行人补充披露：（1）发行人在对东莞微勤作出减资决议以及减资公告时，东莞微勤账面货币资金仅为 18.89 万元，发行人在预计无法收回减资款的情况下作出对东莞微勤减资决议的合理性。（2）东莞微勤 2018 年营业收入小幅下滑，但利润转变为亏损的原因，是否存在为发行人承担成本费用、输送利润的情形。（3）东莞微勤经营期间是否存在违法违规行为，是否对发行人发行上市造成实质性障碍。（4）东莞微勤历史上直接、间接股东与发行人、发行人主要客户、供应商是否存在关联关系、股份代持或其他利益安排。（5）2019年后开始收回减资款但预计无法收回剩余减资款的时点为 2018 年 12 月 31 日的合理性。

【披露信息】

一、发行人在对东莞微勤作出减资决议以及减资公告时，东莞微勤账面货币资金仅为 18.89 万元，发行人在预计无法收回减资款的情况下作出对东莞微勤减资决议的合理性

公司 2018 年对东莞微勤进行减资以及向龙旺实业出售东莞微勤是“一揽子”交易方案安排，公司与龙旺实业协商后，将东莞微勤注册资本减少至 50 万元，再将东莞微勤 100% 股权转让给龙旺实业，转让价

格结合东莞微勤减资后的净资产价值进行确定，减资后的注册资本规模是结合协商过程中受让方龙旺实业就其后续经营规划的商业考虑而确定。

公司在已预计无法收回全部减资款的情形下作出对东莞微勤减资决议，实质上是与龙旺实业达成的出售东莞微勤股权“一揽子”交易安排的其中环节，亦符合公司希望尽快以货币资金方式尽力收回投资的商业诉求，具有合理性。

二、东莞微勤2018年营业收入小幅下滑，但利润转变为亏损的原因，是否存在为发行人承担成本费用、输送利润的情形

东莞微勤于2018年年底出售，2018年全年均在合并报表范围内，不存在为发行人承担成本费用、输送利润的情形。

东莞微勤报告期内主要定位于对内服务，提供游戏游艺设备框体加工业务及少量整机组装业务，东莞微勤提供的主要工序包括抛光、酸洗、除油、磷化、喷漆、喷粉、烤漆工序。出售东莞微勤后，发行人以直接向市场采购或委托加工的方式采购游戏游艺设备框体。

东莞微勤2018年营业收入小幅下滑，但利润转变为亏损的原因主要系发行人拟对东莞微勤进行转让，支付较多的辞退福利所导致，该部分金额为109.35万元，剔除该部分辞退福利的影响，利润为51.49万元。

三、报告期内东莞微勤作为发行人控股子公司期间，不存在重大违法违规行为而对发行人发行上市造成实质性障碍

报告期内东莞微勤作为公司控股子公司期间，东莞微勤除曾于2017年期间存在一宗小额的税务罚款处罚外，不存在其他因违反法律法规而受到行政处罚的情形。东莞微勤于2017年受到的小额税务罚款所涉行为并非重大违法违规行为。2017年11月14日，国家税务管理局东莞市税务局向东莞微勤作出长安国税简罚（2017）1234号处罚决定，东莞微勤因未按照规定期限办理纳税申报和报送纳税资料，被处以50元罚款的行

政处罚。该处罚所涉事项主要是基于东莞微勤当时具体经办人员工作疏忽，未按期限办理出口免抵退税的零申报手续所致。东莞微勤已于行政处罚决定书规定的期限内足额缴纳罚款并及时进行申报规范。

东莞微勤上述税务罚款金额较低，并非相关法律法规、税务主管部门规范性文件规定的“情节严重”的行政处罚，该处罚所涉行为不属于重大违法违规行为。报告期内东莞微勤作为公司控股子公司期间，不存在对公司本次发行上市造成实质性障碍的重大违法违规行为。

四、东莞微勤历史上直接、间接股东与发行人、发行人主要客户、供应商不存在关联关系、股份代持或其他利益安排

龙旺实业于2018年年底受让东莞微勤后，于2019年7月将东莞微勤股权转让给龙旺实业实际控制人朱照华之妹妹朱海香。

东莞微勤历史股东微勤电机及其股东、龙旺实业及其股东、东莞微勤现有股东朱海香与公司、公司报告期内各期前十大主要客户和主要供应商之间均不存在关联关系、股份代持或其他利益安排。

龙旺实业的控股股东朱照华与发行人报告期内供应商东莞市龙旺五金有限公司的控股股东朱华灿为兄弟关系，报告期内公司向东莞市龙旺五金有限公司采购五金配件，东莞市龙旺五金有限公司并非公司主要供应商，2017～2019年度及2020年1～6月各期公司向其采购金额占当期采购总额的比例分别仅为0.84%、0.14%、1.12%、0.58%。

五、2019年后开始收回减资款但预计无法收回剩余减资款的时点为2018年12月31日的合理性

截至2018年12月31日，东莞微勤账面流动资产除应收账款、货币资金外，无其他大额资产，且应收账款均系应收公司款项，公司在2018年12月31日能根据东莞微勤的资产以及负债情况合理预计无法收回剩余的减资款。公司在2018年12月31日后不再将东莞微勤纳入合并报表范围，因此于2018年12月31日确认投资损失，具有合理性。

小兵评析

1. 关于减资问题，在 IPO 审核实践中并不是非常普遍，简单来说，实践中基本上只有以下几种情形：（1）根据公司计划，减少注册资本更适应公司资产和经营规模；（2）出资不到位，减资解决出资不实的问题；（3）认缴资本的前提下，后续不再认缴也需要履行减资程序。

2. 具体到本案例发行人，则是在发行人明知道自己的子公司资产规模很小、经营业绩很差的情况下，还坚持减资的合理性以及后续的处理。根据发行人的解释，主要原因是发行人要将这个子公司转让给第三方，而第三方要求发行人将注册资本减少至 50 万元，同时发行人需要将相关的投资进行减值处理。

3. 其实，发行人将一个经营不善、净资产低于注册资本，甚至是资不抵债的公司进行转让的情形还是很多的，这时候只是根据市场规则如何对这个公司定价的问题。定价的标准是按照注册资本还是净资产，抑或直接零元对价无偿转让，其实在公司本身经营存在问题前途不明的情况下，怎样的定价结果都有其合理性。后续受让方买了公司之后要减资还是注资，那就跟发行人没有直接关系了，发行人主要关心交易的合理性和公允性。

4. 当然，发行人先让公司通过减资把以前的亏损风险承担了，然后再把干净的公司卖给第三方也是没有问题的，只是发行人要履行相关的减资和减值程序，显得比较敏感而已。然而，公司受让方在几个月之后又转给了别人，这样的频繁转让还是需要整体来考虑商业的合理性问题。

第三节　低价、突击入股

案例19 金沃股份（300984）——低价入股的利益输送嫌疑

【问询问题】

关于相关股东增资形成的股权激励。2017年5月，发行人新增股东衢州成伟、张统道、程安靖，分别持股3%，其中衢州成伟系由董事长杨伟和总经理郑立成合计持股100%的公司。本次增资价格为均为4.04元/1元注册资本，公允价格为14.16元/1元注册资本，发行人共计提股份支付费用2250.01万元。请发行人补充披露：（1）张统道、程安靖入股发行人的背景，是否参与公司的实际经营，两人按照与衢州成伟相同的价格进行增资的原因，增资价格低于公允价格是否存在利益输送；（2）张统道、程安靖非发行人员工，由发行人计提股份支付费用是否符合《企业会计准则》的相关规定，是否存在损害发行人及其他股东利益的情形；（3）张统道、程安靖是否与发行人及其控股股东、实际控制人、董监高、其他核心人员、主要客户或供应商存在亲属关系、关联关系、委托持股等利益安排。

【披露信息】

一、张统道、程安靖入股发行人的背景，是否参与公司的实际经营，两人按照与衢州成伟相同的价格进行增资的原因，增资价格低于公允价格是否存在利益输送

2017年5月，张统道、程安靖入股发行人，主要因其看好公司发展前景，愿意长期投资发行人。当时发行人虽有一定经营基础，但收入规模和业绩情况尚不十分突出，公司仍处于高速发展过程中，亟须补充资本金以保障日常资金需求并扩充产能。张统道、程安靖系发行人实际控

制人的朋友，对公司情况较为熟悉。张统道曾在中国石化工作并担任工程师职务，在发行人前期的生产管理中提供了指导；程安靖为职业投资人，在发行人融资和经营管理等方面提供了帮助。

鉴于上述情形，经公司与张统道、程安靖协商一致，由张统道、程安靖按照与衢州成伟相同的价格增资入股，既满足了公司资金需求，又兼顾了张统道、程安靖为公司日常生产管理、融资和经营管理等方面作出的贡献。因此该增资价格具有合理性，不存在利益输送的情形。

二、张统道、程安靖非发行人员工，由发行人计提股份支付费用是否符合《企业会计准则》的相关规定，是否存在损害发行人及其他股东利益的情形

（一）由发行人计提股份支付费用符合《企业会计准则》的相关规定

根据《企业会计准则第11号——股份支付》的规定，股份支付是指企业为获取职工和其他方提供服务而授予权益工具或者承担以权益工具为基础确定的负债的交易。股份支付分为以权益结算的股份支付和以现金结算的股份支付。以权益结算的股份支付，是指企业为获取服务以股份或其他权益工具作为对价进行结算的交易。

根据中国证监会发行监管部《首发业务若干问题解答》，发行人报告期内为获取职工和其他方提供服务而授予股份的交易，在编制申报会计报表时，应按照《企业会计准则第11号——股份支付》的相关规定进行处理。

鉴于张统道曾为公司提供生产管理方面的指导，程安靖为公司提供过融资和经营管理方面的帮助，两人以低于公允价的价格对发行人进行增资，属于《企业会计准则》规定的股份支付，应由发行人计提股份支付费用。上述会计处理符合《企业会计准则》及《首发业务若干问题解答》的规定。

（二）不存在损害发行人及其他股东利益的情形

针对衢州成伟、张统道、程安靖增资事项，发行人于2017年度计提股份支付费用2250.01万元，上述事项未对公司正常经营造成不利影响，未影响公司2017年度扣除非经常性损益后归属于母公司所有者净利润，未损害发行人利益。

综上所述，张统道、程安靖增资入股事项不存在损害发行人及其他股东利益的情形。

三、张统道、程安靖是否与发行人及其控股股东、实际控制人、董监高、其他核心人员、主要客户或供应商存在亲属关系、关联关系、委托持股等利益安排

保荐机构及发行人律师查阅了张统道、程安靖、发行人及其控股股东、实际控制人、董监高、其他核心人员出具的《调查问卷》及书面说明，并比对上述人员和发行人在张统道和程安靖出资前后的银行流水，取得了发行人报告期各期前五大客户和前五大供应商出具的书面说明，并对发行人报告期各期前五大客户和前五大供应商进行了走访。经核查，张统道、程安靖与发行人及其控股股东、实际控制人、董监高、其他核心人员、发行人报告期各期前五大客户或前五大供应商不存在亲属关系、关联关系、委托持股等利益安排。

小兵评析

1. 监管机构已经制定了相关的规则严格核查和控制关于发行人申报之前的突击入股问题，尤其是要杜绝通过突击入股进行利益输送的行为。监管机构作出这样的决定，肯定是因为在IPO审核实践中已经感受到了这样的情形和风险，并且可能还有愈演愈烈的趋势。

2. 在以前的IPO审核标准中，对于IPO申报前的突击入股是严格核查的，要核查入股价格更要核查增资股东的身份和从业经历，从而关注是否存在利益

输送。为了核查，甚至可以要求当事人当面汇报相关情况。

3. 到了注册制审核的阶段，很多问题在向着最大程度宽容的角度去发展，于是我们就看到了很多以前根本不会发生或者被扼杀在摇篮中的问题渐渐探出了头，渐渐成功了，渐渐成为被效仿的案例。这样的变化趋势很可怕，这样的不断试探底线的行为，就是注册制改革最大的绊脚石。

4. 具体到本案例，情形并不复杂，只是背后的逻辑实在是不敢苟同。发行人有两个新增的股东，这两个股东跟发行人没有任何关系，只是实际控制人的朋友，一个在生产研发上有过帮助，一个是在融资管理上有过咨询，就因为这样的理由，两个股东以 4 元每股的价格分别持有发行人 3% 的股份。此时发行人股份的公允价格就是 14 元，每股差异 10 元，就因为这莫须有的帮助就允许两个股东低价入股？想想就觉得不可信。发行人也承认价格不公允，于是还做了股份支付，确认的费用合计 2000 多万元。

5. 从审核机构的审核来说，只是关注价格是否合理，进行股份支付是否符合《企业会计准则》的规定，是否存在其他关联关系，并没有关注背后的逻辑和商业合理性，其实小兵觉得这就是注册制审核的最大弊端。毕竟，很多事情并不是符合规则就是对的，还需要是合理的。小兵倒希望监管机构可以认真核查突击入股的问题，反正是信息披露，那么为什么不能充分披露两位股东的个人简历、从业经历以及到底给发行人提供了哪些帮助呢？

案例 20 灿勤科技（688182）——华为突击入股发行人的合理逻辑和价格

【问询问题】

招股说明书披露，2020 年 5 月，灿勤管理以 8.00 元/股的价格向哈勃投资转让 1375 万股股份，哈勃投资系发行人第一大客户华为技术有限公司的关联公司，入股对应公司估值 240,000 万元，对应市盈率 3.33 倍（以 2019 年扣非净利润计算），显著低于 2019 年 12 月员工持股平台增资时认定的 8 倍市盈率。根据申报材料，哈勃投资与发行人及其实际控制人约定了优先认购权、股份回购等特殊条款，相关条款已终止。请发行人按照《上海证券交易所科创板股票发行上市审核问答（二）》（以下简称《审核问答（二）》）第2条的规定，补充披露哈勃投资股权结构及实际控制人。请发行人说明：(1) 灿勤管理与哈勃投资之间股权转让的原因、定价依据及合理性，是否为获取业务的附带条件，是否存在每年采购量下限的约定或类似约定，是否对发行人独立获取业务存在限制，是否存在利益输送或其他利益安排；(2) 哈勃投资拟投资发行人前后，发行人第一大客户向发行人采购量、采购金额、单价的变动情况、付款周期、产品验收条件等，是否存在差异及是否为显著差异；(3) 发行人与哈勃投资关于优先认购权等特殊条款的履行情况，发行人及其实际控制人是否存在应履行而未履行的义务，相关条款是否彻底解除，是否为附条件解除，是否存在纠纷或潜在纠纷；(4) 公司是否存在以华为低价入股发行人换取订单或缩短付款周期等利益的情形，是否存在应确认股份支付而未确认的情形。

【披露信息】

一、灿勤管理与哈勃投资之间股权转让的原因、定价依据及合理性，是否为获取业务的附带条件，是否存在每年采购量下限的约定或类似约定，是否对发行人独立获取业务存在限制，是否存在利益输送或其他利益安排

（一）股权转让的原因、定价依据及合理性

1. 哈勃投资入股灿勤科技主要考虑因素

2018年年底，华为开始与发行人接洽投资入股事宜，但发行人因为当时已经确定以2018年11月30日为基准日进行股改，在发行人完成股改前双方并未就入股事宜达成一致。在后续的商谈过程中，发行人出于保护核心骨干员工积极性、不稀释员工股权激励所持股份的考虑，确定由控股股东灿勤管理向哈勃投资转让发行人股份实现哈勃投资入股而非以增资形式入股，并依照《公司法》的规定在股份公司设立满一年后完

成股份转让。哈勃投资受让的股份自发行人上市之日起锁定 36 个月。

2. 股权转让的定价依据及合理性

2019 年 5 月，发行人与华为根据灿勤科技 2018 年经营业绩以及 2019 年业绩预期，初步确定哈勃投资入股发行人的估值区间为 20 亿 ~30 亿元。发行人以 2019 年 1 ~5 月未经审计的净利润规模和 2019 年全年预测订单量为基础，预计 2019 年全年实现净利润约 5.4 亿元，并由此得出 2018 年和 2019 年的平均净利润规模为 3 亿元。发行人与华为最终按照净利润 3 亿元和 8 倍市盈率确定哈勃投资本次入股的估值为 24 亿元。若依据发行人 2018 年合并口径归母净利润计算，哈勃投资本次入股对应的市盈率达到 41.65 倍。

进入 2019 年下半年，由于全球范围内 5G 商业化进程提速，5G 基站建设规模远超预期，发行人取得的订单量明显超出预测规模。2019 年发行人最终实现归母净利润 7.03 亿元，使哈勃投资入股估值对应的市盈率倍数有所降低。

综上，哈勃投资本次入股的股权转让原因和定价依据具有合理性。

（二）哈勃投资入股不是灿勤科技获取业务的附带条件，不存在约定每年采购量下限、对独立获取业务存在限制、利益输送或其他利益安排的情形

二、哈勃投资拟投资发行人前后，发行人第一大客户向发行人采购量、采购金额、单价的变动情况、付款周期、产品验收条件等，是否存在差异及是否为显著差异

1. 订单量和订单金额的大幅增长主要受益于全球各国推进 5G 商用进程和华为 5G 基站业务的发展。

2. 平均采购单价呈现下降趋势，具有商业合理性。

3. 付款周期的调整基于华为保障其供应链安全的需要。

4. 执行原有产品验收标准。

三、发行人与哈勃投资关于优先认购权等特殊条款的履行情况，发行人及其实际控制人是否存在应履行而未履行的义务，相关条款是否彻底解除，是否为附条件解除，是否存在纠纷或潜在纠纷

截至发行人向上海证券交易所提交首次公开发行股票并上市申报材料并于2020年6月30日取得受理之日，《投资协议》约定的“优先认购权”“反摊薄条款”“最优惠权/随惠权”“优先购买权”“联售权”“优先清算权”“股份回购”等特殊条款已彻底解除。自《投资协议》生效至前述特殊条款效力终止的期间内，未出现发行人及其实际控制人履行特殊条款的情况。

四、公司是否存在以华为低价入股发行人换取订单或缩短付款周期等利益的情形，是否存在应确认股份支付而未确认的情形

（一）公司不存在以华为低价入股换取订单或缩短付款周期等利益的情形

1. 来自华为订单的快速增长是5G基站建设需求和发行人技术水平的反映。

2. 哈勃投资入股和缩短付款周期均出于保障其供应链安全的需要。

3. 哈勃投资的入股价格具有合理性。

2019年5月，发行人与华为根据灿勤科技2018年经营业绩以及2019年业绩预期，确定哈勃投资入股发行人的估值区间为20亿～30亿元，并最终确定估值为24亿元。依据发行人2018年合并口径归母净利润计算，哈勃投资本次入股对应的市盈率为41.65倍；若依据发行人2018年和经预测的2019年合并口径归母净利润的平均值计算，哈勃投资本次入股对应的市盈率为8倍。

同时，发行人2018年12月实施员工股权激励的估值为1.34亿元，2019年12月实施员工股权激励的估值为3.89亿元，哈勃投资受让发行人股份的估值为24亿元，明显更高。

综上，哈勃投资的入股价格具有合理性。

（二）公司不存在应确认股份支付而未确认的情形

就哈勃投资入股发行人事项，哈勃投资与发行人全体股东于 2020 年 4 月 29 日签署《江苏灿勤科技股份有限公司投资协议》和《江苏灿勤科技股份有限公司投资协议之补充协议》。同日，发行人召开临时股东大会审议通过“变更公司章程”议案，并于 2020 年 5 月 11 日完成公司章程工商备案登记。

参照《企业会计准则》的相关规定，发行人在 2020 年半年报中对哈勃投资入股事项确认股份支付金额 16,456.68 万元 = 599,054.74 万元 × 1375 万股 ÷ 30,000 万股 − 11,000 万元。其中，发行人确认股份支付所依据的公允价值按照 2019 年合并口径净利润的 8 倍市盈率确定，与 2019 年荟瓷管理授予股权激励时采用的估值一致，均为 599,054.74 万元。

小兵评析

1. 目前的 IPO 审核案例，尤其是科创板的审核，已经逐渐形成了阿里系、小米系和华为系等。这些企业不只是自己做大、做强了，还通过在相关产业的投资，间接实现了其他领域的 IPO 上市，不仅巩固了自己的产业链体系和生态，而且得到了足够的回报。

2. 当然，成体系的 IPO 投资和申报案例，自然是跟目前的注册制审核理念变革有着直接的关系，如对于同业竞争和关联交易问题的放松，对于投资时机和价格的理性探讨，包括对于业务独立性以及商业合作逻辑的充分尊重等。

3. 以前，我们分析过发行人与华为的关联交易逐年提高，最后一年直接提高至 95% 而成功 IPO 的案例。本案例中，华为的关联方在发行人申报 IPO 之前突击受让了发行人的股份成为公司的关联方，当然不例外的是，华为同样是公司的第一大客户。

4. 对于华为来说，突击入股发行人是没有问题的，自然是看好发行人的发展，同时为了更好地保障华为的供应商体系，这样的入股合理性已经毋庸置疑。但是，华为入股的价格是一个很值得关注的问题：华为是 2020 年 5 月成为发行人股东的，如果按照 2019 年净利润水平，那么入股的市盈率只有 3.3 倍，显然过低。

5. 对于入股价格的问题，在审核实践中也确实是一个很重要且敏感的问题，发行人的解释是一个思路：华为在 2018 年年底就开始要入股发行人了，但是发行人要准备股改，所以就没有做，股改之后，因为发起人有 12 个月股份锁定期，所以于 2019 年 5 月签署了协议，直到 2020 年 5 月才转让股份。所以，华为入股的价格是根据 2018 年和 2019 年预计的净利润的平均数计算的市盈率，按照这个市盈率，那么华为入股价格是 8 倍市盈率倍数。这个价格，可能不算高，但是也还算说得过去。

6. 但是，小兵有一点不理解的是，华为入股更重要还是股改更重要。既然以前就在讨论入股的事情，有什么证据可以证明吗？不然为什么可以按照 2018 年的净利润算市盈率呢？当然不管怎样，这个案例至少可以让我们借鉴。

案例 21　诺禾致源（688315）——IPO 基准日之后突击转让股权

【问询问题】

申报文件未说明 2020 年 4 月、2020 年 5 月两次股权转让的价格。请发行人在 4－3 申报文件中补充说明 2020 年 4 月、2020 年 5 月两次股权转让的价格情况、存在价格差异的原因；说明上述两次股权转让的原因，相关股东在发行人拟申报科创板前 1～2 个月对外转让股权的原因。请保荐机构和发行人律师按照《审核问答（二）》的相关要求，对最近一年新增股东的情况和股份锁定承诺逐项进行核查，并发表明确意见。

【披露信息】

一、补充说明 2020 年 4 月、5 月两次股权转让的价格情况、存在价格差异的原因；上述两次股权转让的原因，相关股东在发行人拟申报科创板前 1～2 个月对外转让股权的原因

（一）2020年4月，诺禾股份第一次股权转让

上述股权转让按照公司整体估值为49亿元作价，每股交易价格13.61元，樊世彬、莫淑珍、致源禾谷所转让股权对应的转让价款分别为5779.12万元、5779.12万元和10,702.07万元。

（二）2020年5月，诺禾股份第二次股权转让

上述股权转让按照公司整体估值为60亿元作价，每股交易价格16.67元。

2020年4月及5月的两次股权转让均系转让方与受让方经过市场化询价、谈判所确定。由于各方潜在投资者对公司的市场前景、行业的基本情况的判断不一致，其对公司的估值水平也存在差异。同时，因致源禾谷系发行人实际控制人李瑞强控制的持股平台，受让其所持股份可能需比照实际控制人所持股份进行锁定，樊世彬、莫淑珍入股公司事宜系前次申报关注问题，故在市场化谈判中有意向受让该部分股权的机构较少，最终谈判确定的对价低于国投创新和国投协力所持股份的转让对价。

二、2020年4月、5月股权转让的原因

樊世彬、莫淑珍转让股权，主要系其于2016年自李瑞强处受让发行人股份的价格较低，同时向李瑞强提供了大额借款。虽然保荐机构及律师已就相关事项访谈了当事人李瑞强、樊世彬、莫淑珍，同时取得了上述人员出具的承诺函，核查了李瑞强的银行流水以及李瑞强、樊世彬、莫淑珍签署的借款协议及补充协议等，根据上述核查程序，樊世彬、莫淑珍入股不存在利益输送、委托代持等情形。由于樊世彬、莫淑珍系发行人小股东，且个人和家族资产规模较大，各类资金流水往来和资产交易金额较大且较为频繁。二人虽均具有出资及借款资金实力的资产证明，但出于隐私考虑或商业保密义务，其无法逐项说明其资金或资产来源及独立性。保荐机构、律师难以针对其银行账户往来和资产持有情况进行进一步全面深入核查，难以确认其入股及借款所对应的直接及最终资金来源。因此发行人决定申请终止审核，在协调樊世彬、莫淑珍将股权对

外转让后，再次申报科创板。

致源禾谷转让部分股权，主要系其个别出资人个人具有资金需求。

国投创新、国投协力对外转让股权，主要系二者存续期限于 2021 年 7 月和 2021 年 11 月届满，剩余存续期限无法满足发行人股票上市后锁定 12 个月的要求，具有退出需求。

小兵评析

1. 本案例发行人是先申报主板，后申报创业板，主动撤回申请之后最后选择了科创板，并通过审核。同样，也有发行人先申报了主板，又申报了科创板，最后又申报创业板，并通过审核。甚至，还有的发行人将新三板包括在内的目前中国现有的四个板块都转了一遍。从小兵的角度来说，总觉得对于这样的发行人，最后在哪个交易所上市，便是哪个交易所的尴尬。当然，从另一个角度来说，也可以理解为交易所不拘一格选择企业，体现出交易所的宽容和贯彻注册制的决心，这样理解倒也没有任何问题。

2. 对于发行人来说，申报板块有了更多的选择自然是好事情，对于资本市场的发展也是好的促进，只是任何事情如果用得过度甚至滥用可能就不是好事情了。因而，小兵觉得建立一个制度还是有必要的，无论是被动还是主动终止审查，都应该有一定的间隔期限，以示审核的严肃性。

3. 我们再来看一下本案例涉及的具体的问题，其实这个问题并不复杂，当然也有些敏感，那就是关于发行人 IPO 申报前的股权转让问题。一般情况下，在 IPO 申报之前一般不会有股权转让，道理自然也很简单：既然马上要上市了，股份自然会有大的增值，这时候将股份进行转让，显然不符合股东的利益。因而，如果在 IPO 申报之前存在股份转让的情形，那么审核中必然是要重点关注的。

4. 关于本次申报前的股权变动，其理由还跟上一次申报有关系。在上一次 IPO 申报过程中，有两个股东在审核过程中无法核查清楚，因为两个当事人的业务很多，资产规模也很大，即便取得了当事人说明但是无法取得两个股东的银行流水也无法进行进一步的核查，因而只能主动终止审核。而这一次，是将两位股东的股份作了转让，解决了这个问题，因而不再构成IPO的实质性障碍。其实，从小兵的角度来说，如果是注册制的审核思路，就算是这两个股东不进行转让，应该也是可以通过审核的。如果还是以前的审核理念，可能股份就算是对外转让了，对于股份受让方的核查也不会简单。

5. 关于股份转让的价格和公司估值问题，自然也是需要重点关注的问题，这个发行人的解释基本上还是可以接受的，关注到了股份锁定期以及受让方不多的因素。

6. 这里还有一个细节问题值得特别关注：发行人是2020年6月4日申报的IPO，而申报基准日是2020年3月31日，发行人是2020年4月和5月进行了两次股份转让，因而基准日之后进行股份转让是允许的，只是申报之后IPO在审期间是不允许的。

第四节 特殊股权情形

案例22 倍特药业（创业板已过会，终止注册）——上市公司的子公司卖给控股股东然后IPO

【问询问题】

据披露，倍特药业原为上市公司高新发展的子公司，于2012~2013年被四川方向收购。请发行人补充披露：（1）取得倍特药业资产的背景、所履行的决策程序、审批程序与信息披露情况，是否符合法律法规、交易双方公司章程以及证监会和深交所有关上市公司监管和信息披露要求，是否存在争议或潜在纠纷；上市公司在转让上述资产时是否存在损害上市公司及中小投资者合法权益的情形；（2）收购前倍特药业的运营情况，是否运用高新发展的上市募集资金；（3）发行人来源于上市公司的资产置入发行人的时间，在发行人资产中的占比情况，对发行人生产经营的作用；（4）发行人及其关联方的董事、监事和高级管理人员在上市公司及其控制公司的历史任职情况及合法合规性，是否存在违反竞业禁止义务的情形；上述资产转让时，发行人的董事、监事和高级管理人员在上市公司的任职情况，与上市公司及其董事、监事和高级管理人员是否存在亲属及其他密切关系；如存在上述关系，在相关决策程序履行过程中，上述人员是否回避表决或采取保护非关联股东利益的有效措施。

【披露信息】

一、取得倍特药业资产的背景、所履行的决策程序、审批程序与信息披露情况，是否符合法律法规、交易双方公司章程以及证监会和本所有关上市公司监管和信息披露要求，是否存在争议或潜在纠纷；上市公司在转让上述资产时是否存在损害上市公司及中小投资者合法权益的情形

（一）取得倍特有限资产的背景

四川方向基于自身业务发展需要，从高新发展处收购了倍特有限的100%股权（以下简称本次收购）：（1）倍特有限拥有头孢克洛和头孢呋辛酯的生产线和药品注册批件，本次收购完成后四川方向可新增头孢系列产品及相应剂型；（2）倍特有限拥有普通固体制剂和大输液生产线及药品注册批件，倍特有限在剂型上可以与四川方向形成互补，本次收购完成后可以扩充四川方向的生产线；（3）倍特有限拥有青白江原料工厂，本次收购完成后弥补了四川方向原本无原料工厂的缺陷，丰富了四川方向的产业链。

（二）本次收购所履行的决策审批程序与信息披露情况

1. 高新发展履行的决策审批程序和信息披露情况（略）

2. 四川方向履行的决策审批程序（略）

2012年8月24日，四川方向股东作出决议，同意公司收购高新发展

持有的倍特有限7000万元出资（对应100%的股权）。

综上，根据高新发展、四川方向当时有效的《公司章程》，四川方向就本次收购已履行了决策审批程序，高新发展就本次收购已履行了相应的决策审批程序和信息披露程序，符合法律法规、交易双方公司章程以及证监会和深交所有关上市公司监管和信息披露要求。此外，本次收购不存在争议或纠纷的情形，上市公司在转让上述资产时不存在损害上市公司及中小投资者合法权益的情形。

二、收购前倍特药业的运营情况，是否运用高新发展的上市募集资金

倍特有限被四川方向收购前，正常开展业务经营，其2011年的主要财务数据如下：

单位：万元

项目	2011年12月31日
总资产	14,394.37
总负债	8051.60
净资产	6342.77
项目	2011年度
营业收入	6903.50
营业利润	-649.01
净利润	-622.34
经营活动产生的现金流量净额	829.94

根据高新发展公开披露的《成都倍特发展集团股份有限公司董事会对前次募集资金使用情况说明》、四川华信（集团）会计师事务所于1999年3月31日出具的《专项报告》（川华信审〔1999〕综字020号）及高新发展出具的说明，高新发展于1996年11月上市，募集资金总额共16,884万元，其中2150万元投入倍特有限的二期工程项目，倍特有限二期工程项目已于1999年年底完成。

三、发行人来源于上市公司的资产置入发行人的时间，在发行人资产中的占比情况，对发行人生产经营的作用

2013 年 1 月 6 日，倍特有限完成了股东由高新发展变更为四川方向的工商变更登记，自此倍特有限成为四川方向的全资子公司。

本次收购前倍特有限的资产中，发行人目前仍在使用的主要资产包括固定资产（包括位于青白江区大弯通站路 268 号的房屋建筑物和部分机器设备）和无形资产（包括仁安药业青白江分公司拥有的土地使用权、专有技术和专利技术）。截至 2020 年 3 月 31 日，上述资产账面价值为 723.71 万元，占发行人截至 2020 年 3 月 31 日净资产的比例为 0.63%，对发行人生产经营不构成重大影响。

四、发行人及其关联方的董事、监事和高级管理人员在上市公司及其控制公司的历史任职情况及合法合规性，是否存在违反竞业禁止义务的情形；上述资产转让时，发行人的董事、监事和高级管理人员在上市公司的任职情况，与上市公司及其董事、监事和高级管理人员是否存在亲属及其他密切关系

陈丽红、李胜在四川方向收购倍特有限前后均在倍特有限任职，其任职情况不存在违反法律法规的情形，也不存在违反竞业禁止义务的情形。

小兵评析

1. 在以前的审核理念中，对于 IPO 发行人资产来源于上市公司的情形是严格控制的，如果还存在资产利用上市公司募集资金的情形，基本上就构成了 IPO 的实质性障碍。在注册制审核的理念下，更加重要的当然是当上市公司分拆控股子公司上市已经成为事实的情况下，上市公司部分资产 IPO 上市就不存在根本性的障碍了。

2. 在以前的案例中，存在上市公司参股子公司成功 IPO 的案例，后来有

了控股子公司也可以 IPO，并且也允许存在使用募集资金的情形。具体到本案例，是非常典型的部分上市公司资产独立 IPO 的情形。具体来说：

（1）基于某种原因，上市公司将全资子公司卖给了控股股东。

（2）8 年之后，这个子公司业务发展得很好，成功实现了 IPO 上市。

（3）审核重点关注自然就是卖出子公司的决策程序以及信息披露的情况，卖出子公司的价格是不是合理公允，是否存在损害投资者利益的情形。

（4）这个案例中，还关注到子公司是不是利用上市公司募集资金的情形，子公司确实使用了上市公司募集资金，不过项目在 1999 年已经实施完毕。

3. 从小兵的角度来说，上市公司不论是资产的收购还是资产的处置，只要是程序合规，价格合理，都是没有任何问题的。在本案例中，小兵担心的是，是不是有足够的外部条件和内部能力来约束这样的合规性：

（1）子公司使用了上市公司的募集资金，可是为什么一直是亏损的，就算是到了 2012 年卖了子公司的时候还是每年亏损 800 万元。

（2）上市公司有没有可能隐藏利润然后刻意降低子公司的业绩水平，这种情况下，就算是程序合规，但是价格不合理，投资者如何保证利益不受损害。

（3）子公司一开始业绩不好，后来业绩持续稳定增长的逻辑是什么，是技术的突破、客户的升级还是产业的政策？小兵觉得对于这样的案例来说，这样的问题是需要说清楚的。

案例 23 汇宇制药（688553）——特别表决权的设置

【问询问题】

2020 年 5 月 27 日，发行人召开 2020 年第一次临时股东大会，对《公司章程》进行了修改，设置特别表决权。公司控股股东、实际控制人丁兆直接持有公司股份 114,066,766 股，其中 80,466,766 股为特别表决权股份，公司股东对所有提交公司股东大会审议的事项行使表决权时，每一特别表决权股份的表决权数量为 5 票。请发行人说明：（1）发行人设置特别表决权股份是否符合《公司法》《关于在上海证券交易所设立科创板并试点注册制的实施意见》等相关规定；并对照《上海证券交易所科创板股票上市规则》第四章第五节关于特别表决权设置的股东大会程序、持有人资格、公司章程关于表决权差异安排的具体规定、锁定安排及转让限制等，逐条说明发行人上述安排是否符合规定。(2) 结合丁兆对公司创立、发展或者业务增长及日常经营管理等的作用和贡献，以及本次可能发行的最大股份数导致的股本结构变动情况、其他股东的持股比例情况，说明本次设置特别表决权的原因，丁兆持有特别表决权的必要性和合理性。(3) 发行人的表决权差异安排于2020年5月27日设置，运行时间较短，说明上述特殊公司治理结构是否稳定、有效，是否符合《科创板首次公开发行股票注册管理办法（试行）》第12条关于控制权和实际控制人的发行条件规定。(4) 除上述特别表决权设置外，丁兆是否存在“一票否决权”等其他特殊安排；上述特别表决权的设置及其他类似安排是否存在导致“少数人控制”等公司治理问题；是否存在通过公司自治方式突破科创板上市规则及侵犯其他普通股东权利的情形。(5) 就上述特别表决权的设置完善重大事项提示中关于公司治理风险、普通股东权利保护等相关内容及风险揭示。

【披露信息】

一、发行人设置特别表决权股份是否符合《公司法》《关于在上海证券交易所设立科创板并试点注册制的实施意见》等相关规定；并对照《上海证券交易所科创板股票上市规则》第四章第五节关于特别表决权设置的股东大会程序、持有人资格、公司章程关于表决权差异安排的具体规定、锁定安排及转让限制等，逐条说明发行人上述安排是否符合规定

（一）发行人设置特别表决权股份是否符合《公司法》《关于在上海证券交易所设立科创板并试点注册制的实施意见》等相关规定

《公司法》《关于在上海证券交易所设立科创板并试点注册制的实施意见》等相关法律法规对于特别表决权的规定如下：

序号	法律法规及具体条款	主要内容
1	《公司法》第 131 条	国务院可以对公司发行本法规定以外的其他种类的股份，另行作出规定
2	《国务院关于推动创新创业高质量发展打造“双创”升级版的意见》（国发〔2018〕32 号）第 26 条	推动完善公司法等法律法规和资本市场相关规则，允许科技企业实行“同股不同权”治理结构
3	《关于在上海证券交易所设立科创板并试点注册制的实施意见》	依照《公司法》第一百三十一条规定，允许科技创新企业发行具有特别表决权的类别股份，每一特别表决权股份拥有的表决权数量大于每一普通股份拥有的表决权数量，其他股东权利与普通股份相同……
4	《上海证券交易所科创板股票上市规则》第 4.5.2 条	发行人首次公开发行并上市前设置表决权差异安排的，应当经出席股东大会的股东所持二分之三以上的表决权通过。 发行人在首次公开发行并上市前不具有表决权差异安排的，不得在首次公开发行并上市后以任何方式设置此类安排
5	《上海证券交易所科创板股票发行上市审核规则》第 24 条	存在表决权差异安排的发行人申请股票或者存托凭证首次公开发行并在科创板上市的，其表决权安排等应当符合《上海证券交易所科创板股票上市规则》等规则的规定：发行人应当至少符合下列上市标准中的一项，发行人的招股说明书和保荐人的上市保荐书应当明确说明所选择的具体上市标准： （一）预计市值不低于人民币 100 亿元； （二）预计市值不低于人民币 50 亿元，且最近一年营业收入不低于人民币 5 亿元

发行人设置特别表决权股份符合上述法律法规的规定，具体如下：

1. 发行人为一家符合要求的科技创新企业。

2. 发行人预计市值满足设置特别表决权安排的要求。2019 年 12 月完成引入外部投资者后，发行人的投后估值达到 53.10 亿元。

根据保荐机构出具的《关于四川汇宇制药股份有限公司首次公开发

行股票并在科创板上市之预计市值分析报告》，发行人预计市值不低于人民币50亿元。同时，设置表决权差异安排前发行人最近一年营业收入不低于人民币5亿元。

基于上述，发行人预计市值、营业收入符合《上海证券交易所科创板股票上市规则》有关发行人可以设置表决权差异制度的基本前提要求。

3. 发行人设置特别表决权程序符合相关要求。发行人在发行上市前设置特别表决权事项经发行人于2020年3月23日召开的创立大会全体股东一致通过；2020年5月27日，发行人全体股东于2020年第一次临时股东大会一致通过了《关于〈四川汇宇制药股份有限公司关于设置表决权差异安排的方案〉的议案》等相关议案，同意发行人设置特别表决权并相应修改《公司章程》《股东大会议事规则》等文件，符合《上海证券交易所科创板股票上市规则》关于设置特别表决权的审议程序要求。

综上，发行人设置特别表决权符合《公司法》《关于在上海证券交易所设立科创板并试点注册制的实施意见》等相关法律法规。

（二）对照《上海证券交易所科创板股票上市规则》第四章第五节关于特别表决权设置的股东大会程序、持有人资格、公司章程关于表决权差异安排的具体规定、锁定安排及转让限制等，逐条说明发行人上述安排是否符合规定

1. 股东大会程序

《上海证券交易所科创板股票上市规则》第四章第五节第4.5.2条规定，“发行人首次公开发行并上市前设置表决权差异安排的，应当经出席股东大会的股东所持三分之二以上的表决权通过。发行人在首次公开发行并上市前不具有表决权差异安排的，不得在首次公开发行并上市后以任何方式设置此类安排。”

2020年5月27日，发行人2020年第一次临时股东大会审议通过了《关于〈四川汇宇制药股份有限公司关于设置表决权差异安排的方案〉的议案》及相关议案，同意发行人设置特别表决权并相应修改《公司章程》

《股东大会议事规则》等文件，发行人19名股东全部参与表决，表决同意股份数量占有效表决权的股份数的100%。

综上，发行人关于特别表决权设置的股东大会程序，符合《上海证券交易所科创板股票上市规则》第四章第五节第4.5.2条之规定。

2. 特别表决权持有人资格

《上海证券交易所科创板股票上市规则》第四章第五节第4.5.3条规定："持有特别表决权股份的股东应当为对上市公司发展或者业务增长等作出重大贡献，并且在公司上市前及上市后持续担任公司董事的人员或者该等人员实际控制的持股主体。持有特别表决权股份的股东在上市公司中拥有权益的股份合计应当达到公司全部已发行有表决权股份10%以上。"

根据发行人2020年第一次临时股东大会审议通过的《关于〈四川汇宇制药股份有限公司关于设置表决权差异安排的方案〉的议案》及《四川汇宇制药股份有限公司关于设置表决权差异安排的方案》，持有特别表决权股份的股东应当为对上市公司发展或者业务增长等作出重大贡献，并且在公司上市前及上市后持续担任公司董事的人员或者该等人员实际控制的持股主体。持有特别表决权股份的股东在上市公司中拥有权益的股份合计应当达到公司全部已发行有表决权股份10%以上。丁兆为发行人全部特别表决权的唯一持有人，其他股东均不持有任何特别表决权股份，其他股东所持公司股份均为普通股份。

综上，发行人特别表决权的持有人资格符合《上海证券交易所科创板股票上市规则》第四章第五节第4.5.3条之规定。

3. 公司章程关于表决权差异安排的具体规定

（1）股份表决权权利和数量

《上海证券交易所科创板股票上市规则》第四章第五节第4.5.4条规定："上市公司章程应当规定每份特别表决权股份的表决权数量。每份特别表决权股份的表决权数量应当相同，且不得超过每份普通股份的表决权数量的10倍。"

根据发行人《公司章程》第14条的规定，发行人股份的发行，实行公开、公平、公正的原则，同种类的每一股份应当具有同等权利。根据发行人《公司章程》第21条的规定，除章程规定的表决权差异外，普通股份与特别表决权股份具有的其他股东权利完全相同。

根据发行人《公司章程》第74条的规定，发行人每一特别表决权股份拥有的表决权数量与每一普通股份拥有的表决权数量的比例为5∶1，即发行人股东对所有提交公司股东大会审议的事项行使表决权时，每一特别表决权股份的表决权数量为5票，而每一普通股份的表决权数量为1票。

（2）特别表决权设置比例

《上海证券交易所科创板股票上市规则》第四章第五节第4.5.6条规定："上市公司股票在本所上市后，除同比例配股、转增股本情形外，不得在境内外发行特别表决权股份，不得提高特别表决权比例。上市公司因股份回购等原因，可能导致特别表决权比例提高的，应当同时采取将相应数量特别表决权股份转换为普通股份等措施，保证特别表决权比例不高于原有水平……"

《上海证券交易所科创板股票上市规则》第四章第五节第4.5.7条规定："上市公司应当保证普通表决权比例不低于10%；单独或者合计持有公司10%以上已发行有表决权股份的股东有权提议召开临时股东大会；单独或者合计持有公司3%以上已发行有表决权股份的股东有权提出股东大会议案……"

根据发行人《公司章程》第19条的规定，发行人股票在中国境内证券交易所上市后，除同比例配股、转增股本情形外，不得在境内外发行特别表决权股份，不得提高特别表决权比例。因股份回购等原因，可能导致特别表决权比例提高的，应当同时采取将相应数量特别表决权股份转换为普通股份等措施，保证特别表决权比例不高于原有水平。

根据发行人《公司章程》第75条的规定，发行人全部普通股份的表决权数量占全部已发行股份表决权数量的比例应当不低于10%。

综上，发行人关于特别表决权设置比例等事项符合《上海证券交易所科创板股票上市规则》第四章第五节第 4.5.6、4.5.7 条之规定。

4. 锁定安排及转让限制

《上海证券交易所科创板股票上市规则》第四章第五节第 4.5.8 条规定，“特别表决权股份不得在二级市场进行交易，但可以按照本所有关规定进行转让”。

根据发行人《公司章程》第 20 条的规定，出现下列情形之一的，特别表决权股份应当按照 1∶1 的比例转换为普通股份：（1）持有特别表决权股份的股东不再符合章程规定的资格和最低持股要求，或者丧失相应履职能力、离任、死亡；（2）实际持有特别表决权股份的股东失去对相关持股主体的实际控制；（3）持有特别表决权股份的股东向他人转让所持有的特别表决权股份，或者将特别表决权股份的表决权委托他人行使；（4）公司的控制权发生变更。控制权发生变更情形的，发行人已发行的全部特别表决权股份均应当转换为普通股份。

综上，发行人关于特别表决权设置符合《上海证券交易所科创板股票上市规则》第四章第五节第 4.5.8、4.5.9 条之规定。

二、结合丁兆对公司创立、发展或者业务增长及日常经营管理等的作用和贡献，以及本次可能发行的最大股份数导致的股本结构变动情况、其他股东的持股比例情况，说明本次设置特别表决权的原因，丁兆持有特别表决权的必要性和合理性

（一）授予丁兆特别表决权股份具有合理性和必要性

将丁兆所持部分股份设置特别表决权，有利于维持和巩固丁兆对于发行人的控制权，提升发行人的治理效率，更好地实现丁兆作为实际控制人对发行人战略规划的执行和推动作用，促进发行人进一步发展，符合全体股东的长远利益。因此，授予丁兆特别表决权股份对于发行人未来发展具有必要性。

（二）特别表决权设置有效降低本次发行及未来股份发行等对于丁兆控制权的稀释影响

设置特别表决权可以维持和巩固发行人控制权的稳定性，确保发行人在上市后不会因股份发行大幅稀释丁兆对于发行人的控制权，进而对公司的生产经营产生重大不利影响。

（三）特别表决权的设置尊重其他股东参与发行人治理的权利

基于上述，公司特别表决权的设置尊重中小股东参与发行人治理权利，中小股东能够对于发行人股东大会特别表决的议案产生重大影响，并且对于修改丁兆所持特别表决权股份的表决权数量以及修改公司章程等决议事项具有重大影响。发行人本次特别表决权比例及表决权数量的设置充分考虑中小股东利益。

综上，特别表决权的设置有利于维持和巩固发行人控制权的稳定性，且尊重其他股东参与发行人治理的权利，具有合理性和必要性。

三、发行人的表决权差异安排于2020年5月27日设置，运行时间较短，说明上述特殊公司治理结构是否稳定、有效，是否符合《科创板首次公开发行股票注册管理办法（试行）》第12条关于控制权和实际控制人的发行条件规定

（一）发行人特殊公司治理结构稳定、有效

1. 设置特别表决权是对丁兆控制权的延续及加强。

2. 设置特别表决权经过其余股东一致同意。

（二）是否符合《科创板首次公开发行股票注册管理办法（试行）》第12条关于控制权和实际控制人的发行条件规定

发行人控制权稳定，最近两年发行人控股股东、实际控制人未发生变化。丁兆直接持有及通过内江衡策、内江盛煜控制的发行人股权权属清晰，不存在可能导致控制权变更的权属纠纷及股权质押情况，符合《科创板首次公开发行股票注册管理办法（试行）》第12条关于控制权和实际控制人的发行条件规定。

四、除上述特别表决权设置外，丁兆是否存在“一票否决权”等其他特殊安排；上述特别表决权的设置及其他类似安排是否存在导致“少数人控制”等公司治理问题；是否存在通过公司自治方式突破科创板上市规则及侵犯其他普通股东权利的情形

（一）除上述特别表决权设置外，丁兆是否存在“一票否决权”等其他特殊安排

除设置特别表决权外，丁兆在参与股东大会、董事会表决时，不存在享有“一票否决权”或其他特殊安排。

（二）上述特别表决权的设置及其他类似安排是否存在导致“少数人控制”等公司治理问题

针对特殊治理结构，发行人在《公司章程》及其他配套制度中作出相应安排，能够切实、有效地保护中小股东权益，不存在“少数人控制”等公司治理问题。

（三）是否存在通过公司自治方式突破《上海证券交易所科创板股票上市规则》及侵犯其他普通股东权利的情形

1. 发行人公司治理遵守《公司法》等相关法律法规要求

发行人股东大会、董事会及其专门委员会、监事会严格按照有关法律法规和公司内部规章制度规范运行，形成了职权明确、相互制衡、规范有效的公司治理机制。

2. 发行人特别表决权设置符合《上海证券交易所科创板股票上市规则》相关要求

《上海证券交易所科创板股票上市规则》对于特别表决权持有人资格、特别表决权安排、转让限制等事项作出了全面规定，发行人《公司章程》中特别表决权设置安排符合《上海证券交易所科创板股票上市规则》的具体要求，特别是发行人审议修订《公司章程》或改变特别表决权股份享有的表决权数量不适用特别表决权，所有股东按照持股数量进行表决。发行人特别表决权安排充分尊重中小股东参与公司治理的权利，

保障了普通股东的合法权益。基于上述，发行人不存在通过公司自治方式突破《上海证券交易所科创板股票上市规则》及侵犯其他普通股东权利的情形。

小兵评析

1.《证券法》为了配合注册制的改革，还是作出了很多有创新性的改变，如红筹架构的上市、特别表决权的设置、代表人诉讼制度的确立等。尤其是申报科创板的发行人，因为很多是高新创新企业，本来都是要在境外上市的，因而在股权架构设置方面更加具有创新性和复杂性。

2. 关于特别表决权问题，应该是直接颠覆了以前《证券法》设置的“同股同权”的基本理念，算是很大的一个进步和创新。当然，在设置特别表决权方面，《上海证券交易所科创板股票上市规则》也是作了明确的规定，目前来看标准还是比较高的：（1）对于发行人来说，必须是科技创新企业，并且估值要超过100亿元，或者最近一年收入不低于5亿元且估值不低于50亿元；（2）对于授予者来说，获得特别表决权的必须是有重大贡献对发行人有一定管理权限的人。

3. 此外，关于特别控制权只是一种决策权力，跟实际的股份数量以及收益权没有直接关系，最终在股份交易的时候，还是一股一个价格，跟特别表决权没有任何关系。

4. 设置特别表决权一般就是为了巩固实际控制人的控制地位，那么另外一个问题就是一个人控制公司然后如何保护中小投资者利益的问题。其实，这个问题只能算“薛定谔的问题”，就算是不设置特别表决权，很多公司的单一股东持股比例也超过了70%，形成一股独大的局面，同样自然存在风险。

案例24 国芯科技（688262）——国有股权转让程序瑕疵

【问询问题】

根据首轮问询回复：(1) 国有股东安徽省能源集团受让发行人股权时，未经国资监管部门批准，存在程序瑕疵；(2) 安徽省能源集团转让发行人股权时，未报安徽省计划委员会进行审批，存在程序瑕疵，同时本次股权转让也未履行资产评估及进场交易程序，不符合《国有资产评估管理办法》《国有资产评估管理若干问题的规定》的相关规定。请发行人进一步说明国有股东安徽省能源集团受让及转让发行人股权时存在上述瑕疵对本次发行上市的具体影响。

【披露信息】

一、存在的国有资产转让程序瑕疵事项

(一) 安徽省能源集团受让发行人股权

2004年7月，神州信息将所持的国芯有限33.33%出资额（对应注册资本500.00万元）以500.00万元的价格转让给安徽省能源集团。

根据2001年4月28日颁布的《企业国有资本与财务管理暂行办法》(财企〔2001〕325号）和2003年5月27日颁布的《企业国有资产监督管理暂行条例》(国务院令第378号）的相关规定，安徽省计划委员会作为神州信息和安徽省能源集团的实际控制人，负责神州信息和安徽省能源集团的国有资产监督管理工作。本次股权转让属于安徽省计划委员会控制下的神州信息和安徽省能源集团两个集团之间国有股权调整，本次转让未经国有资产监督管理部门审批，存在程序瑕疵。

本次股权转让之转让方神州信息、受让方安徽省能源集团于2003年3月12日向公司出具要求调整股东的函，公司于2003年4月10日召开股东会审议通过上述股东调整事项。由于《企业国有产权转让管理暂行办法》(国务院国有资产监督管理委员会、财政部令第3号）于2004年2月1日起实施，因此在上述内部程序履行时，有关国资进场交易的法规尚未生效，本次股权转让不需要履行进场程序。

本次股权转让发生时，转让方神州信息及受让方安徽省能源集团均系安徽省计划委员会100%持股的国有独资企业。神州信息将所持有国芯有限股权转让给安徽省能源集团符合《国有资产评估管理若干问题的规定》第4条第1款第2项的规定，因此本次股权转让不需要履行资产评估。

本次股权转让未经国资监管部门批准，存在国有资产转让程序瑕疵，但本次股权转让属于同一控制下国有股东之间内部转让，所涉股份的持股主体由安徽省计划委员会100%持股的神州信息变为同为前者100%持股的安徽省能源集团，公司国有股东持有的股份数量、持股比例未发生变更，股权转让前后相关股份的最终权益人、控制人均为安徽省计划委员会，不存在国有资产流失的情形。

（二）安徽省能源集团转让发行人股权

2004年7月，安徽省能源集团将所持国芯有限33.33%出资额（对应注册资本500.00万元）以500.00万元的价格转让给上海科技。

根据2001年4月28日颁布的《企业国有资本与财务管理暂行办法》（财企〔2001〕325号）和2004年2月1日起实施的《企业国有产权转让管理暂行办法》（国务院国有资产监督管理委员会、财政部令第3号）的相关规定。安徽省能源集团有权决定其子企业的国有产权转让，其中重要子企业的转让事项应当报安徽省计划委员会审批。由于安徽省能源集团对公司在当时是否属于其重要子企业未发表明确意见，基于谨慎性原则，本次股权转让应该由安徽省能源集团报安徽省计划委员会进行审批，存在程序瑕疵。

本次股权转让相关各方安徽省能源集团、上海科技、国芯有限于2004年2月2日签署完成相关股权转让协议。根据当时有效的《国有资产评估管理办法》《国有资产评估管理若干问题的规定》和2004年2月1日起实施的《企业国有产权转让管理暂行办法》（国务院国有资产监督管理委员会、财政部令第3号）的相关规定，本次股权转让未履行资产评估及进场交易程序，存在程序瑕疵。

根据具有证券期货从业资质的上海上会会计师事务所于 2004 年 4 月出具的“上会师报字（2004）第 591 号”审计报告，2003 年国芯有限的净利润为 -69.45 万元，净资产为 932.71 万元，总资产为 1824.93 万元，公司每股净资产 0.62 元/股。2003 年国芯有限仍处于产品研发阶段，处于亏损状态，同时鉴于国芯有限截至 2003 年 12 月 31 日的净资产低于注册资本，经股权转让双方协商一致，本次股权转让按照国芯有限当时的注册资本作价进行转让，转让价格公允。此外，2009 年 8 月，无锡市中级人民法院在执行裁定中，对上海科技持有的发行人股权进行了评估，评估值为 0.55 元/股，本次股权转让的价格高于无锡市中级人民法院司法拍卖的评估价格。因此，本次股权转让价格公允，不存在损害国有股东利益的情形。

本次股权转让未经安徽省计划委员会审批，未履行资产评估及进场交易程序，存在国有资产转让程序瑕疵。安徽省能源集团转让国芯有限股权时，国芯有限仍然处于亏损状态，本次股权转让作价高于当时经具有证券期货从业资质的会计师事务所审计的国芯有限每股净资产，未损害安徽省能源集团的利益，不存在国有资产流失的情形。

二、国有资产转让程序瑕疵的补救措施

安徽省国资委为承继原安徽省计划委履行国资管理职能的机构，经公司与安徽省国资委的沟通，2021 年 5 月，安徽省国资委对公司历史沿革的过程中国有股东安徽省能源集团受让及转让公司股权的行为出具了确认意见，确认上述行为符合当时安徽省能源集团决策程序，系其真实意思表述，与交易对方或其他第三方不存在任何关于上述股权受让及转让的争议与纠纷，安徽省国资委对上述事项无异议。

同时，公司实际控制人关于国有股东股权变动事项出具了承诺，国芯科技历史国有股权变动过程中，如存在违反国资监管方面相关的法律法规而导致国有资产流失等情形，其自愿承担由此导致的相应赔偿责任。

综上，公司已就上述程序瑕疵采取了必要的补救措施，公司及其相关股东未因上述程序瑕疵事项受到过行政处罚，不存在纠纷或潜在纠纷，上述情形不属于重大违法行为，亦不构成本次发行的法律障碍。

小兵评析

1. 国有企业持有的公司股权转让和受让过程中没有取得国资管理部门的批准，也没有进场交易。

2. 对于这个问题，本案例的思路还是比较清晰：（1）找到当时的法律依据，是不是违反相关规定，是否一定需要审批或进场；（2）就算程序上存在一定瑕疵，但是价格是合理公允的，不存在国有资产流失的情形；（3）国有企业以及省级国资委出具了确认文件，这个文件成为最有利的证据。

第五节　合并、分立

案例25 国光电气（688776）——罕见的“一分为六”的公司分立案

【问询问题】

招股说明书披露：2018年6月，发行人采用存续分立的方式将公司一分为六，并通过《关于调整公司分立方案的议案》将原分割给成都宇光优服物业股份有限公司的3780万元负债保留在国光电气存续主体内，改为分割相同金额资本公积金；原分割给成都宇光尚合企业管理股份有限公司的6841万元负债保留在国光电气存续主体内，改为分割相同金额资本公积金并对其他负债的分割情况进行了调整，调整后存续公司与分立公司的注册资本与调整前确定的存续公司与分立公司的注册资本一致。请发行人说明：（1）分立前后，发行人经营业务的变化和具体安排，分立事项的会计核算方式以及是否符合《企业会计准则》的要求；（2）分立事项对发行人主要财务数据和经营业绩的具体影响；(3)“改为分割相同金额资本公积金”的具体含义，资产及负债分割方案调整前后，发行人和分立公司负债及资本金的变化情况；(4)《关于调整公司分立方案的议案》是否履行了公司内部相关决策程序，是否需要取得债权人的同意，该等决策是否有效、合规；(5)结合两家分立公司的基本情况，说明此次资产及负债分割方案调整的背景、原因，是否存在发行人代分立公司承担负债，向分立公司输送利益，损害发行人股东利益的情形；(6)上述相关债务的偿还计划及具体进度，是否对发行人的财务状况和经营业绩产生重大不利影响。

【披露信息】

一、分立前后，发行人经营业务的变化和具体安排，分立事项的会计核算方式以及是否符合《企业会计准则》的要求

（一）分立前后，发行人经营业务的变化和具体安排

公司分立前后具体经营安排如下：

分立前	分立后
微波器件、核工业设备及部件、其他民品产品研发、生产及销售；房屋租赁	国光电气：微波器件、核工业设备及部件、其他民品产品研发、生产及销售
	成都国宇弘腾科技发展股份有限公司：租赁业务
	成都宇光尚合企业管理股份有限公司：租赁业务
	成都宇光优服物业股份有限公司：租赁业务
	成都宇光欣兴物业有限公司：租赁业务
	成都宇光宏源教育咨询股份有限公司：教育服务

（二）分立事项的会计核算方式以及是否符合《企业会计准则》的要求

1. 会计准则要求

《企业会计准则》中并未对企业分立的会计处理进行明确规定，根据

财政部、国家税务总局《关于企业重组业务企业所得税处理若干问题的通知》(财税〔2009〕59号) 第4条第5项规定，企业分立，当事各方应按下列规定处理：(1) 被分立企业对分立出去资产应按公允价值确认资产转让所得或损失；(2) 分立企业应按公允价值确认接受资产的计税基础；(3) 被分立企业继续存在时，其股东取得的对价应视同被分立企业分配进行处理；(4) 被分立企业不再继续存在时，被分立企业及其股东都应按清算进行所得税处理；(5) 企业分立相关企业的亏损不得相互结转弥补。

此外，根据上述规定，企业分立事项，被分立企业所有股东按原持股比例取得分立企业的股权，分立企业和被分立企业均不改变原来的实质经营活动，且被分立企业股东在该企业分立发生时取得的股权支付金额不低于其交易支付总额的85%，可以选择按以下规定处理：(1) 分立企业接受被分立企业资产和负债的计税基础，以被分立企业的原有计税基础确定。(2) 被分立企业已分立出去资产相应的所得税事项由分立企业承继……

2. 公司处理方式

公司分立事项主要系业务分立，公司持有的负债均为经营性债务，与被分立业务不相关，因此，分立主要涉及资产分立，公司根据分立时点，将被分立资产按照账面价值进行清理，分立股本按照分立方案约定的价值减少，分立资产账面价值与股本的差额冲减资本公积金。

公司对分立企业和被分立企业均未改变原来的实质经营活动，因此选择按照账面价值进行分立会计核算，符合规定。

二、分立事项对发行人主要财务数据和经营业绩的具体影响

(一) 分立事项对资产状况的影响

分立资产均为与发行人主营业务不相关的资产，对发行人主营业务经营与开展不产生实质性影响。

(二) 分立事项对经营业绩的影响

剥离之后，可以从上表看出，分立业务营业收入占比分别为7.01%、

2.09%，净利润占比分别为 8.75%、3.43%，对公司经营业绩影响较小。

三、“改为分割相同金额资本公积金”的具体含义，资产及负债分割方案调整前后，发行人和分立公司负债及资本金的变化情况

“改为分割相同金额资本公积金”的具体含义：由于公司原分立方案误将6841.00万元负债分割给成都宇光尚合企业管理股份有限公司，3780.00万元负债分割给成都宇光优服物业股份有限公司，而该负债属于国光电气固定资产技改项目相关的中央预算内投资资金，相关固定资产均已竣工使用，且与公司主营业务真空及微波电子元器件的研发、生产密切相关，系发行人的经营性负债，与分立公司的经营业务无关，因此对分立方案进行调整。调整后的方案为“改为分割相同金额资本公积金”，即分立公司不再承担公司主营业务相关负债，只承担原方案中剥离的资产。

四、《关于调整公司分立方案的议案》是否履行了公司内部相关决策程序，是否需要取得债权人的同意，该等决策是否有效、合规

（一）《关于调整公司分立方案的议案》是否履行了公司内部相关决策程序

发行人已就调整分立方案履行了相关的内部决策程序。

（二）是否需要取得债权人的同意，该等决策是否有效、合规

根据《公司法》的要求，发行人的分立无须取得债权人的同意，但需履行对债权人的通知程序。发行人在分立的过程中已经通过登报公告的方式就分立事项通知了债权人，并明确了分立后的公司将承担连带责任。

虽然发行人在调整分立方案时未通知债权人，但分立后的各公司会对发行人分立前的债务承担连带责任，因此调整分立方案不会对应偿还债务造成任何不利影响，且目前已经取得分立基准日前各主要债权人的书面确认对国光电气该次分立及该次分立方案的调整均不存在异议，与国光电气及其股东、分立新设公司不存在纠纷或潜在纠纷。

综上，发行人《关于调整公司分立方案的议案》的调整已履行了内部程序，并取得当时主要债权人的确认，分立方案的调整具备有效性和合规性。

五、结合两家分立公司的基本情况，说明此次资产及负债分割方案调整的背景、原因，是否存在发行人代分立公司承担负债，向分立公司输送利益，损害发行人股东利益的情形

（一）结合两家分立公司的基本情况，说明此次资产及负债分割方案调整的背景及原因

发行人在原分立方案中误将涉及固定资产技改项目相关的中央预算内投资资金形成的负债进行剥离，但相关负债需要经过审批才能进行剥离，导致原分立方案中涉及的负债无法进行账务分离，原分立方案无法继续实施。此外，相关负债与分立公司业务无关，因此为保证分立方案的切实可行和债权人的利益，因此调整存续分立的方案。

（二）是否存在发行人代分立公司承担负债，向分立公司输送利益，损害发行人股东利益的情形

资产及负债分割方案的调整具备合理性，不存在发行人代分立公司承担负债，向分立公司输送利益，损害发行人股东利益的情形。

六、上述相关债务的偿还计划及具体进度，是否对发行人的财务状况和经营业绩产生重大不利影响

（一）上述相关债务的偿还计划及具体进度

公司原分立方案中涉及的1.06亿元负债系公司收到的与国防固定资产投资项目相关的中央预算内资金。

目前发行人尚未收到有权部门提出的偿还要求。此外，公司与四川省国防科学技术工业办公室进行沟通确认：公司可以将该负债计入专项应付款中。

（二）是否对发行人的财务状况和经营业绩产生重大不利影响

公司资产负债率较低，偿债能力较强。截至2020年12月31日，公

司账面货币资金余额为 1.52 亿元，短期借款 3000.00 万元，速动资产 53,347.32万元，偿债能力较强。若有权部门要求发行人偿还上述债务，会对公司经营资金产生一定影响，但发行人可以通过获取银行借款等债务融资行为，提供经营所需的资金，不会对发行人的财务状况和经营业绩产生重大不利影响。

小兵评析

1. 在 IPO 的审核案例中，公司分立的情形并不是很多见，因为毕竟很多资产的剥离或者业务的重组，都可以通过资产收购或者股权转让的方式来实现。

2. 本案例比较经典，对于公司分立披露信息也比较完整，值得我们借鉴学习。更加重要的是，本案例还存在两个比较特殊的情形：（1）发行人存在一个公司分立成 6 个法人主体的情形，是存续式分立；（2）发行人存在调整分立方案的情形，而分立方案的调整是因为以前的处理是错误的，且没有履行通知债权人的义务。

3. 关于公司分立，小兵借鉴这个案例，简单总结一下需要主要关注的事项：

（1）公司分立的原因，一般是为了突出主营业务将一些辅助的业务剥离，当然也可能存在业务重新规划和战略调整的情形。

（2）公司分立的会计处理，这个事项在《企业会计准则》中并没有明确规定，只是在特殊税务处理方面有一些规定。关于公司分立，其实也并不复杂，从会计处理的角度不过就是原来一起核算的资产和负债，现在要通过几个不同的主体分别核算而已，只是按照怎样的标准和比例去拆分，是需要明确界定的。

（3）关注公司分立相关财务指标占被分立公司的比例情况。一般情况下，都是拆分为一个大的和几个小的，这种情况下也不要求公司运行多少时间才能

IPO。但是，在极端情况下，如果是一个公司拆分为体量差不多的两个公司或多个公司，那么可能就会导致主营业务发生重大变更，因而需要运行两个或者三个完整会计年度才可以申报 IPO（这个标准，跟公司企业合并其实是一样的考量思路）。

（4）公司分立其实跟减资的逻辑类似，由于会减少注册资本，因而需要通知债权人，但是无须取得债权人的同意，只需要履行债权人公告的程序就可以。当然，因为本案例存在分立方案调整的情形而没有再履行通知债权人的程序，因而后续发行人还是补足了债权人书面确认的程序。

（5）发行人修改分立方案的原因是本来分立给其他公司的债权是属于发行人独有的，是不能分给别人的，其他公司分立只带走了资产而没有负债，因而也关注到这些专有负债后续偿还情况，以及是否存在利益输送的情形。

4. 最后，关于公司分立还有两个小细节与大家沟通：（1）公司分立如果没有通知债权人，那么债权人可以要求公司履行债权或者提供担保，不会影响分立本身的效力；（2）以前存在某些窗口指导意见，觉得只要公司分立就需要运行 3 年才可以 IPO，这个标准也是值得商榷的。

案例 26　力量钻石（301071）——企业合并是否已经超过一年从而长期控制

【问询问题】

申请文件显示，新源公司成立于 2002 年，2017 年 4 月其股权结构为邵大勇持股 83.00%、邵增明持股 17.00%，邵增明为邵大勇之子。邵大勇于 2017 年 4 月因病去世，其持有新源公司 83.00% 的股权中 41.50% 作为夫妻共同财产划分给其妻李爱真，剩余 41.50% 由其子邵增明继承 26.50%、其女邵慧丽继承 15.00%。2017 年 11 月发行人收购了新源公司金刚石微粉业务，并按照同一控制下企业合并进行会计处理。请发行人说明新源公司 2017 年 4 月前是否系邵增明实际控制；结合前述回复说明新源公司自最初被邵增明实际控制至2017年11月收购的时间间隔是否长于1年，是否符合《企业会计准则》“控制并非暂时性是指参与合并各方在合并前后较长的时间内受同一方或多方控制，控制时间通常在1年以上（含1年）”的规定。

【披露信息】

新源公司成立于2002年12月，自成立以来其历史沿革简要列示如下：

编号	事项	时间	股权结构
1	公司成立	2002年12月10日	邵大勇40%、邵增明40%、金士军20%
2	第一次增资	2006年10月20日	邵大勇82%、邵增明17%、金士军1%
3	第一次股权转让	2014年6月24日	邵大勇83%、邵增明17%
4	股权继承	2017年11月2日	邵增明43.5%、李爱真41.5%、邵慧丽15%
5	第二次股权转让	2018年3月20日	邵慧丽99%、邵福增1%

邵大勇、李爱真系夫妻关系，邵增明为邵大勇、李爱真之子，邵慧丽为邵大勇、李爱真之女。邵大勇于2017年4月因病去世，其持有新源公司83.00%的股权中41.50%作为夫妻共同财产划分给其妻李爱真，剩余41.50%由其子邵增明继承26.50%、其女邵慧丽继承15%，以上股权变动事项于2017年11月2日完成工商变更登记。

自新源公司成立至2017年11月，邵增明持有新源公司股份比例均超过5%，邵大勇、李爱真夫妻就婚内财产关系无特殊约定，双方所持有的股权均为婚内共同所有的财产，根据《深圳证券交易所创业板股票首次公开发行上市审核问答》关于共同实际控制人的相关规定，新源公司自成立至2017年11月，由邵大勇、李爱真、邵增明共同实际控制。

其中，2017年4月邵大勇因病去世，其持有新源公司83%的股份由妻子李爱真、儿子邵增明、女儿邵慧丽受让或继承，根据《深圳证券交易所创业板股票首次公开发行上市审核问答》关于实际控制人变动的相关规定，“实际控制人为单名自然人或有亲属关系多名自然人，实际控制人去世导致股权变动，股份受让人为继承人的，通常不视为公司控制权发生变更”，因此，邵大勇因病去世不构成实际控制权变更。

根据邵大勇生前对家族财产安排并经其他家族成员同意，将新源公司的金刚石微粉业务划分给李爱真、邵增明进行经营，新源公司的金刚石砂轮业务划分给邵慧丽经营，2017 年 11 月公司完成对新源公司金刚石微粉业务重组。

综上分析，自新源公司成立至 2017 年 4 月，邵增明均是新源公司实际控制人之一。

由上述分析可知，自新源公司成立（2002 年 12 月）至收购业务发生（2017 年 11 月），新源公司均由邵大勇、李爱真、邵增明共同实际控制，且该控制的时间超过 1 年，符合《企业会计准则》“控制并非暂时性是指参与合并各方在合并前后较长的时间内受同一方或多方控制，控制时间通常在 1 年以上（含 1 年）”的规定。

经核查，保荐机构和申报会计师认为：

1. 新源公司自成立至 2017 年 11 月，由邵大勇、李爱真、邵增明共同实际控制，因此，2017 年 4 月前邵增明均拥有对新源公司的实际控制权。

2. 新源公司自成立至 2017 年 11 月金刚石微粉业务重组前后，邵增明均对其实际控制，且该控制的时间远超过 1 年，符合《企业会计准则》“控制并非暂时性是指参与合并各方在合并前后较长的时间内受同一方或多方控制，控制时间通常在 1 年以上（含 1 年）”的规定。

小兵评析

1. 本案例主要涉及关于股东去世是否导致实际控制人变更的问题，从而引发的关于企业合并是否已经超过 1 年受同一方或相同的多方长期控制的问题。

2. 根据《企业会计准则第 20 号——企业合并》应用指南的规定，控制并非暂时性，是指参与合并的各方在合并前后较长的时间内受同一方或相同的多方最终控制。较长的时间通常指 1 年以上（含 1 年）。同一控制下企业合并的判断，应当遵循实质重于形式要求。

第六节 股权激励

案例 27 倍杰特（300774）——股权激励的资金来源于外部投资者的借款

【问询问题】

关于 2018 年增资中的有息借款。招股说明书披露：2018 年 1 月，外部投资者、发行人现有股东及部分核心员工向发行人增资，外部投资者存在为发行人控股股东及部分骨干员工提供有息借款的情况。请发行人：(1) 披露外部投资者向发行人现有股东、员工提供借款的具体情况，包括但不限于借款人、借款人职务、借款金额、借款用途、债权人、债权人与发行人或发行人关联方之间的关系；(2) 披露外部投资者、现有股东及部分核心员工向发行人股权增资的定价公允性、对应 P/E、P/B 情况，是否履行相关决策程序；(3) 披露外部投资者与控股股东、核心员工增资价格均为 5.54 元/股的原因，是否存在未披露的利益输送、股份代持或其他利益安排；(4) 披露外部股东向控股股东、发行人员工提供借款的背景及合理性，说明外部投资者增资及借款的资金来源。

【披露信息】

一、2018 年 1 月发行人增资时的借款情况及后续变化

（一）2018 年 1 月发行人该次增资时的借款情况

就发行人该次增资事宜，因部分个人投资者拟参与增资需筹措资金，经各方友好协商，作为外部投资者参与该次增资的前提条件及增资方案的一部分，2017 年 11 月、12 月武汉光谷、广垦太证、太证未名、王文召、黄加、何帅、仁爱智恒及千牛环保相关方王海洋与发行人控股股东、部分骨干员工及部分外部个人投资者签订了《投资协议书之补充协议》或《借款协议》。除权秋红自身借款外，其他借款人的借款由权秋红提供担保，权秋红分别向仁爱智恒、王海洋出具了《个人担保承诺书》，该等借款人向权秋红出具《反担保承诺函》。

（二）2018 年 4 月，由于莫晓丽离职导致的借款人变化情况

由于发行人原股东莫晓丽离职，经各方友好协商，莫晓丽将其持有股份转让至李争光等 9 名公司员工。莫晓丽、李争光、权秋红（担保人）与王海洋、仁爱智恒分别签署了《债务转让协议》，莫晓丽将其对王海洋及仁爱智恒负有的债务全部转让至李争光，该等借款仍由权秋红提供保证担保。李争光向权秋红出具了《反担保承诺书》。

（三）2020 年 8 月，关于借款期限延长的补充协议签订情况

鉴于原借款协议约定的借款期限即将届满，倍杰特申请首次公开发行股票并在创业板上市事宜处于深圳证券交易所审核阶段，经各相关方友好协商，决定变更原资金使用期限和使用成本相关约定并为此签署补充协议。2020 年 8 月，相关各方分别签署了《〈关于倍杰特国际环境技术股份有限公司之投资协议书〉之补充协议（二）》、《〈借款协议〉之补充协议》或《〈债务转让协议〉之补充协议》；就借款期限延期后继续承担担保责任事宜，权秋红向仁爱智恒、王海洋分别出具了《个人担保补充承诺书》。

根据与王海洋的访谈记录，王海洋目前任北京锦桐投资管理有限公

司总经理，与发行人无关联关系。王海洋为权秋红朋友，同时，与外部机构股东千牛环保执行事务合伙人北京牛千资产管理有限公司的法定代表人张容宁为朋友。由于发行人增资引入外部投资机构同时要求为相关人员提供借款用于增资，但千牛环保不能对外提供借款，为促成千牛环保该次投资事项并取得利息收入，王海洋同意以有息借款方式为倍杰特相关自然人提供借款用于增资倍杰特。王海洋与债务人之间不存在关联关系，不存在委托持股、受托持股或其他可能使其对债务人持有的倍杰特股权享有任何权利的安排。

二、王海洋提供借款的利率的合理性

发行人本次增资过程中王海洋提供借款相关的利率具有合理性，具体如下：

1. 该利率条款与发行人发行上市的时间相挂钩，如倍杰特在协议约定期限内实现发行上市则适用 3.5%/年的较低的利率，否则，将适用 6.5%/年的高利率。

2. 王海洋提供借款系千牛环保参与公司该次增资的前提条件，相关借款协议与千牛环保增资倍杰特的投资协议书为不可分割的整体，互为前提，若千牛环保投资协议书因任何原因终止，借款协议同步解除。为促成千牛环保参与发行人该次增资，王海洋认可相关利率条款。

3. 该次增资中其他涉及提供借款的外部投资者与王海洋提供借款所适用的利率水平一致，为该次增资各方友好协商达成的一致意见，具有合理性。

综上所述，该次增资过程中，王海洋未参与增资且非发行人股东，其为部分个人投资者提供借款，主要为促成千牛环保参与该次增资；借款利率为各方友好协商的结果，且经王海洋认可，因此王海洋提供的借款利率具有合理性。

小兵评析

1. 对于发行人对员工进行股权激励，必然涉及股份支付的问题，几乎每个 IPO 案例都会存在这种情况。现在又有了新的趋势：为了避免进行股份支付，就要求员工持有发行人股份的价格跟外部投资者一样或者在合理的差异内，这样就不存在股份支付的情形，从而也就不用确认管理费用。

2. 虽然这样可以不进行股份支付，可是同样有两个问题：一个问题是跟外部投资者一个价格是否还有员工激励的效果，另一个问题是员工可能根本没有那么多钱来出资。有没有激励效果是一回事，毕竟员工看的是企业发展的未来，因此更重要的是企业上市之后股价可以翻倍的收益。至于员工的资金来源问题，是我们需要另外去讨论的。

3. 员工怎么去筹措持股的资金来源，实践中有以下几种方式：

（1）家里有矿，自己有钱，或者自己的亲戚朋友有钱，自己借钱筹集。

（2）自己跟银行去借钱，拿自己的房子或者车子抵押。

（3）自己去跟银行借钱，由发行人股东或者其他关联方提供担保，员工提供反担保。

（4）自己向发行人股东借钱，股东向员工提供借款。

（5）自己向外部投资者借钱，股东向外部投资者提供担保，员工可以提供反担保，也可以不提供。

在审核实践中，前三种方式是普遍认可和存在的，现在第四种方式也已经有了很多案例，而现在最后一种方式也成为现实。并且，在发行人吸引外部投资者融资的时候，就跟投资者达成了一个条件，那就是要想投资发行人就必须给员工的出资提供低息借款。在这种情况下，有一家投资机构因为募集协议的约定不能对外提供借款，还找了第三方为员工提供借款，否则将没有投资的机会。

4. 通过这个案例我们明确了，外部投资者向增资的员工提供借款也是可以的，并且也符合基本的商业逻辑，至于是不是刻意规避股份支付的问题，那是另外一回事。小兵觉得这个案例还说明了一个很重要的道理：哪有什么甲方和乙方，都是相对的，只要你做的事情足够优秀，什么时候你都可能是甲方。

案例 28 百洋医药（301015）——控股股东的员工如何进行股权激励

【问询问题】

根据审核问询回复，发行人 4 个员工持股平台合伙人存在控股股东百洋集团及其控制的其他企业员工。陕西普禾现由发行人前员工宋萧、李卫庆控股，宋萧为发行人股东天津晖桐合伙人，李卫庆为天津慧桐合伙人，陕西普禾曾由发行人控股股东的全资子公司百洋诚创持股 51%，报告期内陕西普禾与发行人存在交易的情形。请发行人：（1）补充披露相关员工持股平台向发行人增资的款项来源，是否存在代为出资、股份代持或其他利益安排，是否存在发行人、发行人控股股东、实际控制人及其关联方向该等合伙人提供资金的情形；（2）列表披露 4 个员工持股平台合伙人同时在发行人及控股股东或其控制的其他企业交叉任职的情况，是否影响发行人人员独立性；以发行人作为员工持股平台投资标的的原因及合理性；（3）补充披露非发行人员工的合伙人是否存在为发行人提供服务、技术或其他利益安排的情形，股份支付的会计处理是否符合《企业会计准则》的相关规定；非发行人员工是否单独计算股东人数，核查并说明发行人股东穿透计算后是否超过 200 人。

【披露信息】

一、相关员工持股平台向发行人增资的款项来源，是否存在代为出资、股份代持或其他利益安排，是否存在发行人、发行人控股股东、实际控制人及其关联方向该等合伙人提供资金的情形

发行人员工持股平台天津皓晖、天津晖众、天津晖桐、天津慧桐向发行人增资的款项均为其自有资金，出资份额均为其本人真实持有，不存在代为出资、股份代持或其他利益安排。不存在发行人、发行人控股股东、实际控制人及其关联方向员工持股平台合伙人提供资金专项用于

购买发行人股份的情形。

二、4个员工持股平台合伙人同时在发行人及控股股东或其控制的其他企业交叉任职的情况，是否影响发行人人员独立性；以发行人作为员工持股平台投资标的的原因及合理性

（一）4个员工持股平台合伙人同时在发行人及控股股东或其控制的其他企业交叉任职的情况，是否影响发行人人员独立性

1. 付钢、陈海深、朱晓卫、宋青4人本身即为百洋医药的创始人，并合计持有控股股东百洋集团100%股权。该等4人作为百洋集团的创始人及股东，整体参与管理百洋集团下属控股企业并在其中担任董事、监事等职务具备合理性。

2. 李丽华系百洋集团作为发行人股东向其委派的监事。百洋集团作为发行人控股股东，向发行人委派企业员工担任发行人监事，系正常的商业安排，具备合理性。

3. 王国强、李震在控股股东或控股股东控制的其他单位担任董事、监事等非管理、行政职务，原因为：百洋医药及百洋集团由同一批创始人及主要核心人员团队创立并实际管理，在满足管理办法和上市规则等法规以及自身《公司章程》要求的条件下，发行人少量高管、员工兼任同一控制下的其他企业的董事、监事系正常的商业安排，具备合理性。

此外，发行人的总经理、副总经理、财务负责人和董事会秘书等高级管理人员未在控股股东、实际控制人及其控制的其他企业中担任除董事、监事以外的其他行政职务，不在控股股东、实际控制人及其控制的其他企业领薪。发行人的财务人员不在控股股东、实际控制人及其控制的其他企业中兼职；发行人的董事、监事、高级管理人员的任命程序均符合发行人《公司章程》及其他内部制度的规定，不存在股东、其他任何部门或单位或人员超越发行人股东大会和董事会作出人事任免的情形；发行人拥有独立于各股东单位和其他关联方的员工，具备独立的劳动人事管理机构和管理制度，并独立与其员工签订劳动合同。

综上，发行人的人员独立，上述人员交叉任职合法合规，具有合理性，且涉及人数较少，不会对发行人人员独立性造成重大影响。

（二）以发行人作为员工持股平台投资标的的原因及合理性

非发行人员工以发行人员工持股平台作为投资标的具备合理性，理由如下：

1. 上述员工持股平台取得股份的方式为：通过购买百洋集团持有的股份。该等股份取得方式并未损害其他投资者的权益。

2. 发行人作为一家民营非上市企业，法律并未限制其进行股权激励的对象范围。在不影响控制权，亦对其他股东和公司经营不构成不利影响的前提下，发行人可以对具备合理商业逻辑的对象进行激励，该行为法律并不禁止。

3. 作为百洋集团体系下业务最为成熟、最先尝试登陆资本市场的重要板块，发行人的上市是对百洋集团及其他下属子公司的有力鼓舞和激励。百洋集团将其持有的股份转让给其控制企业的核心骨干人员，这一安排可以使相关人员更加切实地享受到资本运作的成果，有利于增强百洋集团整体的凝聚力，促使百洋集团整体长稳发展，对百洋集团的发展起到正面促进作用，具备合理性。

三、补充披露非发行人员工的合伙人是否存在为发行人提供服务、技术或其他利益安排的情形，股份支付的会计处理是否符合《企业会计准则》相关规定

1. 天津皓晖、天津晖桐、天津晖众、天津慧桐中非发行人员工情况：（1）已从发行人离职的员工。（略）（2）控股股东百洋集团及其控制或参股的除发行人以外的其他企业的员工。（略）（3）其他非发行人员工。（略）

2. 上述合伙人是否存在为发行人提供服务、技术或其他利益安排的情形。除从发行人离职的员工曾在任职期间为发行人提供服务外，上述非发行人员工合伙人不存在其他为发行人提供服务、技术或其他利益安

排的情形。

3. 股份支付的会计处理是否符合《企业会计准则》相关规定。根据《企业会计准则第11号——股份支付》，股份支付需满足“是企业与职工或其他方之间发生的交易”“以获取职工或其他方服务为目的”等条件。

由于百洋集团及其控制的企业以及被百洋集团委派前往其他单位任职（黄海制药）的员工并未在公司任职，亦不存在其他为发行人提供服务、技术或其他利益安排的情形，故在计算股份支付总费用时未包括该等股权数。

发行人股份支付具体计算过程及计算结果如下表所示：

员工持股平台持有股份数（a）（万股）	1764.76
百洋集团员工持有股份数（b）（万股）	338.15
百洋医药员工持有股份数（$c=a-b$）（万股）	1426.61
股份支付公允价值（d）（元）	8.89
持股平台入股价值（e）（元）	4.45
股份支付差额（$f=d-e$）（元）	4.44
股份支付总费用（$g=c\times f$）（万元）	6334.15

小兵评析

1. 发行人的股权激励存在两种比较特殊的情况：一种情况是员工持股平台里存在控股股东及关联方企业任职的员工；另一种情况是控股股东集团以及关联方的员工通过持有集团公司股份间接进行股权激励。

2. 对于第一种情况，其实还比较好理解，也符合规则，主要就是集团公司架构下存在多重任职的情形，例如，发行人的高管或者中层管理者同时可能兼任关联方公司的董事或者监事。这种情况是符合IPO审核的人员独立性原则的，在这种情况下，这些员工同样是发行人的员工，进行股权激励并没有任何不妥。

3. 对于第二种情况，实践中一直是有争议的，那就是发行人股东的员工是否可以作为股权激励的对象，是否可以成为发行人员工持股平台的出资人。具体到本案例，至少认为发行人对股东的员工激励是不违反任何规定的且可以实现的激励措施，是可以操作的。当然，也有两个细节问题值得注意：（1）员工并没有在员工持股平台持有股份，而是通过股东间接持有发行人股份；（2）因为股东员工并没有对发行人有贡献，因而也不存在股份支付的情形。对于第二种情况提到的第一个细节问题，小兵觉得就算是股东员工直接持有发行人股份，也不是本质的障碍。对于第二个股份支付的问题，小兵倒觉得只要是有激励的事实，那么就应该从审慎的角度进行股份支付的确认。

案例 29 诺禾致源（688315）——关于员工持股平台中的非员工合伙人

【问询问题】

招股说明书披露，发行人的员工持股平台致源禾谷中有 4 位非员工合伙人（胡欣悦、黄建清、范莉、陈欣）。请发行人说明：胡欣悦、黄建清、范莉、陈欣的个人简历，与发行人及其实际控制人、董监高、其他主要核心人员、中介机构及主要负责人、本项目签字人员的关系；上述外部股东入股的原因，入股定价依据及公允性，入股价款支付情况、资金来源，是否存在按照法律法规规定不得持股的情形；外部股东曾经及目前任职或投资的公司与发行人业务的关系，与发行人及主要股东、发行人主要客户、供应商及主要股东是否存在往来，如有，请说明交易内容及价格的公允性；外部股东与发行人及其实际控制人、董事、高级管理人员之间是否存在利益输送或其他利益安排。

【披露信息】

一、公司持股平台致源禾谷的 4 位非员工合伙人的基本情况、入股原因及定价情况

（一）胡欣悦

经查阅胡欣悦的简历、声明函，与公司实际控制人、董监高（包含

全部核心技术人员）、中介机构及主要负责人、本项目签字人员进行比较，胡欣悦与公司实际控制人、董监高（包含全部核心技术人员）、中介机构及主要负责人、本项目签字人员不存在关联关系。

胡欣悦之母张彤原为荣之联副董事长，2013 年 6 月，胡欣悦因其母亲看好基因测序行业及李瑞强的职业背景，以 60 万元对价取得致源禾谷 17.34375 万元出资额并间接持有公司 2.50% 股权，对应公司估值 2400 万元。该入股定价系双方友好协商的结果，价格公允。

胡欣悦的入股价款来自其母亲的赠与，已由其母亲实际支付，资金来源合法合规，系其母亲的自有资金。胡欣悦不存在法律规定不得持股的情形。

（二）黄建清

经查阅黄建清的简历、声明函，与公司实际控制人、董监高（包含全部核心技术人员）、中介机构及主要负责人、本项目签字人员比对，黄建清与公司实际控制人、董监高（包括全部核心技术人员）、中介机构及主要负责人、本项目签字人员不存在关联关系。

2016 年 12 月，黄建清因看好基因测序行业及公司的行业地位与未来发展，以货币出资 1800 万元从致源禾谷内部受让 24,227.14 元出资额、间接受让公司 1,098,305 股股份，转让价格为 16.39 元/股，对应公司整体估值为 59 亿元。本次转让参考公司最近一次市场化融资的估值 70.15 亿元，即 2016 年 11 月公司增资引入外部机构投资者先进制造业基金、成长拾贰号、招银共赢、上海方和，并考虑到间接持股流动性较弱，给予了一定折扣，定价公允。

黄建清的股权转让价款已实际支付，资金来源于投资收益，来源合法合规。黄建清不存在法律规定不得持股的情形。

（三）范莉

经查阅范莉的简历、声明函，与公司实际控制人、董监高（包括全部核心技术人员）、中介机构及主要负责人、本项目签字人员比对，范莉与公司实际控制人、董监高（包括全部核心技术人员）、其他主要核心人员、中介机构及主要负责人、本项目签字人员不存在关联关系。

2016 年 12 月，范莉因看好基因测序行业及公司的行业地位与未来发展，以货币出资 3000 万元从致源禾谷内部受让 40,377.64 元出资额，间接受让公司 1,830,508 股股份，转让价格 16.39 元/股，对应公司整体估值为 59 亿元。本次转让参考了公司最近一次市场化融资的估值 70.15 亿元，即 2016 年 11 月公司增资引入外部机构投资者先进制造业基金、成长拾贰号、招银共赢、上海方和，并考虑到间接持股流动性较弱，给予了一定折扣，定价公允。

范莉的股权转让价款已实际支付，资金来源于其工资薪金收入、投资收益等，来源合法合规。范莉不存在法律规定不得持股的情形。

（四）陈欣

经查阅陈欣的简历、声明函，与公司实际控制人、董监高（包含全部核心技术人员）、中介机构及主要负责人、本项目签字人员比对，陈欣与公司实际控制人、董监高（包括全部核心技术人员）、中介机构及主要负责人、本项目签字人员不存在关联关系。

2018 年 6 月，陈欣因看好公司的未来业务发展，出于财务投资之目的以人民币 100 万元从李瑞强处受让了致源禾谷 1132.20 元出资额、间接受让公司 51,318 股股份，对应公司估值为 70.15 亿元。本次转让参考公司最近一次市场化融资的估值 70.15 亿元，即 2016 年 11 月公司增资引入外部机构投资者先进制造业基金、成长拾贰号、招银共赢、上海方和，定价公允。

陈欣的股权转让价款已实际支付，资金来源合法，系其自有资金。陈欣不存在法律规定不得持股的情形。

二、外部股东曾经及目前任职或投资的公司及其业务（略）

三、外部股东曾经及目前任职或投资的公司与发行人业务的关系，与发行人及主要股东、发行人主要客户、供应商及主要股东是否存在往来，如有，请说明交易内容及价格的公允性；外部股东与发行人及其实际控制人、董事、高级管理人员之间是否存在利益输送或其他利益安排

根据以上外部股东及发行人出具的声明，报告期内，前述4名外部股东曾经及目前任职、投资的企业中，除荣之联外，其他企业与发行人不存在往来，与发行人不存在业务关系。

荣之联为发行人的上游供应商，为公司提供信息技术解决方案。报告期内，公司与荣之联之间的交易详情如下：

单位：万元

项目	2020年1～6月	2019年	2018年	2017年
硬件、服务器、延保费等	1.03	584.36	1270.60	2285.85
房租	—	—	129.91	252.47
合计	1.03	584.36	1400.51	2538.32

硬件、服务器、延保费等主要系公司为满足大容量的测序数据存储、调用及分析需求，向荣之联采购的内存、硬盘、服务器、交换机等硬件以及相关的硬件集成、部署和维护服务。房租为公司于2017年年初至2018年6月末向荣之联租用北京市海淀区学清路38号金码大厦B座第21层办公室所支付的费用，因公司于2018年7月初搬迁至自有办公楼，该租赁关系已于2018年6月末解除。

发行人与荣之联上述交易不存在利益输送或其他特殊利益安排。

小兵评析

1. 员工持股平台里面隐藏着非员工人员，一般需要解释合理性，毕竟员工持股平台基本上都是为了员工激励而设立，明显带有福利和奖励的性质，而如果其他人以相同的成本获得了股份，显然需要进行解释。不过从目前的审核现状来看，在员工持股平台里加入非员工，这种类似于“夹带私货”的情形已经见怪不怪，在注册制审核理念下有逐渐被接受的趋势。

2. 关于员工持股平台的非员工入股行为，一种是身份特殊且价格跟员工的一致（优惠价格），另一种是身份可以核查且入股价格跟外部投资者价格一致。对于身份特殊且入股跟员工一致的情形，自然要穿透股东进行核查，要关注入股者的身份、入股的背景和原因以及合理性，要不然真的会有很多潜在的利益输送的风险。另一种价格看起来没问题，但是如果股东身份很敏感，那也是需要重点关注的。对于员工持股平台人员的身份核查，不仅要看劳动合同，还要看在公司的任职情况、领取薪酬的情况以及社保和公积金的缴纳情况等。

3. 在聚赛龙的案例中，是发行人的某个客户的亲属入股了发行人，入股价格跟外部投资者保持一致，同时存在发行人向这个客户销售产品的增长远高于第一大客户的增长的情形。从小兵的观点来看，这个入股的情形基本上是可以解释清楚的，也存在一定的合理性。

4. 具体到本案例，有4位是非员工，这里面有"95后"（母亲是上市公司副董事长），有高中教师后来转行做投资的，有上游供应商的负责人。对于持股的合理性，发行人分别作了解释，对于持股价格也进行了披露。从披露的信息来看，小兵挑不出太大的毛病，不过背后是否另有隐情，就不得而知了。

第七节 股权代持

案例30 迈拓股份（301006）——如何认定历史上存在股份代持的事实

【问询问题】

据招股说明书披露，发行人前身迈拓仪表于2006年12月由孙卫国、沈激、路兵、张爱红出资设立，存在股权代持，且实际股东与名义股东之间的出资资金流转无银行转账凭证。2016年12月，相关方通过股权转让将股权代持予以解除。请发行人：（1）补充说明代持双方是否实际签署代持协议或提供其他证明代持关系的书面文件，与被代持方之间的大额出资资金流转无银行转账凭证、仅采用现金方式出资是否合理，相关出资资金来源及其合法性，并结合被代持人身份和代持期间任职履历，说明是否存在通过代持规避监管的情形；结合2016年12月股权转让的定价依据、公允性和对价支付情况，说明截至目前代持及解除代持事项是否存在纠纷或潜在纠纷，发行人股东，特别是实际控制人是否存在其他未披露的委托持股、信托持股等利益安排，是否影响发行人实际控制权的稳定。(2) 补充说明解除代持过程中引入的新股东陈渠、赵家事的工作履历、入股背景和原因，是否与发行人及其控股股东、实际控制人、董事、监事、高级管理人员、客户、供应商存在关联关系或其他未披露的利益安排。

【披露信息】

一、代持双方是否实际签署代持协议或提供其他证明代持关系的书面文件

1. 除代持双方在2016年12月解除代持时签订的《股权代持解除及确认协议》外，代持双方未实际签署代持协议或签署其他证明代持关系的书面文件；

2. 代持双方提供了代持还原前公司历年分红的相关凭证材料，证明代持关系及实际持股比例情况，除此之外代持双方未提供其他证明代持关系的书面文件。

二、与被代持方之间的大额出资资金流转无银行转账凭证、仅采用现金方式出资是否合理，相关出资资金来源及其合法性

代持方（沈激、路兵）与被代持方（唐绪锦、葛建平、杨荣福、吴正新）之间仅采用现金方式出资真实合理，相关出资资金来源为股东自有家庭积累、投资收益和公司历年分红，资金来源合法合规，具体情况如下：

（一）沈激与唐绪锦、葛建平、杨荣福

沈激、唐绪锦、葛建平、杨荣福因年龄较大，且相互之间具备亲属/

长期合作的信任关系，为方便操作，杨荣福、葛建平、唐绪锦每次均以现金方式向沈激支付出资款项。

（二）路兵与吴正新

路兵与吴正新一直以来都习惯使用现金，且路兵和吴正新共同合作创办企业常年从事变压器、传感器等设备的生产、销售，下游客户规模较小，大多采用现金方式进行结算，因此习惯使用现金。两人之间具备长期合作的信任关系，为方便操作每次均以现金方式支付出资款项。

综上所述，代持方（沈激、路兵）与被代持方（唐绪锦、葛建平、杨荣福、吴正新）之间采用现金方式出资真实合理，相关出资资金来源为股东自有家庭积累、投资收益和公司历年分红，资金来源合法合规。

（三）结合被代持人身份和代持期间任职履历，说明是否存在通过代持规避监管的情形

被代持方在代持期间任职履历的具体情况如下：

被代持人姓名	代持期间工作单位	职务
杨荣福	南京长途客运总公司	工人
葛建平	自由职业	—
唐绪锦	迈拓仪表	退休返聘
吴正新	南京舜义传感器厂	副厂长

综上所述，代持相关各方仅因迈拓仪表设立时所处位置距城区相对较远，交通不便，为方便文件签署及行政登记事宜办理，且代持方与被代持方之间具备亲属/长期合作的信任关系，由沈激、路兵作为代持方代持股权，不存在因被代持方不具备股东资格通过代持规避监管的情形。

（四）结合2016年12月股权转让的定价依据、公允性和对价支付情况，说明截至目前代持及解除代持事项是否存在纠纷或潜在纠纷，发行人股东，特别是实际控制人是否存在其他未披露的委托持股、信托持股

等利益安排，是否影响发行人实际控制权的稳定

2016 年 12 月股权转让包括两部分：第一部分为恢复公司股东实际权益的代持还原；第二部分为调整公司股权结构的非代持还原股权转让。为简化工商变更程序，上述代持还原及非代持还原股权转让以合并计算转让出资额的方式于同一次工商变更中进行相关变更登记。

代持解除事宜涉及的股权转让因转让目的系解除代持，恢复被代持方的实际股东身份，因此被代持方与代持方确认股权转让价款无须支付。

非代持还原的股权转让定价依据为公司 2016 年 11 月末的净资产，经相关转让方和受让方沟通协商确认，定价公允，本次股权转让受让方已支付全部股权转让价款，不存在任何纠纷或潜在纠纷。

针对本次股权转让，包含代持还原及非代持还原的股权转让两部分，相关股东均已按照税务主管部门要求足额缴纳个人所得税。截至本问询回复出具日，代持相关各方就代持及解除代持事项不存在纠纷或潜在纠纷，公司股东不存在其他未披露的委托持股、信托持股等利益安排，不存在影响公司实际控制权稳定的事宜。

公司整体变更所涉个人所得税事宜已取得主管税务机关国家税务总局南京市江宁区税务局出具的分期缴纳备案，相关股东将于 2022 年 12 月前一次性缴纳，截至本问询回复出具日，缴纳期限尚未届满。

综上所述，公司历次股权转让、分红、整体变更等过程中涉及的股东个人所得税缴纳情况合法合规。

小兵评析

1. 从基本规则的角度来说，股份代持是对股权清晰稳定最直接也是最重要的一种损害。因而，从小兵的角度来说，尽管最新的 IPO 上市规则已经主要强调重要股东的股权清晰稳定而不再是全部股东的清晰稳定，但是对于股份代持问题还是应该在 IPO 申报之前彻底解决，原则上不能留有任何余地。

2. 在之前的案例分析中，小兵总结过关于股份代持形成的背景和原因，简单来说，实践中主要包括：为了互相担保融资、为了签字决策方便、为了互相招投标、对规则认识不清楚，以及身份的掩饰等情形。关于股份代持的解决方式也非常简单，只要名义股东将股份转让给实际的持有人就可以了。至于转让价格，因为是股份代持问题的解决，那么零对价转让是合理的。实践中，有的也会约定一定的价格进行转让，一般解释为对于名义股东代持行为的补偿，只要双方认可没有争议且金额合理，也能够被接受。

3. 关于股份代持，以前我们主要关注的是解决的思路和方式，对于股份代持这个问题形成的事实依据关注的并不多，一般就是承认股份代持然后后续解决就可以了。那么借着这个案例我们要思考一个问题：有哪些方式和证据可以证明股东之间存在股份代持的情形。简单来说，包括：（1）最直接且有效的证据就是银行流水，通过核查真正出钱的人自然就是股份的实际持有人，这个没有争议；（2）双方签署的股份代持的协议，历史上双方认可股份代持的事实；（3）根据历史分红和其他程序认定股份实际持有人的情况。

4. 银行流水是最直接也是最合理的证据，而股份代持协议只能算是一个辅助的证据，毕竟股份代持协议是可以倒签的。通过历史分红认定股份代持，是典型的通过结果合理推定过程真实的逻辑思路，也是可以借鉴的思路。

5. 具体到本案例，就是承认只能通过历史分红的情况来解释股份代持的事实，因为这个案例中，历史上股份代持的出资都是通过现金出资的，且没有任何决策文件或者签署的代持协议。发行人同样也解释了为什么当时通过现金出资的原因以及股份代持的背景和理由。当然，还需要特别说明的是，思考股份代持有一个问题是需要第一时间想到的，就是是否存在通过股份代持规避股东持股限制的情形，如公务员不能持股而委托别人持股的情形。

6. 最后，我们还需要思考一个问题：如果历史上没有任何的证据资料来论证股份代持的事实，甚至也没有本案例提到的分红资料（就没有分过红），那么事后双方代持人对历史的股份代持的事实作出确认说明且同时签署了股份代持的解除协议，是否允许？小兵的意见是：对于股份代持以及解除的行为，应该充分尊重当事人的意见，只要后续代持事实的认定以及解决的方案能够做得很扎实（如公证、录音录像等），保证后续不存在任何纠纷或者潜在风险，那么小兵觉得是可以被认可的。

案例31 新柴股份（301032）——职工持股会的股份代持核查标准

【问询问题】

申报材料显示，关于发行人历史上控股股东浙江力程存在股份代持的情形。代持股份转让前，浙江力程共涉及611名职工持股，由26名职工代持。2017年12月浙江力程将股权全部转让给仇建平。目前仇建平控制发行人55.85%的股份，受让股权中未确认股份占发行人股份总数的比例约10%。请发行人：（1）补充披露浙江力程股权代持的背景及原因，目前浙江力程股权确认情况、进展，已确权股东人数和持股数及占比，未确权股东的基本情况，持股数、占比及原因，是否存在其他实际出资人，是否存在纠纷或潜在纠纷；（2）结合发行人公司章程、代持协议、被代持方的意思表示及相关法律法规的规定，披露浙江力程股份代持事项是否会影响发行人历次增资、股权变动及股东会决议的法律效力；（3）披露实际控制人仇建平所持股份中未完全确权的事项是否会影响发行人股权清晰和控股权稳定，对本次发行上市是否构成法律障碍，是否存在纠纷或潜在纠纷，以及发行人的应对措施。

【披露信息】

一、浙江力程代持情况

（一）浙江力程股权代持的背景及原因

1998年，新昌柴油机总厂改制成立新柴动力，原管理层及职工成立职工持股会，经过数次募股形成611人职工持股会成员。2003年职工持股会退出，因实际股东人员众多，公司采用管理层直接持股、其他职工由其所属部门负责人代持的方式。

浙江力程系新柴动力全体出资人（含被代持出资人）共同设立的持股平台。

浙江力程设立后，新柴动力全体出资人转为浙江力程的出资人，从直接出资新柴动力逐步调整为通过浙江力程控股新柴动力的股权结构。具体如下图所示：

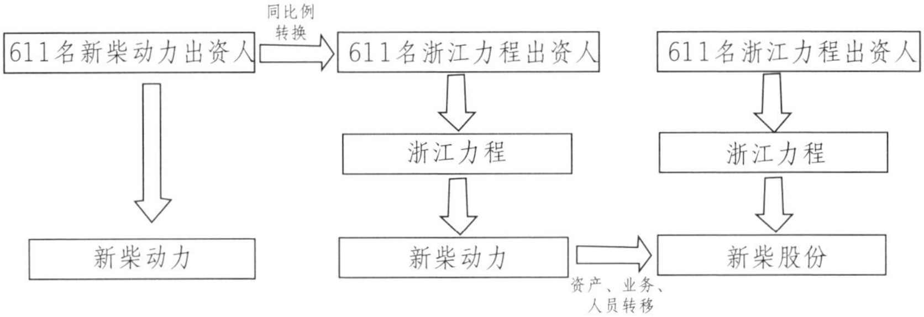

（二）浙江力程代持股权确认情况

1. 目前浙江力程股权确认情况、进展，已确权股东人数和持股数及占比

截至本招股说明书签署日，588名被代持的出资人中，已书面确认出资代持关系为332人，合计持有出资额为1618万元，出资占比为20.23%。经向未书面确认的出资人进行电话访谈，其中确认出资代持关系为184人，合计持有出资额为612万元，出资占比为7.65%。综上，截至2017年12月浙江力程被代持的出资人中，通过书面及电话方式确认出资代持关系为516人，合计持有出资额为2230万元，出资占比为27.88%，加上本次股东会出席并进行表决的26名股东，共合计持有出资额为7774万元，出资占比为96.56%。上述出资人均确认，其实际出资及代持关系真实、有效，已足额取得浙江力程的历次投资收益，不存在争议、纠纷或潜在纠纷。

2. 未确权股东的基本情况，持股数、占比及原因

截至本招股说明书签署日，浙江力程未予书面或在电话访谈中确认

代持关系的实际出资人共计72人，合计持有浙江力程出资额为276万元，出资占比为3.44%。该部分未确认代持关系的出资人主要为公司的员工，部分已离职或退休。

部分出资人未对其委托他人持有浙江力程的出资的事实进行确认的主要原因为通过预留电话无法联系或不愿对出资代持事项进行确认。

3. 是否存在其他实际出资人，是否存在纠纷或潜在纠纷

经核查浙江力程历次分红汇总表，对浙江力程经工商登记的股东（代持人）进行访谈，并核查2017年12月浙江力程将其持有公司的股份转让给仇建平后对全体出资人进行分红的明细表、银行对账单等方式进行确认，浙江力程于2017年12月将其持有公司的股份转让给仇建平的时点，实际出资人共611名，不存在其他实际出资人。

根据新昌县人民法院的立案情况查询，本招股说明书签署日，不存在针对公司及其控股股东、实际控制人、浙江力程就上述事项存在争议而导致诉讼纠纷的情况。

鉴于浙江力程尚有部分实际出资人不愿对出资代持事项进行确认，不排除存在潜在纠纷的可能性。但仇建平受让的标的股份是浙江力程持有公司的股份，浙江力程层面存在出资代持的情况并不会导致该转让标的股份存在代持或瑕疵，即使浙江力程出资代持事项导致纠纷的产生，也不会对仇建平受让浙江力程持有公司股份的事项产生重大影响。

（三）核查结论

经核查，保荐人和发行人律师认为：鉴于浙江力程尚有部分出资人不愿对出资代持事项进行确认，不排除存在潜在纠纷的可能性。但仇建平受让的标的股份是浙江力程持有发行人的股份，浙江力程层面存在出资代持的情况并不会导致该转让标的股份存在代持或瑕疵，即使浙江力程出资代持事项导致纠纷的产生，也不会对仇建平受让浙江力程持有发行人股份的事项产生重大影响。

二、结合发行人公司章程、代持协议、被代持方的意思表示及相关法律法规的规定，披露浙江力程股份代持事项是否会影响发行人历次增资、股权变动及股东会决议的法律效力

浙江力程代持的影响：浙江力程股权结构层面虽存在出资代持的情况，但公司及浙江力程设立以来的公司章程没有关于浙江力程实际出资人表决权的相关内容，浙江力程实际出资人与名义股东没有就股权代持、表决权处置等进行约定。

《公司法》第32条第2款规定，“记载于股东名册的股东，可以依股东名册主张行使股东权利”。第43条第1款规定：“股东会的议事方式和表决程序，除本法有规定的外，由公司章程规定。”第22条第1、2款规定：“公司股东会或者股东大会、董事会的决议内容违反法律、行政法规的无效。股东会或者股东大会、董事会的会议召集程序、表决方式违反法律、行政法规或者公司章程，或者决议内容违反公司章程的，股东可以自决议作出之日起六十日内，请求人民法院撤销。”

根据上述规定，浙江力程未登记为公司股东的实际出资人不享有公司章程规定的股东表决权；浙江力程股权结构层面存在出资代持的情况不会影响浙江力程持有公司股份期间，作为公司股东享有的股东权利，不会影响公司历次增资、股权变动及股东会决议的法律效力。

经核查，保荐人和发行人律师认为：浙江力程未登记为股东的实际出资人不享有公司章程规定的股东表决权；浙江力程股权结构层面存在出资代持的情况不会影响浙江力程持有发行人股份期间，作为发行人股东享有的股东权利，不会影响发行人历次增资、股权变动及股东会决议的法律效力。

三、实际控制人仇建平所持股份中未完全确权的事项是否会影响发行人股权清晰和控股权稳定，对本次发行上市是否构成法律障碍，是否存在纠纷或潜在纠纷，以及发行人的应对措施

浙江力程自身的股权结构层面存在出资代持的情况，但其持有的并

转让给仇建平的公司的股份不存在出资代持或股权不清晰的情况。

（一）浙江力程本次股份转让的决议程序合法、有效

本次股东会的召集程序、表决方式、决议内容符合《公司法》及浙江力程公司章程的规定。

虽然浙江力程工商登记的股权结构与真实出资存在不一致的情况，但是鉴于：

1. 浙江力程未登记为公司股东的实际出资人不享有公司章程规定的股东表决权。《公司法》第22条第1、2款规定：“公司股东会或者股东大会、董事会的决议内容违反法律、行政法规的无效。股东会或者股东大会、董事会的会议召集程序、表决方式违反法律、行政法规或者公司章程，或者决议内容违反公司章程的，股东可以自决议作出之日起六十日内，请求人民法院撤销。”第32条第2款规定，“记载于股东名册的股东，可以依股东名册主张行使股东权利”。第43条第1款规定：“股东会的议事方式和表决程序，除本法有规定的外，由公司章程规定。”根据上述规定，浙江力程未登记为公司股东的实际出资人是否享有表决权，应当基于该部分实际出资人与名义股东的约定及浙江力程的章程规定。

浙江力程实际出资人与名义股东没有就股权代持、表决权处置等进行约定；浙江力程设立以来的公司章程也没有过实际出资人表决权的相关内容；浙江力程历次股东会决议也不存在实际出资人进行表决的情况。因此，浙江力程未登记为公司股东的实际出资人不享有股东表决权。

2. 本次股东会出席并进行表决的股东共26名，实际合计持有出资额为5494万元，出资占比为68.68%；即使剔除被代持出资人持有的出资份额，本次股东会决议仍由出资占比2/3以上的出资人通过。

3. 通过书面及电话方式向被代持出资人进行确认，截至本招股说明书签署日，已有516名被代持出资人确认，对代持关系、投资收益等不存在争议，合计持有出资额为2230万元，出资占比为27.88%。加上本次股东会出席并进行表决的26名股东，共合计持有出资额为7774万元，

出资占比为96.56%。

4. 对涉及股权代持的案例进行检索如下。(略)

综上，浙江力程关于转让公司股份的股东会召集程序、表决方式、决议内容均不存在违反法律、行政法规或公司章程的情况；浙江力程未登记为股东的实际出资人不享有股东表决权；出席并进行表决的股东实际持有的出资比例超过2/3，且事后确认的被代持出资人比例较高。结合相关法律规定及司法判例情况，浙江力程关于转让公司股份的决议程序合法、有效；浙江力程工商登记的股权结构与真实出资存在不一致的情况，不会影响浙江力程处置公司股份的决议效力。

（二）本次股份转让价格公允

本次股份转让定价参考公司截至2017年10月31日的评估价值，并经双方协商一致确定。根据万邦资产评估有限公司出具的万邦评报(2017) 182号《资产评估报告》，采用收益法评估新柴股份股东全部权益评估价值为67,614万元，双方在评估结果基础上协商确定，公司股东全部权益为80,000万元，同时扣除评估基准日后至本次股份转让前由原股东享有的分红33,000万元，确定本次仇建平、周思远收购新柴股份100%股份的对价为47,000万元。

本次股份转让款及公司向浙江力程的分红款，浙江力程于2017年12月向全体出资人按实际出资比例进行了分配，实际出资人出资并享有投资权益的权利受到了保障，不存在侵犯实际出资人投资收益的情况。

（三）是否存在纠纷或潜在纠纷，及公司的应对措施

根据新昌县人民法院的立案情况查询，截至本招股说明书签署日，不存在针对公司及其控股股东、实际控制人、浙江力程的股权争议诉讼情况。

鉴于浙江力程尚有部分出资人不愿对出资代持事项进行确认，不排除存在潜在纠纷的可能性。但仇建平受让的标的股份是浙江力程持有公司的股份，浙江力程向仇建平转让公司股份的决议程序合法、有效，浙

江力程层面存在出资代持的情况并不会导致该转让标的股份存在代持或瑕疵。即使浙江力程出资代持事项导致纠纷的产生，也不会对仇建平受让浙江力程持有公司股份的事项产生重大影响。

就上述出资代持事项，浙江力程已出具承诺。

小兵评析

1. 发行人历史上存在因为集体企业改制而形成职工持股会持股的情形，原本是职工持股会直接持有发行人股份，后来通过浙江力程间接持有了发行人股份。发行人职工持股会一共有600多名员工，为了清理职工持股会，后来由26名自然人代持这些人的股份，从而形成了股份代持的情形。

2. 关于职工持股会的案例，小兵以前已经分析了很多了，这里只是想明确分析一下，在注册制审核的理念下，如何对历史上的持股情况进行核查和确认。根据发行人披露，在2017年时点，通过书面及电话方式确认出资代持关系为516人，占全部被代持人数的88%。通过书面和电话方式确认的出资比例为27.88%，加上本次股东会出席并进行表决的26名股东，合计出资占比为96.56%。这样的核查比例，基本上满足了以前的“双90%”的核查要求。

3. 同时，发行人也明确承认，鉴于浙江力程尚有部分实际出资人不愿对出资代持事项进行确认，不排除存在潜在纠纷的可能性。鉴于存在代持的是间接的控股股东，且股份已经全部转给新的股东仇建平，对于新股东来说，风险基本上是可控的，至少不影响控制权。

4. 关于股份代持问题，审核中心还关注到了一个以前没有很多人关注的问题：股份代持事项是否会影响发行人历次增资、股权变动及股东会决议的法律效力。发行人根据《公司法》的规定作了解释，认为浙江力程未登记为公司股东的实际出资人不享有公司章程规定的股东表决权；浙江力程股权结构层面存在出资代持的情况不会影响浙江力程持有公司股份期间，作为公司股东享有的股东权利，不会影响公司历次增资、股权变动及股东会决议的法律效力。

5. 为了说明股份代持相关股东的权利履行情况，发行人还搜索了相关股份代持的司法判决案例。同时，浙江力程已出具承诺，承诺如因浙江力程实际出资人对浙江力程的历年分红、股东会决议及资产处置情况存在异议或产生纠纷，均由浙江力程负责处理，出现损失的，赔偿相关损失。

案例32 雷电微力（301050）——股份代持行为不能得到当事人一方的明确认可意见

【问询问题】

请发行人：披露2010～2014年，陈亚平、李红卫代邓洁茹持有发行人股权是否具有合理性，代持关系的形成、解除是否真实，是否存在纠纷或潜在纠纷，是否存在邓洁茹替陈亚平、李红卫代持发行人股份情形，实际控制人持有的发行人股份权属是否清晰，是否符合《创业板首次公开发行股票注册管理办法（试行）》第12条规定的发行条件。

【披露信息】

2014年8月，邓洁茹与李红卫签订《股权转让协议》，邓洁茹与陈亚平、李红卫之间的股权代持关系自此彻底解除。自邓洁茹与陈亚平、李红卫解除股权代持关系已逾6年。自解除股权代持关系，发行人及其实际控制人邓洁茹，均未与陈亚平、李红卫及其投资或任职的企业存在业务往来，也未与陈亚平和李红卫存在资金往来。根据对邓洁茹的访谈，因在雷电有限的经营管理中，相互存在理念不合，且后期陈亚平的工作重心转移，最终陈亚平、李红卫退出雷电有限经营管理（经魏彪、张站峰的访谈验证），故陈亚平、李红卫可能因此不愿配合接受访谈或回复询证函，也就未对代持关系作出确认。

一、陈亚平、李红卫历次代邓洁茹增资、受让股权资金均来源于邓洁茹，且均有资金流水支持

邓洁茹历史上委托陈亚平、李红卫夫妇代持股权及相应资金流水的具体情况如下：

单位：万元

股东名称	代邓洁茹持有的出资额	是否签署代持协议	邓洁茹应付金额
2010年9月，注册资本增加至2950万元			
陈亚平	500	是	750
李红卫	150	是	225
2010年10月，第五次股权转让			
陈亚平	200	是	200
2011年12月，第六次股权转让			
李红卫	300	是	900
合计			2075

邓洁茹应当向陈亚平、李红卫夫妇合计支付2075万元用于历次由陈亚平、李红卫代为受让股权或增资。经核查邓洁茹的银行流水明细，邓洁茹分多次向陈亚平足额支付了出资资金，且不存在陈亚平、李红卫向邓洁茹返还资金的情形。因此，陈亚平、李红卫历次代邓洁茹增资、受让股权的资金均来源于邓洁茹，均有资金流水支持。

二、2010年6月26日邓洁茹与陈亚平、李红卫约定表决权行使须双方先行协商一致的合理性

邓洁茹与陈亚平、李红卫于2010年6月26日签署的《委托持股协议》约定，在行使股东权利时，表决权由双方先行协商形成一致意见再表决。经访谈邓洁茹，该约定是因为当时雷电有限的实际经营由陈亚平负责，为了在短期内保持公司的经营稳定且基于对陈亚平和李红卫的信任，邓洁茹委托陈亚平、李红卫进行代持，在实际操作过程中，陈亚平、李红卫作为显名股东在行使表决权之前，应当先征求实际权益人邓洁茹的意见，按照实际权益人的意见行使表决权，该等约定系为约束陈亚平、李红卫作为显名股东不得未经实际权益人邓洁茹的许可而行使表决权，但当时签订的书面协议表述不准确，易引起歧义。该等约定系为约束股权代持方，系股权代持方和被代持方的真实意思表示，代持方亦已在行

使表决权之前征求被代持方的意见，该等约定有利于保障被代持方邓洁茹的表决权及其他合法权益。该等约定合法、有效，具有合理性。

三、陈亚平 2010 年 6 月为邓洁茹代持的同时，2010 年 9 月又委托张站峰为自己代持，并“安排”刘颖代持的合理性

经访谈邓洁茹，邓洁茹不知悉 2010 年公司增资时陈亚平委托张站峰代持股权事宜。保荐机构和发行人律师在尽职调查过程中，通过访谈张站峰方才得知陈亚平安排其代持股权事宜。经访谈张站峰，陈亚平在该次增资时委托张站峰代其持有 25 万元股权，该等代持股权拟用于奖励给未来的技术人员，但最终并未实施；直至 2017 年 5 月，张站峰以经股权转让双方协商的合理价格将该等代持股权转让给邓洁茹。经核查支付凭证，邓洁茹已向张站峰足额支付股权转让对价。该次股权转让已完成工商变更登记，该等股权代持关系已解除。

经访谈邓洁茹，邓洁茹不知悉 2010 年公司增资时陈亚平安排刘颖代持股权事宜。保荐机构和发行人律师在尽职调查过程中，通过访谈刘颖的配偶崔玉波方才得知陈亚平安排刘颖代持股权事宜。经访谈刘颖的配偶崔玉波，刘颖认缴本次新增注册资本 50 万元，系根据陈亚平的安排由其代持，刘颖不知悉该等股权的被代持人是否为陈亚平或其他第三方，不知悉陈亚平如此安排的原因，刘颖亦未与被代持人签署任何书面协议，但其确认该等 50 万元股权不归属于刘颖本人。由于陈亚平未接受访谈，亦未回复中介机构发出的询证函，无从得知陈亚平如此安排的真实原因。但是，2017 年 5 月，刘颖以经股权转让双方协商的合理价格将该等代持股权转让给邓洁茹。经核查支付凭证，邓洁茹已向刘颖足额支付股权转让对价。该等股权转让已完成工商变更登记，该等股权代持关系已解除。

邓洁茹受让上述股权的情形真实、清晰、合法、有效。

截至本回复报告出具日，没有任何第三方向张站峰、刘颖或邓洁茹主张过任何权益或提出过任何异议。

四、“刘颖本次认缴的50万元出资额系根据陈亚平的安排进行的股权代持”的含义、真实出资主体，是否有资金流水支持，2017年5月，刘颖将该部分股权转让给邓洁茹是否获得实际出资人同意或确认，是否存在纠纷或潜在纠纷

经访谈刘颖的配偶崔玉波，刘颖认缴本次新增注册资本50万元，系根据陈亚平的安排由其代持，刘颖未与被代持人签署任何书面协议，刘颖亦不知悉真实出资主体。当时的出资资金75万元系以现金方式缴存至银行柜台，交通银行已出具缴款证明并提供入账回单。2010年9月26日，成都川宇联合会计师事务所（普通合伙）出具川宇验字（2010）第328号《验资报告》，对该次新增注册资本及实收资本情况进行了审验。上述实缴出资事宜已经天健出具天健验（2020）11－15号《实收资本复核报告》予以复核。

2017年5月，刘颖已将该等50万元代持股权全部转让给邓洁茹，且已完成工商变更登记。根据刘颖的转账凭证以及刘颖配偶崔玉波的陈述，陈亚平知悉刘颖通过将该等50万元股权转让给邓洁茹的方式解除了代持，且根据陈亚平的指示，刘颖在收到邓洁茹支付的股权转让对价后，将该等对价支付给了魏彪。经访谈魏彪，该等股权转让对价支付给魏彪系用于偿还陈亚平对魏彪的负债。经核查转账凭证，邓洁茹已向刘颖足额支付该等股权转让对价，刘颖亦已根据陈亚平指示将收到的股权转让对价支付给魏彪。

邓洁茹受让上述股权的情形真实、清晰、合法、有效。

截至本回复报告出具日，没有任何第三方向刘颖或邓洁茹主张过任何权益或提出过任何异议，亦未提起任何诉讼或仲裁，刘颖将该等代持股权转让给邓洁茹的行为不存在任何纠纷。

五、在邓洁茹、陈亚平、李红卫已于2010年6月26日签署《委托持股协议》的背景下，2011年12月陈亚平将其代持股权转让给李红卫的原因、是否实际支付对价

2011年12月6日，邓洁茹与陈亚平、李红卫签署《委托持股协议》，

就陈亚平代邓洁茹持有的雷电有限的 700 万元股权的转让事宜达成如下约定：邓洁茹收回 100 万元股权，即解除 100 万元股权的代持，其余 600 万元股权通过股权转让形式变更为李红卫代邓洁茹持有。

经访谈邓洁茹，2011 年下半年，陈亚平的工作重心转移，逐渐退出雷电有限的经营。为维持公司正常经营且平稳过渡，邓洁茹指示陈亚平将该等代持股权通过转让给李红卫的形式，变更为由李红卫代邓洁茹持有。邓洁茹与陈亚平、李红卫三方已于 2011 年 12 月就前述代持人变更事宜签署了股权代持协议，且雷电有限已完成前述代持人变更及股权转让事宜的工商变更登记。魏彪、张站峰在访谈过程中也证实了陈亚平自 2011 年下半年起工作重心逐渐转移，不再参与雷电有限的经营管理。由于陈亚平将股权转让给李红卫的行为实际为代持人的变更，被代持人仍为邓洁茹，该等股权的权属未发生任何变化，因此不涉及股权转让的对价支付事宜。

自 2014 年解除股权代持关系已逾 6 年，陈亚平、李红卫未就代持的形成、解除等相关事宜向法院提起诉讼或与邓洁茹发生任何纠纷。

除陈亚平、李红卫以外，中介机构对魏彪、张站峰等其他代持方均进行了访谈，其对代持关系的解除进行了确认，不存在诉讼或纠纷。

此外，2012 年 7 月银科九鼎、晟唐银科向雷电有限增资以及 2012 年 8 月中小企业创投向雷电有限增资时，外部投资机构均要求邓洁茹作为对赌协议签署方和股权回购义务承担方，该等事实亦证实邓洁茹确为雷电有限的实际控制人。

综上，自 2014 年 8 月以来，邓洁茹始终为公司显名控股股东，其持有的发行人股份权属清晰，不存在导致控制权可能变更的重大权属纠纷，符合《创业板首次公开发行股票注册管理办法（试行）》第 12 条规定的发行条件。

小兵评析

1. 本案例是股份代持一种典型情形，那就是：发行人股东委托代持的银行流水是完整的，但是因时间久远，代持方不愿意出具相关的任何确认文件，也不接受律师和保荐机构的访谈和函证。

2. 关于代持的背景和原因，倒不是很复杂，就是实际控制人委托一对夫妇代持股份，实际控制人将资金打给代持人然后出资，这对夫妇也是公司的经营管理人员。后来经营理念不合，实际控制人具体参与业务，那么股份代持也就慢慢解除了。

3. 本来情形不复杂，只是因为中间还有一些插曲，总是会给别人一些联想：

（1）代持方曾经将股权转让给另外一个人，也就是股份代持的代持人曾经发生了变化。

（2）代持方同时让别人代持自己的股份，这个代持的背景和原因谁也不清楚，实际控制人都不清楚还存在这样代持的情形，代持方也不了解具体的情况，只承认股份不是自己的，解除代持之后也把钱给了代持方。

（3）关于股份代持人代持实际控制人的股份，以及代持方将股份又委托别人代持的事实，代持人都是不接受访谈和确认的，保荐机构只能访谈实际控制人和代持人的委托人来进行访谈，以详解相关的事实。

4. 对于这样相对比较复杂的股份代持的情形，保荐机构和律师还是做了很多的工作，基本上股份最终的归属以及相关资金转让价款的支付都能够形成闭环，有一个自圆其说的合理逻辑。此外，发行人也强调股份代持解决已经超过了 6 年，没有任何人对于股份问题提出争议和纠纷。尽管如此，本案例超过 50% 的股份，直接影响实际控制人认定的股份代持，没有代持方当事人的确认和现身说法，总是让人觉得存在隐忧。

5. 当然，令人欣喜的是，在注册制的审核理念之下，审核机构对于这种私法领域的问题，既关注双方的合意也尊重客观的证据，没有完全依赖双方的确认函作为认定事实的依据，这有点类似刑法上的“零口供”标准。从某种意义上来说，这样的审核理念还是有很大进步，值得继续下去的。

案例 33 纳微科技（688690）——解决股份代持，重要股东不露面不配合

【问询问题】

发行人实际控制人 BIWANG JACK JIANG（江必旺）历史上曾代控股股东深圳纳微自然人股东持有发行人股份，2015 年，江必旺与陈荣华、宋功友、胡维德、宋怀海、黄立军、元生创投、孙柏林签署《深圳市纳微科技有限公司股东协议——补充协议》，该协议对江必旺、陈荣华、宋功友、胡维德、宋怀海、黄立军和孙柏林按各方在深圳纳微的持股比例享有江必旺所持发行人股权所对应权益的特殊安排进行了确认。2017 年 2021 年，陈荣华未对 BIWANG JACK JIANG（江必旺）的权益补偿安排作出回应，2019 年 12 月，江必旺将其持有的发行人 247.9167 万股股份转让给陈荣姬（陈荣华之姐）控制的苏州纳合，并确认该部分股份所对应的权益归属陈荣华所有。陈荣华仍然持有发行人控股股东深圳纳微 22.40% 的股权，深圳纳微持有纳微科技 78,096,992 股股份，占纳微科技总股本的 21.9284%；陈荣华通过深圳纳微间接享有纳微科技 17,495,826 股股份权益，占纳微科技总股本的 4.9125%。请发行人提供《深圳市纳微科技有限公司股东协议——补充协议》。请发行人说明：发行人及深圳纳微历次增资及内部决策程序是否均需通知被代持股东陈荣华，相应股东会决议是否有效，是否存在瑕疵或被撤销的风险。

【披露信息】

一、发行人及深圳纳微历次增资及内部决策程序是否均需通知被代持股东陈荣华，相应股东会决议是否有效，是否存在瑕疵或被撤销的风险

根据发行人、深圳纳微的工商登记资料、历次公司章程、内部决策

文件等资料，以及发行人出具的说明，深圳纳微历次增资、减资涉及的内部决策程序均已通知了陈荣华，且陈荣华均出席了相关股东会。

股东会或者股东大会、董事会的会议召集程序、表决方式违反法律、行政法规或者公司章程，或者决议内容违反公司章程的，股东可以自决议作出之日起60日内，请求人民法院撤销。

结合上述规定，并经查阅深圳纳微的工商登记资料、历次公司章程、内部决策文件等资料，深圳纳微涉及的一次增资、一次减资事项，均履行了股东会决策程序，该等会议决议内容不存在违反法律、行政法规的情形，该等会议召集、召开、表决程序符合其当时有效的深圳纳微公司章程的规定，该等股东会决议有效，且该等股东会决议作出之日至今已经超过60日以上，这期间不存在任何股东请求人民法院撤销该等决议的情形，该等股东会决议不存在瑕疵或被撤销的风险。

综上，陈荣华不属于纳微有限董事会成员，也不属于发行人登记在册的股东，根据发行人历次公司章程之规定，发行人历次增资及内部决策程序无须通知陈荣华；深圳纳微历次增资、减资涉及的内部决策程序均已通知了陈荣华，且陈荣华均出席了相关股东会；该等董事会、股东会或股东大会决议有效，不存在瑕疵或被撤销的风险。

二、说明无法取得陈荣华确认及尽调资料等事项是否会影响本次申报材料信息披露及尽调的准确性与完整性

发行人及保荐机构、发行人律师与陈荣华的沟通情况：

根据江必旺出具的说明，江必旺已经多次向陈荣华发出沟通函，请求陈荣华确认其持有的深圳纳微及纳微科技股权数量、比例、权益及其他利益安排事项，但均未获得陈荣华的回复，故无法取得陈荣华关于其所持深圳纳微及发行人股权数量、比例、权益及其他利益安排事项的确认。

2019年9月6日，江必旺委托律师向陈荣华以特快专递发送《关于陈荣华股份权益事宜的沟通函》，载明：“鉴于，在苏州纳微股改前，委

托方持有苏州纳微注册资本出资额为人民币350万元，而您当时持有深圳纳微11.1111%的股权，基于委托方所述的商业利益安排，进而推算出您间接享有苏州纳微350万元出资额中38.8889万元出资对应的利益。该等出资额现可折算为股改后纳微科技2,479,167股股份，占本函发出之日苏州纳微股本总额的2.9534%。委托方现愿意将2,479,167股苏州纳微股份无偿转让给您。请您于接到本函后10日内与委托方取得联系，就利益补偿方案进行确认，签署股份转让所涉及的法律文件并完成股份过户。”根据江必旺说明，在前述沟通函发出之日至本回复报告出具之日，陈荣华未与江必旺进行联系，亦未与受托律师联系。

2019年9月18日，江必旺再次委托律师向陈荣华以特快专递发送《关于陈荣华股份权益事宜的沟通函（二）》，载明：“委托方现拟将11,066,380股苏州纳微股份无偿转让给深圳纳微。本次转让前，深圳纳微已持有苏州纳微20,551,840股股份，因此标的股份转让完成后，深圳纳微将直接持有苏州纳微31,618,220股股份，占苏州纳微总股本的37.6668%。同时，考虑到您目前直接持有深圳纳微22.4027%的股权，且深圳纳微将直接持有苏州纳微37.6668%的股权，因此您将通过深圳纳微间接享有苏州纳微8.4384%股权所对应的利益，该比例与《沟通函（一）》所提议方案中您的权益比例一致。”根据江必旺说明，在前述沟通函发出之日至本回复报告出具之日，陈荣华未与江必旺进行联系，亦未与受托律师联系。

2020年4月30日，江必旺、苏州纳合以特快专递向陈荣华发送《关于陈荣华股份权益事宜的沟通函（三）》载明：“如2019年9月6日《关于陈荣华股份权益事宜的沟通函》所述，江必旺博士名下为你持有的股东权益可折算为股改后的苏州纳微2,479,167股股份，江必旺博士已于2019年12月将上述股份转让至苏州纳合管理咨询有限公司持有。苏州纳合管理咨询有限公司是由你姐姐陈荣姬博士出资设立的一人有限公司，专为持有与你权益相关的这部分股份而设立。苏州纳微曾于2020年1月实施资本公积转增股本，转增后苏州纳合管理咨询有限公司持有苏州纳微的股份总数增加至9,420,835股。现发函与你沟通，希望还原你的股东权益，完成上述转增后9,420,835股股份的过户事宜。”就向陈荣华递交《关于陈荣华股份权益事宜的沟通函（三）》事宜，江苏省苏州市苏州公证处全程进行见证，并出具（2020）苏苏苏州证字第4967号《公证书》。根据江必旺说明，在前述沟通函发出之日至本回复报告出具之日，陈荣华未与江必旺进行联系。

2020年4月30日，发行人以特快专递的方式，将保荐机构和发行人律师出具的《访谈请求》和《自然人股东情况调查问卷》邮寄给陈荣华，请求陈荣华配合填写其完整工作履历和对外投资等信息，并对其是否担任或曾经担任公务员或存在法律法规、任职单位规定不得担任股东的情况或存在不满足法律法规规定的股东资格条件等进行确认。就发行人向陈荣华交寄《访谈请求》和《自然人股东情况调查问卷》事宜，江苏省苏州市苏州公证处全程进行见证，并出具了（2020）苏苏苏州证字第4971号《公证书》。截至本回复报告出具之日，陈荣华未接受保荐机构和发行人律师访谈请求，亦未回复保荐机构和发行人律师出具的《自然人股东情况调查问卷》。

鉴于陈荣华未回应发行人、保荐机构和发行人律师发出的沟通请求，保荐机构未取得陈荣华对其所持深圳纳微及发行人股权数量、比例、权益、其他利益安排事项及股东身份情况的确认，保荐机构采用了其他核查方式对陈荣华相关情况进行核查。

综上，虽然保荐机构、发行人律师未取得陈荣华出具的确认及尽调资料，但是已经通过书面审查、网络查询、面谈、访谈、函证、计算等多种核查方式对陈荣华相关情况进行尽职调查，因此保荐机构、发行人律师无法取得陈荣华确认及尽调资料等事项不会影响本次申报材料信息披露及尽调的准确性与完整性。

根据《民法典》第933条之规定，委托人或者受托人可以随时解除委托合同。因此，江必旺作为受托人亦具有解除相关特殊权益安排的任意解除权，江必旺也已经前后多次向陈荣华寄送书面函件，请求解除、还原相应特殊权益安排，但均未获得陈荣华的回复。

根据《民法典》第 557 条第 1 款之规定，债务人依法将标的物提存，债权债务终止。根据《民法典》第 570 条第 1 款之规定，债权人无正当理由拒绝受领的，债务人难以履行债务的，可以将标的物提存。由于陈荣华一直未回复江必旺关于解除、还原特殊权益安排的请求，从保护陈荣华权益的角度出发，江必旺申请将陈荣华享有权益的发行人股份进行提存公证。

鉴于此，2020 年 10 月 23 日，江必旺（甲方）、陈荣姬（乙方）和苏州纳合（丙方）作为申请人就陈荣华实际享有权益的发行人股份 9,420,835股（占发行人总股本的 2.6452%），即苏州纳合持有的发行人的股份，在江苏省苏州市中新公证处（以下简称中新公证处）办理提存公证。

2020 年 10 月 23 日，中新公证处就提存公证事项向江必旺、陈荣姬和苏州纳合进行询问，并制作询问笔录。

同日，中新公证处当场查验、封存了苏州纳合的营业执照正副本原件、公章原件，并向苏州纳合出具《公证受理通知单存根联》，载明：苏州纳合的营业执照正副本原件、公章原件存于中新公证处。

经访谈中新公证处的经办人员，其确认：《提存公证规则》或其他法律法规并未要求办理股份的提存公证必须将标的股份转让给公证处，或者由公证处开立托管账户并将标的股份转至该账户名下。中新公证处采取的措施是将纳微科技股份过户必要的文件予以封存，即要求苏州纳合把公章、营业执照原件等查验后封存在中新公证处保险柜中保管，并明确要求后续苏州纳合持有的股票 A 股账户、资金账户等原件需要提交中新公证处封存。就该等提存公证、资料封存事项，中新公证处已经在其对江必旺、陈荣姬和苏州纳合的询问过程中明确告知当事人，并记录在询问笔录之中。

2020 年 10 月 23 日，中新公证处出具（2020）苏苏中新证字第 10238 号《公证书》，载明："经查，事实一、苏州纳微科技有限公司（系纳微科技前身）设立时，甲方与深圳市纳微科技有限公司（以下简称深圳纳微）全体股东具有特殊权益安排，即甲方替深圳纳微全体股东代持苏州纳微科技有限公司 350 万元出资额。陈荣华作为深圳纳微股东之一，其按照其在深圳纳微中的股权比例对甲方持有的苏州纳微科技有限公司 350 万元出资额享有权益。甲方提供了《深圳市纳微科技有限公司股东协议——补充协议》并承诺该协议属实。

"事实二、截至上述申请出具之日，甲方仍替陈荣华代持纳微科技 9,420,835股股份（占纳微科技总股本的 2.6452%），甲方多次委派律师或亲自向陈荣华递交沟通函，希望彻底解除、还原甲方与陈荣华之间的股权代持关系，并还原陈荣华应享有的股份权益，但均未获得陈荣华的回应。甲方提供了苏州市苏州公证处出具的编号为'（2020）苏苏苏州证字第 4967 号'的《公证书》，系申请人向陈荣华邮寄《关于陈荣华股份权益事宜的沟通函（三）》的保全证据公证，经核实该 EMS 快递已完成签收。

"事实三、鉴于纳微科技拟申请 IPO，为正常推进纳微科技 IPO 工作安排，甲方于 2019 年 12 月将纳微科技 2.6452% 的股份无偿转让给丙方，乙方陈荣姬持有丙方 100% 的股权。甲方将纳微科技股份无偿转让给丙方后，即将甲方替陈荣华代持的股份特定化，与甲方持有的股份情况进行区分。甲方提供了《股权转让协议》并承诺该协议属实。

"基于上述事实，申请人特此承诺：将上述替陈荣华代持纳微科技 9,420,835股股份（占纳微科技总股本的 2.6452%）提存至江苏省苏州市中新公证处，若自提存之日起十九年内陈荣华接受甲方关于解除股权代持关系之请求，甲方及陈荣姬同意将苏州纳合及其所持纳微科技股份对应的经济利益无偿转让给陈荣华并配合办理相关手续。

"综上，兹证明自本公证书出具之日起，已提存的纳微科技9,420,835股股份归属于陈荣华所有，陈荣华应在申请人规定的提存期限内前往我处受领相关股份。"

2020年10月26日，中新公证处已经通过EMS特快专递向陈荣华发出《提存受领通知书》。同日，中新公证处在其官方网站上（http：//zx－notary.com/content/？164.html）公告了《关于陈荣华受领股权的通知》。

小兵评析

1. 关于股份代持的问题，常规的解决思路就是找到当事人，了解清楚历史情况，然后大家一起商量怎么解决。毕竟企业都要上市了，股份确权好了，大家都有蛋糕分，谁都不会跟钱过不去。

2. 当然，现实总是那么精彩，在本案例中偏偏就有人不愿意要蛋糕，至少没有明确表示想要。对于历史上的股份权益的代持问题，在确权阶段所有人基本上都积极配合签了协议，唯有陈荣华不配合、不露面。

3. 对于陈荣华，算是发行人的创始人股东，如果将持有发行人的权益全部计算在内，也超过了5%，因而无论是从形式上还是实质上，陈荣华都算是发行人的重要股东。对于发行人的重要股东，自然需要重点核查并且要保证不存在任何纠纷，这是IPO审核的红线。

4. 但是，陈荣华就是不露面、不配合怎么办呢？中介机构的相关技术处理，不管是不是以后可以复制，至少可以值得我们充分借鉴。当然，这样的操作思路，也是在审核机构一次次的倒逼之下，慢慢想出来的无奈之策：

（1）中介机构解释陈荣华是控股股东的股东，每次增资减资以及其他股本变动都通知了陈荣华，陈荣华也参加了股东会。陈荣华是间接持有发行人股份，并不是发行人的直接股东，因而发行人的股东大会不需要通知陈荣华也不需要其参加。陈荣华也不是发行人董事，自然也不需要参加董事会。同时，根据《公司法》的规定，股东申请撤销决议的期限是60日，上述决议早超过了

60日，因而认为程序没有瑕疵，股权清晰稳定。显然，这样的解释并没有得到认可。

（2）实际控制人也就是股份代持的受托方多次跟陈荣华股东权益分配问题，均没有得到回应。实际控制人分别于2019年9月6日、2019年9月18日和2020年4月30日，委托律师通过特快专递的方式向陈荣华出具了《关于陈荣华股份权益事宜的沟通函》，对股权变动情况以及陈荣华占有的权益作了说明和解释，也愿意解决问题。但是，陈荣华始终没有作出回应。对于第三次发出沟通函，公证机构作了全程公证，而前两次没有作公证，说明中介机构也在慢慢完善尽调手段。

（3）为了不影响发行人上市工作安排，2019年12月，实际控制人将其持有的发行人2.6452%股份（等同陈荣华享有权益的股份数量）转让给陈荣姬（陈荣华之姐）控制的苏州纳合。既然当事人不要这个股份，那么我就转给你的亲人，这样的操作，算是将权益代持的事项做了进一步确权并解决。

（4）但是，这样解决显然还是有问题的，毕竟成年人都是独立的主体，你转给姐姐并不代表就是转给了本人，本人权益还是受到了损害。于是，才有了中介机构作出的最后的决定。

（5）2020年10月23日，这时候发行人已经处于审核的最关键阶段，马上就要申请IPO上会审议了。实际控制人以及其他关联方作为申请人就陈荣华实际享有权益的发行人股份9,420,835股（占发行人总股本的2.6452%），即苏州纳合持有的发行人的股份，在江苏省苏州市中新公证处办理提存公证。提存是原来《民法典》中的一个概念，一旦提存成立，那么债权债务关系终止。关于提存公正的具体细节，大家可以仔细阅读信息披露的相关资料，小兵觉得还是说得很清楚的，最核心的就是：公证处将股权受让方的有限合伙相关资料全部提存，只有实际权益人才能申请获得相关权益。

（6）公证处也向陈荣华发出了提存通知书，同时在网站公告。至此，这个问题算是解决了，最终发行人审核顺利通过。

5. 这里，我们还可以思考几个技术问题：（1）关于股份的确权问题，一定要申请公证，毕竟公证是具有司法效力的。(2) 如果没有确认的股份不进行提存公证，将股份进行托管是不是也可以。(3) 律师向当事人快递沟通函，最好是 EMS 特快专递而不用顺丰快递。(4) 根据《民法典》的规定，受托方可以单方解除委托方的委托，当然对于这种实质的利益问题，单纯靠解释很难过关。

第八节 股权纠纷

案例 34 芳源股份（688148）——“明股实债”到底应该如何约定才最靠谱

【问询问题】

请发行人说明：(1) 分别说明报告期各期各研发项目材料费用的明细构成、金额，材料费用的归集是否准确；(2) 报告期内明股实债的具体情况，相关利息支出的确认依据与公允性；(3) 协定存款及通知存款的具体情况，2019 年获得大额利息收入的合理性；(4) 报告期内应收应付对冲的具体情况，相关处理是否符合《企业会计准则》的规定；(5) 2019年年末在手订单的实际执行情况、2020 年截至目前新增订单及在手订单情况，量化分析公司原材料、在产品、库存商品与订单间的匹配关系；(6) 结合公司的货币资金储备、应收款项、短期负债、银行授信额度、经营活动现金流等，分析公司是否存在流动性风险；(7) 2020 年上半年主要产品销量大幅变化的具体原因。

【披露信息】

一、报告期内明股实债的具体情况，相关利息支出的确认依据与公允性

报告期内，子公司芳源新能源的历史股东江门市新会新科创投有限公

司（以下简称新科创投）、现任股东江门市融盛投资有限公司（以下简称融盛投资）对芳源新能源的投资属于明股实债情形，具体如下：

（一）新科创投

根据新科创投与公司、芳源新能源、罗爱平于2019年3月签署的《增资扩股协议》，约定新科创投以6800.00万元增资入股芳源新能源，芳源新能源于2019年3月29日收到该笔款项。芳源新能源于2019年5月21日在江门市新会区市场监督管理局办妥了工商变更手续，变更后公司、新科创投分别占芳源新能源81.52%、18.48%股权。

各方同意，芳源环保因申请首次公开发行股票并上市，经芳源环保内部决议要求新科创投退出目标公司，新科创投应在收到正式通知的1个月内无条件接受被芳源环保回购目标公司股权，新科创投应配合芳源环保和丙方履行必要的程序，回购价格为新科创投投资金额及按8%的年化收益率计算增值部分总和（如在持股期间新科创投获得目标公司分红的，在计算回购价款时应扣除相应的分红款）。

根据《企业会计准则》对金融负债和权益工具的定义，如果企业不能无条件地避免以交付现金或其他金融资产来履行一项合同义务，则该合同义务符合金融负债的定义。通过上述分析可知，新科创投对芳源新能源的股权投资实质为债务工具。2019年12月，新科创投退出芳源新能源，由芳源环保回购其所持芳源新能源的18.48%股权。公司按8%的年化收益率计提利息支出，并于2019年12月19日归还新科创投6800.00万元本金和394.96万元利息，截至2019年12月31日无余额。

（二）融盛投资

2018年10月10日，芳源新能源以年产36,000吨高品质NCA/NCM前驱体（三元锂电正极材料）项目申报2018年珠江西岸先进装备制造业发展资金，申报方向为股权投资方式支持先进装备制造业项目引进和落地建设。

2018年12月21日，芳源新能源董事会决议同意公司新增注册资本

6496.90万元，增资金额应于2019年2月28日前缴清。公司于2019年4月1日收到该款项。2019年7月5日，芳源新能源股东会决议同意公司注册资本由人民币36,800.00万元变更为43,296.90万元，增加部分6496.90万元由融盛投资以货币形式认缴出资。变更后芳源环保占69.29%股权，新科创投占15.71%股权，融盛投资占15.01%股权。芳源新能源已于2019年7月5日在江门市新会区市场监督管理局办妥了工商变更手续。

芳源环保、罗爱平和芳源新能源分别与融盛投资签订《投资协议》。该协议对股权投入资金的退出进行了约定，自融盛投资成为芳源新能源股东之日起届满5年时，融盛投资有权退出芳源新能源，芳源环保无条件以现金方式回购融盛投资持有的芳源新能源全部股权。回购股权时应以融盛投资实际出资额及按实际出资额2%年化收益率计算的增值部分的总和为对价受让股权（如在持股期间甲方获得项目公司分红的，在计算回购价款时应扣除相应的分红款）。

根据《企业会计准则》对金融负债和权益工具的定义，如果企业不能无条件地避免以交付现金或其他金融资产来履行一项合同义务，则该合同义务符合金融负债的定义。通过上述分析可知，融盛投资对芳源新能源的股权投资实质为债务工具，芳源新能源应将其作为金融负债列报。

二、说明融盛投资的资金扶持是否属于政府补助，相关会计处理是否恰当

（一）融盛投资的扶持资金不满足“无偿性”特征，不属于政府补助

根据《企业会计准则第16号——政府补助》的相关规定，政府补助是指企业从政府无偿取得货币性资产或非货币性资产，具有来源于政府的经济资源和无偿性两个特征。其中来源于政府的经济资源指：对于企业收到的来源于其他方的补助，有确凿证据表明政府是补助的实际拨付者，其他方只起到代收代付作用的，该项补助也属于来源于政府的经济资源；无偿性指：企业取得来源于政府的经济资源，不需要向政府交付

商品或服务等对价。

2018年子公司芳源新能源以年产36,000吨高品质NCA/NCM前驱体（三元锂电正极材料）项目申报珠江西岸先进装备制造业发展资金，申报方向为股权投资方式支持先进装备制造业项目引进和落地建设。融盛投资是江门市人民政府国有资产监督管理委员会下属全资子公司，融盛投资以专项建设基金对芳源新能源进行增资并通过股权退出安排最终收回本金，符合政府补助特征之来源于政府的经济资源；但融盛投资最终将收回本金并按照固定年化收益率2%获取固定回报，即公司获取该笔资金需要支付2%的利息成本并偿还本金。所以，就取得该本金而言，不符合政府补助无偿性的特征。

综上所述，融盛投资的资金不能同时满足政府补助的特征，不属于政府补助。

（二）公司的会计处理恰当

根据《企业会计准则》对金融负债的定义，如果企业不能无条件地避免以交付现金或其他金融资产来履行一项合同义务，则该合同义务符合金融负债的定义。

融盛投资对芳源新能源的股权投资实质为债务工具，芳源新能源将其作为金融负债列报，公司根据约定的年化收益率2%和实际使用时间计算报告期应确认的财务费用——利息支出，符合《企业会计准则》的相关规定，公司的会计处理恰当。

（三）融盛投资扶持资金利息费用及优惠利息的会计处理

根据《企业会计准则第16号——政府补助》关于“政策性优惠贷款贴息的会计处理”的相关规定，政策性优惠贷款贴息是政府为支持特定领域或区域发展，根据国家宏观经济形势和政策目标，对承贷企业的银行借款利息给予的补贴。

根据对政府补助——财政贴息的相关定义，即“企业取得政策性优惠贷款贴息的，应当区分财政将贴息资金拨付给贷款银行和财政将贴息资金直接拨付给企业两种情况，分别进行会计处理”的理解，获得资金使用的企业需从银行取得资金，该资金在银行有同期或类似期间贷款利率相比较。芳源新能源获得融盛投资的投资款没有银行作为合同主体，该资金没有银行同期或类似期间贷款利率相比较，融盛投资以自有资金的名义参与投资，同时，合同约定以融盛投资实际出资额及按实际出资额 2% 年化收益率计算的增值部分之总和作为将来转让股权的对价（如在持股期间融盛投资获得芳源新能源分红的，在计算回购价款时应扣除相应的分红款）。因此，芳源新能源获得融盛投资的投资款与银行同期贷款利率相较而享受的优惠利息费用，并不属于《企业会计准则第 16 号——政府补助》政策性优惠贷款贴息的核算范围，未确认为政府补助，公司按照投资额的 2% 年化收益率计算的金额确认为利息费用，符合《企业会计准则》的规定。

小兵评析

1. 在 IPO 审核实践中，对于明股实债的问题总是有很多讨论，但是到现在很多问题也没有明确的结论。例如，明股实债该如何界定、怎样进行会计处理、如何签订相关协议、IPO 是否允许明股实债的存在等。

2. 简单总结来说，明股实债在实践中也有两种比较典型的情形：

一种情形是政府主导的投资基金，投资的目的是帮助区域内的企业解决问题做大、做强，投资的目标就是基金的保值增资，而并不以获取超额的回报为目标。在这种情况下，尽管也会做工商变更，将政府登记为股东，但是后续股份的回购且获得固定的收益是一个确定的事项。

另一种情形是市场化的基金，也是以借款的形式先把资金借给企业，但是等满足一定条件的时候，投资方有一次选择权，可以选择转为股份或是回购股份获得固定收益。在转为股权之前，也是债权投资，但是在签署协议的时候会以股权投资的名义。

3. 当然，上面提到的明股实债的第二种情形，只能算是股权投资的一种过渡状态或者权宜之计，并不是典型的明股实债，第一种情形才是最典型的方式。而本案例，恰巧符合第一种明股实债的情形，除此之外，两个不同的投资主体还签署了核心内容存在差异的投资协议，为我们理解明股实债问题，提供了借鉴。

4. 本案例的两个投资主体都是政府主导的，一个是区级国有资产管理公司全资的投资平台，另一个是市级的国有资产管理公司的投资平台。两个平台签署的投资协议主要内容如下：

（1）第一个平台与发行人签署的投资协议，约定了以上市为核心目标的股份回购条款。如果规定的时间内不能申报 IPO，那么投资方可以要求发行人回购股份，这显然就是最常见的投资对赌条款。但是这个协议还有另外一个非常特殊的约定：发行人也可以根据自己的上市计划，随时无条件回购投资方股份，然后根据约定给予固定的回报。也就是因为后面的约定，才彻底坐实了本次投资是明股实债的事实。

（2）第二个平台与发行人签署的投资协议，基于发行人向政府申报了一个政府奖励的项目，政府根据这个项目投资了发行人，并且规定了股份回购退出的期限，并且约定年化收益率只有2%，显然是有明显的政府支持企业发展的意思。从实践来看，第二个平台签署的投资协议在实践中更普遍一些，也更符合我们对于明股实债的理解。

5. 关于会计处理，发行人均作为金融负债处理，并且计提和支付了对应的利息。在审核的过程中还被关注到这是否属于政府补助，显然这样的投资跟政府补助没有直接的关系。

案例35 邦彦技术（科创板已过会，未上市）——重要子公司股权纠纷案

【问询问题】

招股说明书披露：（1）2017 年年底发行人拟出让全资子公司特立信部分股权，发行人、控股股东、实际控制人祝国胜、邦彦通信及特立信

于2017年11月1日与麒麟智能签署了收购特立信股权《框架协议》，约定麒麟智能及其指定的其他投资者收购特立信35.985%的股权。同时约定，麒麟智能向发行人支付排他性保证金2000万元，保证金到账之日起至2017年12月20日止出让方不得与其他方就重组资产进行谈判、合作或出售。(2) 公司在多次催告麒麟智能履行协议无果的情形下，已向麒麟智能发出了解除协议通知书，并已提起诉讼，该诉讼正在由法院审理中。但不排除法院判决收购协议尚未解除而麒麟智能提出要求公司承担违约责任的风险。请发行人说明：(1) 结合发行人转让特立信及后续与麒麟智能关联方签署《借款合同》等情形，说明相关协议的签署背景、谈判过程，是否构成"一揽子"交易，转让特立信并由受让方之关联方提供借款的原因及合理性、转让价格确定依据及公允性；(2) 上述诉讼的目前进展情况，并提供上述收购股权《框架协议》、与其他投资者德正荣丰、瑞业丰顺签署的相关协议文本；(3) 结合股权投资《框架协议》等相关协议内容，若法院判决收购协议尚未解除而麒麟智能提出要求公司承担违约责任的情况下，发行人可能承担的最大法律责任，是否具有足够的偿付能力，是否会影响特立信股权的稳定性。

【披露信息】

一、若法院判决收购股权《框架协议》尚未解除而麒麟智能提出要求公司承担违约责任的情况下，发行人可能承担的法律责任包括返还2000万元保证金以及麒麟智能可能提起的违约赔偿责任

(一)《框架协议》本身仅为协议当事方就收购特立信股权事宜达成的初步意向，不具有直接转让特立信股权的效力

根据上述"投资方式"和"具体协议"条款约定，洪华军、祝国强、吴球、鲁彬、李汉、翁汉清、陶鸣荣、李进并非《框架协议》的当事方，且未授权发行人、实际控制人签署《框架协议》,《框架协议》中关于特立信股权转让的约定并不能直接对其产生法律约束力。由此可见，"投资方式"仅是《框架协议》签订方就收购特立信股权达成的意向。

同时，《框架协议》的签署各方（包括发行人、邦彦通信、祝国胜、特立信、麒麟智能）已明确应当就本协议所涉及的相关事项签订具体的履行协议，麒麟智能引进的投资人瑞业丰顺、德正荣丰受让特立信股权时，瑞业丰顺、德正荣丰分别与发行人、邦彦通信、祝国胜签订了股权投资协议，也佐证了各方就《框架协议》的履行需签署具体的履行协议。

因此，《框架协议》本身仅为协议当事方就收购特立信股权事宜达成的初步意向，麒麟智能并不能依据《框架协议》的约定而要求《框架协议》的签署方发行人、祝国胜和邦彦通信直接履行股权转让义务。

（二）发行人可能承担的法律责任包括返还2000万元保证金以及麒麟智能可能提起的违约赔偿责任

即使法院判决《框架协议》尚未解除而麒麟智能提出要求继续履行，因发行人认为麒麟智能严重违约且交易基础已丧失，发行人、邦彦通信、祝国胜已通过《框架协议》解除通知表明不再出售特立信股权的主观意图，不会与麒麟智能或其指定的投资方签署出售特立信股权具体的履行协议。

上述情形下，麒麟智能仅依据《框架协议》向法院申请判决强制执行特立信股权并得到支持的可能性非常低，因此不会影响特立信股权的稳定性。发行人可能承担的最大法律责任，包括返还2000万元保证金以及麒麟智能可能提起的违约赔偿责任，但麒麟智能需对其遭受的损失承担举证责任，证明发行人不签署具体股权转让协议的行为与相关损失具有因果关系，且该等损失赔偿金额受《合同法》中可预见性原则的约束。截至2021年，发行人可预计的对麒麟智能可能造成的损失仅有麒麟智能为履行其《框架协议》项下引进其他投资方而必要且合理的费用支出（如差旅费、为磋商所支出的劳务费用），预计该等费用支出金额较小，最终以法院生效判决认定为准。

二、发行人具有足够的偿付能力

如前所述，若法院判决《框架协议》尚未解除，发行人在此情形下承担的违约责任，包括返还 2000 万元保证金以及麒麟智能可能提起的违约赔偿责任（预计该等费用支出金额较小）。截至 2020 年 6 月 30 日，发行人的货币资金为 11,171.83 万元，对上述可能承担的违约责任有足够的偿付能力。

小兵评析

1. 在注册制下，对于未决诉讼的宽容程度有了很大的变化，最典型的莫过于对于专利和商标等发行人重要无形资产的纠纷问题，以及对于不影响控制权的股权纠纷问题。

2. 对于商标专利的诉讼问题，以前的审核理念是无论胜诉败诉，必须有明确的结论之后才可以推进后续的审核工作，目前只要保证能够解释清楚诉讼的逻辑和最差的后果，就不影响审核和 IPO 上市。对于股权纠纷问题来说，上市规则已经明确了主要强调控股股东和实际控制人的股权稳定性，对于小股东的股权纠纷问题，只要能够充分披露发生背景、处置过程以及后续可能引起的法律后果，就不会构成 IPO 的实质性障碍。

3. 具体到本案例的发行人，从规则上来说，主要涉及的就是重要的子公司（净利润 2000 万元左右）的股权清晰稳定的问题。如果从讲故事的角度来说，那么，这个故事还真是颇有点资本市场江湖中“相爱相杀”剧本的意思。简单来说，事情是这样的：

（1）2017 年 11 月，发行人由于公司资金紧张，准备将一个重要的子公司进行股权转让，然后好好发展业务去进行资本运作。

（2）发行人、控股股东与受让方签署了股权转让的框架协议，由一位“资本大佬”以及介绍的其他投资者一起受让相关的股权。

（3）为了保证交易的顺利进行，“大佬”一次性向发行人支付了排他性的保证金 2000 万元。

（4）这时候双方的合作还是很愉快的，也就是资产交割的蜜月期，发行人说，“我现在资金很紧张，问‘大佬’能不能先借我 5000 万元，反正后面我把股权转让了有钱了就可以及时还给你”。“大佬”同意了，通过其他的第三方借给发行人5000万元（发行人解释，这5000万元其实也是多方筹措的，也不是“大佬”自己的钱）。

（5）框架协议、保证金以及类似于过桥借款的操作，对于资产转让的合作来说，算是基本的操作，没什么大惊小怪的。不过，后面的事情就有点不受控制了。“大佬”找了三家投资机构，结果到了支付股权转让款的时候，只有其中一家受让方支付了1500万元，其他的机构根本就没有付钱。发行人还是按照约定把股权过户给了受让方，但是钱不管怎么催都收不到，后来股权就又过户给了发行人。

（6）说好的股权转让不能如期进行，那么发行人也就没有钱还给“大佬”，那自然就有人要起诉发行人还钱。同样地，因为原来的《框架协议》无法执行了，发行人也起诉要求解除《框架协议》。

（7）发行人借的钱，到了2019年10月因为对方起诉还没及时偿还，而关于《框架协议》的官司现在还在进行着，不过2019年那位“大佬”却因为诈骗罪被判处了无期徒刑。不知道是因为什么具体案由被判了，不知道发行人的整个股权转让是不是也是这位“大佬”诈骗的一部分。

（8）此外，发行人收了受让方2000万元的保证金到底在法律上该如何定性，也没有说清楚，要不要还给对方呢，其实律师也应该从法律的角度对这个问题作一个明确说明。

（9）这个故事看到最后的结局，发行人倒是没吃什么亏，因为股权转让借了5000万元的借款，当然14%的利息还是付了，不过最后利息支付都到了2020年8月。因为转让收的2000万元保证金至今还在账上。关键是因为有了5000万元资金，问题解决了，后面子公司股权也就不用转让了。那位“大佬”可能想着是要空手套白狼的，结果把自己套进去了。

4. 当然，对于整个故事涉及的法律问题，主要包括《框架协议》是否具有法律规定的本质要件的效力，是否可以根据《框架协议》执行股权转让的约定，以及关于《框架协议》的诉讼发行人可能遭受的最大的损失。关于这两个问题，律师还从当时生效的《合同法》以及相关规则的角度作了充分解释，甚至连法理学都运用上了，值得我们学习。

案例 36 中自科技（688737）——PE 对股份回购价格提起仲裁，外部证据是什么

【问询问题】

招股说明书披露，发行人实际控制人陈启章与原股东金智百业源存在股权质押争议及股权转让争议，其中，金智百业源向成都仲裁委员会提起仲裁，要求撤销其与陈启章于 2020 年 4 月签署的《中自环保科技股份有限公司股份回购协议》（以下简称《回购协议》）、《成都金智百业源股权投资基金合伙企业（有限合伙）与陈启章关于〈中自环保科技股份有限公司股份回购协议〉补充协议》（以下简称《补充协议》），理由系中自环保以欺诈手段使其在违背其真实意思表示的情况下订立合同。陈启章向成都仲裁委员会提起仲裁，认为相关回购义务已履行，请求金智百业源解除对陈启章、陈翠容持有的中自环保 315.9 万股股份的质押登记手续。请发行人补充披露目前两项仲裁的最新进展情况。请发行人说明：（1）金智百业源的基本情况，入股发行人的时点、背景、价格及其确定依据，金智百业源入股发行人时发行人及其实际控制人的业绩对赌、上市对赌的具体约定内容及就回购义务的约定；（2）2020 年 4 月陈启章指定鲁信菁蓉回购金智百业源持有发行人股份的背景，是否为对赌义务的履行；（3）金智百业源向鲁信菁蓉、陈启章转让股份价格的确定依据，《回购协议》及《补充协议》中是否将本次回购价格与发行人同期增资价格挂钩；（4）金智百业源认为陈启章向其故意隐瞒发行人 C 轮融资增资价格及发行人当时真实财务数据的主要理由及依据；（5）结合 C 轮入股股东与发行人及其实际控制人签署《增资协议》、确定增资价格的时点、金智百业源与陈启章签订《回购协议》及《补充协议》的时点，说

明发行人及其实际控制人是否存在向金智百业源故意隐瞒发行人C轮融资增资价格及发行人当时真实财务数据的情形；（6）实际控制人所持发行人股份存在仲裁且部分股份被质押尚未解除，说明是否构成“发行人实际控制人所持发行人股份权属清晰”发行条件的障碍。

【披露信息】

一、金智百业源的基本情况，入股发行人的时点、背景、价格及其确定依据，金智百业源入股发行人时发行人及其实际控制人的业绩对赌、上市对赌的具体约定内容及就回购义务的约定

2013年10月，中自净化增资529.83万元，金智百业源以4750万元的对价认缴中自净化本次新增注册资本503.34万元，出资方式为货币，并因此成为中自净化股东。中自净化本次增资系于2013年10月9日经中自净化股东会审议通过，于2013年10月18日完成工商变更登记并取得变更后的《企业法人营业执照》。

中自净化当时因拟投建“汽车尾气净化催化转换器生产基地项目”，即公司现有的位于成都市高新区（西区）古楠街88号的厂区，存在较大的资金需求，拟专项引进投资，金智百业源及其执行事务合伙人委派代表周建新因看好公司业务发展前景自愿投资入股。

金智百业源本次以增资方式入股公司的价格约为9.44元/股出资额，系公司与金智百业源根据市场化原则协商确定。

陈启章及其指定的鲁信菁蓉于2020年4月分别与金智百业源签订了《回购协议》《关于中自环保科技股份有限公司之股份转让协议》，约定由陈启章、鲁信菁蓉以13.87元/股的价格回购金智百业源所持中自环保的全部股份。截至2020年6月，陈启章、鲁信菁蓉已向金智百业源支付完成了全部的股权转让价款，金智百业源所持中自环保股份已经公司变更股东名册登记至陈启章、鲁信菁蓉名下，陈启章已履行完成上述关于对赌及回购义务的相关协议约定。

二、2020年4月陈启章指定鲁信菁蓉回购金智百业源持有发行人股份的背景，是否为对赌义务的履行

根据陈启章与金智百业源签署的相关协议的约定，因中自环保未能在约定时间内完成相应业绩，亦未在约定时间内实现上市目标，陈启章需依约履行回购金智百业源持有的中自环保全部股份的义务，但陈启章没有足够的资金履行全部的股份回购义务，需寻找其他投资者完成回购。2019年年底，适逢鲁信菁蓉因看好中自环保的发展前景拟投资入股中自环保，并一直与陈启章沟通协商投资事宜，因此经各方协商一致，陈启章及其指定的鲁信菁蓉于2020年4月分别与金智百业源签署协议回购了金智百业源持有的中自环保全部股份。根据陈启章与金智百业源于2020年4月3日签署的《补充协议》的鉴于条款第6条，双方确认鲁信菁蓉系作为陈启章的指定方回购受让金智百业源所持中自环保相关股份。

综上所述，陈启章指定鲁信菁蓉回购金智百业源持有的公司股份是对对赌义务的履行。

三、金智百业源向鲁信菁蓉、陈启章转让股份价格的确定依据，《回购协议》及《补充协议》中是否将本次回购价格与发行人同期增资价格挂钩

上述协议中不存在将本次回购价格与发行人同期B轮或C轮融资的增资价格挂钩的情形。

四、金智百业源认为陈启章向金智百业源故意隐瞒发行人C轮融资增资价格及发行人当时真实财务数据的主要理由及依据（略）

五、结合C轮入股股东与发行人及其实际控制人签署《增资协议》、确定增资价格的时点、金智百业源与陈启章签订《回购协议》及《补充协议》的时点，说明发行人及其实际控制人是否存在向金智百业源故意隐瞒发行人C轮融资增资价格及发行人当时真实财务数据的情形

（一）公司及其实际控制人不存在向金智百业源故意隐瞒发行人C轮融资增资价格的情形

公司C轮融资的增资价格于2020年5月最终确定为21.95元/股，其

后公司及陈启章与C轮入股股东陆续签署增资协议；而金智百业源的股份回购价格于2020年3月初即由陈启章与金智百业源协商确定为13.87元/股，各方于2020年4月3日按照该价格正式签署了相关书面协议，此时中自环保C轮融资的增资价格尚未最终确定。因此，在中自环保及陈启章与金智百业源协商股份回购及签订《回购协议》及《补充协议》的时间节点，C轮融资的增资价格尚未协商确定，不存在向金智百业源隐瞒公司C轮融资增资价格的可能性。

同时，公司确定C轮融资的增资价格的2020年第一次临时股东大会决议实际系于2020年5月9日形成，因沿用了2020年1月向金智百业源等股东发送通知但并未实际召开完成表决的相关会议程序，公司将该次会议决议日期误写为“2020年1月21日”，并于2020年5月28日提交工商主管部门完成了相应工商变更登记。2020年6月25日，公司为弥补前述工作失误召开了2020年第二次临时股东大会，对第一次股东大会决议系2020年5月增资扩股确定后表决的事实情况及决议效力作了补充确认，并经过全体参会股东表决同意通过。因此，工商备案的相关会议文件记载的C轮融资的增资价格与公司于2020年1月向金智百业源发送的相关股东大会通知文件中载明的相关增资价格不一致的情形，系因公司会议程序不规范造成且后续已经过股东大会补充确认决议效力，并非中自环保故意向金智百业源隐瞒真实增资价格所致。

此外，如前所述，金智百业源所持公司股份的回购价格系金智百业源与陈启章在8%的年化收益率的基础上，参考公司于2019年12月底完成的B轮融资的增资价格协商确定，与公司C轮融资的增资价格不存在关联关系。因此，中自环保不存在向金智百业源故意隐瞒C轮融资增资价格的动机。

综上所述，公司及其实际控制人不存在向金智百业源故意隐瞒公司C轮融资价格的情形。

（二）公司及其实际控制人不存在向金智百业源故意隐瞒发行人当时真实财务数据的情形

2020年2月，由于新冠疫情延工的影响，公司尚未进行年度财务数据统计工作，在中自环保明确向金智百业源表示“未经审计的报表公司不能提供”的情况下，应金智百业源的反复请求并在金智百业源负责人明确表示索要财务报表仅为“后台留档”“和退出不冲突”，即金智百业源在表示不会将2019年财务报表用于评估其退出时的公司估值及作为股权定价依据的前提下，公司才向金智百业源发送了2019年未经审计的相关财务报表。

同时，公司向金智百业源提供的上述财务报表均系公司当时真实的财务报表，公司后续为了上市规范，按照会计师的建议依据《企业会计准则》进行了财务调整，因此相关财务数据与公司申请上市时所提交的经审计后的相关财务数据存在差异。

因此，公司及其实际控制人不存在向金智百业源故意隐瞒公司当时真实财务数据的情形。

综上所述，公司及其实际控制人不存在向金智百业源故意隐瞒公司C轮融资增资价格及公司当时真实财务数据的情形。

六、更新目前两项仲裁的最新进展情况

（一）股份质押纠纷

2020年8月12日，陈启章向成都仲裁委员会提起仲裁，请求解除金智百业源对陈启章、陈翠容持有的中自环保科技股份有限公司315.9万股股份的质押登记。

基于金智百业源于2020年4月3日与陈启章签订的《回购协议》的相关约定，陈启章指定的鲁信菁蓉及陈启章分别于2020年4月、2020年6月回购了金智百业源的中自环保相关股份并支付完成相应价款，但金智百业源未按照《补充协议》第3条的相关约定在陈启章、鲁信菁蓉向金智百业源支付完成股份回购款和股份转让价款后解除陈启章、陈翠容向金智百业源质押的中自环保315.9万股股份，陈启章因此向成都仲裁委员会提起仲裁请求解除相关股份质押。

2020年8月20日，成都仲裁委员会出具“（2020）成仲案字第1416号”《受理通知书》受理该仲裁案；2020年10月16日，成都仲裁委员会作出“（2020）成仲案字第1416号”《决定书》，决定驳回金智百业源于2020年9月6日提出的仲裁管辖权异议；2020年11月24日，成都仲裁委员会出具“（2020）成仲案字第1416号之一”《决定书》，仲裁庭认为该案需以“（2020）成仲案字第1624号”案件（详见本节本款“（二）股份回购协议纠纷”）的审理结果为依据，因此决定该案仲裁程序中止。2021年4月27日，成都仲裁委员会作出“（2020）成仲案字第1416号”《恢复仲裁程序通知书》，因本案终止事由已消除，仲裁庭决定恢复仲裁程序，并已于2021年4月30日开庭，截止本招股说明书签署日，成都仲裁委员会尚未就本案作出裁决。

鉴于上述案件所涉争议标的股份数仅占公司股份总数的4.9%，占实际控制人直接和间接控制的54.35%的股权的比例较小，不会影响公司实际控制人的股权清晰性，不存在影响发行人控制权稳定的情形。因此，上述股份质押纠纷仲裁案件不会对公司本次发行上市造成实质性影响。

（二）股份回购协议纠纷

2020年9月21日，成都仲裁委员会向陈启章送达“（2020）成仲案字第1624号”《答辩通知书》，确认受理该案；2020年12月15日，成都仲裁委员会对该案进行了开庭审理；并于2021年1月27日进行了二次开庭审理，就中自环保是否存在故意隐瞒真实增资价格、财务数据等问题进行了进一步的补充审查。2021年4月26日，成都仲裁委员会作出“（2020）成仲案字第1624号”《决定书》，因申请人金智百业源于2021年4月26日请求撤回仲裁申请，仲裁庭决定：“准予申请人成都金智百业源股权投资基金合伙企业（有限合伙）撤回仲裁申请。”

如前所述，中自环保及陈启章不存在向金智百业源故意隐瞒真实财务数据及C轮融资的增资价格的情形，回购价格的确定系双方的真实意思表示；陈启章及其指定方已经按照相关协议的约定向金智百业源支付了全部价款，并经中自环保变更股东名册取得了相应股份，相关股份回购/转让行为已完成，不存在《民法典》第148条导致合同可撤销的情形。

成都仲裁委员会已于2021年4月26日作出“（2020）成仲案字第1624号”《决定书》，因申请人金智百业源于2021年4月26日请求撤回仲裁申请，仲裁庭决定：“准予申请人成都金智百业源股权投资基金合伙企业（有限合伙）撤回仲裁申请。”因此，发行人律师认为，“（2020）成仲案字第1624号”股份回购协议纠纷案已经仲裁庭决定由金智百业源撤回仲裁申请，不存在影响发行人控股股东、实际控制人陈启章所持发行人股份的股权清晰性的情形。

同时，关于陈启章所持发行人部分股份被质押的情形，根据公司说明及提供的相关协议、价款支付凭证、股东名册，以及发行人律师对陈启章所涉“（2020）成仲案字第1416号”股份质押纠纷案代理律师的访谈，鲁信菁蓉已根据《股份转让协议》的约定于2020年4月16日向金智百业源支付了股份转让价款4200万元，陈启章已根据《回购协议》的约定于2020年5月31日、2020年6月1日向金智百业源合计支付了股份回购款2782.48万元。经中自环保变更股东名册，金智百业源所持中自环保3,027,618股股份、2,005,782股股份已于2020年4月、2020年6月分别变更至鲁信菁蓉、陈启章名下。陈启章已按照相关协议的约定履行完成相关股权回购义务，被担保主债权已灭失，在《回购协议》及《补充协议》合法有效的情况下，金智百业源负有按照相关约定解除相关股份质押的义务。因此，陈启章在“（2020）成仲案字第1416号”股份质押纠纷案中提出的要求解除相关股份质押的请求获得仲裁庭支持的可能性较大。基于上述，发行人律师认为，陈启章所持部分股份被质押的情形亦不会影响发行人控股股东、实际控制人陈启章所持发行人股份的股权清晰性。

小兵评析

1. 这个案例非常有意思，也非常典型。在实践中，投资者和 IPO 发行人的各种恩怨纠葛、利益扯皮每天都在上演，各种人性弱点、世间百态也是层出不穷，而真正能够公开披露信息，以相对完整的事件真相还原投资方和发行人利益纠纷的情形并不是很多，这个案例算是给了我们一个参考。

2. 关于这个事情的发生，还有一些波折，小兵来简单梳理一下：

（1）2013 年，这个私募股权投资基金投资了发行人，这时候的入股价格是 9.44 元/股，持股一直到 2020 年，能够这样长期陪伴发行人的 PE，我们首先还是佩服的。

（2）2019 年，这个基金到期了，合伙人自然压力很大，加上发行人一直也没有完成业绩对赌和上市的计划，因而 PE 以及合伙人就准备让实际控制人回购股份。

（3）因为回购股份的金额要 7000 多万元，实际控制人没有这么多钱，只能找到其他的接盘方来受让这个 PE 的股份。

（4）因为 PE 着急要退出，而实际控制人又没有钱，所以在回购条件上一直有一些让步和权衡，如回购价格做了让步确定为 13.87 元/股，每年固定的年化收益率从 12% 调整为 8%。

（5）2020 年 3 月，实际控制人找到了接盘方，双方也对这个回购价格认可，接盘方支付了股权受让的价款，股份也做了工商登记。

3. 本来这个事情发展还算顺利，也符合基本的逻辑，但是事情还是出现了很大的争议，主要体现在：

（1）回购价格确定的依据是发行人 B 轮融资的价格，而发行人在两个月后 C 轮融资的价格变成了 21.94 元/股，而发行人在当时的股东会决议给投资人说 C 轮的增资价格是 13.87 元/股（发行人解释说，后来 C 轮增资的股东会决议用了以前的模板，其实没开会，是后来 5 月才开会，这属于发行人失误）。

（2）投资者向发行人要 2019 年的审计报告，财务总监说没有审计，投资者微信语音转文字的内容是审计报告是用来后台备查，跟退出没有关系，后来投资者觉得发行人提供的审计报告跟之后申报的报表差异很大（再后来发现，其实一个是原始报表一个是申报报表，且净利润差异只有400多万元，没有超过5%）。

（3）因为有争议，所以投资者就向仲裁委员会提出了仲裁，认定《回购协议》不是双方的真实意思表示，是发行人虚构了事实，应该属于可以撤销的合同。同样，发行人也提起仲裁，因为投资者不配合帮助解除发行人的股权质押登记。当然，最后故事的结局还是，投资者撤回了仲裁申请。撤回仲裁的时间是2021年4月，而发行人是6月IPO成功过会，这时间也是很巧妙。可以肯定的是，双方达成了另外的君子协定，具体是什么我们就不得而知了。

4. 如何看待这个事情，小兵的观点是：

（1）发行人提供给投资者的关于C轮融资价格的股东会纪要是存在形式上瑕疵的，但是如果会议没有开，股东也没有签字，那么就是没有效力的，而形式上存在瑕疵不影响本质的问题。

（2）C轮融资价格跟投资者回购股份的价格确定是没有直接关系的，再者时间差两个月价格差距很大的事情其实也会经常存在。

（3）关于发行人提供的财务报表存在虚假的理由，小兵觉得完全站不住脚。

（4）如果双方都签署了协议，对于相关的事实也都没有异议，那么小兵觉得回购协议应该就是生效的，就是成立的，后面看人家IPO了又出来扯皮，实在不是一个专业投资者的行为，当然反正基金都已经到期了，也就无所谓了。

（5）当然，如果当初双方的协议能够进行公证，那么效果会更好一些。还有，平时沟通交流的一些证据还是记得保存，尤其是微信记录。投资者与财务总监沟通的微信记录，就成为这次互相论证一个很好的外部证据。

5. 最后，值得注意的是，这次审核还是很关注关于增资价格和回购价格确定的外部证据，也找到了一些关于C轮增资价格确定的纪要和决议等外部资料。这也是提醒我们在这些很容易出现“罗生门”的问题上，需要更加关注外部证据。

案例37　信邦智能（创业板已过会，未上市）——受让股份未支付全部价款

【问询问题】

招股说明书披露：(1) 2018年1月15日，发行人股东信邦远东将所持312.00万股份以11,000.00万元转让给共青城国邦；共青城国邦已向信邦远东支付2000.00万元，剩余9000.00万元股份转让价款尚未实际支付。针对此次股权转让，共青城国邦已为信邦远东代扣代缴194.32万元（对应19,999,999.80元已支付股权转让款，按照35.2元/股价格缴纳），剩余90,000,000.20元对应的所得税暂未代扣代缴。(2) 2018年11月20日，发行人股东信邦远东将所持769.5800万股份以27,089.2160万元转让给共青城国邦，将所持197.9200万股份以6966.7840万元转让给共青城信邦；2020年5月15日，信邦远东、共青城国邦、共青城信邦签署《补充协议》，同意共青城信邦受让197.9200万股的价格变更为1000.00万元。上述股权转让后，发行人的外资股东信邦远东退出持股，发行人的企业性质由外商投资股份有限公司变更为内资股份有限公司。请发行人：(1) 补充披露股份转让价款尚未实际支付的原因和偿付安排，结合共青城国邦最近一年一期的财务数据、资金来源等分析共青城国邦是否具备偿付能力，是否存在纠纷或潜在纠纷，是否影响发行人股权结构的稳定和清晰，是否对本次发行上市构成障碍；(2) 结合股权转让纳税义务发生时点的法律法规等相关规定，披露相关方未按时足额纳税是否构成重大违法行为，是否存在受到行政处罚的风险；(3) 补充披露共青城信邦转让对价由6966.7840万元变更为1000.00万元的原因、定价依据以及履行程序的合规性。

【披露信息】

一、发行人股份转让过程中部分股权转让款尚未实际支付的原因和偿付安排

上述尚未支付转让价款的两次股份转让均为同一控制下的股份转让，转让方信邦远东和受让方共青城国邦的实际股权结构完全相同。

根据共青城国邦的说明，股份转让价款尚未实际支付的原因系信邦远东和共青城国邦的实际股权结构相同，均由实际控制人100%控制，为了降低实际控制人短期内在不同持股平台之间资金转移支付的压力，共青城国邦尚未向信邦远东支付全部股权转让价款。

根据共青城国邦及其合伙人李罡、姜宏、余希平作出的承诺，对于上述尚未支付的股权转让价款，共青城国邦将于2024年12月31日前支付完毕。

二、相关税收法规对股份转让纳税时点及未按照规定纳税的法律责任的规定

《关于非居民企业所得税源泉扣缴有关问题的公告》（国家税务总局公告2017年第37号）（以下简称《第37号公告》）第4条规定，扣缴义务发生之日为相关款项实际支付或者到期应支付之日。

三、2018年1月和2018年12月信邦远东的两次股份转让情况

就该次股份转让价款的支付安排，信邦远东与共青城国邦签订了股份转让协议之补充协议，约定该次股份转让中未支付的股份转让价款由共青城国邦于2024年12月31日前支付完毕，本次股份转让产生的相关税款由共青城国邦代扣代缴。

截至本审核问询函回复出具日，共青城国邦已分别于2019年5月15日、2020年12月14日代扣代缴税款971,590.90元、485,795.46元，未向信邦远东支付股份转让款。共青城开放开发区税务局、国家税务总局共青城市税务局已分别就共青城国邦申请支付该次股份转让的部分转让款出具《服务贸易等项目对外支付税务备案表》。

四、上述两次股份转让不存在受到行政处罚的风险，对本次发行上市不构成法律障碍

根据《企业所得税法》及《第 37 号公告》的规定，信邦远东系境内非居民企业，共青城国邦为信邦远东上述两次股份转让所得税的扣缴义务人；对于共青城国邦已经支付的股份转让款部分，共青城国邦已经履行了代扣代缴义务；对于共青城国邦未支付的股份转让款部分的税款，共青城国邦应在实际支付或者 2024 年 12 月 31 日到期应支付时从支付或者到期应支付的款项中扣缴。

另外，经 2020 年 6 月现场实名咨询共青城国邦的主管税务部门即共青城开放开发区税务局第一税务所相关负责人，该相关负责人确认可以分期支付股份转让款，并且在实际支付股权转让款的时候由支付方代扣代缴税款。

综上所述，根据《企业所得税法》《第 37 号公告》的相关规定，信邦远东系境内非居民企业，对于共青城国邦未支付的股份转让款部分的税款，共青城国邦应在实际支付或者 2024 年 12 月 31 日到期应支付时从支付或者到期应支付的款项中扣缴；共青城国邦已就上述两次股份转让为信邦远东办理企业所得税扣缴申报并取得《服务贸易等项目对外支付税务备案表》，共青城国邦、信邦远东就上述两次股份转让暂未代扣代缴或缴纳未收到的股权转让款部分的税款事宜，虽未取得有权机关出具的专项证明，但已现场咨询税务部门相关工作人员并取得了《服务贸易等项目对外支付税务备案表》，国家税务总局共青城市税务局出具《无欠税证明》（共青税一所无欠税证〔2020〕29 号），证明截至 2020 年 12 月 17 日未发现共青城国邦有欠税情形。

截至本审核问询函回复出具日，共青城国邦、信邦远东确认未收到税务主管部门要求就未支付股权转让款部分立即或限期履行代扣代缴义务或纳税义务的通知，也未因此受到过处罚；共青城国邦作为扣缴义务人，暂未就信邦远东未收到的股份转让款部分代扣代缴税款，不违反相

关法律规定，不存在受到行政处罚的风险；本次股份转让的纳税人为信邦远东，扣缴义务人为共青城国邦，不涉及发行人及其实际控制人的纳税义务或代扣代缴义务，不会对发行人本次发行上市构成法律障碍。

小兵评析

1. 外资股东在 IPO 报告期内转让其持有的全部股权，转让价格合计 4 亿元左右。

2. 因为转让价格金额很高，因而受让方不能全部支付转让价款，只是支付了部分价款，受让方承诺在 2024 年之前支付全部价款。

3. 受让方只是根据实际支付的价款为转让方代扣代缴了所得税，至于没有支付的，暂时不用交税，关于这个问题外资股东和内资股东在税法上是有区别的。

4. 其实，转让方和受让方本身是完全同一控制下的转让，为什么一定要进行如此高额的转让呢。根据披露信息，双方后来又约定了一个转让价格是 1000 万元，根据这个价格去税务局核定税收，但是后续披露的语焉不详，也无从得知发行人具体是怎么操作的。

第九节　特定背景的股权设置

案例 38　百合医疗（科创板已过会，未上市）——党政领导干部经营企业的情形

【问询问题】

根据招股说明书及问询回复，戴伟健看好医疗器械行业发展前景，以其与黄维郭的夫妻共同财产资助黄凯参与创立了百合有限。出于黄凯个人精力和参与经营意愿考虑，以及对其夫妻公职身份顾虑，因此委托

马立勋代黄凯投资并持股。请发行人补充说明：(1) 马立勋历次投入资金是否均直接来源于黄凯，委托持股以及后续代持还原过程是否签订书面协议，如是，请说明协议订立主体及主要内容并将文件作为附件提交备查；进一步说明委托马立勋代持的真实性。(2) 黄维郭与戴伟健均担任公职，百合有限设立资金来源于其夫妻共同财产，请说明资金来源是否合法合规以及是否违反公职人员及其子女对外投资相关规定，并提供相关依据。(3) 结合前述事项说明公司是否实际由戴伟健夫妻设立并实施控制，黄凯及马立勋系为其代持，实控人所持发行人股份是否清晰且无争议。

【披露信息】

一、请说明资金来源是否合法合规

百合有限设立及首次增资中，马立勋代黄凯出资的资金系由戴伟健提供，因戴伟健和黄维郭为夫妻关系，故认定该等出资为其夫妻共同财产。

戴伟健自 1970 年参加工作，先后就职于广州军区生产建设兵团、广东省南海糖厂、佛山市无线电厂、佛山城区物资局等。1999 年百合有限成立时，戴伟健已工作近 30 年，拥有一定的工资性积蓄，加上化妆品代理收入以及其父母给予的家庭资助，资金已超过 80.00 万元人民币，戴伟健使用该等资金为黄凯设立百合医疗以及后续增资提供资金支持，资金来源合法合规。

截至本问询函回复签署日，未有政府部门、第三方就上述资金的合法性提出异议或针对前述资金提出任何权利主张。

二、请说明是否违反公职人员及其子女对外投资相关规定

根据中共中央、国务院《关于严禁党政机关和党政干部经商、办企业的决定》(中发〔1984〕27 号)，中共中央、国务院《关于进一步制止党政机关和党政干部经商、办企业的规定》(中发〔1986〕6 号)，《中国共产党党员领导干部廉洁从政若干准则（试行)》(中发〔1997〕9 号，已失效) 的相关规定，党员领导干部在职期间不得以独资或合股、兼职取酬、搭干股分红等方式经商或办企业。

根据中共中央纪委《关于省、地两级党委、政府主要领导干部配偶、子女个人经商办企业的具体规定（试行）》（中纪发〔2001〕2号），省（自治区、直辖市）、地（市）两级党委、政府主要领导干部配偶子女不得在该领导干部任职地区从事房地产开发、广告代理、开办律师事务所、从事娱乐业以及其他可能与公共利益发生冲突的经商办企业活动。已经从事上述经商办企业活动的，或者领导干部的配偶、子女退出所从事的经商办企业活动，或者领导干部本人辞去现任职务或给予组织处理。本规定发布后，再从事上述活动的，对领导干部本人以违纪论处。

根据中共中央组织部《关于进一步规范党政领导干部在企业兼职（任职）问题的意见》（中组发〔2013〕18号），党政领导干部辞去公职或者退（离）休后3年内，不得到本人原任职务管辖的地区和业务范围内的企业兼职（任职），拟到本人原任职管辖的地区和业务范围外的企业兼职（任职）的，必须履行相应的报告、审核程序。

依照上述规定：

1. 黄维郭、戴伟健在任公职期间未以任何方式经商或办企业。黄维郭、戴伟健均自2007年起不再担任公职，截至本问询函回复签署日，未有因违反党纪而受到处罚或违反法律而被追究法律责任的情况。

2. 黄凯作为党政领导干部子女，出资设立百合有限并从事一次性医疗器械研发、生产和销售，不属于中纪发〔2001〕2号规定的主要领导干部配偶子女不得从事的经商办企业活动，具体如下：

一是百合有限从事一次性医疗器械研发、生产和销售，不属于中纪发〔2001〕2号文规定的主要领导干部配偶子女不得从事的房地产开发、广告代理等经商办企业活动；

二是虽然百合有限成立时注册地址为“南海市桂城海二西路14号市建筑机械厂内”，彼时南海市由佛山市代管，但百合有限所处行业为医疗器械行业，国家药品监督管理实行省级以下药品监督管理系统垂直管理体制，黄凯父亲黄维郭时任佛山市副市长，未负责药品监督管理的相关事务，不存在与公共利益相冲突的情形。

3. 戴伟健未在发行人担任过任何职务，黄维郭于2007年经广东省委批准同意辞职后，曾于2013年12月至2016年2月担任发行人董事，距其辞去公职已超过3年。

针对上述情况，相关主管部门出具证明如下：

2015年9月，广东省佛山市政协委员会出具复函，确认黄维郭已于2007年年初因身体原因经广东省委批准同意辞职，其在企业任职时已不属于领导干部和公职人员企业兼职规范的监管范围。

2016年12月，佛山市南海区人民检察院出具函件，确认黄维郭截至函件出具日在佛山市南海区人民检察院记录中无犯罪记录。

2016年12月，广东省佛山市政协办公室出具情况说明，确认黄维郭在担任公职期间不存在违反党纪并受到处罚的情形。

2016年12月，佛山市公安局禅城分局普君派出所出具《无犯罪记录证明书》，确认黄维郭自1952年12月9日至2016年12月5日期间，未发现有犯罪记录在案。

2020年8月，黄维郭出具说明，有关主管部门于2019年11月函询其本人，请其就反映的有关问题如实作出说明；其本人在收到函件后15个工作日内向主管部门提交了书面说明材料；有关主管部门于2020年1月发函反馈，对函询问题予以采信了结。

综上，戴伟健、黄维郭在任公职期间未以任何方式对外投资或经商办企业，黄凯设立百合有限亦未违反党员领导干部子女经商办企业的相关规定。

三、提供相关依据

发行人已将相关主管部门出具的证明以及黄维郭出具的说明函作为依据提供。对于黄维郭出具的说明函，发行人律师已就相关事项进行核查并发表专项意见如下：

发行人律师认为，黄维郭在任公职期间（1997～2006年年底），不存在参股私企的情形，亦不存在利用职权在国企改制及处理国企不良资产中为亲属谋取不当利益的情形；有关主管部门已就反映的相关问题作出结论性意见，对黄维郭函询回复予以采信了结。此外，黄凯出资设立的百合有限主要从事一次性医疗器械研发、生产和销售，不属于中纪发〔2001〕2 号规定的主要领导干部配偶子女不得从事的经商办企业活动。综上，黄维郭不存在违反公职人员及其子女对外投资的相关规定。

小兵评析

1. 发行人自 1999 年设立及 2007 年黄凯的父亲退休，这两个事项存在交集。黄凯通过代持持有发行人股份是否属于党政领导干部以及配偶子女在外经商的情形，作了充分的自我论证。

2. 2019 年 11 月黄凯的父亲主动向相关部门汇报情况，有关主管部门 2020 年 1 月予以采信。2020 年 8 月，黄凯的父亲出具了自我情况的承诺和说明。2020 年 11 月，发行人取得佛山市政府办公室的复函，对相关事项作了说明。

3. 发行人曾经申报创业板也是黄凯通过代持持有发行人股份是否属于党政领导干部以及配偶子女在外经商的情形这个问题被重点关注，后因为这个问题被暂缓表决。简单梳理历史沿革如下：

（1）黄凯 1998 年学校毕业后就有着强烈的创业梦想，一边经营着名贵山石和宠物养殖业务，一边跟母亲一起寻找前景更加广阔的创业项目。

（2）1997 ~ 1999 年，黄凯母亲戴伟健因长期照顾在佛山市第一人民医院住院就诊的家属，认识了 ICU 科室主任吴敏，进而结识黄伟洪、李明、荆文普等人。除了吴敏，其他 3 都是特种医药导管公司的员工，各司其职，这样一来创业的班底有了。

（3）3 位员工当时工作时间不长，无较多的积蓄，故经吴敏介绍，戴伟健建议，可以让黄凯与吴敏、李明、荆文普、黄伟洪等人共同出资设立企业，戴伟健以家庭积蓄为黄凯创业提供资金支持。

（4）黄凯那时候年仅19岁，于是就找了自己的一个亲戚代自己持有股权。这个亲戚叫马立勋，据说有着较为丰富的企业管理经验。

（5）关于公司设立以及历次增资的资金来源，公司设立的时候是母亲出钱给了黄凯（该笔资金系现金缴存，由戴伟健提供现金，并由马立勋缴存至百合有限开立的注册资本专户），后面几次增资都是黄凯自己经营所得（上述资金系由马立勋账户向百合有限账户转存，马立勋开立的银行账户由黄凯实际控制使用，该账户的资金主要来源于黄凯经营所得）。

（6）黄凯是一个经营奇才，干什么都挣钱，更神奇的是，醉心于名贵观赏鱼类及宠物养殖的他，现在是变异龟养殖专家，也同样挣了大钱。

（7）2010年，黄凯30岁，觉得自己已经有了足够的经验和能力开管理企业，于是进行了股份代持的还原，马立勋以1元/股的价格将股份转给了黄凯，剩下3.6%算是给自己的奖励。股份还原之后，黄凯就正式成为公司的实际控制人和董事长，正式控制这个公司。

（8）其实，发行人历次股权变动披露都没有引起什么波澜，无论是股份代持还是经营奇才，只要双方当事人都对股权没有异议，对目前的审核政策也就不构成实质性障碍。

（9）黄凯的父亲黄维郭于1997年2月至2007年时任佛山市市长助理、市党组副书记、副市长、常务副市长，其间，兼任佛山市国家高新开发区管委会主任、党组书记；2007年，任佛山市政协常务副主席、党组副书记，同年，经广东省委批准辞职。

（10）发行人自1999年成立，那么，1999年至2007年黄维郭退休这段时间，就是发行人与黄维郭任职党政领导干部的重合期。

4. 发行人解释党政领导干部不存在经商情形：

（1）黄维郭、戴伟健在任公职期间未以任何方式经商或办企业。黄维郭、戴伟健均自2007年起不再担任公职，截至本问询函回复签署日，未有因违反党纪而受到处罚或违反法律而被追究法律责任的情况。

（2）黄凯作为党政领导干部子女，出资设立百合有限并从事一次性医疗器械研发、生产和销售，不属于中纪发〔2001〕2 号规定的主要领导干部配偶子女不得从事的经商办企业活动。

（3）戴伟健未在发行人担任过任何职务，黄维郭于 2007 年经广东省委批准同意辞职后，曾于 2013 年 12 月至 2016 年 2 月担任发行人董事，距其辞去公职已超过 3 年。

（4）2020 年 8 月，黄维郭出具说明，有关主管部门于 2019 年 11 月函询其本人，请其就反映的有关问题如实作出说明；其本人在收到函件后 15 个工作日内向主管部门提交了书面说明材料；有关主管部门于 2020 年 1 月发函反馈，对函询问题予以采信了结。

（5）根据黄维郭本人承诺、有关主管部门对其出具的“本人在担任佛山市副市长期间不存在参股私企的情形”的书面说明予以采信、经佛山市人民政府同意由佛山市人民政府办公室出具复函确认未发现黄维郭在担任佛山市副市长、常务副市长期间存在经商办企业的情形，黄维郭不存在违反当时适用的公职人员经商办企业相关党纪法规的情形。

（6）2020 年 8 月，黄维郭出具说明：有关主管部门于 2019 年 11 月请其本人就“担任佛山市副市长期间，利用职权，在国企转制及处理国企不良资产中为亲属谋取不当利益；参股私企”的情况反映作出书面说明；2019 年 12 月，黄维郭向有关主管部门提交了书面说明材料，说明其本人在担任佛山市副市长期间，不存在利用职权在国企转制及处理国企不良资产中为亲属谋取不当利益的情形，亦不存在参股私企或其他违反党纪、法律、法规的情形；2020 年 1 月，有关主管部门出具复函，确认对黄维郭函询回复予以采信了结。

（7）2020 年 11 月，对于黄维郭任职佛山市副市长、常务副市长期间的履职情况及发行人在佛山市从事的经营活动情况，佛山市人民政府办公室在书面征求了市有关主管部门、市场监督管理局、司法局、市委组织部等部门的意见后，经佛山市人民政府同意，函复如下：①截至本函出具之日，我府未发现黄维郭同志在担任佛山市人民政府副市长、常务副市长期间与广东百合医疗科技股份有限公司的设立、经营存在和公共利益相冲突的情形，以及利用职权为其儿子黄凯所办的企业广东百合医疗科技股份有限公司谋取利益、提供便利的情形；②截至本函出具之日，我府未发现黄维郭同志担任佛山市人民政府副市长、常务副市长期间存在经商办企业及违反当时适用的公职人员及其子女经商办企业相关党纪法规的情形；③截至本函出具之日，我府未发现黄维郭同志担任佛山市人民政府副市长、常务副市长期间存在因违反党纪法规而受到处罚的情形。

（8）如果有关主管部门认定黄维郭夫妻为公司设立以及第一次增资提供资金的行为构成领导干部经商办企业的情形，根据《中国共产党纪律处分条例》《公务员法》《行政机关公务员处分条例》等相关法律法规的规定，涉及相应的法律后果包括对黄维郭本人进行警告、严重警告、撤销党内职务、留党察看或者开除党籍的党纪处分，及记过或者记大过、降级或者撤职、开除的政纪处分，并收缴违纪所得。

（9）结合上述核查情况，鉴于黄凯系以合法资金投入而取得发行人的相应股权，且黄维郭于2007年经广东省委批准辞去佛山市副市长职务，上述假定的违纪行为期间系发行人设立至2007年，且根据离任领导干部3年内不得在原任职务管辖地区和业务范围内的企业兼职（任职）的限制性规定。若假定上述违纪行为存在，基于谨慎性原则，将发行人设立至2010年归属于黄凯的经济利益认定为违纪所得。截至2010年年末，发行人净资产为1596.78万元，注册资本为1000万元。若按照当时黄凯持有发行人51%股权计算，自公司设立至2010年，黄凯累计可分享的经济利益为304.36万元。

（10）保荐机构及发行人律师走访了佛山市政协办公室并对秘书科的工作人员进行了访谈确认了存在上述函询事项。保荐机构及发行人律师走访了有关主管部门，其办公室的工作人员表示因工作纪律的要求，除规定的信访事件外，不接受其他外部访谈事项；经咨询信访处的工作人员，确认根据工作纪律的要求，信访反映事项均不得对外公开，且不受理无实质性内容的反映问题。因此，除上述函询外，保荐机构及发行人律师无法从有关主管部门进一步获取其他确认意见。

（11）黄凯母亲仅在发行人设立之初协助参与筹备与创立，从未参与发行人的经营管理，也从未在发行人担任任何职务；黄凯父亲在2013年12月～2016年2月担任发行人董事，彼时黄凯已担任发行人董事长、法定代表人，黄凯父亲在任职期间主要系给与黄凯关于公司经营发展的指导和建议。

（12）发行人律师认为，黄维郭在任公职期间（1997～2006年年底），不存在参股私企的情形，亦不存在利用职权在国企改制及处理国企不良资产中为亲属谋取不当利益的情形；有关主管部门已就反映的相关问题作出结论性意见，对黄维郭函询回复予以采信了结。此外，黄凯出资设立的百合有限主要从事一次性医疗器械研发、生产和销售，不属于中纪发〔2001〕2号规定的主要领导干部配偶子女不得从事的经商办企业活动。

综上，黄维郭不存在违反公职人员及其子女对外投资的相关规定。

案例39 乾德电子（创业板已过会，后撤回）——通过代持取得的外资企业身份退出时是否需补税

【问询问题】

申报文件显示，发行人全资子公司启东乾朔、深圳君泽历史上均为外商投资企业，历史外资股东吴国维、苏敬舜等均为发行人实际控制人王涧鸣代持股份。请发行人披露历史上通过代持方式维持启东乾朔、深圳君泽的外商投资企业身份并获取相关税收优惠是否违反相关规定，是否存在被行政处罚风险。

【披露信息】

一、启东乾朔

启东乾朔系励洋集团有限公司于2005年5月8日出资设立的外商独资企业，并依法取得《中华人民共和国外商投资企业批准证书》和《企业法人营业执照》。2008年6月29日，励洋集团有限公司将所持启东乾朔的全部股权分别转让给乾德有限和中国台湾籍人员苏敬舜（苏敬舜代

王润鸣实际控制的境外企业ACT公司持有启东乾朔的股权)。本次股权转让完成后,启东乾朔的企业性质由外商独资企业变更为中外合资企业。2015年6月25日,苏敬舜将所持启东乾朔全部股权转让给乾德有限,启东乾朔成为乾德有限的全资子公司,其企业性质变更为内资企业。

根据《国务院关于实施企业所得税过渡优惠政策的通知》(国发〔2007〕39号),启东乾朔于2009~2012年基于外商投资企业身份享受"两免三减半"的税收优惠,合计减免所得税额4,167,323.13元。

根据《外商投资企业和外国企业所得税法》第8条第1款的规定:"……外商投资企业实际经营期不满十年的,应当补缴已免征、减征的企业所得税税款。"根据启东乾朔向启东市国税局补缴税款的支付凭证及完税证明及启东乾朔当地税务局出具的合规证明,由于启东乾朔作为外商投资企业实际经营时间未超过10年,启东乾朔已于2015年7月14日向启东市国税局全额补缴了其作为外商投资企业存续期间已免征、减征的企业所得税税款。

鉴于:

1. 启东乾朔的股东已解除股权代持关系,不存在任何纠纷。

2. 启东乾朔已按照相关法律法规规定全额补缴其作为外商投资企业存续期间免征、减征的企业所得税税款。

3. 根据《税收征收管理法》(2015年修订)第86条的规定,违反税收法律、行政法规应当给予行政处罚的行为,在5年内未被发现的,不再给予行政处罚,启东乾朔自变更为内资企业至今已逾5年,且截至本回复出具之日,启东乾朔不存在因股权代持享受上述税收优惠政策而受到税务主管部门行政处罚的情形。

4. 启东乾朔税务主管机关国家税务总局启东市税务局已出具证明,确认苏敬舜代ACT公司持有启东乾朔股权未违反国家税收方面的法律法规,启东乾朔于2015年6月变更为内资企业后,依法补缴了作为外商投资企业存续期间免征、减征的企业所得税税款,且启东乾朔能够进行准确财务核算，依法纳税，不存在因违反有关税收方面法律法规受到行政处罚的情形。

5. 根据国家税务总局启东市税务局出具的证明，并经登录国家税务总局江苏省税务局网站查询，启东乾朔报告期内不存在税收方面的重大违法违规行为。

6. 发行人控股股东、实际控制人已出具承诺："如日后税务主管部门就启东乾朔电子有限公司因股权代持享受外商投资企业税收优惠政策向其追缴税收优惠、征收滞纳金、罚款或收取其他税费的，本人/我们将无条件连带地全额承担启东乾朔电子有限公司应补缴的税款及/或因此所产生的所有相关费用。"

综上，虽然启东乾朔作为外商投资企业的实际经营期未满 10 年，不符合《外商投资企业和外国企业所得税法》关于外商投资企业税收优惠的相关条件，但启东乾朔已全额补缴了其作为外商投资企业存续期间免征、减征的企业所得税税款，且国家税务总局启东市税务局已出具证明，确认启东乾朔依法纳税，其股权代持事项未违反国家税收方面的法律法规，亦不存在因违反有关税收方面法律法规受到行政处罚的情形。因此，启东乾朔不存在因股权代持享受上述税收优惠政策而受到行政处罚的风险。

同时，发行人控股股东、实际控制人已承诺如未来发生追缴或罚款等义务将代启东乾朔承担，故启东乾朔历史上存在的股权代持而导致其享受外商投资企业的相关税收优惠不会对发行人持续经营产生重大不利影响，亦不会对发行人本次发行上市构成实质性障碍。

二、深圳君泽

深圳君泽系深圳市良泽电子有限公司（乾德有限的曾用名）与台湾地区公司良泽股份有限公司于 2005 年 5 月 27 日共同出资设立的中外合资企业，并依法取得《中华人民共和国外商投资企业批准证书》和《企业法人营业执照》。2007 年 11 月 22 日，良泽股份有限公司将其持有深圳君泽40%的股权转让给由王润鸣实际控制的ACT公司。2014年12月22日，ACT公司将持有深圳君泽40%的股权转让给乾德有限，ACT公司不再持有深圳君泽的股权，深圳君泽变更为内资企业。

根据深圳市宝安区国家税务局福永税务分局于2006年12月5日出具的《深圳市国家税务局减、免税批准通知书》（深国税宝福减免〔2006〕0141号），深圳君泽作为生产性外商投资企业，从开始获利年度起（2008~2012年），享受“两免三减半”的税收优惠待遇，合计减免所得税额5,242,407.62元。

根据《深圳市人民政府关于深圳特区企业税收政策若干问题的规定》（深府〔1988〕232号）第8条规定：“对从事工业、农业、交通运输等生产性行业的特区企业，经营期在10年以上的，从开始获利的年度起，第一年和第二年免征所得税，第三年至第五年减半征收所得税……”同时，根据《深圳市人民政府关于宝安龙岗两个市辖区有关税收政策问题的通知》（深府〔1993〕1号）规定：“宝安、龙岗两区的各项税收优惠政策……其余均按照深圳经济特区的有关优惠政策执行。”（已失效）

深圳君泽在变更为内资企业之前，其根据外商投资企业相关规定享有的所得税优惠与届时深圳特区、龙岗区及宝安区内的内资有限责任公司根据深府〔1988〕232号文及深府〔1993〕1号文所享有的企业所得税优惠的期限、金额均相同，因此，根据深府〔1988〕232号文及深府〔1993〕1号文的相关规定，深圳君泽变更为内资企业无须补缴2008~2012年度企业所得税。2017年11月30日，深圳市国税局出具了《深圳市国家税务局关于确认乾德电子下属企业深圳君泽电子有限公司享受税收优惠合法性问题的复函》（深国税函〔2017〕573号），确认深圳市宝安区国家税务局福永分局2006年出具的《深圳市国家税务局减、免税批准通知书》（深国税宝福减免〔2006〕0141号）继续有效。

鉴于：

1. 深圳君泽的股东已解除股权代持关系，不存在任何纠纷。

2. 相比报告期内发行人利润总额的规模，深圳君泽享受上述所得税减免税额的金额较小，且主管税务部门已经确认深圳君泽作为深圳特区内资企业享受税收优惠待遇符合深府〔1988〕232号文及深府〔1993〕1号文的相关规定，无须另行补缴。

3. 根据《税收征收管理法》(2015年修订）第86条的规定，违反税收法律、行政法规应当给予行政处罚的行为，在5年内未被发现的，不再给予行政处罚，深圳君泽自变更为内资企业至今已逾5年，且截至本回复出具之日，深圳君泽不存在因股权代持享受上述税收优惠政策而受到税务主管部门行政处罚的情形。

4. 根据国家税务总局深圳市宝安区税务局出具的证明，并经登录国家税务总局深圳市税务局网站查询，深圳君泽报告期内不存在税收方面的重大违法违规行为。

5. 发行人控股股东、实际控制人已出具承诺："如日后税务主管部门就深圳君泽电子有限公司因股权代持享受外商投资企业税收优惠政策向其追缴税收优惠、征收滞纳金、罚款或收取其他税费的，本人/我们将无条件连带地全额承担深圳君泽电子有限公司应补缴的税款及/或因此所产生的所有相关费用。"

综上，虽然深圳君泽于2008~2012年依照外商投资企业享受了相应的税收优惠政策，但该等税收优惠的期限及金额与当时深圳市设立的内资企业所享受的税收优惠的期限及金额相同，且深圳市国税局已经确认其享有的税收优惠继续有效，因此，深圳君泽享受的上述税收优惠政策符合深圳市关于税收优惠的相关规定。同时，深圳君泽自变更为内资企业至今已逾5年，截至本回复出具日，深圳君泽不存在因股权代持享受上述税收优惠政策而受到税务主管部门行政处罚的情形，且在报告期内不存在税收方面的重大违法违规行为。因此，深圳君泽不存在因股权代持享受上述税收优惠政策而受到行政处罚的风险。

此外，相比发行人报告期内利润总额的规模，深圳君泽享受上述所得税减免税额的金额较小，且发行人控股股东、实际控制人已承诺如未来发生追缴或罚款等义务将代深圳君泽承担，故深圳君泽历史上存在的股权代持而导致其享受外商投资企业的相关税收优惠不会对发行人持续经营产生重大不利影响，亦不会对发行人本次发行上市构成实质性障碍。

小兵评析

1. 关于假外资企业的工商登记和税收优惠问题，在 IPO 审核中已经多有体现，也有一些争议。当然，新《企业所得税法》已经取消了外资企业的税收优惠政策，那么，以后不会存在假外资企业是否需要补税的问题，不过如果发行人历史上存在这样的问题，还是要按照当时的税法政策和相关监管要求来看待这个事情。

2. 根据以前的税收法规，外资企业有两个非常明显的企业所得税税收优惠，一个是“两免三减半”的优惠政策，另一个是按照 15% 的优惠税率计征所得税。在这种情况下，外资企业比内资企业享受非常明显的税收优惠。因而也就衍生出一个问题：如果这个外资企业是虚假的，那么是否需要补税；以及如果外资企业中途变成了内资企业，是否需要补税。

3. 关于外资企业存续期限的问题，《首发业务若干问题解答》有明确规定，只要外资企业存续超过 10 年，那么以后变成内资企业也不需要补税。如果期限低于 10 年，但是因为股东增资或者收购等原因，外资股东并没有收回投资，只是因为其他股东变动被动导致不再是外资企业的，那么也不需要补税。还有一种情况，如果期限没有超过 10 年，而外资主动退出变成内资企业，那么需要及时补缴享受的税收优惠税款。

4. 上面的情况当然是指外资企业真实存在的情况，如果通过返程投资甚至就是代持等情形设立的外资企业呢？根据规则，那么理论上是要严格按照规定补缴享受的税收优惠的。可是，这里就有一个问题，税收优惠的金额到底是否需要审计和核算，怎样的核算过程税务局才是认可的，不然怎么来认定这个税收优惠的金额呢？

5. 值得注意的是，我们的一些税收优惠政策跟外资的企业优惠政策是重合的，这时候发行人是可以选择一个优惠适用，而不能叠加，这个时候发行人可以说适用的税收优惠是别的政策而不是外资企业的，这样就可以不用补缴税收优惠。最典型的就是高新技术企业的 15% 税率跟外资企业的优惠政策是重合的，还有就是例如本案例提到的关于深圳特区的一些“两免三减半”的税收优惠政策也是重合的。

6. 具体到本案例，就是体现了两种非常典型的外资企业税收优惠的问题。发行人承认是通过股份代持的方式取得的外资企业身份，那么，自然是需要补税的。一个企业及时补缴了税款，另一个企业因为跟当地的税收优惠政策完全重合因而不用补税，很好地体现了两种最典型的情形。

7. 最后，需要说明一点，根据以往的案例，如果税务局出具了说明文件，返程投资形成的外资企业的税收优惠是可以不用补缴的。

第二章　会计处理相关问题

五洋债最终的判决结果，在市场上引起了重大的争议，对于资本市场中介机构未来的发展也会产生深远的影响。对于审计机构来说，市场上失去了瑞华，是不是还会失去大信，我们不得而知。不过，我们可以明确的是，目前国内审计机构的头部效应越来越明显，资源分布也越来越集中，说不定不远的将来，我们也会形成国内四大或者六大的审计领域的半垄断格局。

在以前的IPO审核中，审计机构主要的职责就是出具审计报告，并且保证数据的真实性，而在注册制的审核理念下，随着发行人商业模式的多样化，出现了很多特殊事项的会计处理，也对会计师提出了更高的应对要求。同样，因为注册制下信息披露的要求，关于会计处理问题的透明化，也帮助我们更深入地理解会计准则。

随着注册制的推进，审核机构对于会计处理的细节关注更多，如关于报表的合并、报表差异的细节、具体的会计处理是否符合会计准则、会计差错更正等，一般会要求发行人详细论证解释。在这种情况下，审计机构不再是单纯对财务数据负责的机械处理，而是需深入了解发行人的业务模式，充分论证会计规则深处的机理，保证发行人一些特定的事项能够适用最合理的规则。实践中，甚至已经出现对于同样的事项在不同的模式下采用了不同的会计处理方式的情形。这要求审计机构专业更加精进、思路更加清晰、思路更加灵活，这也是注册制审核理念下我们对于相关会计问题思考的新方向。

第一节　会计报表

案例40 巨一科技（688162）——50%对50%的股权结构，如何合并报表

【问询问题】

根据首轮问询问题3的回复，公司与江淮汽车各持有道一动力50%的股权，根据道一动力章程约定，董事会由7名董事组成，其中4名董事由公司提名，超过董事会席位半数以上，公司能够通过董事会等权力机构对相关活动进行决策，江淮汽车无一票否决权，公司能够对权力机构决策实施有效主导。请发行人：结合公司章程，说明道一动力董事会和股东会的权责划分，对于重要事项是否经董事会过半数同意即可通过，发行人对道一动力具有控制权是否具有充足依据，投资道一动力不属于合营安排的原因。请保荐机构和发行人律师核查并发表意见。

【披露信息】

一、道一动力股权结构与治理情况

道一动力系由公司与江淮汽车共同出资设立的公司，道一动力设立至今，公司及江淮汽车分别持有50%的股权。

（一）股东会

1. 道一动力股东会职权

股东会职权系根据公司法相关规定并经全体股东同意制定的常规权限，不涉及关于道一动力日常经营管理的特别约定。

2. 道一动力成立至今股东会决策情况

道一动力成立至今召开的股东会均系审议章程修订，变更董事、监

事等事项，不涉及道一动力的日常经营管理。

（二）董事会

1. 道一动力董事会职权

根据道一动力章程约定，道一动力董事会由7名董事组成，其中巨一科技委派4名，江淮汽车委派3名。

董事会决议的表决实行一人一票，上述事项中除“制定增加或减少注册资本的方案以及发行债券的方案；拟定合并、分立、变更公司形式、解散的方案；制定年度财务预算及决算方案；制定利润分配方案和弥补亏损方案”需经全体董事过2/3以上通过方为有效，其余事项经全体董事过半数以上同意即可通过。上述职权中决定内部管理机构的设置，聘任或者解聘高级人员及其报酬事项，制定道一动力的基本管理制度，审核道一动力的经营计划和投资方案等日常经营重大事项均由道一动力董事会半数以上董事同意即可通过。

须经董事会2/3以上通过的事项中“制定增加或减少注册资本的方案以及发行债券的方案；拟定合并、分立、变更公司形式、解散的方案”项系保护性权利事项，根据《企业会计准则第33号——合并财务报表》第12条的规定，保护性权利通常为被投资方发生根本性改变或某些例外情况发生时才能够行使的表决权，此类保护性权利不影响实质性权利的实施和对控制权的判断。“制定年度财务预算及决算方案；制定利润分配方案和弥补亏损方案”不属于日常经营管理事项。

2. 道一动力成立至今董事会决策情况

道一动力成立至今共召开6次董事会，道一动力日常经营重要事项均由董事会进行决策。

（三）管理层

根据道一动力章程约定，道一动力总经理由巨一科技推荐，董事会进行聘任，总经理负责道一动力全面经营管理，其他高级管理人员经总经理提名后由董事会进行聘任。

因此，对于道一动力日常经营重要事项均经董事会过半数同意即可通过，道一动力现有7名董事中公司委派4名，超过半数；道一动力总经理由公司委派，主持道一动力的日常生产经营管理工作，其余高级管理人员由总经理提名后经董事会过半数同意即可聘用。因此，公司对道一动力具有控制权依据充足，投资道一动力不属于合营安排。

二、道一动力业务系从公司承继，技术来源于公司，日常经营管理亦由公司负责，进一步证明公司对道一动力具有控制权

对于道一动力日常经营重要事项均经董事会过半数同意即可通过，道一动力现有7名董事中公司委派4名，超过半数；道一动力总经理由公司委派，主持道一动力的日常生产经营管理工作，其余高级管理人员由总经理提名后经董事会过半数同意即可聘用；同时，道一动力业务系从公司承继，技术来源于公司，日常经营管理亦由公司负责。因此，公司对道一动力具有控制权依据充足，投资道一动力不属于合营安排。

报告期内，道一动力向江淮汽车及其关联方销售收入金额分别为17,550.15万元、29,771.82万元和4831.15万元，占道一动力收入的比例均超过95%，2020年相关收入大幅下降。

报告期内，道一动力与江淮汽车的交易情况如下：

单位：万元

<table>
<tr><th>交易性质</th><th>关联方</th><th>项目</th><th>交易内容</th><th>2020年度</th><th>2019年度</th><th>2018年度</th></tr>
<tr><td rowspan="6">经常性交易</td><td rowspan="2">江淮汽车集团股份有限公司</td><td rowspan="2">销售商品、材料等</td><td>电驱动系统</td><td>4450.61</td><td>29,658.17</td><td>17,478.05</td></tr>
<tr><td>材料等</td><td>380.54</td><td>113.65</td><td>72.10</td></tr>
<tr><td>江淮汽车集团股份有限公司</td><td>采购</td><td>原材料</td><td>—</td><td>—</td><td>39.53</td></tr>
<tr><td>安徽星瑞齿轮传动有限公司</td><td>采购</td><td>原材料</td><td>408.65</td><td>1097.43</td><td>792.32</td></tr>
<tr><td>安徽江淮银联重型工程机械有限公司</td><td>采购</td><td>原材料</td><td>—</td><td>—</td><td>28.27</td></tr>
<tr><td>安徽江淮专用汽车有限公司</td><td>采购</td><td>租赁等</td><td>14.22</td><td>229.52</td><td>43.98</td></tr>
</table>

三、发行人对江淮汽车是否存在业务、技术上的依赖

1. 公司对江淮汽车业务上不存在重大依赖；

2. 公司对江淮汽车不存在技术上的依赖。

公司的主要产品以及主要产品所使用的技术均为发行人自主研发完成，主要专利技术均为发行人所有，报告期发行人与江淮汽车不存在合作研发的情况。公司的主营业务为智能装备整体解决方案和新能源电驱动系统，江淮汽车均未涉足，发行人不存在与江淮汽车业务上的重叠。

小兵评析

1. 在双方各持有50%股权的情况下，如何认定对公司的控制权，这是一个历史性的老大难问题。最经典的就是，在合资乘用车企业中，几乎都采用了中方和外资各持有50%的股权比例的方式，也给后续的资本市场运作和具体的会计处理带来了很大的障碍。因而，在实践中，为了表示对公司实现控制，一般会要求持有51%的股权，尽管少股数东权益还是很大，但至少实现了合并报表的目的。

2. 本案例也是汽车行业合资成立公司的案例，发行人与江淮汽车合资设立了一个公司，且分别持有50%的股权，为什么是这样的股份比例，是不是跟以往的操作惯例有关联，我们不得而知。从规则上来讲，对于一个企业是否构成控制，本身也不是单纯看股权比例，更重要的是看对企业生产经营是否有决策权，能否真正实现控制。从这个角度来说，本案例的解释思路值得我们借鉴。

3. 具体到案例，解释的思路如下：（1）股东会层面，只是对公司法规定的一些事项，如对注册资本、公司章程之类的事项进行决策，不涉及公司的日常生产经营；（2）公司董事会一共7名，发行人派出4名，超过半数，且公司高管由董事会选举；（3）公司总经理由董事会选举，发行人派出人员担任。其实，从董事会和总经理人选来看，发行人是可以控制合资公司的。此外，发

行人还解释，合资公司的相关业务和技术也是来自发行人，更加体现发行人对合资公司的控制。

4. 此外，这个案例还涉及关联交易问题，那就是：发行人和江淮汽车合资设立了这个公司，那么后续这个合资公司绝大多数的（95%）业务是来自江淮汽车，说白了，这个合资公司基本上就是为江淮汽车配套服务的。就算是2020 年关联交易大幅下降，也不是因为发行人采取了减少关联交易的措施，而是因为江淮汽车本身车型调整和销售的问题。

5. 对于这样的关联交易，是不是对江淮汽车存在依赖，是不是存在利益输送，是不是存在其他的情形，确实不好说。不管怎样，发行人将这样的情形如实披露坦坦荡荡，对江淮汽车的销售价格、销售模式以及实现的毛利率水平，只要没有重大差异，目前的 IPO 审核理念，基本上是接受的。

6. 当然前提是发行人本身的业务和盈利情况都不错，是一个非常好的企业，发行人的盈利并不对合资公司的盈利存在重大依赖，合资公司的盈利来源不管是哪里，只能是锦上添花而不能是雪中送炭。如果没有合资公司的盈利，发行人根本就没有竞争力甚至不符合上市条件，那就是另外一回事了。

案例 41 霍莱沃（688682）——原始报表与申报报表的差异，多少比例可接受

【问询问题】

根据注册会计师对差异情况出具的意见，因收入跨期调减 2017 年年末应收账款 4401.52 万元，调减当期营业收入 1330.03 万元，调减营业成本 892.45 万元，调增存货 2283.73 万元；2018 年跨期调整情况与 2017 年类似，调减应收账款规模显著高于收入调整金额，调增存货金额显著高于成本调整金额。请发行人说明：2017 年及 2018 年跨期调整的具体会计分录。请申报会计师：结合相关调整会计分录，说明对差异情况出具的意见中相关差异原因的表述是否准确，若表述不当的，全面核查是否存

在其他不当表述，调整表述并重新出具并提交相关报告。

【披露信息】

2017年及2018年跨期调整的具体会计分录：

一、相关收入成本确认政策的调整背景及原因

发行人申报财务报表相关收入确认政策相较于原始财务报表的调整主要为收入确认时点的调整。在中介机构辅导过程中，公司重新梳理了业务流程相关节点，结合业务类型、业务合同条款，重新厘定了收入确认的时点，对跨期项目收入成本进行调整。

二、跨期调整会计分录情况

发行人调整跨期项目时，涉及调整应收账款和存货的，仅包含原始报表中期末已确认但不应确认的项目应收账款、存货的追溯调整；涉及调整营业收入和营业成本的，除上述情形外，还包含以前年度项目应确认在本期的营业收入和营业成本的调整。故跨期项目对应的应收账款和存货的调整，大于营业收入和营业成本的调整幅度。

结合2017年和2018年的具体调整分录情况（以下调整分录单位为万元），分析如下：

（一）2017年度跨期调整的具体会计分录

1. 跨期调整收入

（1）应确认在2017年度，原始报表计入以前年度的项目调整

借：财务费用－汇兑损益18.79

年初未分配利润2108.81

（2）应确认在以后年度，原始报表计入2017年度的项目调整

借：应收账款－3671.50

财务费用－汇兑损益－42.63

综上，2017年年末应收账款的调整，仅包含原始报表中2017年年末已确认但不应确认项目的应收账款的追溯调整；2017年度营业收入的调整，除了上述情形外，还包含原始报表以前年度项目应确认在2017年度

的营业收入的调整。

2. 跨期调整成本

（1）应确认在 2017 年度，原始报表计入以前年度的项目调整

借：主营业务成本 1391.28

（2）应确认在以后年度，原始报表计入 2017 年度的项目调整

借：主营业务成本 -2283.73

综上，2017 年年末存货的调整，仅包含原始报表中 2017 年年末已确认但不应确认项目的存货的追溯调整；2017 年度营业成本的调整，除了上述情形外，还包含原始报表以前年度项目应确认在 2017 年度的营业成本的调整。

综上所述，因收入跨期调减 2017 年年末应收账款 3671.50 万元，调减 2017 年度当期营业收入 1330.03 万元，调减 2017 年度营业成本 892.45 万元，调增 2017 年年末存货 2283.73 万元。

（二）2018 年度跨期调整的具体会计分录

贷：主营业务收入 2127.60

贷：主营业务收入 -3457.63

应交税费 - 销项税 -256.50

贷：年初未分配利润 1391.28

贷：存货 -2283.73

1. 跨期调整收入

（1）应确认在 2018 年度，原始报表计入以前年度的项目调整

借：财务费用 - 汇兑损益 -10.77

年初未分配利润 3468.40

（2）应确认在以后年度，原始报表计入 2018 年度的项目调整

借：应收账款 -4505.38

财务费用 - 汇兑损益 199.26

综上，2018 年年末应收账款的调整，仅包含原始报表中 2018 年年末已确认但不应确认项目的应收账款的追溯调整；2018 年度营业收入的调

整，除了上述情形外，还包含原始报表以前年度项目应确认在2018年度的营业收入的调整。

2. 跨期调整成本

（1）应确认在2018年度，原始报表计入以前年度的项目调整

借：主营业务成本2283.73

（2）应确认在以后年度，原始报表计入2018年度的项目调整

借：主营业务成本－2281.82

综上，2018年年末存货的调整，仅包含原始报表中2018年年末已确认但不应确认项目的存货的追溯调整；2018年度营业成本的调整，除了上述情形外，还包含原始报表以前年度项目应确认在2018年度的营业成本的调整。

综上所述，因收入跨期调减2018年年末应收账款4505.38万元，调减2018年度当期营业收入661.10万元，调增2018年度当期营业成本1.91万元，调增2018年年末存货2281.82万元。

三、差异报告中表述的相关差异原因调整

贷：主营业务收入3457.63

贷：主营业务收入－4118.73

应交税费－销项税－187.39

贷：年初未分配利润2283.73

贷：存货－2281.82

结合上述对收入和成本的跨期分录的分析，申报会计师对提交的《关于上海霍莱沃电子系统技术股份有限公司申报财务报表与原始财务报表差异的鉴证报告》全面复核，发现存在两处数字差错，误将重分类调整金额及项目费用等列支调整统计计入跨期收入成本调整金额。申报会计师对差异报告数据进行了调整，具体调整情况如下：

原表述为："2017年度资产负债表差异原因说明

……

(4) 应收账款减少 18,690,238.92 元

差异原因	差异金额（元）
重分类调整	25,686,292.60
应收账款调整后对应的坏账准备调整	926,416.75
汇兑损益调整	-1,287,677.31
收入跨期对应的应收账款调整	-44,015,270.96
小计	-18,690,238.92

……

2018 年度资产负债表差异原因说明

……

(7) 存货增加 23,764,265.43 元

差异原因	差异金额（元）
跨期成本对应存货调整	23,593,677.35
重分类调整	700,021.98
期末暂估调整	-261,115.65
存货跌价准备调整	-268,318.25
小计	23,764,265.43

调整后表述为："2017 年度资产负债表差异原因说明

……

(4) 应收账款减少 18,690,238.92 元

差异原因	差异金额（元）
重分类调整	18,386,009.34
应收账款调整后对应的坏账准备调整	926,416.75
汇兑损益调整	-1,287,677.31
收入跨期对应的应收账款调整	-36,714,987.70
小计	-18,690,238.92

……

2018 年度资产负债表差异原因说明

……

（7）存货增加 23,764,265.43 元

差异原因	差异金额（元）
跨期成本对应存货调整	22,818,196.67
项目费用等列支调整	1,475,502.66
期末暂估调整	-261,115.65
存货跌价准备调整	-268,318.25
小计	23,764,265.43

申报会计师已全面复核差异报告的相关表述和数据，除上述外，不存在其他表述不当，申报会计师已重新出具差异鉴证报告并提交。

小兵评析

1. 关于原始报表和申报报表的差异问题，在 IPO 中算是一个标准的也是基本的会计问题，两张报表一般也会存在一定的差异，并且会计师会出具专门的鉴证报告。

2. 从 IPO 审核实践的角度来看，对于原始报表差异，具体的重要性程度和可接受程度该怎么理解和把握，小兵这里总结一个标准，仅供大家参考：

（1）申报期第一年的容忍度是比较高的，毕竟是还没有正式进入规范和辅导期，只要重大科目的调整不超过 20%，一般不会构成 IPO 实质性障碍。

（2）报告期第二年很多 IPO 就没有差异了，主要是因为现在竞争激烈，很多中介机构很早就介入了发行人的规范工作中。当然，如果存在规模较小的差异（如不超过 5%），那么也是可以接受的。

（3）对于报告期最后一年，一般不会存在明显的差异，就算是差异也是非常轻微的。

（4）关于原始报表，这个也比较明确，就是向税务局申报的报表。实践

中，如果税务局允许发行人进行纳税申报的更正，那么以更正后的财务报表作为原始报表也是没有问题的。

3. 具体到本案例发行人，主要是 2017 年和 2018 年存在一定的差异，调整的主要原因就是因为收入确认更加精准和审慎，导致收入和成本存在跨期调整的情形。发行人不论是差异调整的理由、金额以及报告期间，都算是 IPO 常见的情形，不存在重大的问题。不过，会计师在差异鉴定报告中出现了非常低级的错误，这是个不可原谅的事项。

第二节　收入确认

案例 42　恒光股份（301118）——销售合同中存在霸王条款对收入确认的影响

【问询问题】

申报文件显示，湖南骏泰新材料科技有限责任公司出具相关说明，其与公司签署框架协议中约定的“由于合同到期或其他特殊原因导致买方长期不使用该产品，卖方需无条件同意买方退货”条款主要基于：“因为本单位无危险化学品经营及处置相关资质，制定前述条款的本意及目的仅限于在本公司发生长期停产的极端情形时，需要将从恒光股份采购的未使用完毕的危险化学品交还给恒光股份进行处置，而不是为了在正常交易中向恒光股份退货”等方面考虑。请发行人：（1）结合合同到期、其他特殊原因的具体含义进一步说明相关条款对发行人收入确认的影响，测算如果按照合同到期或产品实际使用进行收入确认是否会对发行人经营业绩产生重大影响，结合前述情况进一步说明发行人收入确认是否符合《企业会计准则》的相关规定。（2）说明与其他客户签订的合同中是否存在类似条款，若是，请参照前述要求进行说明。

【披露信息】

一、结合合同到期、其他特殊原因的具体含义进一步说明相关条款对发行人收入确认的影响，测算如果按照合同到期或产品实际使用进行收入确认是否会对发行人经营业绩产生重大影响，结合前述情况进一步说明发行人收入确认是否符合《企业会计准则》的相关规定

（一）发行人与湖南骏泰新材料科技有限责任公司合同情况

发行人与湖南骏泰新材料科技有限责任公司（以下简称骏泰科技）销售合同签订形式为框架合同，以自然年度为单位每年签订一次，后续具体日常销售订单在年度框架合同范围内签订，其他特殊原因主要是指长期停产、破产等极端情形。

上述退货条款系骏泰科技对所有危险化学品原料供应商的标准合同条款，并非仅针对发行人的特殊条款。

（二）发行人对骏泰科技销售产品的使用情况

报告期内，发行人对骏泰科技销售的主要货物包括氯酸钠、烧碱和硫酸，送货频次基本间隔为 1～5 天，骏泰科技对上述产品使用周期约为 2～5 天。报告期内，骏泰科技采购的产品未出现购进后长期未使用的情况。

（三）测算如果按实际使用进行收入确认对发行人经营业绩的影响

报告期内，发行人对骏泰科技销售收入产品构成及占比情况见下表：

单位：万元

产品名称	2020 年 1～6 月		2019 年度		2018 年度		2017 年度	
	销售收入	占比	销售收入	占比	销售收入	占比	销售收入	占比
氯酸钠	861.16	49.02%	1699.60	45.12%	1738.52	28.62%	1630.91	25.71%
烧碱	773.17	44.01%	1792.23	47.58%	3957.94	65.16%	4417.39	69.63%
硫酸	59.05	3.36%	177.88	4.72%	273.16	4.50%	239.83	3.78%
其他产品	63.51	3.61%	96.77	2.57%	104.56	1.72%	55.54	0.88%
合计	1756.89	100.00%	3766.48	100.00%	6074.18	100.00%	6343.67	100.00%

报告期内，发行人对骏泰科技销售产品主要为氯酸钠、烧碱及硫酸，上述三种产品收入占各期该客户总收入比重均超过95%，剩余产品销售金额较小，不具有重要性，因此本次按使用完毕测算金额仅包括上述主要产品，即氯酸钠、烧碱和硫酸。

鉴于骏泰科技对发行人所售主要产品使用周期约为2~5天，因此本次测算取上限值，假定当日验收产品在5日后使用完毕，即各年度12月27~31日发货的产品均在下一年度使用完毕后确认收入。

依据上述假设的前提按实际使用确认收入的测算详见下表：

单位：万元

序号	项目	2020年1~6月	2019年度	2018年度	2017年度
①	营业收入	30,550.29	60,652.80	65,851.33	46,042.28
②	上一年验收但在本年使用完毕的产品收入	45.40	13.67	59.37	89.64
③	本年验收但在下一年使用完毕的产品收入	53.48	45.40	13.67	59.37
④=①+②-③	按使用完毕模拟调整后营业收入	30,542.21	60,621.07	65,897.03	46,072.55
⑤=④-①	差异	-8.08	-31.73	45.7	30.27
⑥=⑤/①	差异率	-0.03%	-0.05%	0.07%	0.07%

由上述测算结果可知，按实际使用进行收入确认模拟调整后对发行人营业收入及经营业绩影响较小。

（四）结合《企业会计准则》，发行人对骏泰科技的销售收入是否符合《企业会计准则》的相关规定

2017年度、2018年度和2019年度，发行人执行原收入准则，即《企业会计准则第14号——收入》。结合《企业会计准则》收入确认五项条件，发行人与骏泰科技购销业务具体认定情况如下：

1. 企业已将商品所有权上的主要风险和报酬转移给购货方。结合发

行人与骏泰科技的产品购销交易，根据发行人与该公司签订的合同条款“供方对质量负责的条件：产品质量达到需方的生产使用要求，每次随货必须附有三证（许可证、产品合格证、检测报告）才能验收，否则不予卸货”，发行人在取得该公司盖章签字的验收单后确认收入，另依据历史经验，自2009年12月该公司与发行人合作以来，不存在退货情形，因此发行人可依据历史经验判断对骏泰科技所售产品退货的可能性。依据“实质重于形式”原则，发行人对骏泰科技所售产品在验收时点主要风险和报酬已转移。

2. 企业既没有保留通常与所有权相联系的继续管理权，也没有对已售出的商品实施有效控制。

3. 收入的金额能够可靠地计量。

4. 相关的经济利益很可能流入企业。

5. 相关的已发生或将发生的成本能够可靠地计量

发行人对骏泰科技所售产品均为自产，其生产成本能够可靠计量。

2020年1~6月，发行人执行新收入准则，基于“五步法模型”对收入进行确认计量，具体内容如下：

1. 识别与客户订立的合同。

2. 识别合同中的单项履约义务。

3. 确定交易价格。

4. 将交易价格分摊至各单项履约义务。发行人将所产出的商品销售给骏泰科技，双方订立的合同仅包含一项履约义务。

5. 履行每一单项履约义务时确认收入。发行人在交付商品，由骏泰科技验收入库后即履行了合同中的履约义务。骏泰科技在商品验收入库后即取得商品控制权，发行人即满足收入确认条件，发行人与骏泰科技月末对账取得其盖章的销售确认单后确认当月销售收入。

综上所述，发行人对骏泰科技的收入确认符合《企业会计准则》的相关规定。

二、说明与其他客户签订的合同中是否存在类似条款，若不是，请参照前述要求进行说明

发行人与其他客户签订的合同中不存在类似条款。

小兵评析

1. 在正常的商业合作中，关于合同的条款一般分为两种方式：一种是由发行人提供；另一种是由客户提供。当然，一般情况下，这两种方式在同一家企业都是同时存在的，到底用发行人的还是客户的合同模板，主要取决于商业合作中的谈判地位和话语权。

2. 在 IPO 审核实践中，第一种情况还是最常见的，就是发行人来提供合作的合同模板，并且这样的合同模板在后续 IPO 的规范过程中都会得到律师的修改和券商的认可，一般不会有问题。这点也好理解，对于拟 IPO 企业来说，再怎么着也是有一定行业地位的企业，能够有权利去提供合同模板也可以理解。

3. 如果发行人的客户是一些大型国企、外资企业、上市公司等，那么就可能存在客户提供合同的情形，这种情况下，就可能会存在一些“霸王条款”，或者对于发行人非常不利甚至存在一定经营风险的条款。这样的条款该怎么看呢？对于这个问题，我们首先也是最需要去关注的就是：这样的“霸王条款”对于客户来说是面对全部供应商普遍存在的通用模板，还是仅针对发行人提供的，这是关注和思考这个问题核心的前提。如果是所有供应商通用的条款，那么，小兵觉得在判断的时候不用过度关注该条款，只要关注其风险就好，也就是这样的“霸王条款”或者不友好条款有没有在发行人这里发生过，或者发生的概率有多大。

4. 如果客户是针对发行人设置的条款，那么就需要重点关注了，要关注：（1）设置的原因，合作的背景，后续合作是否稳定；（2）收入确认是否要与其他客户不一样，是否应该按照其他的标准确认收入；（3）设置的条款是否触发过，后续处罚的可能性是多少，是否影响业绩；（4）如果按照合同约定

的最坏的情形，对发行人的经营业绩影响是怎样的?

5. 显然，在本案例的审核中，审核人员就是按照上面的思路对发行人进行了问询，只是没有重点关注到一个前提，就是这个条款是不是单独针对发行人的。在本案例中，客户提到如果长期不使用产品会要求直接退货，这就是典型的“霸王条款”，发行人也做了很多解释。当然，如果客户对其他供应商也是这么要求的，并且这个在客户所在行业也是普遍的自我保护条款，那么小兵觉得也没必要过度关注。

案例43 信邦智能（创业板已过会，未上市）——无法取得客户盖章的验收单，能确认收入吗

【问询问题】

请发行人：(1) 补充披露同一个客户不同工厂收入确认凭证存在差别的主要客户名称、凭证类型、收入确认金额等，并明确说明部分客户的终验收凭证搜集情况有所改善的具体含义及内容；(2) 补充披露报告期内对部分客户仍以签字版验收凭证或现场反馈信息确认收入而未向其获取简化版终验收报告的原因，并结合签字盖章情况分析简化版终验收报告的权威性；(3) 补充披露报告期各期无法判断签字人员有权代表客户签发终验收凭证所对应的收入确认金额以及毛利率情况，以无权签发的终验收凭证作为收入确认凭证是否恰当合理，是否符合《企业会计准则》的要求；(4) 补充披露认定为有权签发终验收凭证的获取时点与后续加盖印章、系统确认验收、客户内部审批流程等时点是否一致，发行人是否存在提前确认收入的情形；(5) 补充披露通过日产系的客户资源成为河南豫商供应商的具体业务合作模式情况，日产系退出以及与河南豫商合作中断的原因，发行人在发货、收款、验收等方面能否直接对接河南豫商，报告期内除河南豫商外是否存在其他类似的客户，针对该类客户的收入确认是否符合《企业会计准则》的要求；(6) 结合主要合同

条款约定，分析以签字版验收凭证或现场反馈信息确认收入是否已实现风险报酬或控制权的转移，收入确认凭证获取的类型是否符合行业惯例，报告期内已确认收入的订单在期后是否存在纠纷；（7）补充披露境内、境外质保费占工业自动化集成项目的营业收入的比例，是否与同行业可比公司存在较大差异，逾期质保金的期后回收情况，是否充分计提坏账准备。

【披露信息】

一、同一个客户不同工厂收入确认凭证存在差别的主要客户名称、凭证类型、收入确认金额等，并明确说明部分客户的终验收凭证搜集情况有所改善的具体含义及内容

（一）同一个客户不同工厂收入确认凭证存在差别的主要客户名称、凭证类型、收入确认金额等

发行人与以上三个广汽本田的工厂/车间发生业务往来时，系与不同的主体订立业务合同。由于项目终验收流程需经生产所属部门审批，不同的生产工厂/车间所属的部门不同导致发行人获得的终验收凭证略有差异，但均履行完内部的终验收审批程序。因此，发行人据此确认相关项目收入，符合《企业会计准则》的规定。

（二）明确说明部分客户的终验收凭证搜集情况有所改善的具体含义及内容

无论是终验收报告书/盖章版验收单、客户对接部门相关人员签字的终验收凭证，还是业务人员现场监督终验收完成的反馈信息，均系客户在完成内部终验收审批程序后，发行人方能接收到的终验收凭证。但从原始凭证形式上和财务内部控制来看，终验收报告书/盖章版验收单上加盖了公章或项目对接部门的部门章，效力最高；客户对接部门相关人员签字的终验收凭证一般由客户制造及技术相关部门的科长、部长、经理进行签署，效力次之；业务人员现场监督终验收完成的反馈信息需结合发票开具情况、项目合同中关于终验收阶段的货款支付约定及实际收款情况进行判断，效力再次之。但该等终验收凭证，均为项目在客户终验

收完成时点取得，均为有效的终验收凭证，发行人据此确认相关项目的收入，符合《企业会计准则》的规定。

部分客户的终验收凭证搜集情况有所改善指的是：基于上述公司已取得的有效的、可作为收入确认依据的终验收凭证，公司更加注重盖章版终验收凭证（含简化版终验收报告）的取得，经公司与客户业务人员的持续沟通，后续项目终验收后取得的盖章版终验收凭证（含简化版终验收报告）比重提升。

二、报告期内对部分客户仍以签字版验收凭证或现场反馈信息确认收入而未向其获取简化版终验收报告的原因，并结合签字盖章情况分析简化版终验收报告的权威性

（一）报告期内对部分客户仍以签字版验收凭证或现场反馈信息确认收入而未向其获取简化版终验收报告的原因

终验收凭证系发行人工业自动化集成项目收入确认的重要凭证，发行人持续加强与财务核算相关的内部控制，努力提高项目类的盖章版终验收凭证（含简化版终验收报告）的获取力度，并把盖章版终验收凭证的获取情况（含简化版终验收报告）纳入公司业务人员的重要年度考核指标。但是由于部分客户对印章管理较为严格，且终验收报告并非其法定或合同约定的盖章事项、客户自身存在内部标准模板、或与少部分客户中断合作等因素，即使发行人相关业务人员与客户进行了大量的沟通工作，仍未能获取盖章版终验收凭证（含简化版终验收报告）。截至本招股说明书签署日，报告期各期，公司境内工业自动化集成项目业务收入金额合计超过100万元的客户中以签字版验收凭证或现场反馈信息确认收入而未能获取盖章版终验收凭证（含简化版终验收报告）的情况及具体原因分类情况如下：（1）已获取的签字版验收凭证为客户内部标准模板。（2）因破产重组或合作中断导致无法获取盖章版终验收凭证（含简化版终验收报告）。（3）以客户内部管理系统的验收审批单作为收入确认凭证。（4）客户对于印章管理较为严格，未能获取盖章版终验收凭证。

（二）结合签字盖章情况分析简化版终验收报告的权威性

1. 终验收报告的格式及内容情况

公司已取得了部分客户提供的终验收报告，若无法取得客户提供的终验收报告，公司会提供自制的相对简易的终验收报告让客户予以确认。因此，公司取得的终验收报告内容格式包含由客户提供及由发行人自制模板两种。

2. 简化版终验收报告的权威性

发行人取得的简化版终验收报告中均会对项目的验收情况发表结论性意见。且在发行人取得简化版终验收报告时，客户已履行完内部的终验收审批程序。同时，简化版终验收报告中签字人员一般为客户制造及技术相关部门的科长、部长、经理，加盖的印章以公司公章及合同专用章为主。

三、报告期各期无法判断签字人员有权代表客户签发终验收凭证所对应的收入确认金额以及毛利率情况，以无权签发的终验收凭证作为收入确认凭证是否恰当合理，是否符合《企业会计准则》的要求

（一）报告期各期无法判断签字人员有权代表客户签发终验收凭证所对应的收入确认金额以及毛利率情况（略）

（二）以无权签发的终验收凭证作为收入确认凭证是否恰当合理，是否符合《企业会计准则》的要求

公司在完成设备的安装调试工作，并达到合同约定的验收标准后，公司与客户共同组织验收工作，验收合格后，客户制造及技术相关部门的科长、部长、经理等人员签署项目验收确认书。虽然无法判断这些签署人员是否有权代表客户签发终验收凭证，但由于这些人员均为设备的主要使用部门负责人，也是公司与客户对接的主要人员，与公司共同讨论售前技术方案，因此有能力确认产品设备的运行状况及技术参数指标是否达到合同的约定标准。在满足验收条件情况下，上述人员在验收确认书上签字确认。至此，公司与客户的验收工作完成，与合同相关的履

约义务已经完成，与货物相关的风险报酬已经转移，客户已取得相关货物的控制权，公司亦拥有了向客户收取终验收款的权利。因此，公司以签字版的终验收凭证确认收入符合《企业会计准则》的要求。

四、认定为有权签发终验收凭证的获取时点与后续加盖印章、系统确认验收、客户内部审批流程等时点是否一致，发行人是否存在提前确认收入的情形

综上，报告期内发行人境内工业自动化集成项目认定为有权签发终验收凭证的获取时点与客户系统确认验收时点、客户内部审批完结时点一致，部分签字版验收凭证后续加盖印章系为了进一步规范和完善终验收凭证，终验收时点仍然以客户相关人员签字确认的终验收凭证时点为准，但该等项目均在终验收完成时确认收入，不存在提前确认收入的情形。

五、结合主要合同条款约定，分析以签字版验收凭证或现场反馈信息确认收入是否已实现风险报酬或控制权的转移，收入确认凭证获取的类型是否符合行业惯例，报告期内已确认收入的订单在期后是否存在纠纷

公司一般会与客户签订销售合同，并在合同中约定验收条款。

根据上述合同条款，发行人境内工业自动化集成项目均在项目完成终验收合格时点确认收入。终验收报告为整车厂商终验收流程中的内部结项文件，根据行业惯例，通常不会向设备供应商提供。由于终验收过程涉及大量跨部门协调工作，客户内部出于明确不同部门责任等目的，终验收报告中记载了大量设备规格及技术细节，其内容涉及部分商业秘密，因此客户通常并不会向供应商提供内部版本的终验收报告。因此，客户会以签字版验收凭证或现场反馈信息向发行人确认终验收。

签字版验收凭证由客户使用部门签署，签字人员有能力确认产品设备的运行状况及技术参数指标是否达到合同的约定标准。在满足验收条件情况下，相关人员才会在验收确认书上签字确认。

公司业务人员现场监督终验收完成后主要以邮件和电话、微信等方式接收客户已完成终验收的反馈信息。公司与客户签署的合同中包含完

成终验收后的货款支付约定。业务人员接收到客户已完成终验收的反馈信息通常也包含要求业务人员提供收取终验收进度款发票的请求，在公司开具发票后客户通常会在约定的信用期内完成付款。因此，业务人员在现场反馈终验收信息即意味着项目已经完成终验收。

因此，当公司收到签字版验收凭证或接收到现场验收反馈信息时，公司与客户的验收工作即完成，公司与合同相关的履约义务已经完成，与货物相关的风险报酬已经转移，客户已取得相关货物的控制权。虽然形式上存在差异，但发行人收入确认均按同一标准，即在项目完成终验收合格时点确认收入，符合收入确认准则的要求。

此外，根据同行业可比公司招股书披露，江苏北人、华昌达、克来机电以获取客户签字确认的验收报告/验收单作为收入确认依据，但其公开信息未披露该等验收报告/验收单有无盖章。三丰智能在产品安装调试结束、客户终验收合格后确认收入，但在公开信息中未披露其获取的终验收合格的具体凭证及形式。

报告期内，发行人已确认收入的订单在期后均不存在纠纷。

小兵评析

1. 这个案例非常经典，也非常具有代表性，应该说代表了 IPO 审核中很大比重的发行人关于收入确认的外部证据问题。

2. 根据目前的财务核查和 IPO 审核的要求，一般的制造企业对销售客户的销售是按照验收来确认收入，那么验收单就会成为最核心的最重要的外部证据和收入确认的标准。这里面就会有几个非常现实的问题：

（1）以前年度发行人没有规范意识，没有主动向客户索取验收单怎么办，也就是验收单存在缺失的情况应该怎么办。

（2）发行人取得的验收单要件不全，如没有公司盖章怎么办。

（3）验收单是不是一定要盖客户的公章，如果是财务专用章、合同专用章甚至是某个业务部门或者业务组的章是否可以。

（4）验收单根本就不可能取得盖章，只能是相关负责人的签字是不是可以。

（5）根本无法取得发行人需要的模板的验收单，只能取得客户内部自己制定的审核验收单，并且不一定有人签字，是否可以。

3. 这些问题，应该说很多企业会遇到，在制订方案的时候也会存在很大的争议，这个争议就是：中介机构如何控制风险，做到方案的完美性与发行人生产经营的便利和付出的成本是否匹配之间的平衡。说得再直白一点，发行人努力了可以获得一个盖章的验收单，但是要付出很大的人力、物力，可能会影响与客户的合作关系甚至影响后续的订单，这种情况下是不是还要坚持？小兵一直在讲，投行就是一个不完美的工作，同时是处处体现权衡利弊的工作，在这个问题上就体现得淋漓尽致。

4. 关于这个问题，充分借鉴本案例披露的一些信息和做的判断，小兵简单总结一下这个问题的一些处理思路和层次：

（1）收入确认必须依据外部证据，所以验收单据是不能没有的，报告期内存在缺失的情况是需要补充的，不论是怎样的单据都需要补充。

（2）发行人按照最规范的要求，是需要取得下游客户盖章的验收文件的，这里最好盖的是公章，当然公司的管理权限也有很大差异，如果盖的是合同章或者财务章，也应该可以。

（3）关于盖章，还会存在一种情况，就是客户对于公章的管理非常严格，很多工程部或者业务部门也会有自己的章，如果是具体负责采购发行人产品的这个部门盖章是否允许，小兵觉得没问题。

（4）如果就是没法取得盖章的验收文件，由相关负责人来签字确认是不是可以？这时候就要关注签字的人员是不是有权签字、是不是了解产品的验收和运行情况，如何证明签字人的身份和权限，这个也是需要核查清楚的。

（5）如果就是客户比较强势，无法取得盖章的文件也无法取得签字的验收单，是不是也允许存在？这时候就要看这个客户是不是非常知名的公司，强势有强势的理由，一般强势的客户内控也会非常完善和规范，那么是否可以取得客户自动生成的验收单据，同时关注这个单据的审批审核流程，是否可以证明产品的验收效力。

（6）最后，实在是没有办法的办法就是发行人的销售人员去跟客户直接沟通，通过邮件、现场访谈、会议等形式来确认验收的事项和情形。当然，这样的验收证明资料基本上是属于不合格的，这样的情形的比例应该限制得比较低，最好限制在 5% 以内，最多不能超过 10%。同时，这样的情形还需要进行替代措施，如现场走访、主要客户人员访谈、函证收入和回款情况、进行相关的细节测试等，以佐证收入的真实性。

（7）从某种角度来说，关于验收单据，如果是客户盖章和有权人员签字确认的文件，小兵觉得都是可以认可其效力的，对于其他情形，一来要控制好比例不能太大，二来还是要做好替代措施，充分做好核查。

案例 44 金埔园林（301098）——基于工程类业务收入确认标准重大变更的差错更正

【问询问题】

问询回复显示，2021 年 3 月，发行人进行了会计差错更正，就“已竣工并实际交付但未结算的工程施工余额”，由原来“以合同约定的养护期期满为时点一次性结转至应收账款”，调整为“以竣工验收为时点一次性结转至应收账款”，对存货、应收账款及期初留存收益均存在较大影响。请发行人结合上述会计差错更正情况进一步分析报告期内会计差错更正的性质、重要性与累计影响程度。

【披露信息】

一、会计差错更正的基本情况

（一）原应收账款确认政策和财务处理情况

公司签订的施工合同的结算规定一般为：（1）合同签订时点付款；

部分施工合同约定合同签订日后即付合同价的一定比例；（2）项目施工过程中、竣工验收及审计结算时点付款：部分合同约定工程竣工验收后支付合同价的一定比例，待工程最终审计结算后再支付一定比例；部分项目在竣工验收前结算，即随工程进度按照已确认的完成工程量对应产值的一定比例支付进度款，工程竣工、审计结算后再分别支付一定比例；（3）工程项目养护期满付尾款：养护期一般为1~2年，养护期结束后再结清尾款。

因此，公司原先的存货结转应收账款的分类标准和确认条件为：在养护期满交付前，发行人工程施工的结算，即应收账款的确认以合同中约定的结算时点为准，就已达到合同约定甲方付款条件的部分结转确认应收账款，就未达到合同结算条件的部分工程施工余额确认为合同资产；在合同约定的养护期满时，将剩余未结转的“存货或合同资产”一次性确认工程结算并结转应收账款。

（二）会计差错更正情况

1. 进行会计差错更正的原因分析

公司工程施工合同除约定工程施工建设等相关的合同义务外，通常会约定养护费（类似于商品销售中的质保金条款），约占合同金额的3%~5%，结合本文中问题（3）的回复，基于（1）在施工合同中没有单独就养护内容及结算进行单独约定，而是将养护质量、养护效果作为工程结算的条件之一，因此，在会计核算上无法作为单项履约义务分拆；（2）养护服务与工程施工业务之间存在高度关联性，应将养护服务与施工服务合并作为单一履约义务进行会计处理；（3）报告期内，发行人养护费使用金额分别为1950.94万元、1477.51万元、3009.65万元，占营业成本的比例较低。因此，根据实质重于形式的原则，公司养护责任（类似于质保责任）的履行并不影响公司在竣工验收时点取得实质性的收款权利，公司应在竣工验收时点“存货或合同资产”一次性确认工程结算并结转应收账款。

综上，根据《企业会计准则》、中国证监会《首发业务若干问题解答》问题27的相关规定，发行人的工程施工业务在竣工验收时点，已经与甲方之间存在实质性的信用关系，获得了实质性的收款权利，满足应收账款的确认条件，应在竣工验收时一次性确认应收账款。

为此，公司决定进行“会计差错更正”，将合同资产中所包含已竣工并实际交付但未结算的工程施工余额，由原来“以合同约定的养护期期满为时点一次性结转至应收账款，并按照公司应收账款坏账计提政策计提减值准备”，调整为“以竣工验收为时点一次性结转至应收账款，并按照公司应收账款坏账计提政策计提减值准备”。

2. 报告期内会计差错更正的情况

公司对报告期内2018年和2019年的相关财务数据进行了追溯调整，相关调整对2018年和2019年净利润的影响分别为1015.30万元和33.31万元，差异比例分别为14.80%和0.38%，对2018年和2019年归属于母公司股东的净资产的影响分别为-3600.99万元和-2813.18万元，差异比例分别为-6.59%和-4.49%。同时，对报告期期初数进行了追溯调整，将使期初补充计提6155.10万元的坏账准备，影响期初未分配利润-4155.45万元，影响期初归属于母公司股东的净资产-4616.32万元，与更正前相比差异比例为-9.65%。

经过上述“会计差错更正”，公司存货或合同资产中已竣工并实际交付但未结算的工程施工余额的核算方法，将与2017年6月之后上市的诚邦股份、绿茵生态、东珠生态、园林股份和冠中生态5家上市公司，以及另外1家正在审核的拟上市公司（北京正和恒基滨水生态环境治理股份有限公司）的核算方法保持一致，符合《企业会计准则》和中国证监会《首发业务若干问题解答》问题27的相关规定。

二、上述会计差错更正的性质、重要性与累计影响程度

公司本次会计差错更正是关于存货结转应收账款相关政策的调整，在性质上不属于与内部控制制度相关或者由于人为主观因素造成，且相

关调整影响金额占净利润和归属于母公司股东的净资产的比例相对较小，不属于重大会计差错更正事项，不会对本次发行构成实质性障碍。

（一）会计差错更正的性质

公司就工程施工存货/合同资产以及应收账款的核算制定了相对健全的相关内部控制制度并在报告期内得到一贯执行。公司的本次会计差错更正属于对应收账款结转时点的判断和认定问题，旨在调整后能够提供更可靠、更相关的会计信息，更符合专业审慎原则，保持与2017年6月之后上市的同行业上市公司一致，不属于因为相关内部控制制度存在缺陷或者会计基础工作不规范而造成的会计差错调整情况，不涉及公司内部控制不健全或会计基础工作不规范的情况；本次会计差错更正非因故意遗漏或虚构交易、事项或者其他重要信息，滥用会计政策或者会计估计，操纵、伪造或篡改编制财务报表所依据的会计记录等人为因素造成，不会对本次发行构成实质性障碍。

（二）会计差错更正的重要性与累计影响程度

本次会计差错更正相关调整对2018年和2019年净利润的影响金额分别为1015.30万元和33.31万元，差异比例分别为14.80%和0.38%，对2018年和2019年归属于母公司股东的净资产的影响（累计影响）金额分别为－3600.99万元和－2813.18万元，差异比例分别为－6.59%和－4.49%；由于本次会计差错更正需进行追溯重述，将使期初补充计提6155.10万元的坏账准备，影响期初未分配利润－4155.45万元，期初归属于母公司股东的净资产－4616.32万元，差异比例为－9.65%。总体影响相对较小。

本次会计差错更正对相关主要报表项目的影响情况如下：

单位：万元

项目	2018 年度				2019 年度			
	变更前	变更后	差异金额	变动比例	变更前	变更后	差异金额	变动比例
应收账款	41,332.30	60,262.69	18,930.39	45.80%	57,212.79	92,507.14	35,294.35	61.69%
应收账款—坏账准备	5014.65	9816.02	4801.37	95.75%	7613.68	11,356.66	3742.98	49.16%
信用（资产）减值损失（注）	1053.43	-300.30	-1353.73	-128.51%	2188.97	2136.55	-52.42	-2.39%
所得税费用	2458.58	2797.01	338.43	13.77%	2899.07	2918.18	19.12	0.66%
净利润	6859.81	7875.11	1015.30	14.80%	8686.63	8719.94	33.31	0.38%
未分配利润	21,884.09	18,640.61	-3243.49	-14.82%	29,026.84	26,493.83	-2533.00	-8.73%
归属于母公司股东的净资产	54,677.61	51,076.62	-3600.99	-6.59%	62,606.33	59,793.14	-2813.18	-4.49%
总资产	124,170.59	120,278.82	-3891.77	-3.13%	157,995.45	155,174.73	-2820.72	-1.79%

注：为便于可比，此处正数表示信用（资产）减值损失增加。

小兵评析

1. 在以往的 IPO 审核政策中，就专门提到这样的案例和会计处理问题，那就是：对于工程类企业来说，如果已经完成验收且达到可使用状态，就应该按照会计准则要求进行收入确认并进行相应的应收账款坏账准备计提，而不能因为没有满足收款条件而推迟确认收入。

2. 这个案例应该说非常全面且形象地验证了这样的一个审核政策，并且以 2017 年 3 月作为一个时间的分界点，详细说明了在 2017 年之前和之后，已经上市的同行业公司对于同一个问题不同的会计处理思路。2017 年 3 月之前，已经上市的公司基本上都是跟发行人原来一样的会计处理政策，就是等到了可以收款的时候再确认收入。2017 年 3 月之后 IPO 的企业，则基本上都按照竣工验收的条件来确认收入。

3. 具体到本案例发行人，以前的会计处理就是：验收确认一部分收入，然后等苗木成活率100%且达到了合同约定的付款条件，再将后续的一次性确认收入。从理论上来说，这样处理自然是更加审慎的，但是从具体的规则应用来说，却不符合现实。因而，发行人根据同行业最新的处理方式，还是进行了会计差错调整，将收入确认的条件变更为竣工验收的时候确认收入。

4. 对于发行人这样的资产规模和业绩体量来说，整个的差错更正对发行人的影响有6000多万元的坏账，对于报告期内的净利润影响1500万元左右，无论是金额还是占比都是比较大的，某些客户应该已经达到了会计的重要性水平，还是值得关注的。相关调整对2018年和2019年净利润的影响分别为1015.30万元和33.31万元，差异比例分别为14.80%和0.38%，对2018年和2019年归属于母公司股东的净资产的影响分别为-3600.99万元和-2813.18万元，差异比例分别为-6.59%和-4.49%。同时，对报告期期初数进行了追溯调整，将使期初补充计提6155.10万元的坏账准备，影响期初未分配利润-4155.45万元，影响期初归属于母公司股东的净资产-4616.32万元，与更正前相比差异比例为-9.65%。

5. 对于工程类公司类似情形的会计处理，从这个案例开始应该没有了争议，都应该按照这样的标准进行处理。

案例45　倍轻松（688793）——代发货模式的收入确认

【问询问题】

根据回复材料，公司代发货模式下收入在交付给物流提供商之后即确认收入，并认为该种方式符合《企业会计准则》的要求。请发行人说明：（1）代发货模式下，公司与经销商就订单及款项结算的具体过程，经销商是否对公司发货的订单进行确认，退货订单如何处理，货物退回后所有权归属，公司对该类业务记账过程等，结合上述情形分析公司该类业务发货，即确认收入的收入确认政策与业务实际执行情况是否相符，并调整不相符披露；（2）除代发货业务外是否存在其他发货，即确认收入的情况，涉及的金额及具体情况。

【披露信息】

根据回复材料，公司代发货模式下收入在交付给物流提供商之后即确认收入，并认为该种方式符合《企业会计准则》要求。

1. 代发货模式下，公司与经销商就订单及款项结算的具体过程，经销商是否对公司发货的订单进行确认，退货订单如何处理，货物退回后所有权归属，公司对该类业务记账过程等，结合上述情形分析公司该类业务发货，即确认收入的收入确认政策与业务实际执行情况是否相符，并调整不相符披露。

（1）代发货模式下，公司与经销商就订单及款项结算的具体过程。

代发货模式是近年来国内电商零售行业新兴模式，具体业务流程为：当消费者向经销商下订单并线上支付后，由经销商将订单信息（购买人、收货地址、购买的商品信息等）推送至发行人，由发行人直接向消费者发货。

款项结算方面，发行人和经销商的供货价格由双方协议约定，经销商向终端消费者销售时可在发行人指导价范围内自主定价；终端消费者购买产品时向经销商支付货款；发行人与经销商之间结算方式主要为定期结算：双方每月以发行人发货、退货明细情况对账确认结算款项。

（2）经销商是否对公司发货的订单进行确认，退货订单如何处理，货物退回后所有权归属，公司对该类业务记账过程等。线上经销商通过销售平台接到终端消费者订单后，将订单信息推送给发行人，上述订单信息经确认后进入发行人OMS发货系统，由仓库根据OMS信息统一安排发货。货物发出后，发行人销售人员将发货信息反馈给经销商，由经销商跟踪后续物流信息。如发生退货，消费者与经销商沟通退货事宜，经销商向符合退货条件的消费者提供发行人仓库地址，直接由发行人接收退货。发行人仓库收到退货后，录入OMS系统做退货处理，财务人员根据系统退货数据进行账务处理，会计分录如下：

借：主营业务收入

借：应交税费

贷：应收账款

借：库存商品

贷：主营业务成本

（3）结合上述情形分析公司该类业务发货即确认收入的收入确认政策与业务实际执行情况是否相符，并调整不相符披露情况。代发货模式下，发行人与经销商每月以发行人发货、退货明细情况对账并确认结算款项。发行人根据对账结果确认收入。

因此，根据上述业务实际执行情况，发行人将线上经销代发货模式下收入确认政策修改为根据与经销商的对账结果确认收入，并据此调整相关披露内容。

调整后线上经销的收入确认政策为："由经销商直接发货给客户情况，公司产品已经发出，经销商签收后确认收入；对于公司代发货情况，公司根据与经销商的对账结果确认收入。"

2. 除代发货业务外是否存在其他发货，即确认收入的情况，涉及的金额及具体情况。

除线上经销的代发货业务外，发行人不存在其他发货即确认收入的情况。

小兵评析

1. 在电商模式下，经销商与客户建立买卖合同关系，而发货直接由发行人发货，既节约成本也提高了效率，从商业逻辑的角度是完全站得住脚的。

2. 具体到本案例，主要是关注到了收入确认的问题。发行人原本是根据发货确认收入，因为审核中心的质疑，后来发行人还是根据与经销商的对账单来确认收入。

3. 其实，在发行人直接通过电商销售的情况下，一般是要等消费者签收且过了 7 天无条件退货窗口期确认收入才最稳妥。

4. 现在想想，还有发货就可以确认收入的情形吗?

第三节 其他会计处理

案例 46 霍莱沃（688682）——非专职研发人员的薪酬怎么进研发费用

【问询问题】

根据申报材料，当发行人研发项目需要人员协助时，部分技术人员会临时参与部分研发项目的设计和开发等工作，作为兼职研发人员核算。请发行人说明：报告期各期研发费用中非专职研发人员支出的金额，该等非专职研发人员支出在研发活动及非研发活动中分摊的具体过程及准确性。

【披露信息】

一、报告期各期研发费用中非专职研发人员支出的金额

发行人为轻资产型高科技企业，公司从事的主要业务即参与军工集团下属单位的科研生产配套任务，而公司的研发项目均系根据国防军工等领域的技术发展趋势所确立。因此，公司业务部门的技术人员以及管理人员中分管技术和研发工作的人员，普遍具备参与公司研发项目所需的知识和技术水平。当发行人研发项目需要人员协助时，部分业务部门的技术人员或管理人员中分管技术和研发工作的人员会临时参与部分研发项目的设计和开发等工作，作为兼职研发人员核算。

报告期各期，研发费用中非专职研发人员支出的金额如下表所示：

单位：万元

项目	2020 年 1～6 月	2019 年度	2018 年度	2017 年度
非专职研发人员薪酬	232.88	499.87	487.19	414.97
专职研发人员薪酬	206.67	345.22	261.55	155.67
小计	439.55	845.09	748.75	570.64

如上表所示，报告期各期公司根据业务发展持续加大研发投入，研发人员薪酬总额逐年增加。

二、非专职研发人员支出在研发活动及非研发活动中分摊的具体过程及准确性

（一）发行人对非专职研发人员参与研发活动制定了完善的内部控制程序，并有效执行

公司研发项目的相关过程文件齐备，能够完整体现公司的研发流程及专职、非专职研发人员具体参与研发项目的过程。

（二）公司非专职研发人员支出按照工时在研发活动及非研发活动中分摊，具有准确性

非专职研发人员支出主要系职工薪酬支出。发行人建立了完善的研发管理制度，研发立项后，研发项目负责人会根据研发任务，确定研发项目工作计划，明确各个阶段研发任务的目标、负责人和参与人员，并根据研发项目进展情况进行更新。研发人员在接到相关任务后，按实际工作情况安排自己的工作计划。同时，根据公司工时填报制度，研发项目立项后，员工按填报制度每周根据实际工作情况在PM工时系统中填报并经相关部门负责人审批，财务部按照PM工时系统中非专职研发人员参与的研发工时以及其他工时占总工时的比例分摊非专职研发人员支出。

1. 非专职研发人员工时填列。

2. 非专职研发人员支出根据工时分摊。对于非专职研发人员的支出，发行人按照参与的研发工时占员工总工时的比例进行分摊。

三、发行人非专职研发人员参与研发项目的设计和开发，其部分薪酬计入研发费用具有合理性

公司的研发项目由专职研发人员和非专职研发人员共同完成，其中专职研发人员即研发中心人员，非专职研发人员包括公司首席技术官、研发中心主任周建华、各专业方向技术带头人兼业务部门负责人，以及业务部门的部分技术人员。

公司采用由专职和非专职研发人员共同完成研发项目的模式，是基于经营发展及研发方向的需要，符合公司的业务特点；公司专职和非专职研发人员均具备承担研发工作的能力和素质，该等人员参与研发项目具有合理性。

报告期内，公司专职研发人员数量上升较快，而非专职研发人员承担研发工作的比重逐年下降，具体原因如下：(1) 公司报告期初侧重应用性研发，由技术人员作为非专职人员参与研发更有利于研发工作的开展。(2) 公司研发方向逐步拓展至测试系统核心部件自产化及仿真软件的升级研发等基础性研发领域，研发工作由专职研发人员承担的比重逐步提升。

公司专职和非专职研发人员均具备承担研发工作的能力和素质，该等人员参与研发项目具有合理性：(1) 公司研发与业务实施在技术层面结合紧密、执行模式相近，技术人员均具备承担研发工作的能力。(2) 公司专职和非专职研发人员职责分工明确，互相有效协同并达成研发目标。(3) 公司专职与非专职研发人员的学历、专业及履历背景均符合承担研发工作的素质要求。

小兵评析

1. 对于科创板 IPO 审核来说，研发费用的归集一直都是重中之重，毕竟这直接涉及科创板的发行条件和上市标准。对于研发费用的归集，小兵在以前的案例中已经专门讨论过，本案例中又有了新的情形，那就是关于非专职人员参与研发的支出问题。

2. 关于研发费用，实践中基本上就是研发人员的薪酬和投入的材料。关于材料，必须要关注到投入材料的金额和变动、内部控制流程，更要关注投入材料的消耗情况、后续处置情况等。关于研发费用的人员薪酬，要重点关注研发人员的构成、薪酬的金额和变动、薪酬与同行业的比较情况等。而现在，研发费用审核对于研发人员的构成问题越来越关注，需要了解研发人员的技术背景、研发水平、从业经历、研发成果、研发工时等。关注这些问题，主要目的就是确认这些研发人员是不是“真的研发人员”，是否存在虚增研发费用的情形，是否存在研发费用归集不准确的情形。

3. 具体到本案例，关于非专职人员研发的情形简要归纳如下：

（1）公司业务部门的技术人员以及管理人员中分管技术和研发工作的人员，普遍具备参与公司研发项目所需的知识和技术水平。

（2）非专职研发人员的数量远远超过专职研发人员的数量，非专职研发人员的薪酬接近全部研发人员薪酬的50%。

（3）关于非研发人员的薪酬如何进行区分，如何进行控制，如何确定比例，发行人解释公司有完善的工时系统，根据人员填写的工时数据进行薪酬的区分。说实话，实践中，利用这样的工时系统正确区分不同的薪酬比例，只是一个梦想而已。

（4）同样，发行人对非专职研发人员全面参与研发的必要性和合理性做了充分的解释，不过这样的定性解释价值有限。

（5）对于这个问题，保荐机构也是做了充分的核查，关于人员和薪酬的核查比例都超过了70%。同样，也对这个问题最核心的工时系统的有效性做了核查。说实话，小兵认为如果能够对工时系统做一个简单的IT审计，可能对这个问题的解释和解决会更有帮助。

案例47　国芯科技（688262）——股改审计报告重大调整导致未分配利润为负数

【问询问题】

招股说明书披露，2020年10月9日，公证天业出具《关于苏州国芯科技股份有限公司2018年12月31日净资产差异的说明》，对整体变更基准日2018年12月31日财务报表进行了追溯调整。经追溯调整后，国芯有限截至2018年12月31日的未弥补亏损为－2256.07万元。请发行人披露：（1）进行追溯调整的原因，调整相关科目的具体计算过程；（2）按照《上海证券交易所科创板股票发行上市审核问答》第13条的规定，对整体变更时存在累计未弥补亏损情形进行充分的信息披露。请发行人说明：（1）2018年股改时未发现上述情形的原因，调整前后受影响科目的金额及相关账务处理；（2）追溯调整后的财务报表能否公允地反映发行人的财务状况、经营成果和现金流量，是否已履行必要的审批程序，是否符合《企业会计准则》的规定。

【披露信息】

一、整体变更时未分配利润为负的相关分析

随着公司申请科创板上市战略的明确和相关服务机构尽职调查的深入，公司对过往期间自身财务状况进一步严格自查，因此对整体变更基准日的财务报表进行追溯调整。

（一）整体变更为股份公司时存在未弥补亏损的基本情况及形成原因

经追溯调整后，国芯有限截至2018年12月31日的净资产为39,368.73万元，未弥补亏损为-2256.07万元。公司存在未弥补亏损的主要原因为嵌入式CPU技术门槛较高，研发与产业化需要较大规模的资金投入，而公司前期产生的收入不足以覆盖同期的成本、研发等支出。

（二）该等情形是否已消除及整体变更后的变化情况和整体趋势

随着下游市场需求增长和国产化替代进程的推进，公司的经营发展持续向好。2019年公司实现净利润3113.64万元，2020年公司实现净利润4754.82万元，截至2019年12月31日，公司合并财务报表的未分配利润金额为3072.62万元，截至2020年12月31日，公司合并报表的未分配利润金额为7296.62万元，整体变更时未分配利润为负的情形已消除，对公司未来盈利能力不存在重大影响。

（三）整体变更的具体方案及相应的会计处理

经追溯调整后，公司整体变更方案为以国芯有限截至2018年12月31日经审计净资产39,368.73万元为基数，折合成股份公司18,000.00

万股股本，净资产扣除股本后余额21,368.73万元计入股份公司的资本公积。相应的会计处理如下：

单位：万元

项目	金额
借：实收资本	17,729.75
资本公积	23,895.06
未分配利润	-2256.07
贷：股本	18,000.00
资本公积	21,368.73

（四）整体变更的合法合规性

2020年11月23日，公司召开第一届董事会第九次会议，审议通过《关于对公司改制净资产调整事项予以确认的议案》《关于调整公司整体变更为股份有限公司净资产折股比例的议案》《关于调整公司整体变更设立方案的议案》。

2020年12月16日，公司召开2020年第一次临时股东大会，审议通过《关于对公司改制净资产调整事项予以确认的议案》《关于调整公司整体变更为股份有限公司净资产折股比例的议案》《关于调整公司整体变更设立方案的议案》。

发行人整体变更为股份公司和对改制净资产调整事项均已经董事会、股东大会审议通过，相关程序合法合规。

二、2018年股改时未发现上述情形的原因，调整前后受影响科目的金额及相关账务处理

随着公司申请科创板上市战略的明确和相关服务机构尽职调查的深入，公司对过往期间自身财务状况进一步严格自查，从而发现上述账务处理需予调整。

公司根据《企业会计准则》的相关要求结合实际情况对整体变更基

准日前有关账务处理进行追溯调整，并分别于 2020 年 11 月 23 日和 2020 年 12 月 16 日召开第一届董事会第九次会议和 2020 年第一次临时股东大会，审议通过《关于对公司改制净资产调整事项予以确认的议案》《关于调整公司整体变更为股份有限公司净资产折股比例的议案》《关于调整公司整体变更设立方案的议案》等有关议案。本次追溯调整履行了必要的内部决策程序，相关信息已在招股说明书中进行补充披露，追溯调整后的财务报表能够公允地反映公司的财务状况、经营成果和现金流量，符合《企业会计准则》的规定。

小兵评析

1. 在整个 IPO 的体系中，关于整体变更的具体性质、定位、功能以及是否真的有必要进行这个操作，这些问题小兵曾经专门论述过，这里就不再赘述。众所周知，有限公司整体变更为股份公司是需要进行审计并出具审计报告的，出具的审计报告是确定发起人出资金额以及出资形式的唯一依据。关于这份审计报告，主要关注股改基准日的母公司净资产的情况，并以净资产作为基准确定股份公司的金额。

2. 在现在的操作中，一般公司的整体变更都不会做得太早，基本上都在进行了详细的尽职调查，甚至将报告期前期的相关财务数据彻底审计到位之后再去讨论股改的问题，这样就保证股改审计报告数据的准确性，从而保证不会跟后续的申报 IPO 的审计报告相关数据存在重大差异。当然，实践中也会存在以下情况，那就是基于其他的考量，相对比较简单粗糙地进行了整体变更，而出具的审计报告也没有进行全面的尽调。甚至，实践中也存在有限公司没有经过审计评估以及相关程序直接登记为股份公司的情形。

3. 如果股改的时候，审计比较粗糙，那么就可能会存在后续进行大规模调整，从而导致股改审计报告审计的净资产金额会大幅变化（大概率是减少）的情形。如果是 2006 年以前，净资产折股不能打折，即净资产一元即为股份公司一股，那么，如果后来发现审计的净资产大幅缩水，必然就会导致出资不实的情形，这时候还需要股东补足出资。2006 年之后，由于股改是允许净资产打折确定股份公司股本金额的，一般会进行大的折扣，因而就算是净资产变少了，一般也不会影响股份公司股本的充足性。此外，还会存在根据股改的时候的净资产（主要是未分配利润）进行利润分配的情况，这时候如果实际上没有那么多净资产，那么还需要股东将多出来的分红归还给公司（这就比较惨，个税都交了，钱还得还回来）。

4. 当然，具体到本案例的情况，通过审计调整直接导致未分配利润为负数的，显然是更加罕见的情形。幸亏目前的 IPO 审核政策已经允许这种情况存在，如果是以前的 IPO 审核规则，那么还需要运行 3 年才能申报，显然是亏大了。不过，这也从另一个方面提醒我们，股改的时候还是不能草率。

5. 目前在实践中，一般是先确定好 IPO 的申报报告期，会计师将报告期前两年的财务数据进行详细核查和审计，然后确定一个审计基准日进行股改，目前 IPO 辅导的时间留足 6 个月一般是满足要求的，因而一般提前 9 个月开始筹划股改的事情是来得及的。值得注意的是，一般股改基准日会选择某个月份的月底，尽量避免 1231 或者 630，以免股改的审计报告与后续申报的财务数据存在冲突，最好就是 430 或者 731 这种前不着村后不着店的基准日。

6. 当然，有时候提前进行股改对于发行人来说也有好处，例如，股改之后就可以跟政府申请 IPO 的补助，股改之后就可以进入政府关注的 IPO 绿色名单中就有很多政策可以争取，甚至有些老板就是觉得股份公司设立才代表了 IPO 正式启动等。股改时间的早晚不是最关键的，核心还是把财务数据确认准确。

案例 48　恒光股份（301118）——净额法与总额法

【问询问题】

根据申报文件，报告期内，公司与株洲冶炼集团股份有限公司的受托加工服务模式转变为与株洲冶炼集团股份有限公司和湖南鑫科思生物科技有限公司三方间的采购销售业务模式，财务会计核算由净额法确认收入转变为总额法确认收入。请发行人：（1）结合具体合作方式变更情况，合同约定情况，披露财务会计核算由净额法确认收入转变为总额法确认收入的原因及合理性；（2）披露公司报告期内净额法核算的收入金额与比例情况，说明是否符合《企业会计准则》的相关规定。

【披露信息】

一、结合具体合作方式变更情况，合同约定情况，披露财务会计核算由净额法确认收入转变为总额法确认收入的原因及合理性

发行人具备危险固体废物处理资质，并于2016年5月与株洲冶炼集团股份有限公司（以下简称株冶集团）签订受托加工合同，受托加工标的物为株冶集团高硫渣，加工具体内容为对高硫渣进行脱硫处理，在该合同项下发行人与株冶集团形成受托加工的业务模式。

2018年，由于株冶集团准备搬迁，决定将包含高硫渣在内的非主要业务进行剥离，合作模式由委托加工模式转变为采购销售模式，发行人对株冶集团高硫渣进行买断，经焙烧脱硫处理后形成焙烧渣销往发行人客户单位湖南鑫科思生物科技有限公司（以下简称鑫科思）。

在受托加工业务模式下，发行人将焙烧处理后的高硫渣返还至株冶集团，在采购销售业务模式下发行人则将焙烧处理后的高硫渣直接销售给下游客户鑫科思。即在受托加工模式下，合作方为株冶集团与发行人两方；在采购销售模式下，发行人上游即采购方为株冶集团，下游即销售方为鑫科思。在受托加工模式下对高硫渣原料享有控制权的为株冶集团，在采购销售模式下对高硫渣原料享有控制权的为发行人。

根据《企业会计准则第14号——收入》及其应用指南和讲解的有关规定，收入只包括企业本身收到的和应收的经济利益的总流入。

根据《企业会计准则第14号——收入》的规定，企业应当根据其在向客户转让商品（或提供服务）前是否拥有对相关商品（或服务）的控制权来判断其从事交易时的身份是主要责任人还是代理人。企业在向客

户转让商品（或提供服务）前能够控制相关商品（或服务）的，该企业为主要责任人，应当按照已收或应收对价总额确认收入；否则，该企业为代理人，应当按照已收或应收对价总额扣除应支付给供应商的价款后的净额或者按照既定的佣金金额或比例确认收入。

可能表明企业属于主要责任人（转让商品前能够控制该商品）的特征包括：(1) 企业自第三方取得商品或其他资产控制权后，再转让给客户；(2) 企业能够主导第三方代表本企业向客户提供服务；(3) 企业自第三方取得商品控制权后，通过提供重大的服务将该商品与其他商品整合成某组合产出转让给客户。

证监会会计部编写的《上市公司执行企业会计准则案例解析(2016)》所引用的准则如下：美国财务会计准则委员会下属的紧急任务工作小组曾发布公告《第 99 – 19 号——委托人按总额法确认收入与代理人按净额法确认收入》(*EITF 99 – 19 Reporting Revenue Gross as a Principal versus Net as an Agent*)，明确指出按照总额或者净额确认收入的情况，即在下述情形下，会计主体应按总额确认收入：(1) 主体在业务安排中是主要的义务人；(2) 主体承担了总体的存货风险；(3) 可以在合理的范围内与客户确定商品的交易价格；(4) 主体在根本上（而不是包装上）改变了商品；(5) 主体有一定的权利选择供应商；(6) 主体可以决定商品或服务的规格参数；(7) 主体在持有存货期间承担存货毁损灭失的风险；(8) 主体承担信用风险。

结合上述企业会计准则条款及证监会会计部指引，在采购销售模式下：

1. 发行人向株冶集团购进高硫渣已全额付款，株冶集团已按全额开具发票，从票据流及资金流来看发行人已完全取得高硫渣控制权，并承担高硫渣总体的存货风险，株冶集团不再承担高硫渣毁损灭失的风险。

2. 发行人对高硫渣进行了脱硫处理，高硫渣硫杂质含量过高将会对其后续进一步加工回收形成重大影响，且一般企业不具备脱硫能力，因此发行人在根本上而不是包装形式上改变了高硫渣的功用性。

3. 报告期内，发行人生产的焙烧渣均销往鑫科思，主要原因系鑫科思具备相关处理资质，其将采购的焙烧渣产品进一步去除杂质，提炼贵金属，具有较高的经济附加值，并且其产能足以消耗发行人生产的全部焙烧渣。公司亦可销售至其他具备处理资质的客户。

综上所述，发行人在受托加工模式下采用净额法核算、在采购销售模式下采用总额法核算符合《企业会计准则》的相关规定。

二、披露公司报告期内净额法核算的收入金额与比例情况，说明是否符合《企业会计准则》的相关规定

报告期内，发行人按净额法核算的收入金额与比例情况详见下表：

单位：万元

项目	2020年1～6月	2019年度	2018年度	2017年度
高硫渣加工净额法收入	—	—	—	155.77
营业收入	30,550.29	60,652.80	65,851.33	46,042.28
占比	—	—	—	0.34%

小兵评析

1. 这个案例尽管简单但是却很典型，具体来说，发行人本来是委托加工模式后来变更为三方的采购销售模式，因为模式变更所以收入确认由净额法变为了总额法。

2. 尽管实践中我们看到的总额法变净额法的多一些，不过只要有合理的依据，那么，就算是反过来不常见的情形，小兵觉得也应该充分理解和认可。

3. 当然，发行人还是模拟测算了假设还是净额法确认收入对损益的影响，这也算是常规操作了。

案例49　绿岛风（301043）——关于“抵扣额度”

【问询问题】

招股说明书和审核问询回复显示，发行人通过“抵扣额度”核算对经销商促销返利、运费折扣、维修补贴等。报告期各期末，抵扣额度账户余额为146.23万元、241.67万元、285.26万元、135.01万元，占经销收入的比例分别为0.61%、0.71%、0.77%、0.94%。请发行人分析并补充披露报告各期“抵扣额度”账户余额与经销收入变动的匹配关系，报告期内“抵扣额度”账户余额占经销收入比例降低、经销收入增加的原因及合理性。

【披露信息】

公司针对经销商客户实行销售抵扣政策，通过“抵扣额度”进行核算。即与客户初次合作时抵扣额度为0，并在随后的销售过程中对一些产生让利或者费用的行为相应增加/减少该抵扣额度，客户在后续下达销售订单时可自主选择是否使用抵扣额度及使用的比例（公司约定单次下单可使用抵扣占订单金额的比例上限），财务确认收入时以减去抵扣金额后的净额记账。例如，2018年1月31日某客户抵扣额度的余额为2万元（含税），当天客户下达金额为20万元（含税）的订单，选择使用1万元的抵扣额度，则该笔确认19万元的含税收入，抵扣额度剩余1万元。

公司销售过程中发生的抵扣增减情形主要如下：

具体情形说明	类型	对抵扣额度影响
对经销商所购买的参与促销活动的产品按照促销金额计入抵扣额度	促销折扣	增加
终端网点的展墙展示补贴、促销推广等费用由经销商支付，由公司核实审批后，对此给予客户补贴	网点折扣	增加
若客户前往工厂自提货物，则补贴其提货总额的1.5%运费，抵扣额度相应增加	运费折扣	增加

续表

具体情形说明	类型	对抵扣额度影响
公司部分产品由客户承担售后维修工作，对此给予客户补贴，抵扣额度相应增加	维修补贴	增加
经销商向公司采购形成订单后，允许在“抵押额度”账户余额里抵扣订单货款	销售订单	减少
如对销售订单取消、跨区窜货的处罚和补偿等情况	其他	增加或减少

公司与经销商发生涉及销售折扣的政策的事项均会在公司系统记录，每笔补贴的产生和使用都会在系统登记对应的订单以及折扣的事项，每月形成抵扣台账，客户可以随时登录经销商门户查看抵扣产生和使用情况。

报告期各期，“抵扣额度”账户余额及占经销渠道收入比例较小，较为稳定。

报告期内，2017 年“抵扣额度”账户使用金额占经销渠道收入比例较高，自 2018 年起有所下降，2018 年至 2020 年 6 月保持稳定，主要系 2018 年起促销返利的使用金额有所下降。报告期内，公司促销活动包括买赠促销、促销返利等，买赠促销直接体现为订单金额的减少，2017 年公司促销未采用“买赠”方式，而采用促销返利方式；2018 年以来，公司综合采用买赠促销、促销返利方式，故 2018 年起促销返利的计提与使用金额相应减少。

小兵评析

1. 这个问题其实在实践中还是比较常见的，只是以前没有在案例中专门涉及，这个问题也是比较好理解的，重点关注会计处理。

2. 另外，这个案例也涉及是否影响收入蓄水池的问题，是否有通过这样的科目进行业绩调整的可能，当然，如果金额不是很大，风险也就可控。

第三章　违法违规行为

注册制下，关于实际控制人涉及刑事犯罪的案例，目前在 IPO 审核实践中也不是稀罕事情了，尤其是在政府官员涉及的案件中牵扯到的企业家配合协助调查的情况更是最普遍的一种情况。这些违法违规的案例，也给了我们关于应对措施的一些思路。

从 IPO 上市规则来看，目前对于实际控制人和发行人的重大违法行为构成实质性障碍的，一类是经济类犯罪，另一类就是涉及国家安全、公共安全、生态安全、生产安全、公众健康安全等违规犯罪行为。后一类非常容易理解，可以简单认为这些都是罪大恶极的行为，那么经济犯罪为什么要严格控制？小兵理解的逻辑就是：经济犯罪背后很可能是企业依靠犯罪行为获得了利益，利益既包括正向获得收益（如获得客户资源），也包括免除了相关责任或隐藏了风险（如免予处罚或者不用承担更大环保责任）等。

案例 50　新瀚新材（301076）——IPO 发行条件为什么强调经济类犯罪

【问询问题】

根据公开信息显示，发行人法定代表人涉嫌行贿。刑事判决书（2018）苏 0106 刑初 706 号中披露如下内容：“2015 年至 2018 年春节，被告人徐某（时任南京化学工业园区环境保护局副局长）在每年春节、中秋节前后先后6次收到江苏新瀚新材料股份有限公司法定代表人严某二给予的购物卡共计价值5万元，并帮助其公司协调处理危废转移事宜。”请发行人补充披露：(1) 上述司法判决中涉及行贿人员严某二是否为公司控股股东、实际控制人、董事、监事或高级管理人员，如是，请发行人说明未披露上述信息的原因及合理性，是否涉及重大遗漏；(2) 上述司法判决所涉及协调处理危废转移事宜的具体情况，所涉及危废名称及生产、储存、运输、交易等各环节情况，发行人危险废弃物处理是否符合相关规定，是否涉及生态安全领域重大违法，上述事项是否可能被追究行政责任或刑事责任；(3) 发行人董事、监事、高级管理人员和核心技术人员最近3年是否涉及行政处罚、被司法机关立案侦查、被中国证监会立案调查情况，发行人控股股东、实际控制人报告期内是否存在重大违法行为，是否存在违反《创业板首次公开发行股票注册管理办法（试行)》第13条相关规定的情形。

【披露信息】

发行人实际控制人严留新先生曾于2018年4月根据南京市鼓楼区监察委员会办案人员要求，协助调查原南京化学工业园区环境保护局副局长徐航受贿、滥用职权案件（以下简称徐航案)，接受办案人员的询问并说明情况。徐航案已于2019年8月由江苏省南京市鼓楼区人民法院作出刑事生效判决。根据（2018）苏0106刑初706号刑事判决书，2015～2018年春节，徐航在每年春节、中秋节前后先后6次收到发行人法定代表人严留新给予的购物卡共计价值5万元，并帮助其公司协调处理危废转移事宜。

为核查上述事项对发行人本次发行上市的影响，保荐人及发行人律师履行了以下核查程序：(1) 对法定代表人严留新进行访谈。发行人生产过程中产生的危险废弃物，需转移至发行人委托的有资质的危险废物处理公司进行处理。因当时发行人所在的南京化工园区的危险废弃物处理能力有限，为尽快委托处理单位将危险废物安排转移处理，严留新曾请时任南京化学工业园区环境保护局副局长徐航帮忙协调，以加快危险废物的转移处理流程。为礼节性表示感谢，严留新曾在2015~2018年的春节和中秋节前后，向徐航赠送苏果购物卡，共计价值约5万元，单次面值较低，不存在谋取不正当利益的情形。(2) 2020年5月10日，保荐人及发行人律师走访了该案件的办案单位南京市鼓楼区监察委员会，访谈了该案的办案人员并制作了访谈笔录，确认该案已判决结案，南京市鼓楼区监察委员会未对发行人或严留新进行立案调查，因监察委内部要求被访谈人未在访谈笔录签名。(3) 取得南京市公安局栖霞分局马群派出所2020年3月5日及2020年7月28日出具的《违法犯罪记录查询证明》，载明严留新在该证明出具日之前，暂未发现违法犯罪记录。(4) 核查2015~2018年发行人危废转移合法合规性。经核查，2015~2018年发行人危险废物处理符合相关规定，均依法委托具有相应危险废物处理资质的企业进行。(5) 取得南京市鼓楼区监察委员会2020年9月8日出具的《情况说明》，载明南京市鼓楼区监察委员会在办理徐航案中，未对发行人及实际控制人严留新立案调查，2019年8月法院已依法对徐航案作出判决。

1. 说明上述涉嫌行贿的资金是否来源于发行人，涉嫌行贿行为是发行人管理层集体决策还是严留新个人行为。严留新曾于2015年、2016年，分次将用于赠送徐航的苏果购物卡购买发票合计5万元安排填报《费用报销审批单》，履行公司内部财务报销流程，向徐航赠送礼品卡的资金来源于发行人；严留新先生向徐航赠送苏果购物卡的行为由严留新自行决定，系严留新的个人行为。

2. 披露发行人是否存在因上述涉嫌行贿事项而被给予行政处罚或被追究刑事责任的情况，发行人是否存在违反《创业板首次公开发行股票注册管理办法（试行）》第13条相关规定的情形，并充分提示风险。

2020年11月2日，南京市鼓楼区人民检察院12309检察服务中心出具《答复函》，确认："徐航受贿、滥用职权一案由南京市鼓楼区监察委员会于 2018 年 4 月 10 日立案侦查，在南京市鼓楼区监察委员会移诉的证据中未见对江苏新瀚新材料股份有限公司及实际控制人严留新涉嫌刑事犯罪立案材料，也未对其提出刑事指控。由于相关案件侦查管辖权归监察委员会所属，请向南京市鼓楼区监察委员会查询了解。”

2020 年 9 月 8 日，南京市鼓楼区监察委员会出具《情况说明》确认：“本委在办理南京化学工业园区环境保护局副局长徐航受贿案件中，未对江苏新瀚新材料股份有限公司及实际控制人严留新立案调查。2019 年 8 月，法院已依法对徐航案作出判决。”

2020 年 7 月 28 日，严留新先生户籍所在地派出所——南京市公安局栖霞分局马群派出所出具关于严留新先生的《违法犯罪记录查询证明》，载明严留新在该证明出具日之前，暂未发现违法犯罪记录。该证明中同时声明“公安机关坚持客观、严谨的原则出具证明，但由于受自身资源和诉讼地位等客观条件限制，可能存在记录信息不全的情况，故不能保证证明内容的完全客观”，上述声明系马群派出所《违法犯罪记录查询证明》格式条款。

2020 年 4 月 23 日，南京市市场监督管理局向发行人出具《证明》，载明自 2017 年 1 月 1 日至 2019 年 12 月 31 日发行人在国家企业信用信息公示系统（江苏）、江苏省市场监管信息平台、原江苏省工商系统市场主体信用数据库、原南京市商务综合行政执法支队数据库、原南京市质量技术监督局稽查分局数据库、原食品药品监督管理局稽查局行政处罚档案、原南京市物价局价格监督反垄断局行政处罚档案、原南京市知识产权局行政处罚档案中无行政处罚记录；2020 年 7 月 29 日，南京市市场监督管理局向发行人出具《证明》，载明自 2020 年 1 月 1 日至 2020 年 6 月 30 日发行人在国家企业信用信息公示系统（江苏）、江苏省市场监管信息平台、原江苏省工商系统市场主体信用数据库中无南京市市场监督管理局行政处罚记录。

小兵评析

1. 本案例的具体情况看起来并不复杂：发行人为了更加快速地处理危废产品，在2015～2018年前后6次向时任区环保局副局长送了5万元的购物卡。

2. 当然，鉴于实际控制人是行贿行为，涉及经济类犯罪，且还有可能受到立案调查甚至刑事处罚，因而审核过程中还是做了重点关注。当然，小兵这里要跟大家分享的是关于本案例另外一个需要关注的问题：发行人是否因为行贿的情形而规避了某些责任和义务，甚至掩盖了生产经营中的某些风险。

3. 发行人行贿的原因是要请环保局在危废处理上行个方便，这个问题比较敏感，自然要关注到发行人是否在危废处理问题上存在重大的隐患。尤其是在2015～2018年，是否因为行贿行为还规避了某些危废处理的强制规定和要求，是否存在重大的潜在风险等。

4. 中介机构对于本身行贿行为还是做了详细的调查，也由监察委出具了说明文件。同样，对于发行人危废处理的具体情况以及相关的内部控制措施也做了详细的说明和披露，基本上是满足IPO审核的要求。这个案例的某些思路和细节还是值得我们借鉴的。

5. 本案例还有一个细节：实际控制人行贿购物卡是进行了公司报销的，当然也强调这是个人的行为，不是公司的集体决策行为。

案例51　深水规院（301038）——串通投标被行政处罚

【问询问题】

根据审核问询回复，2014年11月深圳市财政委员会因发行人在参加政府采购活动中存在“串通投标”行为，对发行人作出如下处罚：（1）按该项目采购金额千分之二十罚款（共计36,120元）；（2）三年内禁止参与深圳市政府采购活动；（3）将发行人记入供应商诚信档案（列入不良行为记录名单）。但深圳市水务局、深圳市水务工程建设管理中心、深圳市南山区水务局、深圳市宝安区水务局均为2017年发行人主要客户。请发行人：补充披露深圳市财政委员会 2014 年 11 月对发行人处以“三年内禁止参与深圳市政府采购活动”的处罚后，2017 年度发行人主要客户中仍存在深圳市、区水务局、水务建设中心等深圳市区政府部门的原因及合理性，其是否违反了深圳市财政委员会的行政处罚指令，是否构成重大违法违规，是否对本次发行构成实质性障碍。

【披露信息】

根据《深圳市人民政府印发关于建设工程招标投标改革若干规定的通知》（深府〔2015〕73 号），本规定所称建设工程包括：为完成工程所需的勘察、设计、施工图审查、监理、咨询、环境影响评价、检测鉴定、项目管理、项目代建等与工程建设有关的服务。建设工程招标投标实行集中交易制度。按照规定必须招标的建设工程，应当进入深圳市建设工程交易服务中心统一进行招标投标。

根据《深圳市财政局、深圳市住房和建设局关于明确我市政府基本建设投资项目招标投标事宜的通知》（深财建〔2019〕11 号），“二、符合《深圳市人民政府印发关于建设工程招标投标改革若干规定的通知》（深府〔2015〕73 号）范围，达到《必须招标的工程项目规定》限额标准的建设工程项目应当通过深圳市建设工程交易服务中心统一进行招标投标。三、除本通知第二条范围以外的其他货物、服务类政府基本建设投资项目，包括：医疗设备、器械，教学设备，设备搬迁等，集中采购标准则应按照深圳市政府集中采购目录的有关规定执行，由政府集中采购机构和社会采购代理机构组织实施”。

由上文可见，深圳市符合相关标准的建设工程项目通过深圳市建设工程交易服务中心进行招标投标，由深圳市住房和建设局主办，而其他货物、服务类政府基本建设投资项目则通过深圳市政府采购中心进行招标投标，由深圳市政府采购中心主办。

2014 年，因发行人在参加深圳市政府采购中心组织的“深圳市雨洪调蓄前期研究项目”中存在串通投标行为，深圳市财政委员会（现已更名为深圳市财政局）对发行人处以“三年内禁止参与深圳市政府采购活动”的处罚，并将处罚决定书抄送深圳市政府采购中心。处罚期内，发行人无法通过深圳市政府采购中心参与深圳市政府采购活动，但仍可通过深圳市建设工程交易服务中心参与相关建设工程的投标活动。因此，2017年度发行人主要客户中仍存在深圳市、区水务局、水务建设中心等深圳市区政府部门具有合理性。

2017年11月16日，原深圳市财政委员会出具《关于行政处罚期满相关事宜的复函》，认定发行人于复函出具日处罚期已满，已自动恢复参与由深圳市财政委员会组织的深圳市政府采购的资格。发行人在处罚期满后的招投标未受到重大不利影响。

2020年4月28日，深圳市财政局出具《关于说明水规院2014年曾受行政处罚情况的复函》，认定发行人已按照处罚决定按时足额缴纳罚款，处罚期内遵守处罚决定，自2017年11月14日至今未被列入我局供应商诚信档案。

综上，发行人在处罚期内通过深圳市建设工程交易服务中心参与相关建设工程的投标活动未违反深圳市财政委员会的行政处罚指令，发行人上述行为不属于重大违法违规行为，未对发行人的持续经营产生重大不利影响，发行人已经采取措施进行整改，不构成本次发行上市的实质性法律障碍。

小兵评析

1. 这个案例是我们审核实践中遇到的为数不多的涉及串通投标被处罚的案例，实践中尽管围标和串标的情形普遍存在，不过IPO审核中公开披露的信息不多见。

2. 发行人因为串通投标行为被深圳市财政局处罚，主要处罚就是三年内不得进行招投标业务，且列入不良行为记录名单。有一个很明显的悖论出现了：既然三年内不能参与深圳政府采购活动，为什么这三年还有很多客户就是深圳地区的政府部门？

3. 对于这个问题发行人做了解释，因为招投标违规行为被限制三年内不得参与采购的只是政府的一个采购平台，发行人还是可以在其他平台参与采购。对于这个解释，小兵还是认可的，只要是符合政府管理的相关规定那么就是合理的。因而，我们实践中看到的很多看起来完全冲突的事项，可能背后也有更深层次且合理的逻辑。

4. 发行人还详细说明了因为投标的违规行为以及因为不良记录对发行人生产经营的影响。

案例52 倍杰特（300774）——项目获取的合规性

【问询问题】

首轮问询回复显示，发行人巴盟再生水回用项目未通过投标承接，主要原因是该项目为巴彦淖尔应急工程，可省略发布招标信息、专家论证等环节；而《招标投标法实施条例》第9条规定的可以不进行招标的项目中未包含上述情形。请发行人进一步说明获取该项目不违反法律法规的依据，进一步修改或者完善相关表述。

【披露信息】

一、巴盟再生水回用项目基本情况

根据巴彦淖尔市人民政府办公室于2018年7月20日为“研究巴彦淖尔经济技术开发区1万吨/日再生水回用及配套管网工程有关事宜”形成的〔2018〕31号《巴彦淖尔市人民政府专题会议纪要》，巴彦淖尔市人民政府于2018年7月9日召开的专题会议议定：“一、为确保实现市委四届四次全会暨全市经济工作会议和市四届一次人代会关于中水利用的目标，落实好中央环保督察‘回头看’对乌梁素海治理的具体要求，原则同意将巴彦淖尔经济技术开发区1万吨/日再生水回用及配套管网工程列入巴彦淖尔市应急工程范畴；二、相关部门按应急工程要求办理相关手续；三、工程开工后，巴彦淖尔经济技术开发区要在确保工程质量的前提下加快工程建设进度，推动工程能够早日建成投入使用。”

2018年8月22日，巴彦淖尔市公共资源交易中心出具了《市公共资源交易中心应急库确认单》，公共资源交易中心将发行人确认为负责实施巴彦淖尔市临河东城区污水处理厂再生水回用及配套管网工程（再生水厂建设及设备安装工程施工）项目的企业，前述项目包括土建施工和设备安装。2018年8月26日，发行人、巴彦淖尔市鸿利元工程建设有限责任公司（以下简称鸿利元）作为联合体与内蒙古盛祥投资有限公司（以下简称盛祥投资）签订了《巴彦淖尔市临河东城区污水处理厂再生水回用及配套主管网工程（再生水厂建设标段）工程合同》，约定发行人、鸿利元承包巴彦淖尔市临河东城区污水处理厂再生水回用及配套主管网工程（再生水厂建设标段），工程内容为新建一座日处理1万吨规模的再生水厂，包括土建施工和设备安装；工程立项批准文号为：《巴彦淖尔市人民政府专题会议纪要》〔2018〕31号；预估合同总价为8777.2532万元。

根据盛祥投资（建设单位）、呼和浩特建设监理咨询有限责任公司（监理单位）、发行人（总承包单位）及鸿利元（施工单位）共同签发的《工程交工证书》，发行人与鸿利元联合体EPC总承包的巴彦淖尔市临河东城区污水处理厂再生水回用及配套主管网工程（再生水厂建设标段）已按设计及规范要求完成了相关检试验工作，设备单机试车，系统调试运行，设备各项指标均已满足合同要求，于2019年12月10日竣工交付。

二、发行人获取巴盟再生水回用项目的方式符合当地主管部门要求

发行人、鸿利元作为联合体于2018年8月26日与盛祥投资签订《巴彦淖尔市临河东城区污水处理厂再生水回用及配套主管网工程（再生水厂建设标段）工程合同》，约定发行人、鸿利元承包巴彦淖尔市临河东城区污水处理厂再生水回用及配套主管网工程（再生水厂建设标段），工程内容为新建一座日处理1万吨规模的再生水厂；工程立项批准文号为：

《巴彦淖尔市人民政府专题会议纪要》〔2018〕31 号；预估合同总价为 8777.2532 万元。

《招标投标法》第 66 条规定，“涉及国家安全、国家秘密、抢险救灾或者属于利用扶贫资金实行以工代赈、需要使用农民工等特殊情况，不适宜进行招标的项目，按照国家有关规定可以不进行招标”。《招标投标法实施条例》第 9 条第 1 款规定：“除招标投标法第六十六条规定的可以不进行招标的特殊情况外，有下列情形之一的，可以不进行招标：（一）需要采用不可替代的专利或者专有技术；（二）采购人依法能够自行建设、生产或者提供；（三）已通过招标方式选定的特许经营项目投资人依法能够自行建设、生产或者提供；（四）需要向原中标人采购工程、货物或者服务，否则将影响施工或者功能配套要求；（五）国家规定的其他特殊情形。”

根据巴彦淖尔市人民政府印发的《巴彦淖尔市公共资源交易中心应急工程项目库管理办法》（巴政发〔2016〕116 号）第 2 条，“本办法所称‘应急项目’，是指政府和相关部门启动应急预案后，使用财政性资金直接或间接用于抢险救灾、紧急救治、安置、防疫、卫生监督和临时性救助等需要紧急实施的工程项目和采购货物、设备和服务等项目”。根据第 7 条第 1 款第 2 项，“……应急项目的实施可以省略发布招标信息、专家论证等环节，直接从应急项目企业库中随机抽取有一定资质、能力和规模的企业实施项目工程”。《巴彦淖尔市人民政府专题会议纪要》（〔2018〕31 号）议定将该项目列入巴彦淖尔市应急工程范畴，《市公共资源交易中心应急库确认单》确认发行人为负责实施巴盟再生水回用项目的企业，符合前述规定。

根据项目建设单位盛祥投资出具的书面确认文件，“巴盟再生水回用项目属于巴彦淖尔市应急工程范畴，倍杰特具备承接该项目的相关资质，经批准承接该项目，不存在违反法律法规规定的情形。”

因此，巴盟再生水回用项目虽不属于明确列入《招标投标法实施条例》第9条规定的可以不进行招标的项目，但根据巴彦淖尔市地方政府规章以及地方政府主管部门和项目建设单位的书面认定，该项目列入巴彦淖尔市应急工程范畴，发行人承接纳入巴彦淖尔应急工程范畴的巴盟再生水回用项目符合当地主管部门的要求。

发行人已就招股说明书其他涉及相关表述的部分一并进行修改。

三、巴盟再生水回用项目未履行公开招标程序不会对发行人经营造成重大不利影响

该项目建设单位、监理单位、总承包单位及施工单位已于2019年12月10日共同签发《工程交工证书》，按合同约定该项目已完成竣工验收，截至本问询回复出具日，盛祥投资已向发行人支付价款1470万元。根据盛祥投资就巴盟再生水回用项目向发行人出具的书面确认文件，盛祥投资对于该项目协议的取得、签署、执行和结算程序以及其他相关条款不存在任何异议，不会因为上述合同所涉及工程未履行招投标程序而向发行人提起法律诉讼或以其他法律手段要求解约，或以退款、赔偿等方式给予其经济补偿，截至本问询回复出具日，盛祥投资与发行人就该项目不存在纠纷情形。

根据《最高人民法院关于审理建设工程施工合同纠纷案件适用法律问题的解释》(法释〔2004〕14号)(已失效)第1条、第2条之规定，建设工程必须进行招标而未招标或者中标无效的，认定无效；建设工程施工合同无效，但建设工程经竣工验收合格，承包人请求参照合同约定支付工程价款的，应予支持。根据前述规定，发行人具备向盛祥投资收取工程价款的权利。

此外，为保障发行人利益，发行人实际控制人权秋红、张建飞、权思影已出具承诺。

因此，巴盟再生水回用项目未履行公开招标程序的情形不会对发行人的经营造成重大不利影响，不会对发行人本次发行上市构成实质性障碍。

巴盟再生水回用项目虽不属于明确列入《招标投标法实施条例》第 9 条规定的可以不进行招标的项目，但发行人承接纳入巴彦淖尔市应急工程范畴的巴盟再生水回用项目符合当地主管部门的要求；该项目已竣工交付，截至本问询回复出具日，盛祥投资与发行人就该项目不存在纠纷情形；巴盟再生水回用项目未履行公开招标程序的情形不会对发行人的经营造成重大不利影响，不会对发行人本次发行上市构成实质性障碍。

小兵评析

1. 这个案例主要涉及《招标投标法》的一项规定，就是如何认定应急工程属于规则规定的可以不招投标的例外条款。

2. 发行人对于这个问题做了很多解释，提供了政府工作纪要以及内部决策文件作为证据。同时，也由建设单位提供了说明文件，当然最关键的是项目已经完工和回款，后续出现纠纷甚至退款的风险很小了。

3. 对于招投标问题来说，这个案例还是很典型的，很有借鉴意义，值得我们学习。

PART 03

第三部分

规范问题的宽容

在《注册制：IPO的新逻辑和新标准》一书中，我们对于注册制审核下很多问题的容忍和宽容给予了充分的肯定和支持，不过随着审核形势的复杂化和审核标准进一步具体，对于当下注册制下IPO审核的逻辑和标准，到了一个需要重新梳理和理性思考的“回头看”的阶段。我们不是拒绝注册制，但是必须要明白我们需要什么样的注册制。我们需要的是有宽容、有担当、有底线的注册制，而不是没有标准、没有门槛、没有审核、没有预期的注册制。

在讨论规范性问题之前，我们必须要明确一个原则，那就是：我们对于规范性问题的宽容和忍耐，必须建立在对于基本规则的恪守和尊重之上。我们只有遵守基本的法律法规，在规则要求的框架之下行事，那么我们对于问题判断的空间和方向才会更加广阔，也更加有价值。如果是单纯地无视任何规则和标准的宽容，那么无疑就是溺爱和审核逻辑的混乱，有百害而无一益。

从小兵的角度来说，注册制和核准制的一个本质差别，就是核准制怀疑一切，注册制尊重一切。这样的理念，在历史沿革尤其是历次股权变动这个规范性问题上，体现得更加突出。以前，如果你的每次股权的变化和权益的变动，都没有充足的证据去证明其是真实存在的，那么监管机构就可以有足够的理由去合理怀疑。而现在，发行人只需要如实披露自己的变动情况，并且前后逻辑一致不存在明显的矛盾和差异，那么，现在充分证明的责任在监管一方，对他们要求不再是没有理由的合理怀疑，而是需要找出充足的证据去推翻现有的结论。而现在的结论，是不是最初的真相好像已经不那么重要，只需要根据证据说话，根据现有的资料做出各自角度的判断。

从某种意义上来说，当IPO审核就跟一场法院的诉讼一样，允许双方当事人充分展示证据、论述观点、做出最有利于自己的判断和诉求，不再有窗口指导和“暗箱操作”，其实就是一个很大的进步，也是注册制的胜利。

第一章　典型财务规范性问题

很多时候，上市就是上“财务”，而关注的财务重点自然是财务的真实性和合理性，尤其是真实性，其是财务审核的重点也是根基。在 IPO 审核中，我们对很多财务问题非常关注，关注的逻辑就是很多财务规范问题可能对财务的真实性带来影响，需要彻底规范且保证以后不会再发生。常见的情形如现金交易、第三方回款、个人卡收款、转移贷款等，上述四种情形我们也将其称为财务规范性问题的“四大金刚”。

在目前 IPO 审核实践中，还是会经常出现第三方回款的情形和案例。所谓第三方回款，简单来说，就是签订合同和销售回款的主体不一致，具体哪些情形属于第三方回款，审核问答做了明确的界定，结合实践中的一些经验的总结，标准和规则更加具体明确。在以前的审核问答中，曾经有最后一年一期第三方回款的占比不得超过收入 5% 的规定，后来规则的修改中取消了这样的限制。在目前的 IPO 审核案例中，存在第三方回款情形的基本上都是在报告期内金额和占比大幅下降且最后一年一期下降至 5% 以内，当然特殊情况下也有最后一年超过 20% 的案例。

关于个人卡收款问题，在 IPO 审核实践中也算是一个普遍的问题。随着注册制的实施以及财务规范理念的逐步深入，目前个人卡收款问题已经不是很常见，对于报告期内存在规模较大的个人卡收款情形的案例，还是需要重点关注。

案例53 真爱美家（003041）——境外客户第三方回款比例稳定在20%左右

【问询问题】

报告期内发行人第三方回款金额占当期营业收入的比例较高，且通过指定贸易商收取客户回款。请发行人代表：（1）说明存在第三方回款和通过指定贸易商收取客户回款的必要性及合理性，选择指定贸易商的标准、资金境内境外流转情况；（2）结合销售确认和回款等节点，说明第三方回款的真实性和可验证性，认定回款性质所依据的基础资料是否充分；（3）说明发行人及其实际控制人、董监高或其他关联方与第三方回款的付款方是否存在关联关系或其他利益安排；（4）说明通过指定贸易商回款是否符合外汇管理相关法律法规要求。请保荐代表人说明核查依据、过程，并发表明确核查意见。

【披露信息】

报告期内，存在商品销售回款方与合同签订主体名称不一致的情况。报告期内第三方回款情况如下：

单位：万元

项目	2020年1~6月	2019年度	2018年度	2017年度
通过股东、实际控制人及其亲属、员工、同一控制下关联方付款	110.32	265.63	1897.1	3803.73
境外客户指定第三方付款	1349.56	2606.76	6806.72	5884.56
通过指定贸易商回款	4636.73	19,772.84	12,175.63	10,378.31
合计	6096.61	22,645.23	20,879.45	20,066.60
销售商品、提供劳务收到的现金	32,037.26	104,925.19	102,337.57	95,096.39
营业收入	31,544.89	100,176.46	102,442.13	91,650.67

续表

项目	2020 年 1 ~6 月	2019 年度	2018 年度	2017 年度
第三方回款金额占销售商品、提供劳务收到的现金的比例（%）	19.03	21.58	20.40	21.10
第三方回款金额占当期营业收入比例（%）	19.33	22.61	20.38	21.89

2017 年度至 2020 年 1 ~6 月，公司销售商品通过第三方收到回款的金额分别为 20,066.60 万元、20,879.45 万元、22,645.23 万元和 6096.61 万元，占同期销售商品、提供劳务收到的现金比重分别为 21.10%、20.40%、21.58% 和 19.03%，占同期营业收入的比例分别为 21.89%、20.38%、22.61% 和 19.33%。

报告期内公司的第三方回款主要包含以下情况：

一、通过内部人进行付款

发行人部分海外客户为个体工商户、个人独资企业等，组织形式多样，财务管理相对宽松，因资金阶段性紧张或对公账户使用不便等原因，经常通过其可控制的内部人账户（包括控股股东、实际控制人及其亲属、员工、同一控制下的关联方）进行货款支付，导致付款渠道多样化。此类情形下，付款方主要为公司客户的关联方，以上情况产生的第三方回款具有商业合理性。

二、境外客户指定第三方付款

公司产品的销售地区主要集中在西亚、北非以及南非等国家或地区，部分客户所处国家或地区存在政局动荡、外汇管制或汇率波动频繁的情况。此外，部分客户受限于自身的规模及规范程度等原因，无法直接向公司进行货款支付，需要委托具有跨境外汇支付能力的第三方向公司支付货款，此种情况在全球欠发达国家和地区的国际贸易实务中属于较为普遍的情况。

报告期内通过第三方回款的主要客户及其所在国家或地区的具体情况如下：

单位：万元

涉及第三方回款的主要客户	国家	所在国家或地区具体情况
VALOBEX 342 CC、PROCALL CONSULTANTS（PTY）LTD	南非	报告期内，南非兰特对美元汇率波动较为频繁，2017 年 1 月末至 2020 年 6 月末南非兰特对美元总体贬值约 24%
NAWADAR ALARAB COMPANY、J-TEX INDUSTRLAL LIMITED	沙特	沙特针对非本国贸易商设有保人制度，贸易回款流程较为烦琐
HAYDER JAWAD ABED、HUNAIN TRADING CO.（L. L. C.）	伊拉克	该国常年处于战争状态，贸易回款存在诸多不便
SARL HUA SHUN IMPORT EXPORT、ALMOSTAQBAL ALALMASI GENERAL TRADING LLC	阿尔及利亚	该国外汇紧缺，银行换汇汇率比自由市场高约 20%，进口申报需要提前约 1 个月将足量本币存入银行，交易成本较高
ADEL MOHAMMED ALI、MOHAMMED FARHAN AHMED	也门	也门 2015 年以来，一直处于内战状态，政局动荡，外汇管制较为严格，客户无法直接使用美元向境外进行付款
ALROWAD COMPANY、SHARIKAT ALJEDWA ALALAMIYA	利比亚	利比亚国内长期处于战乱状态，外汇管制较为严格，客户无法直接使用美元向境外进行付款
ALDBEG TRADING、ABU	苏丹	报告期内该国货币对美元汇率波动较为频繁且波动幅度较大，2017 年 1 月末至 2020 年 6 月末，新苏丹镑对美元贬值幅度近 8 倍
ELWAY CPOLAND SP. Z. O. O	波兰	该国外汇汇率波动较为频繁，2017 年兹罗提对美元全年波动幅度约 16.78%

注：2017 年度至 2020 年 1～6 月，上述客户通过第三方的回款金额占公司同期第三方回款总额的比例分别为 61.44%、46.30%、41.73% 和 52.82%。

需要指定第三方向公司回款的客户在与公司进行交易时，由客户、付款方以及公司签订三方付款协议，约定付款方仅作为客户的货款受托支付方，不享有买卖合同项下的权利。公司与代客户支付款项的第三方之间不存在关联关系，以上情况产生的第三方回款具有商业合理性。

小兵评析

1. 本案例中，第三方回款的情形比较特殊，报告期内第三方回款的占比基本上保持在20%左右且没有明显下降的趋势，即使到了发行人报告期最后一期，第三方回款的比例仍旧保持在20%左右。除此之外，发行人的第三方回款绝大部分还是境外客户的回款，这无论是对于回款合理性的解释还是对销售及回款真实性的核查，无疑都提出了更高的要求。

2. 针对这个案例，我们不禁要思考，是审核标准发生了变化还是发行人自身有特殊之处从而允许突破原有的标准呢？我们看到，发行人第三方回款的结构跟一般的情形还是存在明显的区别的，发行人同一控制下或者亲属之间回款的比例并不是很高（这是其他案例最典型和重要的第三方回款情形），而占比最高的是客户指定第三方回款和发行人指定贸易商收款。

3. 客户委托第三方回款的原因主要是客户都是在一些金融不发达且不稳定的国家，很多情况涉及外汇管制和汇率急剧波动的风险，因而通过一些稳定的第三方付款来控制风险。对于这样的情形，发行人只要与客户合作，就没有办法改变只能被动接受，如果这么理解，第三方回款的比例保持稳定还是具有商业合理性的。

4. 关于指定贸易商回款的主要原因就是发行人有很多小的客户，交易和金额都比较零散，为了更好地提高效率，发行人就让贸易商统一收款，有点类似供应链管理。当然，这样的第三方回款发行人是主动的，是可以去改善的，但是规范又不可能一蹴而就，不然可能直接影响后续的商业合作。

5. 发行人第三方回款的占比很高且主要是境外回款，自然不只关注回款是否到位，更加关注销售的真实性问题，毕竟现在的财务核查思路已经变为：就算是钱回来了，也不代表销售就一定是真实的。为此，发行人也做了很多的补充核查工作，包括合同的审定、物流的跟踪以及后续产品的交付和回款等。

6. 当然，对于这个问题，发行人最核心的任务还是要降低第三方回款的比例，这一点在招股书披露的信息中有明确的表述：自 2020 年 7 月起，公司要求存在第三方回款情况的客户开立离岸账户或由其自行寻找可直接对公司付款的贸易商作为其代理商向公司采购产品，通过上述措施，公司可较为显著地降低外销业务的第三方回款比例。

7. 对于报告期后第三方回款的情形，发行人具体到每个月去解释发生的显著变化，2020 年 7～8 月，公司外销业务第三方回款金额为人民币 1486.52 万元（未经审计），占同期营业收入的比例为 7.58%，外销业务第三方回款比例已显著下降；2020 年 1～8 月，公司外销业务第三方回款累计金额为人民币 7583.13 万元，占同期营业收入的比例为 14.82%，预计 2020 年全年公司外销业务的第三方回款比例将出现显著下降。显然，期后第三方回款的比例大幅度下降才是这个案例能够最终通过审核的保证，说不定 2020 年全年发行人第三方回款比例已经降低至 5% 以下了呢。当然，我们也必须反思，既然发行人可以通过措施大幅度降低第三方回款的比例，那为什么没有在申报之前去主动解决，而要等到 IPO 申报之后才下定决心解决呢？

案例 54 金埔园林（301098）——个人卡支付农民工工资

【问询问题】

申报材料显示，报告期内发行人存在将劳务费支付给南京中浦龙劳务服务有限公司、南京岭宇劳务有限公司、南京海辰绿化景观工程有限公司等 3 家劳务公司后，再由劳务公司转账到发行人财务人员个人卡，最后由发行人财务人员向项目施工班组劳务人员支付的情况。发行人解释，出现前述情况的原因系为保证农民工工资发放的及时性。请发行人：（1）补充说明由发行人财务人员代发劳务工资的具体情况，包括合同签订情况、劳务班组情况、对应劳务公司基本情况，同一项目对劳务班组和劳务公司的划分情况、资金支付和结算确认过程，由发行人财务人员代发劳务工人工资金额、次数、占比等，相关个人所得税代扣代缴情况，发票开具情况，是否存在税务风险，结合前述情况说明相关款项支付的内部控制是否有效并执行，后续的规范过程及结果，未来进一步保障农民工劳务发放及时性的规范解决措施。（2）补充说明同一工种下，由发行人代发的人均劳务支出水平与其他劳务分包商的人均支出是否存在明显差异。(3）补充说明报告期内的劳务分包商中是否存在员工或前员工持有其权益的情形，是否与发行人及实际控制人、董事、监事、高级管理人员及其关系密切人员存在关联关系或其他未披露的利益安排。(4）结合前述发行人财务人员代发劳务工人工资事项，说明发行人会计基础是否薄弱，内部控制是否健全有效。

【披露信息】

一、通过财务人员代发劳务工资的原因及背景

为进一步解决拖欠农民工工资问题，2016 年 1 月国务院办公厅发布《关于全面治理拖欠农民工工资问题的意见》（国办发〔2016〕1 号)。意见中提出，在工程建设领域，施工总承包企业对所承包工程项目的农民工工资支付负总责，鼓励实行分包企业委托总承包企业直接向农民工代发工资的办法。人力资源和社会保障部、各地方政府亦发布相关文件鼓励总包单位参与到农民工工资发放管理过程中。

为响应甲方关于落实国家上述政策的号召，避免劳务公司拖欠其劳务人员工资，保证劳务费用及时、准确地支付给各项目施工班组人员，经与劳务公司协商，公司以部分重点项目的部分班组作为表率，在劳务公司配合的条件下，由公司项目财务人员代为向施工班组或劳务人员发放。在具体操作上，公司将款项支付给劳务公司，再从劳务公司银行账户或劳务公司指定人员银行账户（以下统称劳务公司）转账给公司相关财务人员并委托发放给班组负责人员或劳务人员。对于发放给班组负责人员的款项，劳务人员出具委托书委托班组负责人员统一代收，同时班

组负责人员出具承诺书，承诺并负责发放给每位劳务人员。上述情况具有真实交易背景，劳务公司转入财务人员金额与财务人员支付给劳务人员工资金额匹配、转款及时。

2017 年 1 ~ 9 月，通过上述方式发放的劳务人员工资金额合计为 1420.26 万元，占 2017 年公司劳务成本的 34.06%。2017 年 9 月，公司对该问题实施整改，优化了劳务公司工资支付方法，要求项目财务人员不再代发劳务工资，2017 年 10 月至今公司已不存在代发工资情况。

二、合同签订情况

涉及财务人员代发劳务工资事项的供应商有南京中浦龙劳务服务有限公司、南京岭宇劳务有限公司、南京海辰绿化景观工程有限公司。上述供应商具备相关资质，发行人与上述供应商均签署了《劳务分包合同》，上述劳务公司与劳务人员签署《用工合同》，公司与劳务人员之间无合同关系。劳务人员的调派、社保个税缴纳、考勤管理、工资核算等均由劳务公司负责，公司仅代为支付部分劳务人员的劳务工资。

三、由发行人财务人员代发劳务工人工资金额、次数、占比等情况

（一）2017 年公司财务人员代发工资的整体情况

劳务公司通过公司财务人员代发劳务工人工资数额占公司当期向该劳务公司支付劳务款的比例情况如下：

单位：万元

项目	南京中浦龙劳务服务有限公司	南京岭宇劳务有限公司	南京海辰绿化景观工程有限公司
代发工资金额	1094.07	323.72	2.48
当期支付劳务款金额	2203.12	508.91	264.87
占比	49.66%	63.61%	0.94%

（二）2017年公司财务人员代发劳务工资涉及的项目情况

劳务公司在支付给上述4名财务人员（蒋光篡、叶文喜、黄乾、王巧兰）后，上述4名财务人员将款项直接支付给施工班组组长、工人或通过公司项目人员/其他项目会计进行支付，转账至公司其他员工的主要原因系各地工程项目财务工作量较大，发放劳务工资涉及的工人和班组较多，公司为提升工作效率、保障工人工资按时发放故采取该种措施。

四、发票开具情况，是否存在税务风险

公司在代发劳务工资过程中，仅涉及支付环节，相关农民工工资的核算仍以劳务公司的核算为准，公司仅按照其核算后的金额代为支付。公司的劳务成本的核算仍以与劳务公司的结算为准，即由劳务公司向金埔园林开具相关发票进行结算。因此，上述人员的个人所得税代扣代缴义务人为劳务公司，公司不存在为上述相关个人代扣代缴个人所得税的情况，不存在相关税务风险。

五、后续规范的过程及结果、后续保障农民工劳务发放及时性的规范解决措施

2017年9月，发行人对该问题进行了规范，优化了劳务公司工资支付方法，要求项目财务人员不再代发劳务工资。2017年10月至今发行人已不存在代发工资情况。不再采用上述代发工资方式后，公司采取了下列措施保障农民工劳务工资发放的及时性：

1. 严把供应商准入关。对于拟进入公司分包供应商名录的企业，针对其发放农民工工资及时性的情况进行调查了解，对于因不及时发放导致发生农民工群体性事件或被处于行政处罚的分包供应商决定不予合作。

2. 在合同中约定农民工劳务工资及时发放相关条款。

3. 设立农民工工资发放专用账户。为保障重点项目的施工进度，避免因工资发放不到位导致施工队伍不稳定，公司要求部分供应商建立农民工工资发放专用账户。

六、请保荐人、申报会计师发表明确意见，并说明是否已按照证监会《首发业务若干问题解答》问题54的要求对发行人相关银行账户资金流水进行核查，并说明资金流水的核查范围、异常标准及确定依据、核查程序、核查证据，结合上述资金流水核查情况就发行人内部控制是否健全有效，是否存在体外资金循环形成销售回款、承担成本费用的情形发表明确核查意见

1. 报告期内，发行人采购苗木及项目施工过程中存在通过员工备用金支付运费、零星小额材料、苗木款、机械油费、临时劳务作业费的情况，该类采购计入采购成本中。

报告期内，发行人通过员工备用金支付采购款项的金额分别为1731.93万元、1085.09万元、413.85万元、112.49万元，金额逐期降低。保荐人、申报会计师取得了发行人提供的员工备用金流水账，在流水账上抽取了金额在10万元以上和部分金额在10万元以下的员工备用金核销凭证，获取了凭证后附的发票或完税凭证，了解了相关款项交易的原因。对于发生额和余额较大的人员进行了关注，取得了涉及金额较大个人的银行账户流水，针对其中超过10万元以上的支出、收入要求其对交易背景进行了说明，对部分涉及员工备用金支付采购款的供应商进行了访谈。

发行人为工程施工类企业，发行人发生现金采购主要系园林工程行业施工的特点所致：由于部分苗木、零星材料供应商偏好使用现金进行支付，且工程项目所在地较为分散，发行人为保障施工进度，故针对部分采购通过员工备用金的形式进行支付。

发行人已于2018年6月对《项目管理公司备用金管理办法》进行了修订，并于2018年7月起实施。对于原使用现金支付的运费，发行人已全部要求供应商自行支付给运输司机，发行人仅通过银行对公转账直接支付给供应商采购款；对于零星材料采购，单笔金额1000元以上的采购均通过发行人银行账户进行支付，仅保留少量单笔金额1000元以下的零星采购使用现金支付。其他报销事项亦按照新备用金管理办法进行了规

范。发行人已按照程序完成了相关问题的整改、纠正，整改后的内控制度已合理、正常运行并持续有效，不存在体外资金循环承担成本费用的情形。

2. 2017 年，发行人存在向关联方提供资金拆借的情况，涉及拆借金额为 539.70 万元。

3. 发行人销售回款存在第三方回款的情形。经核查，保荐人、申报会计师认为：报告期内发行人第三方回款均具备真实的交易背景，不存在虚构交易或调节账龄的情形；发行人第三方回款主要系客户类型及交易习惯所致，符合行业特点及发行人实际情况；发行人及其实际控制人、董监高或其他关联方与第三方回款的支付方不存在关联关系或其他利益安排；发行人销售业务均为境内客户，无境外销售业务，亦不涉及境外第三方回款的情形；自报告期初至问询回复签署日，发行人亦不存在因第三方回款导致货款归属纠纷的情形。

小兵评析

1. 从披露的招股书来看，金埔园林最早是 2019 年 6 月向证监会申报，保荐机构是广发证券。2020 年 6 月 29 日平移到深交所审核，保荐机构还是广发证券。而到了 2020 年 9 月披露的招股说明书，保荐机构就变更成了长江保荐。根据一般的 IPO 审核标准，发行人在审核过程中更换保荐机构都需要撤回申请重新申报，而这个案例因为广发证券暂停保荐资格而更换保荐机构并没有撤回申请还是继续审核，只是新的保荐机构重新做了相关的财务核查工作且调整了招股说明书的相关披露。从这个角度来说，这个案例有很大的特殊性，金埔园林还算是按照旧的标准来审核的创业板平移的企业，那时的创业板并没有负面清单也没有创业属性的要求，是符合相关规定的。

2. 具体到本案例涉及的问题，可以看作工程类企业的一个典型的财务核算不规范情形，当然发行人是属于金额比较大的情况了。发行人也是做了及时的清理，且在报告期第一年就彻底规范，因而就算是存在一定的瑕疵，也不必然会影响到 IPO 的实质审核。

3. 注册制下，一直强调相关信息的充分披露，因而我们也通过问询意见回复以及招股说明书披露的信息，看到了很多关于财务核算不规范的典型情形，如现金发放销售奖金、体外支付相关费用以及个人卡进行采购和支付等情形。从本质上来说，发行人也属于财务人员通过个人卡支付员工薪酬的情形，因为农民工的原因，发行人将资金先转给劳务公司，劳务公司再转给发行人的财务人员，然后再发放给农民工。从具体的情形来看，就是个人卡支付费用的情形，但是对于发行人的解释，小兵是存有疑问的。

4. 发行人解释说：2016 年国家有规定，要保证农民工的工资发放及时，因而最好是总包方直接给农民工发工资，而不是总包方给了分包方（可以理解为包工头），防止工资发放不到位。这样的政策指引小兵觉得没毛病，可是对于发行人这样的操作却不能理解，为什么一定要发行人先给分包劳务公司再转给财务人员再发给农民工呢？为什么不能发行人直接发，或者就算是个人卡发为了方便也能理解，为什么要转一圈？是为了税收的考虑或者其他原因？当然，发行人找了一个保证农民工工资发放的政策大帽子自己戴上，我们还真不好彻底去质疑这样做的合理性。

5. 对于这个问题，发行人还是做了详细的核查，既能够保证资金流水核查的到位，同时也能保证这样支付工资的工程项目都能对应且与其他项目不存在重大差异。从单纯技术的角度来说，这个问题解释清楚也解释到位了。从另外一个方面来说，对于一个问题的解释从最大的国家政策层面去寻找合理的理由，算是我们做项目的一个好的思路和窍门。

案例 55 汇隆新材（301057）——现金交易的典型案例

【问询问题】

首轮反馈意见回复显示，报告期内发行人与关联方的关联交易已履行了相关的审议程序及信息披露义务，拆借资金主要用于发行人日常生产经营。报告期内发行人主要现金交易中收到货款和款项入账时间同步，与货物发出时间间隔较短，不存在货款长期未入账的情形。请发行人按照《首发业务若干问题解答》问题42的要求，补充披露发行人现金交易是否符合相关要求。

【披露信息】

报告期各期，公司直接以现金方式收取货款的金额分别为8157.59万元、1072.60万元、417.82万元和20.17万元，占各期回款总额的比重分别为15.78%、1.60%、0.58%和0.08%，占各期销售收入的比重分别为17.87%、1.81%、0.64%和0.09%。2017年以来，公司严格控制现金收款比例，并积极发展经销模式，集中精力维护优质直销客户，减少现金收款。报告期内，公司现金收款的比重逐年降低。

一、现金收款的原因

2017年度，现金收款的比重较高，主要原因系公司地处长江三角洲经济带，民营经济发达，中小企业集中。公司客户主要为纺织业客户，群体较为分散，数量众多。报告期内，公司采取稳健的经营策略，一般情况下，公司对客户采取月结或款到发货的结算方式。公司根据客户历史的交易记录以及回款情况，给予部分客户一定的账期，而针对上门提货的零散客户，公司要求款到发货，以保证货款的安全性，因该类客户上门提货数量具有一定的不确定性，该类零散客户出于交易的便利性与交易习惯的原因，存在到厂现金付清款项的情况。

二、现金交易符合行业经营特点或经营模式

公司产品广泛用于家纺面料，如窗帘、墙布、沙发布、汽车内饰面料等。公司所在的湖州市家用纺织品行业发达，周边家纺产业集聚，毗邻“中国布艺名城”杭州余杭区、“中国布艺名镇”海宁许村镇、“中国家纺布艺名镇”桐乡大麻镇、“中国窗帘窗纱名镇”绍兴杨汛桥镇和“亚洲最大的布匹集散中心——中国轻纺城”，上述地区纺织业发达，纺织生产厂家数量众多，且多为中小民营企业，部分是家庭作坊、个体工商户，该类客户存在交易频次较多，单次交易金额较小的特点。由于客户付款习惯及出于交易的便利性，存在使用现金付款的情形。

同行业上市公司中，以下公司均采取了款到发货的形式，部分也披露存在现金收款的情况。

综上，公司的现金交易符合行业经营特点及经营模式。

三、现金交易的客户不是公司关联方

报告期内，公司无关联销售与关联采购的情形，不存在关联方使用现金支付货款的情况。

四、现金交易的可验证性及对内部控制有效性的影响

为保证公司资金安全，公司制定了《销售业务管理制度》《货币资金管理办法》《零散客户销售管理细则》等规定，对现金库存限额、出纳人员工作职责、现金流转过程等方面进行了进一步规范。公司针对现金交易的规范措施执行有效，现金交易过程中的相关单据齐备，具备可验证性。报告期内，公司现金交易金额及占比逐年降低，与现金交易相关的内部控制有效。

五、现金交易比例及其变动情况

报告期各期，公司直接以现金方式收取货款的金额占各期回款总额的比重分别为 15.78%、1.60%、0.58%和 0.08%。2017 年以来，公司严格控制现金收款比例，减少现金收款。报告期内，公司现金收款金额及比例逐年降低，2020 年 1～6 月，公司现金收款金额为 20.17 万元，主要为零星小额货款，公司已严格控制现金规模，避免不必要现金收款情形的发生。

六、现金管理制度与业务模式匹配且执行有效

为保证公司资金安全，公司制定了《财务管理制度》《销售业务管理制度》《货币现金管理办法》《零散客户销售管理细则》等规定，对现金收取范围、现金库存限额、出纳人员工作职责、现金流转过程等方面进行了进一步规范，严格控制销售现金收款规模，公司现金收款单据、现金日记账等相关单据齐备。

公司针对款到发货的客户要求交清货款方可出厂门，现金交易的客

户会将相关现金货款交至公司财务收款柜台，公司开具相应的收款收据。

收款过程中，公司收款柜台配备了点钞机进行点钞，防止接收到假币、伪币。公司出纳及时清点现金货款金额，核对收款金额的一致性，并及时登记现金日记账，每天必须将库存现金与日记账余额核对相符。

出纳核对无误后，提供现金收款资料给会计，由会计做好现金凭证记账工作，做到账实相符、客户往来余额准确。

根据公司的现金管理制度，公司配备专人按时前往银行柜台缴存现金，并根据缴存单据及时登记入账。

综上所述，公司现金管理制度与现金收款的业务模式匹配并且执行有效。

小兵评析

1. 发行人报告期期初有比较大金额的现金交易，主要是因为很多客户现场提货造成的，这个理由倒是合理。发行人后续做了彻底的整改，报告期期末已经只有200万元的现金交易，当然整改措施也非常简单，现场提货扫码支付就可以了。

2. 对于现金交易，小兵的观点是：尽管IPO审核规则对于某些特定行业并没有要求必须将现金交易的比例限定在某一个范围，但还是建议尽量规范和清理。在目前手机支付非常普遍的情况下，发行人完全可以通过手机支付的方式来解决现金交易的问题，将现金交易的比例控制在一个不可能影响发行人财务数据真实性的程度（如5%以下）。

案例56 新柴股份（301032）——大规模个人卡收款的关注要点和核查路径

【问询问题】

申报材料显示，2017~2019年，发行人通过员工个人银行账户代收货款金额分别为5479.58万元、2473.94万元、185.96万元。“已经收回货款或取得了收款凭证且相关的经济利益很可能流入”是发行人确认内销收入的条件之一。请发行人补充披露：（1）通过员工个人银行账户代收货款是否符合行业惯例，报告期内是否存在因员工代收货款与客户发生纠纷的情况；（2）代收货款在员工个人银行账户停留时间、资金流向等情况，是否存在资金被挪用、占用的情形，对报告期内收入确认准确性、完整性的影响，是否存在收入确认跨期的情形。

【披露信息】

报告期内，公司存在通过公司员工个人银行账户代收货款的情形，具体情况如下：

单位：万元、%

项目	2020年1~6月	2019年度	2018年度	2017年度
员工个人银行账户代收货款金额	—	185.96	2473.94	5479.58
营业收入	112,861.74	188,790.46	175,362.19	166,140.66
占比	—	0.10	1.41	3.30

2017~2019年，公司通过员工个人银行账户代收货款的金额分别为5479.58万元、2473.94万元和185.96万元，占营业收入的比例分别为3.30%、1.41%和0.10%，逐年减少且占比较低。

报告期内，公司通过员工代收货款涉及的主体包括本公司及配件分公司，具体代收货款员工明细情况如下：

序号	员工名称	所属公司	部门	职位	入职时间
1	潘××	本公司	财务部门	出纳	2014年
2	徐××	本公司	销售部门	销售业务人员	公司成立起
3	吕××	本公司之配件分公司	财务部门	出纳	公司成立起

注：潘××上表所属部门及职位为2017~2018年7月代收货款时的任职；于2018年8月转至配件分公司物供部仓管岗位。

报告期内，公司通过员工个人银行账户代收货款按所属公司、客户名称、转账性质、客户汇款金额划分的明细情况如下：

单位：笔、万元

所属公司	客户名称	转账性质	客户汇款金额	2019 年度		2018 年度		2017 年度	
				笔数	金额	笔数	金额	笔数	金额
新柴股份	新源重工	私人账户	—	—	—	27	1963.19	13	4657.29
	其他客户	私人账户	[20，100)	—	—	5	63.06	—	—
			<20	2	5.19	5	9.36	4	13.82
配件分公司	其他客户	公司账户	<20	—	—	1	1.00	2	7.36
		私人账户	≥100	—	—	15	102.42	39	424.74
			[20，100)	26	134.83	40	303.44	51	341.06
			<20	19	45.93	12	31.49	99	35.32
合计			—	47	185.96	105	2473.94	208	5479.58

依据上表，新柴股份通过员工个人账户代收货款的客户主要为新源重工，在2017年度及2018年度，公司通过员工个人银行账户代收新源重工货款的金额分别为4657.29万元和1963.19万元，占代收货款总额的比例为84.99%和79.35%，占比较大且单笔转账金额较大，主要系应新源重工的要求，新源重工存在较多零星客户、个人客户及小规模经销商，上述新源客户由于节假日使用对公银行账户支付较为不便、对公银行账户资金余额不足、节省银行汇款手续费等原因，为了支付的便利性，将货款付至新源重工委托的第三方个人银行账户；而新源重工部分采购货款通过前述第三方个人银行账户向公司员工个人账户进行支付。自2018年7月起，公司已停止新源重工通过第三方个人银行账户向公司员工个人账户支付货款的行为，清理并规范完毕。报告期内，公司不存在因员工代收货款与客户发生纠纷的情况。

配件分公司主要负责配件的采购和销售，销售柴油发动机配件通过员工个人银行账户代收货款主要系配件产品下游客户大多规模较小，存在较多个体工商户、自然人个人采购并支付现金款项的情形，配件分公司通过出纳设立个人银行账户专户存入现金货款并定期缴存至公司账户；而后续零星客户小额采购、通过第三方付款均统一先汇款至该账户后再转至配件分公司对公账户中，系配件分公司知悉并主动安排的专卡专用个人银行账户。

新柴股份的个人银行账户代收货款行为系员工行为，公司已于 2018 年 7 月发现前述违规行为并对新柴股份代收货款的出纳进行内部处罚，并将其调离出纳岗位。

截至 2019 年年末，公司对通过员工个人银行账户代收货款的行为已积极整改并清理规范完毕。

报告期内公司通过员工个人银行账户代收货款的情形主要系应新源重工等客户的要求，或者因下游客户规模较小，为方便统一核算而采取的支付结算方式，公司销售柴油发动机及柴油发动机配件产品通过员工个人银行账户代收货款不符合行业惯例；报告期内，公司已积极整改、清理及规范，并于 2019 年年末清理规范完毕。

报告期内，公司不存在因员工代收货款与客户发生纠纷的情形。

经核查，保荐人及申报会计师认为：发行人代收货款员工的银行账户、银行流水、业务款项的资金流向除了配件分公司存在少许用于发放职工薪酬外，其余均已汇入公司对公账户，不存在其他异常情形；经核查，客户新源重工委托第三方支付的 4260 万元货款，徐 × × 通过向外部以 4233 万元的价格购买了 4260 万元银行承兑汇票交付发行人，除此之外，发行人员工代收货款不存在其他挪用、占用资金的情形，对于徐 × × 占用的货款资金以及占用资金产生的收益，发行人已收回并对其进行了处罚。

小兵评析

1. 发行人存在的个人卡收款行为还是非常典型的，简单来说，就是：

（1）发行人通过三个个人账户（两个财务部人员，一个销售部人员）收款；（2）涉及个人卡收款的主要是一些特定客户（有一些商业上的合理理由）；（3）收款金额从期初的5000多万元逐步降低，报告期最后一期已经彻底规范。

2. 关于这个问题，我们主要关注的要点是：（1）个人卡收款是否符合行业惯例，是否存在纠纷或潜在纠纷；（2）个人卡收款的款项在个人账户停留的时间，是否满足收入确认的标准，是否影响收入核算的准确性；（3）个人卡收款的银行流水与发行人相关的银行流水是否具有对应关系，是否保证个人卡收款全部入账，是否具有真实的商业合作背景；（4）是否还存在其他个人卡收款的情形，这个边界如何界定以及中介机构如何核查并发表明确意见。

第二章　知识产权

如果将企业比作一个人，资产是骨骼，现金是血液，那么知识产权就是灵魂和头脑。一个企业知识产权的情况，不只体现了企业历史的积淀和储备，更展现了未来发展的动力和空间，知识产权是一个企业具有核心竞争力和市场话语权的内在基因和外在表现。可以这样讲，一个没有优质知识产权基因的企业，就算他资产足够大规模足够大，不过也就是一个传统的巨人，不一定有更好的发展和未来。

知识产权对于一个企业很重要，那么对于一个企业 IPO 审核自然就更加重要。随着企业知识产权保护意识的提高，在 IPO 审核中，也能见到更多的关于知识产权的诉讼纠纷，因而，IPO 审核如何看待知识产权的重要性，以及出现纠纷或者诉讼的时候如何把握审核标准，确实是我们需要深度思考的一个问题。

在《注册制：IPO 的新逻辑和新标准》一书中，我们已经对于知识产权相关的问题做过一个分析，这里再跟大家分享几个经典的案例，有两个还涉及商标的问题。通过这些案例，进一步跟大家分享注册制 IPO 审核对于知识产权纠纷的宽容和理解。

第一节　商标权

案例57　霍莱沃（688682）——商标“搭便车”的定性和解决

【问询问题】

根据问询回复，发行人与霍尼韦尔国际公司就前者涉嫌侵犯后者商标专用权、不正当竞争纠纷签署和解协议，后者于2019年撤回起诉。和解协议显示，（1）自协议生效后，对于协议生效之前已经存在的涉及“hollywell”字样的使用行为，霍尼韦尔国际公司不再直接或间接地予以追究；（2）发行人就协议生效前已经提交申请的包含有“hollywell”字样的相关商标，采取撤回或撤销申请，并改版www. holly - well. com网站及其他运营的网站。请发行人说明：（1）霍尼韦尔国际公司诉讼申请中要求发行人“停止所有商标侵权行为”“停止所有不正当竞争行为”“停止使用holly - well. com域名”的具体所指；和解协议生效前，发行人使用“hollywell”相关标识进行业务开展的情况，是否仅使用“hollywell”英文商号作为网络域名。（2）逐项说明和解协议中自身义务的履行情况，是否均已履行完毕，商标纠纷是否已彻底解决。（3）不能使用“hollywell”相关标识对生产经营和业务开拓的影响。

【披露信息】

一、霍尼韦尔国际公司诉讼申请中要求发行人“停止所有商标侵权行为”“停止所有不正当竞争行为”“停止使用holly - well. com域名”的具体所指；和解协议生效前，发行人使用“hollywell”相关标识进行业务开展的情况，是否仅使用“hollywell”英文商号作为网络域名

（一）霍尼韦尔国际公司诉讼申请中要求发行人“停止所有商标侵权行为”“停止所有不正当竞争行为”“停止使用holly - well. com域名”

的具体所指

根据发行人提供的民事起诉状、答辩状等诉讼材料，霍尼韦尔国际公司诉讼申请及具体所指如下：

序号	霍尼韦尔国际公司诉讼申请	具体所指
1	停止所有商标侵权行为	(1) 要求发行人停止侵犯原告“HONEYWELL”系列驰名商标的行为，包括停止在电磁、天线、电子等领域相关的测试设计设备、平台等商品和相关技术咨询服务上使用“HOLLYWELL”/ 标识的行为； (2) 要求发行人停止侵犯原告“HONEYWELL”系列商标的行为，包括停止在电磁兼容分析软件，天线系统仿真分析软件等上使用“HOLLYWELL”/ 标识的行为； (3) 要求发行人销毁其目前库存的侵权商品、侵权商品外包装、宣传材料和主要用于制造侵权商品、侵权标识的工具等； (4) 要求发行人停止在任何网站和公共媒体上使用与“Honeywell”系列商标近似的商标或标识； (5) 要求发行人停止将与“Honeywell”系列商标相近似的“Honeywell”作为其企业英文字号突出使用
2	停止所有不正当竞争行为	要求发行人停止所有不正当竞争行为，包括但不限于停止侵犯原告享有的“Honeywell”字号权，不得将与“Honeywell”知名字号相近似的“Honeywell”作为其企业字号使用
3	停止使用holly－well. com域名	发行人停止使用holly－well. com域名并注销该域名

该案件并未进入法庭审理阶段，并未有司法机构对是否存在“停止所有商标侵权行为”、“停止所有不正当竞争行为”或“停止使用holly－well. com域名”的情形进行认定，且发行人与霍尼韦尔国际公司已就上

述争议达成和解。

（二）和解协议生效前，发行人使用“hollywell”相关标识进行业务开展的情况，是否仅使用“hollywell”英文商号作为网络域名

1. 发行人未单独使用“hollywell”标识开展业务

发行人单独使用“hollywell”标识开展业务的情形限于发行人就“hollywell”字样申请商标及网站域名注册，发行人未单独使用“hollywell”标识开展经营业务。发行人曾申请 holly－well. com 域名作为公司网站地址，发行人已于和解协议签署后停止使用；发行人曾于 2013 年取得（注册号为：10654947，分类核定为 42 类中的“无形资产评估”），发行人实际未从事与无形资产评估相关的业务，该商标已于和解协议签署后撤销。

2. 发行人业务中使用“hollywell”相关标识的情况

发行人业务开展时涉及使用有争议的“hollywell”标识为标识，该标识由图形、中文商号“霍莱沃系统技术”和英文商号“Hollywell”组合，应用于发行人部分测试系统、分析软件上。

3. 发行人已与霍尼韦尔国际公司达成商标纠纷和解

发行人及霍尼韦尔国际公司为了避免诉累和长期陷入诉讼程序，达成和解并签署了和解协议。和解协议约定发行人停止使用“hollywell”标识，霍尼韦尔国际公司对发行人使用“hollywell”英文商号所有事项不再追究；和解协议约定发行人可以使用“hollywave”作为发行人的英文名称和英文商号，发行人在和解协议签署后已以“hollywave”申请多项商标并获得授权。

发行人停止使用“hollywell”标识对发行人的生产经营和业务开拓无明显不利影响。

二、逐项说明和解协议中自身义务的履行情况，是否均已履行完毕，商标纠纷是否已彻底解决

发行人已经履行完毕和解协议中约定的义务，与霍尼韦尔国际公司

商标纠纷已经彻底解决。

三、不能使用“hollywell”相关标识对生产经营和业务开拓的影响

公司主要凭借技术及经验优势开展业务，商标中的英文标识在业务开展中的影响较小。

（一）公司所处行业技术壁垒较高，英文标识在业务开展中发挥的作用较弱

公司所处业务领域主要为电磁场仿真与相控阵校准测试等领域，主要面向国防军工单位和移动通信领域的企业客户，公司中文商标取得较高的知名度和认可度，英文标识对业务开展的作用较小。

该等行业领域具有较高的技术壁垒，客户在选择合作对象时主要考察供应商的技术水平和相关经验，对供应商所使用的商标关注度较低。

公司长期致力于电磁场仿真与相控阵校准测试领域技术的研发和应用，通过参与嫦娥探月工程、北斗卫星、高分三号卫星等知名项目和国防军工领域多个重点装备的研制工作，在行业内树立了良好的口碑，为公司后续业务开拓建立了优良的基础。

因此，公司的业务开展主要依赖于技术及经验优势，英文标识在业务开展中发挥的作用较弱。

（二）不能使用“hollywell”相关标识对公司生产经营和业务开拓无明显不利影响

公司不再使用“hollywell”相关标识后，生产经营及业务开拓至今未受到明显不利影响，报告期内公司业务呈现持续增长趋势。

因此，不能使用“hollywell”相关标识对公司生产经营和业务开拓无明显不利影响。

小兵评析

1. 关于本案例发行人的具体情形，可以用三个层次来总结：其一，发行

人只是注册了一些看似“搭便车”的商标以及用了域名；其二，发行人并没有充分利用“搭便车”的商标进行经营和销售；其三，发行人与霍尼韦尔国际公司进行了和解，不管背后是怎样的利益交换，至少问题还是彻底解决了。

2. 关于商标的“搭便车”行为，以乔丹体育最为典型，目前 IPO 审核中也重点关注，并且都以乔丹体育的一些审核意见和原则作为衡量的一个标准。

3. “搭便车”行为以前非常普遍，那时候消费者对外国品牌也是盲目推崇，加上信息交流没有现在便捷，因而就是用了也没有太多争议。而现在，因为民族文化自信，国内企业很少再去注册什么外国品牌“搭便车”。信息互通几乎没有死角，国外品牌对于国内品牌侵权行为了解的情形更加全面，随时会对潜在的侵权行为进行诉讼或提出其他诉求。

案例 58　大全能源（688303）——商标授权使用

【问询问题】

招股说明书披露，发行人及子公司未拥有任何商标，发行人持有两项商标许可，相关商标许可使用合同备案程序正在办理中。就 6653790 号商标，2015 年 10 月 16 日大全集团与发行人签署《商标使用许可合同》。2018 年 2 月，大全集团将 6653790 号商标转让予江苏大全，根据江苏大全长江电器股份有限公司（以下简称江苏大全）分别和发行人于 2020 年 6 月 28 日及 2020 年 7 月 1 日签署的《商标使用许可合同》及《商标使用许可合同补充协议》，江苏大全将其已注册在 9 类上的第 6653790 号商标以独占许可的方式许可发行人无偿使用。就 4654980 号商标，根据大全集团与发行人于 2020 年 7 月 1 日签署的《商标使用许可合同》，大全集团将其注册在 1 类上的第 4654980 号商标以普通许可方式许可发行人无偿使用。请发行人就主要商标源自实际控制人控制的其他企业授权作重大事项提示及风险揭示。请发行人说明：（1）两项商标许可未转入发行人体内的原因，发行人能否稳定长期使用上述授权商标，是否对商标权人存在依赖，今后的处置方案；（2）就 6653790 号商标，转让前大全集团对发行人使用许可商标的行为是否予以认可，是否存在争议或纠纷；（3）就注册证号为 4654980 的商标，大全集团允许发行人以普通许可方式使用商标而非以独占许可方式使用的原因，大全集团自身是否使用或授权其控制的其他企业或无关联第三方在该商标核定使用范围的产品或服务上使用，如是，说明前述情况对发行人的影响；（4）结合前述商标在发行人产品的使用情况，说明上述事项是否影响发行人的资产完整性和独立性。

【披露信息】

一、两项商标许可未转入发行人体内的原因，发行人能否稳定长期使用上述授权商标，是否对商标权人存在依赖，今后的处置方案

根据江苏大全分别和发行人于 2020 年 6 月 28 日及 2020 年 7 月 1 日签署的《商标使用许可合同》及《商标使用许可合同补充协议》，江苏大全将其已注册在 9 类上的第 6653790 号商标以独占许可的方式许可发行人无偿使用，许可使用的商品或服务范围为公司及其控股子公司、该等控股子公司的分支机构已经或将来可能开展经营的、符合许可商标核定范围的产品或服务（包括但不限于高纯多晶硅的研发、制造和销售），许可使用期限为该商标的注册有效期，该商标有效期续展后，发行人将继续无偿使用。

根据大全集团与发行人于 2020 年 7 月 1 日签署的《商标使用许可合同》，大全集团将其注册在 1 类上的第 4654980 号商标以普通许可方式许可发行人无偿使用，许可使用的商品或服务范围为公司及其控股子公司、该等控股子公司的分支机构已经或将来可能开展经营的、符合许可商标核定范围的产品或服务。许可使用期限为该商标的注册有效期，该商标有效期续展后，发行人将继续无偿使用。

（一）两项商标许可未转入发行人体内的原因

1. 发行人对于商标的依赖程度不高

发行人主要从事高纯多晶硅的研发、制造与销售。高纯多晶硅是太阳能光伏行业的基础材料，主要用于光伏太阳能硅片的生产，硅片应用于下游电池片、电池组件、发电系统等太阳能光伏产品的生产。从整个行业链条来看，发行人的高纯多晶硅产品系行业链条的中间品，并非直接作为终端产品使用。发行人将上述商标用于公司向客户交付多晶硅时的外包装物标识以及公司宣传册等形象宣传用途。

发行人开展业务经营主要依靠发行人在行业内已经拥有的较强的市场竞争力、知名度和口碑，客户采购决策系基于发行人的产品技术和产品质量，并不会审查发行人使用的商标。

2. 发行人通过长期授权许可的方式使用商标具有合理性

江苏大全名下有多个第9类注册商标，江苏大全的主营业务（开关柜、电气工程设计等）所需商标属于第9类的其他子类别（与“多晶硅”同属于第9类），根据《商标法实施条例》的规定，转让注册商标，商标注册人对其在同一种或者类似商品上注册的相同或者近似的商标未一并转让的，由商标局通知其限期改正；期满未改正的，视为放弃转让该注册商标的申请。因此，如进行商标转让，则需要将与江苏大全业务相关的其他第9类图形商标一并打包转让，实际操作难度较大。

基于上述原因，相关商标未转入发行人体内。

（二）发行人能否稳定长期使用上述授权商标，是否对商标权人存在依赖，今后的处置方案

根据发行人签署的《商标使用许可合同》及其补充协议，发行人可在该两项商标的注册有效期内无偿使用许可商标，该两项商标的注册有效期分别截至2030年5月20日和2029年2月20日，剩余有效期间较长；而且该两项商标有效期续展后，发行人将继续无偿使用。据此，发行人能够稳定长期使用上述授权商标。江苏大全名下的第9类第6653790

号商标、大全集团名下的第 1 类第 4654980 号商标是大全集团在发行人成立之前即已注册的商标。发行人通过授权的方式使用该两项商标系发行人实际控制人控制的部分下属企业长期统一管理对外标识的需求，而非发行人对实际控制人及其控制的其他主体的依赖。据此，发行人对商标权人不存在依赖。发行人拟依照前述协议的约定长期使用上述授权商标。

二、就 6653790 号商标，转让前大全集团对发行人使用许可商标的行为是否予以认可，是否存在争议或纠纷

根据大全集团出具的确认，大全集团对于发行人在其将该商标转让予江苏大全前使用 6653790 号商标予以认可，双方对此不存在任何争议或纠纷。

三、就注册证号为 4654980 的商标，大全集团允许发行人以普通许可方式使用商标而非以独占许可方式使用的原因，大全集团自身是否使用或授权其控制的其他企业或无关联第三方在该商标核定使用范围的产品或服务上使用，如是，说明前述情况对发行人的影响

第 4654980 号商标是大全集团在发行人成立以前即已注册并使用的商标，其注册的商品和服务范围包括“干冰（固体二氧化碳）；酸；工业用盐；醋酸盐（化学品）；乙烯；酒精；工业用苯酚；生物碱；乙醛；酯；工业用葡萄糖；工业用同位素；增白剂；混凝土凝结剂；发动机燃料化学添加剂；制毛玻璃用化学品；电镀液；气体净化剂；水软化剂；玻璃防污剂；抗静电剂；淀粉溶解化学品（脱胶制）；动物碳；化学防腐剂；活性炭；工业用亮色化学品”等，远超出发行人的实际需求范围，且大全集团及其下属企业也需使用第 1 类上的第 4654980 号商标。如前所述，发行人目前使用第 4654980 号商标仅限于副产品的外包装标识，商标的作用有限。独占许可方式将超出发行人的实际需要，并将导致大全集团及其下属企业无法满足商标使用需求。

根据大全集团的确认，截至本回复签署日，大全集团自身暂未使用或授权其他第三方使用该商标，其申请并注册该商标主要出于商标保护目的，并不影响发行人按照《商标使用许可合同》使用该商标。同时，

第4654980号商标核定的商品和服务范围不包括发行人的核心产品多晶硅，不会对发行人的主营业务开展造成不利影响。

四、结合前述商标在发行人产品的使用情况，说明上述事项是否影响发行人的资产完整性和独立性

如前所述，商标在发行人实际业务开展过程中作用有限，发行人通过授权方式使用该两项商标不影响发行人实际业务的开展，发行人不因此形成对实际控制人及其控制的其他主体的依赖。此外，该两项商标的剩余有效期间较长，且该两项商标有效期续展后，发行人将继续无偿使用，发行人能够稳定长期使用上述授权商标。

综上所述，上述事项不影响发行人资产的完整性和业务的独立性。

小兵评析

1. 以前的IPO审核规则中，是明确不能存在大股东授权使用商标的情形的。不过注册制下，既然发行人的土地厂房都可以是租赁控股股东的，商标租赁也就自然不是障碍。

2. 当然，这跟土地厂房的租赁解释逻辑一样，那就是发行人对于租赁的相关资产并不具有重大依赖，租赁的相关资产也不是发行人资产的重要组成部分，不影响发行人业务相关资产的完整性。

第二节 发明专利

案例59 力同科技（创业板已过会，终止注册）——重要专利被诉讼无效，是否影响IPO审核

【问询问题】

请发行人：（1）说明ZL200710077178.6号专利的取得方式是否为受

让取得，如是，披露专利权转让相关情况；并披露发行人两次申报文件对该专利取得方式披露不一致的原因。（2）以列表方式披露报告期各期ZL200710077178.6、ZL201010225396.1号专利分别涉及的芯片产品相关销售收入，并说明相关专利对应的产品、销售收入的划分依据。（3）说明发行人多项专利被申请无效的原因，相关案件可能的结果，是否存在其他专利被宣告无效的风险，如存在，请进行重大风险提示。

【披露信息】

一、说明ZL200710077178.6号专利的取得方式是否为受让取得，如是，披露专利权转让相关情况；并披露发行人两次申报文件对该专利取得方式披露不一致的原因

根据相关专利证书、发行人的说明，并经登录国家知识产权局官网进行核查，ZL200710077178.6号专利为发行人原始取得，发行人于2007年向国家知识产权局递交该专利的授权申请资料，并于2009年获得发明专利授权。2014年9月，发行人将该项专利转让给子公司泉州力同，对于泉州力同而言该项专利为受让取得，故前次申报文件将该专利取得方式披露为受让取得。鉴于该专利实际为发行人自主研发、原始取得的专利，且泉州力同为发行人全资子公司，可将发行人与泉州力同视为一个整体，将该项专利的取得方式理解为原始取得，故本次申报文件将该项专利的取得方式披露为原始取得。

二、以列表方式披露报告期各期ZL200710077178.6、ZL201010225396.1号专利分别涉及的芯片产品相关销售收入，并说明相关专利对应的产品、销售收入的划分依据

ZL200710077178.6、ZL201010225396.1号专利应用于发行人的AT系列无线通信射频模拟芯片及模块、A系列（SoC）模拟芯片及模块及专网通信终端，报告期内，该等产品的销售收入占发行人营业收入比例分别为84.77%、86.64%、88.76%及88.82%。但由于该等专利主要涉及芯片的硬件技术，该等专利应用的专网通信芯片与专网通信终端硬件收

入占发行人营业收入比例较低，分别为 18.68%、18.52%、16.00% 及 18.21%。同时，即使相关专利权最终被宣告无效，并不会影响发行人继续合法、无偿地使用相关技术。因此，相关专利权被宣告无效，不会对发行人的持续经营能力造成重大不利影响，亦不会对发行人本次发行上市造成实质性障碍。

三、说明发行人多项专利被申请无效的原因，相关案件可能的结果

（一）发行人及其子公司相关专利无效宣告案件及诉讼案件的基本情况

根据发行人提供的资料，截至本回复出具之日，发行人及其子公司有 6 项专利涉及无效宣告请求审查，其中 1 项专利涉及相关行政诉讼。

（二）发行人及其子公司多项专利被申请无效的原因

1. 发行人及其子公司多项专利被申请无效的原因及相关背景

发行人及其子公司多项专利被申请无效的原因及相关背景如下：

(1)《专利法》第 45 条规定：“自国务院专利行政部门公告授予专利权之日起，任何单位或者个人认为该专利权的授予不符合本法有关规定的，可以请求专利复审委员会宣告该专利权无效。”任何单位或者个人认为专利权的授予不符合《专利法》有关规定的，均可以请求专利复审委员会宣告该专利权无效，且国家知识产权局对专利无效宣告请求仅做形式审查即可予以受理。由此，发行人已获授权的专利仍存在被请求宣告无效的可能。

(2) 为维护企业自身知识产权的合法权益，报告期内，发行人针对他人的专利侵权行为提起了专利侵权诉讼，针对原告的专利侵权诉讼，为避免构成侵权，被告向专利复审委员会申请宣告专利权无效是实践中常见的对抗专利侵权诉讼的手段，故发行人该等专利侵权诉讼可能导致相对方向国家知识产权局提起发行人专利权的无效宣告请求，进而延迟或者阻断相关专利侵权诉讼案件的进程。

(3) 在企业申请上市过程中，竞争对手或第三人对发行人的专利权

提起无效宣告请求影响发行人上市进程的情况在实践中并不鲜见，参见贵州白山云科技股份有限公司、苏州敏芯微电子技术股份有限公司、深圳市深科达智能装备股份有限公司等申请上市的相关申报文件。截至本回复出具之日，发行人及其子公司有6项发明专利被第三人提起专利权无效宣告请求审查，该等发明专利申请期间以及获得授权后的相当一段时间内未受到质疑，但前述专利无效宣告请求案件有大部分系竞争对手或第三人在发行人递交上市申请后的短期内集中提起的，其行为与阻挠发行人上市进程可能存在一定的关联性。发行人一贯坚持自主创新的研发战略，但仍不排除存在少数竞争对手采取恶意的市场策略，采用申请相关专利无效等方式干扰发行人进行市场拓展的情形。

2. 发行人相关无效宣告案件不会对发行上市造成实质性障碍

根据发行人提供的资料、对发行人核心技术人员的访谈并经核查，发行人上述正在进行中的专利无效宣告请求审查及相关的行政诉讼案件不会对发行人的持续经营能力造成重大不利影响，亦不会对发行人本次发行上市造成实质性障碍，原因如下：

（1）相关专利具有较高的稳定性，最终被宣告无效的可能性较小。

（2）相关专利权即使被宣告无效，不影响发行人继续合法、无偿地使用相关技术。相关专利权如最终被宣告无效，该等专利权自始不存在，相关技术将进入公共领域，发行人可继续合法、无偿地使用相关专利涉及的技术方案，故相关专利即使被宣告无效，不影响发行人在生产经营中继续使用相关技术。

（3）相关专利未具体应用于公司产品或相关专利技术已进行了技术迭代。“ZL201310105498.3一种混合对讲方法及系统”、“ZL201710005174.0一种数字对讲终端及抗阻匹配方法”、“ZL201710011193.4一种基于DMR标准实现语言加密的方法及装置”专利为发行人作为技术储备及技术保护申请的专利，该等专利相关技术未具体应用于发行人的产品。

（4）相关专利涉及的收入金额及占发行人报告期内各期营业收入比

重较低。

（5）发行人的专网通信产品存在较高技术壁垒。

（6）发行人客户黏性较高，客户不会轻易更换供应商。

（三）发行人及其子公司拥有的相关专利具有较高稳定性，最终被宣告无效的可能性较小

发行人及其子公司拥有的相关专利具有较高稳定性，最终被宣告无效的可能性较小，主要原因包括：

1. 发行人或其子公司泉州力同拥有的专利“ZL200710077178.6 一种集成对讲模块及基于该模块的对讲系统”、“ZL201310105498.3 一种混合对讲方法及系统”、“ZL201010225396.1 具有双音多频编解码功能的集成对讲芯片及集成对讲系统”、“ZL201710005174.0 一种数字对讲终端及抗阻匹配方法”、“ZL201710073930.3 一种数字对讲终端”及“ZL201710011193.4 一种基于 DMR 标准实现语言加密的方法及装置”专利均为发明专利，该等发明专利在授权前已经国家知识产权局实质性审查，专利质量及稳定性较高。

2. 就泉州力同拥有的“ZL200710077178.6 一种集成对讲模块及基于该模块的对讲系统”专利，虽然国家知识产权局已作出宣告泉州力同拥有的该项发明专利权全部无效的决定。但泉州力同认为国家知识产权局作出的专利无效宣告决定（以下简称被诉决定）在程序、事实认定和法律适用上存在明显错误，从而导致对前述专利权利要求的创造性判断认定错误，据此请求北京知识产权法院判令撤销国家知识产权局作出的第 45093 号《无效宣告请求审查决定书》并重新作出无效宣告请求审查决定。

小兵评析

1. 与其他案例双方针对所有权归属打得不可开交相比，本案例主要是被

对方申请发行人专利无效。而发行人在案例中也总结了关于专利被诉讼无效的几种情形：（1）发行人取得专利后，任何人都可以按照自己的理解提供证据主张发行人取得的专利无效，这是专利法给予的权利。（2）发行人向某个企业提出专利侵权诉讼的时候，对方为了证明自己没有侵权，就会主张发行人的专利无效，既然专利无效也就不存在侵权。（3）发行人在上市申请过程中，总是有一些竞争对手或者其他企业恶意进行专利的诉讼或者纠纷。

2. 从专利管理的角度来看，对于发行人的竞争对手来说，主张专利无效的诉讼流程发起应该是要比直接主张侵权难度要小得多，因而就可能在实践中导致诉讼泛滥的情况。此外，对方主张专利侵权或者其他纠纷，一般有主要重要的证据且确实是为了保护自己的利益不受损害而发起的，而主张专利无效有时候可能就是“碰瓷”行径。

3. 如果能从这个角度想明白了，那么，发行人在解释被主张专利无效的时候也就能理直气壮，解释难度也就没有那么大了。前面提到，发行人说的容易引起专利无效诉求情形也非常普遍且具有合理性，并且这样的诉求对于发行人的生产经营也没有本质损害。

4. 发行人对于专利问题的解释是没有压力的，但是有些观点小兵觉得是不严谨的，例如：

（1）发行人就算是专利被宣告无效，专利就进入公共领域，发行人同样可以无偿使用这个专利，因而对发行人的生产经营没有本质影响，这个解释有点牵强了。

（2）发行人涉及的专利产品销售占比超过 90%，但是涉及专利主要应用于硬件产品方面，而发行人硬件的销售收入在 18% 左右不足 20%，因而对发行人没有重大不利影响。这是常见的“和稀泥”方式的收入比例的区分方式，实践中很难区分。

5. 发行人为了证明自己专利的稳定性，还专门请了律师事务所针对 6 项专利做了专利稳定性的评估和说明。不知道这个是审核机构的要求还是发行人自我做的证明，值得借鉴，不过不知道实践中效果如何。

案例60 之江生物（688317）——知识产权许可授权

【问询问题】

根据问询回复披露，发行人与 TriLink Biotechnologies 签订《License and Supply Agreement》，发行人向 TriLink 采购原材料 dNTP 并获得 TriLink 对应知识产权授权，TriLink 许可发行人使用在该协议项下采购的原材料生产产品并对外销售。发行人获得的授权为使用 TriLink 专利 dNTP 用于生产产品并对外销售的权利，非 dNTP 的制造方法。请发行人说明原材料 dNTP 知识产权授权的具体情况，获得上述授权的原因，原材料 dNTP 的使用情况及占营业收入的比例，请发行人就上述知识产权授权事项作风险揭示。

【披露信息】

一、原材料 dNTP 知识产权授权的具体情况

报告期内，发行人 dNTP 的供应商主要有两家，分别为 TriLink Biotechnologies（以下简称 TriLink）和 QIAGEN N. V. 。发行人生产核酸检测试剂的过程中，或单独使用某个供应商的 dNTP，或根据需求混合使用两个供应商的 dNTP。发行人与 TriLink 于合作过程中签署了知识产权授权协议，与 QIAGEN N. V. 合作过程中未涉及知识产权授权。

根据发行人与 TriLink 签订的《License and Supply Agreement》，发行人向 TriLink 采购原材料 dNTP 并获得 TriLink 对应知识产权授权，TriLink 许可发行人使用在该协议项下采购的原材料生产产品并对外销售的权利，具体授权情况如下：

条款	具体内容
授权方式	非排他许可
许可范围	TriLink 授权发行人购买和在全球范围内使用 dNTP 制造 Mastermix（可用于核酸扩增的混合物，包含 dNTP 等多种成分），并销售根据本协议制造的为最终用户（指来自发行人，为研究和商业目的，而购买混合液者）指定的混合液

续表

条款	具体内容
许可内容	被许可方向许可方采购原材料 dNTP 用于制造产品并销售的权利
许可期限	授权许可自 2017 年 1 月 1 日起生效，授权期限为 3 年，并自动续期 1 年（除非一方在期限终止 30 天之前书面通知不予续期）。双方已于 2020 年 6 月 22 日续签该等协议，并约定授权期限延长至 2023 年 6 月 21 日
费用	特许权使用费：零元
限制事项	发行人不得将 TriLink 取得专利的 dNTP 出售或转让给任何第三方；发行人未经 TriLink 书面许可，不得从任何第三方获取 TriLink 取得专利的 dNTP

二、获得上述授权的原因

TriLink 自身对于其涉及专利授权的产品有相应的管理规范，通过与下游客户签署知识产权授权协议，明确知识产权授权范围，以防范下游客户在使用及销售 TriLink 专利产品时的侵权行为。因此，TriLink 根据其业务开展惯例与发行人签订了相关知识产权授权协议。

三、原材料 dNTP 的使用情况及占营业收入的比例

原材料 dNTP 的使用情况及占营业收入的比例如下：

项目	2020 年 1～3 月	2019 年	2018 年	2017 年
dNTP 占试剂直接材料成本比例	11.10%	14.44%	12.53%	11.44%
其中：TriLink 产品成本比重	10.71%	13.82%	12.15%	11.20%
使用 TriLink 的 dNTP 产品销售收入占总营业收入的比例	60.71%	56.35%	61.54%	57.86%

发行人基于原材料性价比、供应商的品牌和供货能力等综合因素考量，在国内外众多的 dNTP 供应商中选择向 TriLink 和 QIAGEN N. V. 两家供应商采购，并形成了长期稳定合作关系。

dNTP 作为一种核酸检测试剂的基础原材料，国内外供应商众多，国内供应商包括天根生化科技（北京）有限公司、深圳市菲鹏生物制药股

份有限公司等，国外供应商包括 Thermo Fisher Scientific Inc. 、LGC BIO-SEARCH 等。综上，对于该类原材料发行人均可以在国内外找到其他可替代的供应商，发行人对上述两家供应商不构成重大且不可替代的依赖。

小兵评析

1. 本案例中发行人披露的一个专利许可的情形还是比较特殊的，这里简单与大家分享：发行人是购买原材料，而供应商会许可发行人使用这个原材料生产产品并对外销售的权利，而不是生产这种原材料的权利。从本质上讲，这都不算是一种真正的知识产权的许可，只是原材料采购附加的一个事项而已。

2. 根据披露，发行人通过这样类型的原材料采购生产产品并实现销售的占比每年都是超过 50% 的，占比还是很高的，当然也没有构成 IPO 的实质性障碍。

第三章　同业竞争与关联交易

在注册制审核的理念下，有些审核标准在放宽降低甚至直接取消，有些审核理念却一直坚持且持续收紧。对于同业竞争问题来说，有些方面在坚持高标准，有些维度也是做了很大程度的让步，从而让这个问题变得有点复杂。在以前的审核案例中，我们也分析过同业竞争问题，因为有些变化比较复杂，这次想完整的把同业竞争问题的审核标准系统整理一下。关于同业竞争问题，核心来讲主要是两个问题：一个是同业竞争的核查范围；另一个是同业竞争核查的标准。

关于同业竞争的核查范围，按以前的标准重要股东原则上也需要核查的，现在审核标准基本上是明确的：（1）控股股东、实际控制人以及控制的相关企业，这里不只要强调控股股东或实际控制人，而且要强调“控制”，如果只是参股的企业不对其构成控制，那么也不构成同业竞争；（2）如果控股股东和实际控制人是关联自然人，那么主要关注控股股东或实际控制人的配偶以及直系亲属（包括配偶、父母、子女）及其控制的企业是否与发行人构成同业竞争。目前的审核标准，我们可以严格按照这样的认定标准去判断发行人是否存在同业竞争的情形。

关于同业竞争的核查标准，尽管科创板审核指引提出了一个“不存在重大不利影响的同业竞争情形”的标准，不过这个标准在实践中还是被严格控制把握了。具体来说：（1）发行人需要从实质重于形式的角度去判断是否存在同业竞争；（2）不能从客户结构、销售区域、细分技术等方面去解释尽管同业但是不竞争的情形；（3）发行人存在同业竞争的情形，就算是收入和毛利占比没有超过30%，现在也几乎没有通过审核的案例；（4）同业竞争唯一的例外就是关于大型国有企业因为资产整合、业务布局等因素，在保证发行人业务独立的情况下可以存在同业竞争的情形。

关于关联交易的问题，以前的IPO审核标准还是存在关于关联交易比例超过30%会构成IPO实质性障碍的窗口指导的情形，就算不构成障碍，至少也会在审核中重点关注。以前IPO的审核标准，主要关注点在于交易的公允性，是否存在利益输送的情形。随着注册制的审核持续推进，对于关联交易的问题，除了关注公允性之外，更加关注交易发生的背景、原因、发展趋势以及解决措施等，这些关注问题，更加体现出IPO审核对于关联交易必要性和合理性的关注。对于关联交易必要性和合理性的关注，也是注册制审核理念下对于商业逻辑尊重的另外一个角度的体现。

第一节 不属于重大不利影响的同业竞争的情形

案例61 炬芯科技（688049）——论证是否存在重大不利同业竞争的典型案例

【问询问题】

请发行人说明：（1）全面核查发行人实际控制人及其近亲属控制的企业主营业务是否与实际符合，并说明实际控制人控制的其他企业是否存在控制或持股与发行人存在同业竞争公司的情况，前述公司的主营业务与发行人相比是否具有替代性、竞争性、是否有利益冲突，报告期内是否与发行人存在人员、技术、业务或资金往来，销售渠道、主要客户及供应商是否存在重叠；（2）如何确定同业竞争核查企业范围，控制企业的认定标准，是否存在未纳入同业竞争核查企业范围但实际上由实际控制人及其近亲属控制的企业。

【披露信息】

一、发行人与钜泉光电不存在同业竞争

综上，在历史沿革方面，在报告期内，发行人的实际控制人对钜泉光电不构成控制；在主要资产、人员方面，发行人与钜泉光电相互独立；在技术方面，虽然钜泉光电与发行人均为芯片设计企业，但钜泉光电属于工业级芯片设计企业，发行人属于消费级芯片设计企业，两方的技术存在显著差异，钜泉光电与发行人的技术之间具有明显的技术壁垒，相互技术领域之间的跨越或交叉可能性较低，且其技术与发行人均相互独立，不存在技术共有情形；在销售渠道方面，发行人与钜泉光电相互独立，不存在重叠；在主要客户方面，钜泉光电下游为电力行业直接客户及经销商，与发行人的客户不存在重叠的情形；在供应商方面，因全球晶圆厂、封装测试厂数量有限，钜泉光电供应商与发行人之间存在一定程度的重叠，但各方未因部分供应商的重叠构成利益冲突。

因此，发行人与钜泉光电不存在同业竞争。

二、发行人与炬力北方不存在同业竞争

综上，在历史沿革方面，在报告期内，发行人的实际控制人对炬力北方不构成控制；在主要资产、人员方面，发行人与炬力北方相互独立；在技术方面，虽然炬力北方与发行人均为芯片设计企业，但炬力北方的技术主要为显示互联技术，与发行人的技术存在显著的差异，上述技术之间都具备较高的技术壁垒，且其技术与发行人均相互独立，不存在技术共有情形；在销售渠道方面，发行人与炬力北方相互独立，不存在重叠；在主要客户方面，发行人与炬力北方的客户不存在重叠的情形；在供应商方面，因全球晶圆厂、封装测试厂数量有限，炬力北方供应商与发行人之间存在一定程度的重叠，但各方未因部分供应商的重叠构成利益冲突，此外，因产品需要，炬力北方存在向瑞昱采购Wi-Fi芯片的情形，但上述交易为其自主的商业决策。

因此，发行人与炬力北方不存在同业竞争。

三、发行人与瑞昱不存在同业竞争

综上，在历史沿革方面，自瑞昱设立以来，发行人实际控制人及其近亲属并非瑞昱的控股股东及实际控制人；在主要资产、人员方面，发行人与瑞昱相互独立；在技术方面，由于瑞昱产品系列非常丰富，技术覆盖面较为广泛，在蓝牙领域与发行人存在部分相近技术，除此之外，瑞昱的其他领域技术与发行人的技术存在显著的差异，且瑞昱技术与发行人均相互独立，不存在技术共有情形，亦不存在技术授权情形；在销售渠道方面，发行人与瑞昱相互独立，不存在重叠；在主要客户方面，除发行人个别客户因采购需求存在采购瑞昱产品的情形外，主要客户不存在重叠；在供应商方面，因全球晶圆厂、封装测试厂数量有限，瑞昱供应商与发行人之间存在一定程度的重叠，但各方未因部分供应商的重叠构成利益冲突。

因此，除存在少量产品与发行人具有竞争关系外，瑞昱其余大部分业务与发行人不存在竞争关系或替代关系，鉴于实际控制人及其近亲属对瑞昱不能形成控制关系，发行人与瑞昱不构成同业竞争。

四、发行人与睿兴科技不构成同业竞争

综上，在历史沿革方面，睿兴科技设立以来，发行人的实际控制人对睿兴科技不构成控制；在主要资产、人员方面，发行人与睿兴科技相互独立；在技术方面，虽然睿兴科技与发行人均为芯片设计企业，但睿兴科技属于电机控制类芯片设计企业，发行人属于蓝牙音频等消费级芯片设计企业，其与发行人的技术存在显著的差异，上述技术之间都具备较高的技术壁垒，相互技术领域之间的跨越或交叉可能性较低，且其技术与发行人均相互独立，不存在技术共有情形；在销售渠道方面，发行人与睿兴科技相互独立，不存在重叠；在主要客户方面，发行人与睿兴科技的客户不存在重叠的情形；在供应商方面，因全球晶圆厂、封装测试厂数量有限，睿兴科技供应商与发行人之间存在一定程度的重叠，但各方未因部分供应商的重叠构成利益冲突。

因此，发行人与睿兴科技不存在同业竞争。

小兵评析

1. 本案例是一个典型的论证不存在同业竞争的案例，发行人的逻辑是：发行人与关联方尽管业务存在关联，但是实际控制人对关联方并不控制其只是一个参股的企业，因而不构成同业竞争。尽管如此，发行人还是做了很多解释，毕竟发行人的一些情况还是比较特殊的：（1）发行人关联方直接竞争的产品的收入占发行人比例从 0 直接到了报告期最后的 17%，这样的同业竞争变化还是非常不利的；（2）如果是同类业务的产品，那么关联方的销售占发行人业务的比例是 3 倍以上，远远大于发行人规模；（3）发行人的关联方是主要在我国台湾地区经营的企业。

2. 这个案例在论证的时候是有一些问题的，既然发行人不存在同业竞争，那么是否还需要关注是否存在重大不利的竞争呢？当然，也可以理解，毕竟现在审核思路都是双保险的模式。不过，借着这个案例我们还是可以思考：发行人通过强调实际控制人对关联方不控制来认定不存在同业竞争是否可取？如果存在同业竞争，这种同业竞争业务收入比例逐年提高的情形是否构成实质障碍？

案例 62 振华新材（688707）——存在低于 30% 的不属于重大不利影响的同业竞争情形

【问询问题】

招股说明书披露，公司实际控制人中国电子直接或间接控制的企业较多，涉及从事与公司主营业务相同或相似业务的企业为彩虹集团下属的彩虹新能源，彩虹新能源从事锂离子电池正极材料业务。公司 2019 年三元及其他正极材料合计实现销售收入 242,819.41 万元。同期彩虹新能源正极材料业务的销售收入仅为26,913.22万元。彩虹新能源2019年正极材料业务收入占公司正极材料收入的11.08%。请发行人补充披露：防范利益输送、利益冲突及保持独立性的具体安排等。请发行人说明：(1)彩虹新能源的实际经营业务，是否简单依据经营区域、细分产品/服务、细分市场的不同来认定“同业”；结合彩虹新能源历史沿革、资产、人员、主营业务等方面与发行人的关系，以及业务是否有替代性、竞争性、是否有利益冲突、是否在同一市场范围内销售等，充分论证上述企业是否与发行人构成竞争。(2)彩虹新能源在开展相关业务时正极材料技术的具体情况，与发行人业务开展中运用的正极材料技术是否存在差异；业务模式、客户供应商存在差异的原因及合理性。(3)竞争方同类业务的毛利占发行人该类业务毛利的比例情况。(4)结合竞争方与发行人的经营地域、产品或服务的定位、客户和供应商的重合情况，说明同业竞争是否会导致发行人与竞争方之间的非公平竞争、是否会导致发行人与竞争方之间存在利益输送、是否会导致发行人与竞争方之间相互或者单方让渡商业机会情形，对未来发展的潜在影响。(5)彩虹新能源与发行人存在同业竞争业务的情况下，相关方的未来发展战略及规划，是否具有避免同业竞争的相关充分、有效、可执行的措施，控股股东是否就双方业务划分作出明确安排。

【披露信息】

一、防范利益输送、利益冲突及保持独立性的具体安排等

1. 实际控制人中国电子通过内部协调和控制管理，确保彩虹集团下属企业彩虹新材料从事正极材料业务维持现有的代工业务模式、规模不变，不谋求振华新材的客户及市场。

2. 实际控制人中国电子通过内部协调和控制管理，确保彩虹新材料与振华新材除现有客户、供应商重叠外不新增客户、供应商交叉的情形，确保资金流、人员等不交叉。

3. 实际控制人中国电子通过内部协调和控制管理，确保彩虹集团、

彩虹新能源及彩虹新材料未来不会增加对正极材料业务的任何投入。

4. 实际控制人中国电子将振华新材作为中国电子正极材料业务最终整合唯一平台。

5. 实际控制人中国电子将不会违规干预振华新材经营活动。

6. 为防范利益输送、利益冲突，保持发行人业务独立性，同时为避免未来新增同业竞争，维护发行人利益和保证发行人的长期稳定发展，公司实际控制人中国电子出具了《避免同业竞争的承诺函》，内容如下：

（1）中国电子及其下属企业不存在对振华新材构成重大不利影响的同业竞争。

（2）振华新材系中国电子正极材料业务最终整合唯一平台。

（3）中国电子将不会违规干预振华新材经营活动。

7. 为防范利益输送、利益冲突，保持发行人业务独立性，同时为避免未来新增同业竞争，维护发行人利益和保证发行人的长期稳定发展，公司控股股东振华集团出具了《避免同业竞争的承诺函》。

8. 为防范利益输送、利益冲突，保持发行人业务独立性，同时为避免未来新增同业竞争，维护发行人利益和保证发行人的长期稳定发展，彩虹新材料的控股股东彩虹集团已出具承诺函。

二、彩虹新能源的实际经营业务，是否简单依据经营区域、细分产品/服务、细分市场的不同来认定“同业”；结合彩虹新能源历史沿革、资产、人员、主营业务等方面与发行人的关系，以及业务是否有替代性、竞争性、是否有利益冲突、是否在同一市场范围内销售等，充分论证上述企业是否与发行人构成竞争

（一）彩虹新能源的实际经营业务，是否简单依据经营区域、细分产品/服务、细分市场的不同来认定“同业”

1. 彩虹新能源及彩虹新材料的实际经营业务

彩虹新材料、发行人均从事锂电池正极材料业务，其中锂电池正极材料业务并非彩虹新材料的主要业务，彩虹新材料下属锂离子电池正极

材料业务主要为代工模式，发行人锂离子电池正极材料业务具有完整的研发、采购、生产及销售体系。

2. 是否简单依据经营区域、细分产品/服务、细分市场的不同来认定“同业”

彩虹新材料锂电池正极材料业务与发行人产品虽均为锂离子电池正极材料，但具体业务模式、产品定位、服务市场、客户结构等存在显著差异。发行人主要通过对比彩虹新材料与发行人的主营业务来认定“同业”，未简单依据经营区域、细分产品/服务、细分市场的不同来认定“同业”。

（二）结合彩虹新能源历史沿革、资产、人员、主营业务等方面与发行人的关系，以及业务是否有替代性、竞争性、是否有利益冲突、是否在同一市场范围内销售等，充分论证上述企业是否与发行人构成竞争

1. 彩虹新能源、彩虹新材料历史沿革、资产、人员、主营业务等方面与发行人的关系

（1）历史沿革方面，彩虹新能源、彩虹新材料与发行人彼此独立，两者同受中国电子控制系国企整合产生；（2）中国电子对彩虹新能源、彩虹新材料与发行人的定位不同；（3）资产方面，发行人独立于彩虹新能源及彩虹新材料；（4）人员方面，发行人独立于彩虹新能源及彩虹新材料；（5）主营业务方面，彩虹新能源及彩虹新材料与发行人存在显著差异：①产品具有显著差异；②技术路线不同；③主要科技成果所属技术领域和研发方向不同；④商标商号不同；⑤主要客户不重合；⑥除赣锋锂业（002460）外，主要供应商不重合。

2. 彩虹新材料与发行人业务是否有替代性、竞争性、是否有利益冲突、是否在同一市场范围内销售等，充分论证上述企业是否与发行人构成竞争

彩虹新材料与发行人在各自独立的业务发展中，均有从事正极材料业务，存在一定的竞争关系，但由于彩虹新材料的正极材料业务收入规

模较小，报告期内，该类业务收入规模占发行人正极材料收入比例为13.60%、12.44%、11.08%、18.56%，占比较低，且其正极材料业务主要为代工模式，无自研核心技术体系，在资产、人员、商标商号等方面保持独立，双方无直接利益冲突。彩虹新材料主要为美都海创代工三元正极材料生产，与发行人主要客户不重叠，不在同一目标市场范围内销售，主要供应商除赣锋锂业外不重叠，不会对发行人锂离子电池正极材料业务构成重大不利影响。

综上，发行人与彩虹新能源、彩虹新材料之间在历史沿革、资产、人员、主营业务等方面相互独立，在双方经营业务中，彩虹新能源主要从事的太阳能光伏业务、彩虹新材料主要从事的光刻胶及电子浆料业务与发行人从事的锂离子电池正极材料业务不构成同业竞争；彩虹新材料与发行人因均从事锂离子电池正极材料业务存在一定竞争关系，但鉴于双方在产品结构及技术体系、业务模式、业务规模、目标市场及客户等方面均存在实质差异，不会对发行人构成重大不利影响，符合《科创板首次公开发行股票注册管理办法（试行）》和《上海证券交易所科创板股票发行上市审核问答》的相关规定，不构成本次发行上市的实质障碍。

三、按照《上海证券交易所科创板股票发行上市审核问答》第4问的要求进行核查及信息披露

申请在科创板上市的企业，如存在同业竞争情形，认定同业竞争是否构成重大不利影响时，保荐机构及发行人律师应结合竞争方与发行人的经营地域、产品或服务的定位，同业竞争是否会导致发行人与竞争方之间的非公平竞争、是否会导致发行人与竞争方之间存在利益输送、是否会导致发行人与竞争方之间相互或者单方让渡商业机会情形，对未来发展的潜在影响等方面，核查并出具明确意见。竞争方的同类收入或毛利占发行人该类业务收入或毛利的比例达30%以上的，如无充分相反证据，原则上应认定为构成重大不利影响。

彩虹新材料从事正极材料业务主要为代工模式，主要为美都海创等

正极材料同行业企业代工，而发行人正极材料业务具备完整的研发、采购、生产及销售体系，聚焦下游新能源汽车动力电池、3C 消费电池头部企业，双方经营地域、产品定位等存在显著差异。彩虹新材料与发行人正极材料业务主要客户不重合，主要供应商除赣锋锂业外不重合。报告期内，彩虹新材料的正极材料业务收入占发行人该类业务收入的比例分别为 13.60%、12.44%、11.08%、18.56%，正极材料业务毛利占发行人该类业务毛利的比例分别为 4.11%、9.21%、2.48%、14.22%，均处于较低水平，未超过 30%。

结合发行人与彩虹新材料均有从事正极材料业务的历史背景及中国电子定位划分，在产品结构及技术体系、业务规模及市场地位、主要客户及供应商等方面的具体差异，中国电子及彩虹集团出具的相关承诺及管控措施，正极材料行业经营特点等分析，上述同业竞争不会导致发行人与竞争方之间非公平竞争、利益输送、相互或者单方让渡商业机会，不会对公司未来发展带来潜在重大不利影响。

四、报告期内彩虹新材料的正极材料业务收入和毛利呈上升趋势的原因，发行人与彩虹新能源之间的同业竞争是否进一步增加，相关方避免同业竞争的措施及承诺是否充分、有效及可执行

报告期内彩虹新材料的正极材料业务收入和毛利呈上升趋势的原因：

报告期内，彩虹新材料的正极材料业务收入及毛利额整体呈下降趋势。整体而言，彩虹新材料的正极材料业务收入占发行人正极材料业务收入、整体营业收入的比例处于较低水平，未超过 25%；彩虹新材料的正极材料业务毛利额占发行人正极材料业务毛利额、整体毛利额的比例也处于较低水平，未超过 15%。

其中 2020 年彩虹新材料的正极材料业务收入占比及毛利额占比相对较高的主要原因：受新冠疫情爆发及国内新能源汽车补贴退坡影响，对公司报告期内主要服务的国内新能源汽车动力电池市场影响较大，公司 2020 年已与宁德时代确定的 5503 系列及其他中镍 5 系三元材料订单执行

延后，使公司 2020 年正极材料业务收入下滑较快，而彩虹新材料本身正极材料业务规模较小，且其 2020 年第二大客户江苏苏豪国际集团股份有限公司作为外贸企业对接国外市场，受影响相对较小，使 2020 年彩虹新材料的正极材料收入及毛利额占发行人的比例相对较高，具有合理性。随着公司前期推迟订单的恢复执行、高镍 8 系及低钴、无钴产品布局逐渐成效，公司 2021 年 1 ~ 3 月正极材料收入已实现恢复性增长，彩虹新材料 2021 年 1 ~ 3 月正极材料收入及毛利额占发行人比例有所下降。

小兵评析

1. 发行人的实际控制人是中国电子，属于国家队序列的国企，因而本案例存在不属于重大不利影响的同业竞争的情形。

2. 根据发行人的披露，2017 年至 2020 年 1 ~ 9 月，存在同业竞争的业务收入占发行人同类业务收入的比例分别为 13.60%、12.44%、11.08% 和 18.56%，同时存在同业竞争业务的毛利占发行人同类业务毛利的比例分别为 4.11%、9.21%、2.48% 和 14.22%。因而，本案例就属于典型的情形：收入和毛利占比均没有超过 30%，对发行人不存在重大不利影响的同业竞争情形。

3. 关于这个问题，其实可以拆分为两个维度的问题：一个是占比低于 30% 的同业竞争在规则上是允许的；另一个是要论证不构成重大不利影响。本案例发行人也是做了很多解释，如存在同业竞争的业务在历史沿革、技术发展路径、业务模式、供应商和客户等方面，与发行人都存在本质的差别，因而就算是存在同业竞争的情形，也不存在利益不平衡或者导流分配的情形。

4. 鉴于同业竞争的存在具有历史原因且短期内解决并不现实，因而这样的案例允许有一定的同业竞争存在。不过发行人的控股股东、实际控制人、关联方的控股股东均作出了承诺，承诺事项主要体现在以下方面：

（1）保证竞争方维持现在的业务模式和规模不变，不会侵占发行人的客户和市场。

(2) 确保不存在其他的资金和业务往来，不会新增供应商和客户重合的情形。

(3) 保证同业竞争方不会增加对正极材料业务的任何投入。

(4) 保证将振华新材作为中国电子正极材料业务最终整合唯一平台。

(5) 确保其他关联方不会违规干预振华新材经营活动。

5. 在以前的案例分析中，我们就提到了关于同业竞争的审核原则，就是一般的企业不会允许存在同业竞争的情形，而对于大型国企可以允许有条件地存在，本案例算是一个比较典型的案例。至于如何论证和解决这种存在同业竞争的情形，这个案例也很具有借鉴性。

案例63 鼎阳科技（688112）——为了解决同业竞争，大股东减持股份至4.99%

【问询问题】

根据申报材料，(1) 2007年6月，汤勇军、秦轲与邵海涛依据合作协议设立了发行人前身（持股比例为汤勇军48%、秦轲26%、邵海涛26%），公司成立初期主要为安泰信提供ODM服务；(2) 2009年汤勇军将安泰信电子测量仪器业务转移至与中电国睿合资成立的国睿安泰信。汤勇军为避免同业竞争，分3年逐渐减持，不再是发行人第一大股东；截至报告期末，汤勇军持有发行人4.99%的股份，并于2019年11月辞去董事职位；(3) 发行人成立初期与安泰信及国睿安泰信均为ODM业务合作关系，安泰信没有数字示波器技术。普源精电曾诉安泰信专利侵权，目前发行人使用的发明专利号为ZL201911355374.4的“一种高稳定性的视频触发方法及数字示波器”的数字触发技术实现了同样的功能，用于发行人核心技术、产品中。请发行人：提供汤勇军与秦轲等人签署的合作协议、股份转让框架协议及历次股份转让协议书文本。请发行人说明：(1) 秦轲等人与汤勇军的合作背景，汤勇军持续减持发行人股份的原因及真实性，汤勇军历次减持股份的转让价格、公允性、实际支付情况及受让人的资金来源，是否存在代持情形；汤勇军辞去发行人董事的原因，秦轲等人与汤勇军是否存在其他协议约定或特殊利益安排。(2) 汤勇军及其亲属对外投资的企业是否与发行人、主要客户、供应商存在业务、资金往来，是否存在利益输送或其他特殊利益安排，是否与发行人从事相同或类似业务，是否对发行人的业务竞争构成不利影响。(3) 发行人与汤勇军、安泰信、国睿安泰信是否存在技术纠纷或潜在纠纷，相关技术归属是否清晰。(4) 发行人核心技术、产品中是否运用到普源精电所诉专利，是否存在相关专利被宣告无效或技术侵权的风险。

【披露信息】

一、秦轲等人与汤勇军的合作背景

秦轲、邵海涛与汤勇军签署的《合作协议书》是三方基于 2005 年合作初期的情况所达成的。2009 年 4 月，汤勇军控制的安泰信与中电国睿集团有限公司（以下简称中电国睿）共同成立了南京国睿安泰信科技股份有限公司（以下简称国睿安泰信），安泰信将其电子测量仪器业务转移至国睿安泰信，公司与安泰信之间的数字示波器 ODM 业务也相应转移至国睿安泰信。公司和国睿安泰信均在进行数字示波器的独立研发和自主品牌销售，双方存在潜在竞争关系。为避免同业竞争，且汤勇军与秦轲、邵海涛、赵亚锋对公司的发展战略产生分歧，同时，汤勇军也希望通过降低其持股比例减少投资风险，并激励创业团队更有动力做大做强公司。2013 年，汤勇军开始陆续转让公司股权，转让完成后其不再是公司的第一大股东。因此，《合作协议书》事实上已由各方终止履行。根据秦轲、邵海涛、汤勇军的确认，《合作协议书》已于 2013 年终止，三方之间就该协议不存在违约、纠纷、潜在纠纷或其他利益安排，各方也不得基于《合作协议书》向其他方主张权利或要求履行义务。《合作协议书》终止后，秦轲、邵海涛、汤勇军均同意按照《公司法》及《公司章程》的规定确定三方之间的股东权利或义务。

二、汤勇军持续减持发行人股份的原因及真实性

（一）第一次减持

公司成立初期，需要吸引优秀的人才增强公司的研发实力，赵亚锋具有丰富的研发经验。为吸引其加入公司以增强研发实力，秦轲、邵海涛、汤勇军分别将其占公司股权比例2%、5%和8%转给赵亚锋，由赵亚锋作为创业团队成员负责公司产品与技术研发。

（二）第二次减持

2013年，为履行协议约定的避免同业竞争义务，且汤勇军与秦轲、邵海涛、赵亚锋对公司的发展战略产生分歧，同时，汤勇军也希望通过降低其持股比例减少投资风险，并激励创业团队更有动力做大做强公司。

中电国睿隶属于央企平台且具有电子行业背景和雄厚实力，更有利于业务拓展。2009年4月，汤勇军与中电国睿合作成立国睿安泰信之后，汤勇军担任国睿安泰信的总经理，同时，安泰信将原自有的电子测量仪器业务以及其与公司合作的数字示波器ODM业务转移至国睿安泰信。

国睿安泰信自成立后开始自主研发数字示波器，公司也致力于发展自主品牌业务。公司与国睿安泰信均从事数字示波器的开发和自有品牌的销售，从纯粹的合作方成为潜在的竞争者，因此，双方的业务合作逐渐减少，2014年后基本不开展业务合作。

（三）第三次至第五次减持

公司经营管理层希望汤勇军进一步降低持股比例以对核心员工进行股权激励，满足公司未来发展需要。汤勇军分别于2016年、2017年和2019年向鼎力向阳、众力扛鼎、博时同裕进行股权转让。交易价格系交易双方综合考虑转让时公司的盈利水平，并经协商一致确定。

上述股权转让由各方协商达成一致，并经公司股东会审议通过，且已办理完成工商变更登记，同时，股权转让所涉各方均已对汤勇军历次减持进行书面确认，汤勇军历次减持公司股权均真实。

上述股权转让价格公允，股权转让资金来源于受让人自有资金，系

各方真实意思表示，不存在代持情形，均经公司股东会审议通过并已办理了工商变更登记，股权转让价款及由此产生的相关税费均已支付。

三、汤勇军辞去发行人董事的原因，秦轲等人与汤勇军是否存在其他协议约定或特殊利益安排

在公司发展过程中，汤勇军未参与战略制定和具体经营管理，属于财务投资者，且公司经营管理层希望汤勇军进一步减持其所持部分股权用于激励公司核心员工。2019 年 5 月汤勇军转让其所持公司 2.33% 的股权给博时同裕后，持有公司股权比例为 4.99%，持股比例较低。2019 年 11 月，公司整体变更设立股份有限公司后，汤勇军不再担任公司董事。

汤勇军曾为公司历史第一大股东且曾担任公司董事，即使目前其持股比例已减持至 4.99%，其仍属于公司关联方并按照关联方的相关尽职调查要求进行信息披露。

根据《公司章程》、公司股东的确认，公司报告期内曾适用及现行有效的《公司章程》均未赋予汤勇军特殊权利，秦轲等人与汤勇军之间不存在其他协议约定或特殊利益安排。

因国睿安泰信部分业务与公司存在相同或竞争关系，经国睿安泰信确认，其有 4 家客户、3 家供应商与公司存在业务往来。2017 年至 2020 年上半年，国睿安泰信各年与公司主要供应商发生的采购金额合计为 26.76 万元、9.85 万元、9.23 万元和 7.05 万元，占国睿安泰信各年总采购额的比重均不足 0.5%；国睿安泰信各年与公司主要客户发生的销售金额合计为 61.67 万元、55.81 万元、65.82 万元、20.81 万元，占各年国睿安泰信总销售额的比重均不足 1%。国睿安泰信于 2017 年向公司支付了 2016 年度双方发生的维修费尾款人民币 600 元。

小兵评析

1. 本案例中比较有意思的地方是：以前我们理解的对于同业竞争问题的

解决，无非就是将与发行人存在同业竞争业务的主体剥离、合并和注销三个选项；而这个案例，却是为了解决同业竞争问题，最大的股东选择逐步减持股份，最后减持到4.99%，同时也辞去了公司董事的职位。因为已经不是持股5%以上的重要股东，那么也就不再存在同业竞争问题。

2. 关于这个解决问题的思路，说起来确实就是一个故事，小兵简单总结一下：（1）两位股东也就是发行人最初的创始人以及现在的实际控制人，最初是同学，研究了一圈技术没有进展，于是就找到了现在的这位合伙人“大佬”。（2）“大佬”控制了一个企业，前期的业务就是跟“大佬”的整个公司合作，算是最初的起家。（3）后来“大佬”和两位同学股东合资设立了发行人前身，还是跟“大佬”控制的企业做业务，这也是发行人能够白手起家的核心基础。（4）“大佬”的公司后来做大了，找到了一个国企进行合作，同时发行人也越做越大，并且有了IPO的计划。（5）如果要解决同业竞争问题，因为存在国企那么企业合并几乎不可能，那么“大佬”要不放弃自己控制的公司要不就放弃发行人的股份，显然“大佬”选择了后者。（6）“大佬”从第一大股东减持到最后只剩4.99%的股份，这样的变动还是非常大的，自然也重点关注到减持价格的问题。历史上的减持价格自然不说，“大佬”最后一期也就是2019年5月减持的价格不过也就是整体估值2.1亿元。（7）至于“大佬”减持的背景和合理性，发行人解释“大佬”一直是财务投资者，很多股份减持是为了给其他人更大的决策空间和给予员工激励，说实话对于这个理由，小兵是有点怀疑的，不过各方当事人都是认可的。眼看着企业就要上市，科创板估值的起步就是10亿元，在这样的情况下竟然全身而退，不是这位“大佬”太高尚就是背后的故事有隐情，不管怎样，这样的解释是被认可的。当然，这样的故事，在科创板IPO的案例中也不是一家两家了。

3. 后来，还是关注到了发行人科创板是否符合估值10亿元的上市标准问题，毕竟发行人2019年扣非后净利润只有3100万元。关于这个问题，发行人还是做了很多的解释。关于这个问题，小兵觉得监管机构问得有些多余，发行人的解释几乎也就是一种诡辩，本身科创板上市标准的规定，都是以发行上市作为标准的，发行价格之后不满足上市标准就直接不发行就是了。

第二节　发行人客户或供应商与关联方存在重合的情形

案例 64　海泰科（301022）——发行人与关联方存在客户和供应商的重叠

【问询问题】

前次审核问询回复显示，报告期内发行人与关联方青岛昌鑫源、海科模内、海美佳模具、青岛昌甬固存在客户和供应商重叠，报告期内发行人向上述重叠供应商采购金额分别为 563.74 万元、965.15 万元、1579.23 万元和 970.53 万元，占发行人各期采购总额的 4.21%、4.79%、7.12% 和 7.97%；发行人向上述重叠客户销售金额分别为 727.70 万元、9.09 万元、460.30 万元和 5.16 万元，占发行人各期营业收入的 3.28%、0.03%、1.35% 和 0.03%。请发行人：（1）结合合同主要条款，补充披露并分别说明报告期发行人与上述关联方重叠与非重叠前五大供应商、客户在定价原则、信用政策、采购返利及退换货等方面是否存在较多差异及原因。（2）补充披露并列示主要重叠供应商和客户名称、成立时间、注册地址、注册资本、控股股东和实际控制人、和发行人的合作时间、和上述关联方的合作时间，报告期各期向发行人和上述关联方的主要采购（销售）内容、金额及占比、均价及数量，主要重叠供应商、客户报告期内主要财务数据，向发行人和上述关联方采购（销售）价格的定价依据和公允性，主要重叠供应商、客户向发行人和上述关联方采购（销售）的金额分别占其同类产品交易额的比重，是否对发行人和上述关联方存在重大依赖。（3）补充披露报告期各期上述关联方的营业收入、总资产、股东权益、净利润、毛利率，上述关联方的毛利率水平是否和其同类企业存在较大差异；上述关联方向重叠供应商、客户采购（销售）的金额和占其报告期各期采购（销售）总额的比重。

【披露信息】

一、结合合同主要条款，补充披露并分别说明报告期发行人与上述关联方重叠与非重叠前五大供应商、客户在定价原则、信用政策、采购返利及退换货等方面是否存在较多差异及原因

报告期内，发行人与重叠和非重叠前五大供应商、客户的交易内容情况如下：

项目	公司名称	主要交易内容	项目	公司名称	主要交易内容
重叠前五大供应商	柳道（青岛）热流道系统有限公司	热流道	非重叠前五大供应商	英格斯模具制造（中国）有限公司	热流道
	上海金山锦湖日丽塑料有限公司	塑料粒子		青岛君信模具有限公司	外协
	青岛精诚达精密模具有限公司	模架		圣万提注塑工业（苏州）有限公司	热流道
	青岛英辉机械有限公司	低值易耗品		江苏华东三和兴模具材料有限公司	模板
	青岛鑫硕包装材料有限公司	低值易耗品		昆山上东方金属制品有限公司	模架
重叠前五大客户	湖北三环汽车工程塑料有限公司	注塑模具	非重叠前五大客户	Faurecia（佛吉亚）	注塑模具
	沈阳市常春汽车零部件有限公司	注塑模具		SMG（萨玛）	注塑模具
	武汉嘉华汽车塑料制品有限公司	注塑模具		延锋汽车饰件系统有限公司	注塑模具
	重庆八菱汽车配件有限公司	注塑模具		IAC（埃驰）	注塑模具
	青岛昌甬固精密模塑有限公司	外协		常熟市汽车饰件股份有限公司	注塑模具

发行人与上述重叠和非重叠供应商、客户在商务合同中一般会就产品内容、数量、金额、付款要求、产品质量保证等条款进行约定。相关具体情况如下：

1. 定价原则：由于汽车注塑模具为非标准化定制产品，发行人采购的主要原材料（如模板、模架、热流道等）也需要进行定制采购，同时发行人所处汽车产业链较为成熟，上下游企业众多，因此发行人与重叠和非重叠供应商、客户主要采取多方比价或协商定价的方式确定产品交易价格，定价原则不存在实质差异。

2. 信用政策：重叠与非重叠供应商给予发行人的信用账期，以及发行人给予重叠与非重叠客户的信用账期均主要以90天以内为主，具体账期因资信情况、合作历史等因素有一定差异。此外，发行人对于非重叠客户部分优质客户（如Faurecia、SMG等）可能给予更长的信用期。但整体而言，发行人给予重叠与非重叠供应商、客户的信用期不存在实质差异。

3. 采购返利：除发行人与个别非重叠优质战略供应商、客户存在返利约定外，与重叠和其他非重叠供应商、客户均不存在返利约定，在返利约定方面不存在实质差异。

4. 退换货：由于汽车注塑模具为非标准化定制产品，发行人采购的主要原材料（如模板、模架、热流道等）也需要进行定制采购，因此一般情况下不会进行退换货，当产品出现质量问题时一般通过产品维修等方式解决。报告期内，发行人与上述重叠和非重叠供应商、客户均未发生退换货情况。

综上所述，发行人与上述关联方重叠和非重叠前五大供应商、客户在定价原则、信用政策、采购返利及退换货等方面不存在实质差异。

二、补充披露并列示主要重叠供应商和客户名称、成立时间、注册地址、注册资本、控股股东和实际控制人、和发行人的合作时间、和上述关联方的合作时间，报告期各期向发行人和上述关联方的主要采购

（销售）内容、金额及占比、均价及数量，主要重叠供应商、客户报告期内主要财务数据，向发行人和上述关联方采购（销售）价格的定价依据和公允性，主要重叠供应商、客户向发行人和上述关联方采购（销售）的金额分别占其同类产品交易额的比重，是否对发行人和上述关联方存在重大依赖

（一）主要重叠供应商及相关情况

报告期内，发行人向重叠供应商采购金额分别为 563.74 万元、965.15 万元、1579.23 万元和 970.53 万元，占发行人各期采购总额的 4.21%、4.79%、7.12%和 7.97%。上述 4 家关联方合计向该等重叠供应商采购金额分别为 255.85 万元、317.85 万元、86.68 万元和 15.79 万元，采购金额较小且逐年减少，主要以偶发性零星采购模具零配件为主。

选取报告期内发行人与 4 家关联方合计向其采购额均超过 50 万元作为主要重叠供应商的选取标准，报告期内无符合上述标准的主要重叠供应商。报告期内，主要为发行人向重叠供应商采购模具原材料，上述 4 家关联方向重叠供应商仅偶发性零星采购，且总体采购金额及占比均较低，不存在由该等关联方为发行人分担成本费用的情形，重叠供应商对发行人和上述关联方也不存在重大依赖。

（二）主要重叠客户及相关情况

报告期内，发行人向重叠客户销售金额分别为 727.70 万元、9.09 万元、460.30 万元和 5.16 万元，占发行人各期营业收入的 3.28%、0.03%、1.35%和 0.03%。上述 4 家关联方合计向该等重叠客户销售金额分别为 823.03 万元、273.47 万元、465.71 万元和 249.47 万元，采购金额整体呈减少趋势。

选取报告期内发行人与 4 家关联方合计向其销售额均超过 50 万元作为主要重叠客户的选取标准，仅湖北三环汽车工程塑料有限公司（以下简称三环汽塑）和武汉嘉华汽车塑料制品有限公司（以下简称嘉华汽塑）符合上述选取标准，与该两家重叠客户存在销售的关联方仅有海科模内。

三、报告期各期上述关联方的营业收入、总资产、股东权益、净利润、毛利率，上述关联方的毛利率水平是否和其同类企业存在较大差异；上述关联方向重叠供应商、客户采购（销售）的金额和占其报告期各期采购（销售）总额的比重

由于上述关联方均为小型民营企业，与同行业上市公司之间在品牌知名度、技术实力、客户资源、产品规格大小和复杂程度等方面均存在较大差异，对市场的把控能力及议价能力较弱，故毛利率一般低于同行业上市公司，具有合理性。上述关联方向重叠供应商、客户采购或销售的金额和占比均较低，且一般呈现下降趋势，上述关联方对重叠供应商、客户不存在重大依赖，且关联方中青岛昌鑫源已于 2018 年起停止实际经营，海美佳模具已于 2019 年注销，发行人不存在通过关联方实现与其供应商和客户之间进行利益调节或开展其他利益安排的情形。

小兵评析

1. 从目前 IPO 审核的标准来看，不管注册制如何审核，不管对审核的要求如何宽容，对于同业竞争问题基本上还是一个相对严控的状态。

2. 目前，对于同业竞争问题的把握，不是简单看营业范围是否重合，更要从具体的经营业务、产品和流程等方面去关注和判断。在这样的解决思路下，发行人与关联方在业务的具体内容上不会存在任何交集，因而也很难出现客户和供应商存在重合的情形。

3. 具体到本案例，发行人与关联方在客户和供应商方面都存在重叠的情形，而采购金额占比报告期内逐年提高，最高达到 8% 左右。对于这个问题，发行人还是做了充分的解释，包括从发行人和关联方两个角度去关注重叠供应商和客户的采购和销售条件是否存在重大差异。

4. 不过，小兵最关心的其实就是：在什么情况下，才会存在这种发行人与关联方在客户和供应商方面重叠的情形。

案例65 超达装备（301186）——存在大规模客户和供应商重叠的亲属同业竞争问题该如何解决

【问询问题】

审核问询回复显示，发行人与实际控制人冯建军的侄子和侄媳冯宏亮、何丹夫妇控制的宏阳宇有限和威震天机械存在重叠客户与供应商，经保荐人核查，重叠客户数量为34家（合并口径为16家），重叠供应商数量为25家。报告期内发行人对重叠客户销售的平均毛利率为38.39%、37.99%、35.26%和27.74%，低于公司主营业务毛利率，且两者变动趋势相一致。请发行人补充披露：（1）报告期内发行人向重叠客户与非重叠客户销售的各主要产品单价及毛利率对比情况，是否存在差异及原因；（2）报告期内发行人向重叠供应商与非重叠供应商采购同类产品单价对比情况，是否存在差异及原因；（3）结合上述情况进一步分析发行人是否存在通过重叠客户和供应商向关联方输送利益或由关联方承担成本费用的情形。

【披露信息】

一、资料获取情况的说明

发行人实际控制人冯建军的哥哥冯建国与侄子冯宏亮（冯建国与冯宏亮为父子关系，何丹为冯宏亮的配偶）原在超达机械（发行人前身）任职。因经营理念上存在严重差异和分歧，冯建军与冯建国兄弟之间关系逐渐恶化，冯建国、冯宏亮父子于2011年2月自超达机械离职。截至本问询回复出具日，双方及其所投资的企业在经营方面不存在任何合作。在公司筹备发行上市过程中，冯建国及冯宏亮拒绝配合本次发行上市中介机构对其开展尽职调查，因此，冯建国及冯宏亮所投资企业的情况通过查询国家企业信用信息公示系统（www.gsxt.gov.cn）、“天眼查”网站（www.tianyancha.com）、“启信宝”网站（www.qixin.com）、“企查查”网站（www.qichacha.com）、国家知识产权局（www.cnipa.gov.cn）、国家知识产权局商标局（sbj. cnipa. gov. cn）等公开渠道获取以及通过客户、供应商访谈或函证获取。

二、披露冯宏亮、何丹出资和受让宏阳宇有限和威震天机械相关股份是否存在委托持股、信托持股或其他利益安排

上述股权转让及不再担任具体职务行为系冯建国与冯宏亮、何丹之间家庭内部正常的资产分配及交接过程，是真实的自主决策行为，不存在委托持股、信托持股或其他利益安排的情形。

三、公司与宏阳宇有限、威震天机械各自独立经营，不存在利益输送或潜在利益输送的情形

冯建国、冯宏亮设立宏阳宇有限主要是因其不适应发行人经营理念、发展战略从而退出超达机械进行个人创业，且冯建国、冯宏亮致力于独立发展的经营战略，发行人此前曾多次尝试就收购宏阳宇有限及威震天机械事宜进行商务谈判但未果，发行人及实际控制人已承诺未来不会收购整合宏阳宇有限及威震天机械；冯建国、冯宏亮在设立宏阳宇有限、威震天机械的过程中，发行人及实际控制人冯建军、冯峰从未提供资金资助和业务支持，亦不存在委托持股、信托持股或其他利益安排；因此，冯宏亮、何丹出资和受让宏阳宇有限和威震天机械相关股份不存在委托持股、信托持股或其他利益安排。

四、结合《深圳证券交易所创业板股票首次公开发行上市审核问答》关于实际控制人认定的具体规定，补充披露对于宏阳宇有限和威震天机械实际控制人的认定是否准确，是否存在通过对宏阳宇有限和威震天机械实际控制人认定规避同业竞争监管要求的情形

截至本招股说明书签署日，由于冯宏亮、何丹夫妇享有对宏阳宇模具、威震天机械的全部出资额，并通过宏阳宇模具间接控股宏阳宇机械及宏阳宇装备，是宏阳宇有限和威震天机械的控股股东，同时担任执行董事兼总经理、监事，因此冯宏亮、何丹夫妇能够完全控制上述企业的实际运作管理。

冯建国为发行人实际控制人冯建军的哥哥，不属于《首发业务若干问题解答（2020年6月修订）》规定的发行人实际控制人的直系亲属，属于近亲属；冯宏亮作为冯建军的侄子，属于其他亲属。因此对于宏阳宇有限、威震天机械实际控制人的认定情况不影响其控制的特定企业与发行人不存在同业竞争。同时，公司已对《首发业务若干问题解答（2020年6月修订）》要求披露的宏阳宇有限、威震天机械相关情况进行了相应披露。

五、报告期内宏阳宇有限、威震天机械与发行人重叠的客户、供应商情况，包括相关重叠客户、供应商的基本情况；宏阳宇有限、威震天机械、发行人向各重叠客户销售的主要产品、销售金额、毛利情况，以及向各重叠供应商采购的主要原材料、采购金额；相关重叠客户、供应商与发行人、宏阳宇有限、威震天机械及其控股股东、实际控制人、董监高、核心人员等关联方之间，是否存在关联关系或其他利益安排

鉴于冯建国及冯宏亮、何丹拒绝配合保荐机构对其开展尽职调查，因此保荐机构无法获取公司与宏阳宇有限、威震天机械的重叠客户情况的直接证据；保荐机构通过对公司报告期内主要客户进行函证，了解公司与宏阳宇有限、威震天机械的重叠客户及相关交易情况。

截至本招股说明书签署日，保荐机构发送确认函的客户销售收入占各期营业收入比例分别为93.96%、94.10%和87.89%；已回函客户销售收入占营业收入的比例分别为86.03%、85.39%和79.49%。根据已回函情况，其中16家客户（合并口径）与宏阳宇有限或威震天机械同时存在交易。

根据回函情况，上述重叠客户均属于国际知名汽车内外饰供应商或我国A股上市公司体系内公司，该类企业准入门槛较高，且拥有完善的内部控制管理体系和合格供应商名录。为有效降低采购成本、保障产品供应的及时性等，下游客户各类采购会选择多家供应商保持合作，实际采购时，客户会在其合格供应商名录下向多家供应商进行询比价，并综

合考虑产品报价、交期等因素最终确定供应商。上述客户的采购模式是公司与宏阳宇有限、威震天机械存在重叠客户的主要原因。

因此，基于上述客户良好的内部控制及供应商遴选模式决定了其不存在配合发行人进行利益输送的可能性。

综上，公司对重叠客户各产品销售毛利率及变动趋势合理，不存在通过提高产品售价及毛利率以提升业绩等利益输送情形。

从供应商来看，宏阳宇有限、威震天机械与公司重叠的供应商交易金额占公司回函确认金额和采购金额的比例较小，且不存在利益输送情形。

六、相关重叠客户、供应商与发行人、宏阳宇有限、威震天机械及其控股股东、实际控制人、董监高、核心人员等关联方之间，是否存在关联关系或其他利益安排

根据回函情况，重叠客户、供应商与发行人、宏阳宇有限、威震天机械及其控股股东、实际控制人、董监高、核心人员等关联方之间，不存在关联关系或其他利益安排。

七、披露报告期内宏阳宇有限、威震天机械与发行人同类业务的收入、毛利及分别占发行人主营业务收入、毛利的比例，结合《深圳证券交易所创业板股票首次公开发行上市审核问答》关于同业竞争的相关规定，逐条分析并披露宏阳宇有限和威震天机械对发行人是否构成重大不利影响的同业竞争

保荐机构及发行人律师分别于 2020 年 1 月 9 日、2020 年 3 月 27 日、2020 年 9 月 4 日向宏阳宇有限、威震天机械及相关方多次邮寄发出《关于协助开展尽职调查工作的沟通函》《南通超达装备股份有限公司 IPO 项目访谈提纲》《承诺函》等书面文件，截至本问询函回复出具日，均未收到对方回应。

鉴于冯建国及冯宏亮、何丹拒绝配合保荐机构对其开展尽职调查，因此保荐机构无法获取报告期内宏阳宇有限、威震天机械与发行人同类

业务的收入、毛利及占比情况。

小兵评析

1. 这是亲属同业竞争问题非常经典和具体的一个案例，这个案例不只涉及关于 IPO 对于同业竞争问题审核标准的重大变化，同样在技术层面也基本上涵盖了关于这个问题应该关注到的方方面面。从披露的信息来看，发行人第一次申报 IPO 很有可能就是因为亲属同业竞争的问题而撤回申请，进而再次申报，现在不仅审核标准有了变化，发行人面对的外部因素也有了变化，因而综合之下有了现在顺利通过的结果。

2. 这个案例简单总结起来，并不是非常复杂：（1）发行人的实际控制人和哥哥以及侄子本来都在发行人这里任职；（2）后来因为经营理念不同，哥哥和自己的儿子就离开了发行人，然后单独创立了公司，经营跟发行人相似的业务；（3）后来，哥哥因为退休和重组家庭的原因，就将自己和儿子创立的公司的股权全部转让给儿子，且不再担任任何职务，因而 2018 年之后发行人与亲属的同业竞争从亲兄弟的关系认定转变为实控人跟自己的侄子（以及其配偶）关系的认定。

3. 根据最新的 IPO 审核标准，实控人跟侄子本身就不构成亲属同业竞争，本来在这样的一个基本结论之下，这个问题也不应该成为一个需要重点关注的问题，不应该在三次问询意见中都有关注。之所以如此，这里有一个很重要的原因，就是发行人在 2017 年 11 月申报过一次 IPO，那时候实控人的哥哥还是自己控制公司，那时候实控人的直系亲属以及其他近亲属原则上就会被认定为同业竞争（没有任何重叠的除外，恰恰发行人存在供应商和客户的重叠）。而到了发行人新一次的申报，同业竞争的认定标准则可以适用 2020 年 6 月的认定标准，这时候认定标准有了很大的放松：只有实控人的直系亲属才构成同业竞争，而其他近亲属的同业竞争只需要充分披露就可以。

法律法规	同业竞争相关规定
《IPO 审核 51 条问答指引之首发审核财务与会计知识问答与非财务知识问答》（2018 年 6 月 11 日）	（1）控股股东、实际控制人及直系亲属 如果发行人控股股东或实际控制人是自然人，其夫妻双方直系亲属（包括配偶、父母、子女）拥有“同业”，应认定为构成同业竞争。 （2）控股股东、实际控制人其他近亲属 发行人控股股东、实际控制人的其他近亲属（即兄弟姐妹、祖父母、外祖父母、孙子女、外孙子女）及其控制的企业与发行人从事相同或相似业务的，原则上认定为构成同业竞争。但发行人能够充分证明与前述相关企业在历史沿革、资产、人员、业务、技术、财务等方面完全独立且报告期内无交易或资金往来，销售渠道、主要客户及供应商无重叠的除外。 （3）控股股东、实际控制人其他亲属 发行人控股股东、实际控制人的其他亲属及其控制的企业与发行人从事相同或相似业务的，一般不认定为构成同业竞争。但对于利用其他亲属关系，或通过解除婚姻关系规避同业竞争认定的，以及在资产、人员、业务、技术、财务等方面有较强的关联，且报告期内有较多交易或资金往来，或者销售渠道、主要客户及供应商有较多重叠的，在审核中从严掌握
《关于发行审核业务问答部分条款调整事项的通知》/《首发业务若干问题解答（2020 年修订）》（2020 年 6 月 10 日）	（1）控股股东、实际控制人及直系亲属 如果发行人控股股东或实际控制人是自然人，其夫妻双方直系亲属（包括配偶、父母、子女）控制的企业与发行人存在竞争关系的，应认定为构成同业竞争。 （2）控股股东、实际控制人其他（近）亲属 发行人控股股东、实际控制人的其他亲属及其控制的企业与发行人存在竞争关系的，应当充分披露前述相关企业在历史沿革、资产、人员、业务、技术、财务等方面对发行人独立性的影响，报告期内交易或资金往来，销售渠道、主要客户及供应商重叠等情况，以及发行人未来有无收购安排

4. 尽管根据最新的同业竞争的认定标准，实控人与亲属控制的企业不存在同业竞争，但是鉴于以下原因，这个问题的确也应该被重点关注：

（1）发行人和亲属控制企业存在比例很高的客户和供应商重叠的情况，重叠的客户有 25 家，重叠的供应商也有十几家。

（2）发行人的哥哥本来控制企业，后来通过转让由侄子控制这家企业，如果一直是哥哥控制企业，那么就算是最新的政策那也是构成同业竞争。

（3）发行人的哥哥以及其他人员均明确表示不配合发行人关于上市的尽调，中介机构只能通过函证、网上查询、访谈相关人员、相关机构出具证明的方式来取得尽量多的间接证据来证明。

5. 从某种意义上来说，这个案例能够顺利通过审核，项目组做了最大程度的努力，审核机构也充分做了理解，好的结局是双方努力的结果。当然，整体看起来还是有“刀尖上起舞”的感觉。

6. 最后，我们总结一下技术问题，那就是在亲属明确不配合做相关的尽职调查的情况下，中介机构能够取得间接证据的手段和方式主要有哪些：

（1）保荐机构及发行人律师分别于2020年1月9日、2020年3月27日、2020年9月4日多次邮寄发出《关于协助开展尽职调查工作的沟通函》《南通超达装备股份有限公司IPO项目访谈提纲》《承诺函》等书面文件，截至本问询函回复出具日，均未收到对方回应。

（2）访谈发行人实际控制人、冯建军及冯建国共同亲属、发行人所在地部门相关领导、宏阳宇有限及威震天机械所在地行业自律组织，了解相关事件发生的背景和事实，以及双方管理破裂的原因和事实。

（3）通过各种方式进行公开网络检索查询相关信息。

（4）取得发行人及关联方出具的《承诺函》、主要开户银行出具的《关于不存在资金往来的证明》。

（5）对发行人与宏阳宇有限、威震天机械在资产、人员、财务、机构、业务、技术、客户及供应商渠道等方面独立性的书面查证。

（6）函证或访谈了发行人126家客户（单体非合并口径）。经核查，报告期内，发行人向上述客户的销售金额占各期营业收入的比例分别为86.03%、85.39%及79.49%。上述126家客户中有34家单体客户（合并口径为16家）同时是宏阳宇有限、威震天机械的客户。

（7）函证或访谈了发行人206家供应商。经核查，报告期内发行人向上述206家供应商的原材料采购金额占各期原材料采购总额的比例分别为81.41%、

84.62%及 83.12%。上述 206 家供应商中共有 24 家同时是宏阳宇有限、威震天机械的供应商。

（8）复核计算发行人与宏阳宇有限、威震天机械重叠的客户、供应商的相关财务信息，分析是否存在异常。

（9）值得特别注意的是，审核中心非常关注发行人与亲属控制公司重叠的客户和供应商的相关财务数据是否存在差异，因为对方不配合提供任何资料，亲属控制企业与重叠客户和供应商的数据无法知晓，那么发行人只能通过自我对比、同行业对比、客户的性质、客户的证明文件以及行业竞争的特性等因素去证明，发行人不会存在通过这些重叠的供应商或者客户进行利益输送或者垫付成本的情形。

7. 此外，在这个案例中，审核机构还要求三家中介机构的质控和内核部门对于同业竞争问题说明核查的方式和核查的结论，体现了注册制下新的审核思路和要求。

第三节 关联交易

案例 66 信邦智能（创业板已过会，未上市）——关联交易的合理性

【问询问题】

审核问询回复显示：（1）2015 年 7 月，GB 公司与发行人签署《采购合同》，合同总金额为 819 万美元，由发行人向 GB 公司采购一条盖板玻璃生产线。2015 年 12 月，发行人再与黄石华一签署了关于盖板玻璃生产线项目的销售合同，合同总金额约 8107.84 万元；（2）截至 2017 年 3 月，发行人从黄石华一共计收款 3957.17 万元（含增值税），发行人已向 GB 公司支付 244 万美元以及支付进口运费及其他相关税费，合计金额为 2663.06 万元。其他未收款的货物，目前因黄石华一经营困难暂未执行；（3）根据

2020年5月发行人与GB公司签署《〈采购合同〉（编号：UFAE150720（1））之补充协议》，GB公司同意发行人不再支付尚未支付的货款575万美元，双方同意发行人将剩余货物退还给GB公司。因发行人在此次交易中不承担存货主要风险，并未确认相应的存货及应付账款，此次补充协议的签订对发行人的财务报表没有影响。请发行人补充披露：（1）汤青云在上述交易中所发挥的主要作用，通过汤青云设立GB公司对盖板玻璃生产线设备进行采购的原因及合理性；（2）与GB公司、黄石华一签署合同的具体约定内容，发行人不承担存货主要风险并未确认相应存货及应付账款的合理性，是否符合《企业会计准则》的规定；（3）GB公司同意发行人不再支付尚未支付的货款575万美元的原因及商业合理性，发行人与GB公司签署的补充协议是否得到黄石华一的认可，剩余设备是否已经退还GB公司并经GB公司验收确认，发行人是否仍对剩余设备保持控制或权利主张；（4）与黄石华一的销售合同是否已经解除，对黄石华一是否存在违约风险；（5）针对上述三方交易，发行人及其实际控制人、控股股东是否存在后续交易安排或利益补偿承诺等，GB公司、黄石华一与发行人是否存在实质上的关联关系或其他利益安排。

【披露信息】

一、汤青云在上述交易中所发挥的主要作用，通过汤青云设立GB公司对盖板玻璃生产线设备进行采购的原因及合理性

汤青云作为黄石华一的母公司黄石华创的创始股东之一，为黄石华一手机盖板玻璃生产线项目的主导者之一，在整个交易中起到了沟通协调作用。一方面，由于与GB公司创立人较为熟悉，因此联系了GB公司先行采购该批设备以保障设备能够进口；另一方面，同作为黄石华创的股东之一，汤青云认可信邦集团的设备进口、自动化设备集成能力，因此与其他股东协商后，安排发行人在黄石华一暂未成立之前，提前进口该批设备。综上所述，汤青云在整个交易中主要发挥了沟通协调各方、推动项目执行的作用。

黄石华一盖板玻璃生产线项目通过GB公司先行采购主要系：一方

面，GB公司首先得知了一个位于马尼拉的玻璃物料生产线即将关闭，并将消息告知了汤青云，GB公司参与该交易符合商业合理性；另一方面，该批设备符合黄石华一项目的技术要求，GB公司先行采购能提前保障黄石华一盖板玻璃生产线项目的执行稳定性，具备商业合理性。

二、与GB公司、黄石华一签署合同的具体约定内容，发行人不承担存货主要风险并未确认相应存货及应付账款的合理性，是否符合《企业会计准则》的规定

由于在此次交易中，发行人不承担存货主要风险，而是向黄石华一收取款项后再向GB公司支付相应的设备款项以及进口运费、关税等相关费用后确认发行人提供的安装调试服务收入。因此，从GB公司购入的生产设备不构成发行人的存货或固定资产，亦无对GB公司的应付账款。相应地，发行人对黄石华一的交易采取了净额法的核算方式，将已安装调试完的设备采购款、运杂费、关税等之外的价款793.70万元作为安装调试服务费收入，并于2017年确认相关收入。

2020年5月，黄石华一与发行人签署《"黄石盖板玻璃生产线项目"相关合同之补充协议》，黄石华一将尚未支付设备款对应设备退还发行人。2020年5月发行人与GB公司签署《〈采购合同〉（编号：UFAE150720（1））之补充协议》，GB公司同意发行人不再支付尚未支付的货款575万美元，双方同意发行人将剩余货物（黄石华一尚未安装调试的设备）退还给GB公司。

基于上述对本次交易背景的介绍，GB公司先行采购位于马尼拉的盖板玻璃生产线的二手设备，并承担向黄石华一转让该批设备的主要责任；发行人在转让该批设备之前或之后均不承担该批设备的存货风险。2020年，黄石华一由于经营困难，不再支付尚未支付设备款，并将对应设备退还发行人。相应地，GB公司同意发行人不再支付尚未支付的设备款并退回剩余货物。

综上所述，在本项交易中，GB公司的身份符合《企业会计准则第14

号——收入》规定的主要责任人。发行人仅为黄石华一代理进口生产设备，在该批设备转让给黄石华一之前并不能控制该设备，因此发行人的身份符合《企业会计准则第14号——收入》规定的代理人，采取净额法的核算方式，将已安装调试完的设备采购款、运杂费、关税等之外的价款793.70万元作为安装调试服务费收入。作为本项交易的代理人，发行人未确认相应存货及应付账款具有合理性，符合《企业会计准则》的规定。

三、GB公司同意发行人不再支付尚未支付的货款575万美元的原因及商业合理性，发行人与GB公司签署的补充协议是否得到黄石华一的认可，剩余设备是否已经退还GB公司并经GB公司验收确认，发行人是否仍对剩余设备保持控制或权利主张

根据2020年5月发行人与GB公司签署《〈采购合同〉（编号：UFAE150720（1））之补充协议》，约定由于最终使用用户黄石华一自身原因，GB公司同意发行人不再支付尚未支付的货款575万美元，双方同意发行人将剩余货物（黄石华一尚未安装调试的设备）退还给GB公司。根据GB公司与发行人已签署的《黄石盖板玻璃生产线项目物料（设备及部件）移交清单》以及黄石华一的书面确认，尚未支付款项的设备退还给GB公司并经GB公司接收确认。基于上述，发行人与GB公司、黄石华一之间的交易目的主要是为黄石华一代理进口生产设备，GB公司由于黄石华一经营困难不再购买尚未支付款项的设备并确认接收尚未支付款项的设备而同意发行人不再支付尚未支付的设备款项具有商业合理性。因发行人在此次交易中不承担存货主要风险，并未确认相应的存货及应付账款，此次补充协议的签订对发行人的财务报表没有影响。

黄石华一对发行人与GB公司签署的《〈采购合同〉（编号：UFAE150720（1））之补充协议》没有异议。

四、与黄石华一的销售合同是否已经解除，对黄石华一是否存在违约风险

根据黄石华一与发行人的书面确认，双方就“黄石盖板玻璃生产线

项目”的销售合同及其补充协议已履行完毕或解除，不存在任何法律纠纷或经济纠纷。

五、针对上述三方交易，发行人及其实际控制人、控股股东是否存在后续交易安排或利益补偿承诺等，GB公司、黄石华一与发行人是否存在实质上的关联关系或其他利益安排

基于信邦集团层面对外投资战略及方向的调整以及规范关联交易的考虑，2017年1月25日，信邦集团将其持有的黄石华创16.67%的股权转让给其母公司惠晶显示科技（苏州）有限公司，从而也不再间接持有黄石华一的权益。2017年5月2日，李罡辞任黄石华创董事，2017年8月4日，李罡辞去黄石华一董事职务。自此之后，黄石华一、黄石华创不再是发行人关联方。根据发行人及其实际控制人、控股股东以及黄石华一确认并经核查GB公司在香港公司注册处的公司资料：（1）发行人及其实际控制人、控股股东就GB公司、黄石华一与发行人的交易事项不存在后续交易安排或利益补充承诺；（2）GB公司与发行人之间不存在实质上的关联关系或其他利益安排；（3）2017年1月，信邦集团将其所持黄石华创16.67%的股权转让给黄石华创的母公司惠晶显示科技（苏州）有限公司，信邦集团不再通过黄石华创间接持有黄石华一的权益；2017年5月，李罡不再担任黄石华创的董事；2017年8月，李罡不再担任黄石华一的董事；自2017年8月后，黄石华一与发行人之间不再存在实质上的关联关系或其他利益安排。

小兵评析

1. 这个案例具体说起来并不是很复杂，但是整体看起来确实还是有一些诡异，因而在IPO审核过程中也是被重点关注。但是，审核机构也无法对这个问题提出更多的质疑，更不能否认这样一个事件的存在，只能允许发行人和中介机构从各个角度解释商业逻辑的合理性，使其符合相关法律法规和会计准则的要求，同时不存在重大的纠纷或潜在纠纷。

2. 简单总结，事情的来龙去脉是这样的：

（1）境外某个公司生产经营不善，要出售一条二手的生产线，这条生产线总价 800 多万美元，不是很便宜。

（2）发行人比较熟悉的一个自然人联系了境外的 GB 公司先买了，然后可以加个价差卖给境内的一个公司。

（3）境内的这个公司也不知道是出于什么样的考虑，新设了一个公司，然后就准备买了这条生产线大干一场。

（4）境内这个公司找发行人去代理进口这个生产线，并且还要负责安装调试，当然发行人还是要挣钱的，这个价差并不小，从 819 万美元买过来然后 8100 万元卖出去。

（5）如此这般，业务关系也算清楚了：发行人跟境内这个公司签署销售合同，卖给境内公司一条生产线；发行人跟 GB 公司签署采购合同，采购一条生产线。至于 GB 公司怎么去买整个生产线，是不是能挣钱，看起来是跟发行人没有什么关系的，但是谁知道呢？

（6）遗憾的是，后来境内这个要买二手生产线大干一场的公司没钱了，设备也买不起了，于是就跟发行人商量后面的钱不付了，剩余的设备也给退回去。于是，发行人又跟 GB 公司签署了补充协议，剩下的设备款不付了，还没有用的设备再给退回去。GB 公司同意了。

3. 事情的经过可以理顺，只是需要重点关注对于发行人的影响，发行人的权利义务关系以及风险是否全部消除。总结就是：（1）发行人就是一种代理行为，GB 公司负责销售，境内公司负责采购，发行人就是代理商，赚的就是中间商的差价；（2）发行人没有进行存货以及销售采购的会计处理，符合相关规定；（3）发行人还是进行了模拟测算，如果不是按照净额法核算对于发行人财务指标的影响。

4. 在注册制审核理念下，这样的案例非常典型，我们需要充分尊重商业事实，充分尊重商事主体自主决策和消除风险的能力，审核机构主要关注对于发行人生产经营的影响以及是否影响发行条件。

案例 67 新柴股份（301032）——第一大客户是实际控制人控制的公司

【问询问题】

招股说明书披露，发行人实际控制人仇建平控制的企业杭叉集团为发行人报告期内第一大客户，报告期内销售收入占比基本在 30% 以上。请发行人补充披露与杭叉集团的交易规模是否具备可持续性，根据《深圳证券交易所创业板股票首次公开发行上市审核问答》关于客户集中度较高等相关规定，逐条分析并披露发行人与杭叉集团合作的历史、业务稳定性及可持续性，相关交易的定价原则及公允性，发行人是否具备独立面向市场获取业务的能力，并针对发行人与杭叉集团订单下降、双方业务稳定性及可持续性存在的风险进行重点提示。

【披露信息】

一、发行人和杭叉集团交易规模可持续性分析

公司和杭叉集团合作历史悠久，公司凭借自身产品质量、售后服务能力、技术对接实力使双方的合作经受住了行业排放标准升级、同行业对手竞争、各种类新产品技术磨合等来自监管层面、市场层面、技术层面多方面的挑战，双方始终保持紧密的合作，公司作为杭叉集团内燃叉车柴油机产品最主要供应商，持续为杭叉集团提供优质柴油机产品，为杭叉集团内燃叉车产品销量持续增长提供保障。

近 10 年来，公司均为杭叉集团战略供应商，特别是 2015 年以来，杭叉集团配套使用公司柴油机占其国产柴油机 95% 左右，采购规模维持在较高水平且具有持续性。

二、发行人和杭叉集团的合作历史

综合而言，公司和杭叉集团合作历史悠久，长期以来合作关系稳定、良好。

三、发行人和杭叉集团的业务稳定性及可持续性分析

公司长期以来一直是杭叉集团最主要柴油机供应商，双方业务关系

稳定。

公司是国内最早一批从事叉车用柴油机生产的企业，与杭叉集团分别为非道路柴油发动机和工程机械行业知名企业，且双方距离较近，具有较强的地域优势，公司一直为杭叉集团发动机重要供应商，双方合作时间30年以上。仇建平分别在2011年1月和2017年12月成为杭叉集团、公司的实际控制人，自2017年12月起，双方成为关联方。成为关联方后，双方合作模式未发生重大变化。

近10年来，公司均为杭叉集团战略供应商，特别是2015年以来，杭叉集团配套使用公司柴油机占其国产柴油机95%左右。

综上所述，公司长期以来一直是杭叉集团最主要柴油机供应商，双方业务关系稳定。

四、发行人和杭叉集团的定价原则及公允性分析

（一）公司和杭叉集团价格确定原则

公司向杭叉集团销售的柴油机产品价格的确定需要较长的周期，主要通过以下几个环节：（1）公司根据产品的生产成本附加一定比例的毛利向杭叉集团进行报价；（2）杭叉集团内部专业团队对公司报价进行详细复核，并多方位对市场同类型产品进行价格调研；（3）杭叉集团在价格分析调研基础上和公司进行多次商谈沟通确定最终产品单价，整个价格确定周期往往长达数月。此外，当市场环境出现变化后公司与杭叉集团协商后对柴油机的单价进行调整。

（二）公司对杭叉集团销售价格公允性分析

1. 相同机型对比分析（同一机型）

报告期内，所选取的型号销售金额分别为42,092.12万元、44,040.57万元、30,236.80万元和12,680.52万元，占当期向杭叉集团销售收入的86.10%、81.09%、50.13%和29.99%。

公司向杭叉集团销售同型号柴油机的单价及毛利率相比于其他客户较低。除C490BPG－200AWTH外，上述机型为配套杭叉集团机型，其

他客户采购规模不大，单价及毛利率相对较高。C490BPG－200AWTH为公司售后通用机型，杭叉集团与非关联叉车客户单价及毛利率差异不大。

2. 同类机型对比分析（吨位、配置相似）

鉴于公司向各主要客户销售主要为定制机型，非关联叉车客户销售规模较小，选择杭叉集团累计前十大机型与非关联叉车客户同类机型对比分析。

2020年1~6月非关联叉车客户单价及毛利率有所下降主要系产品结构调整，当期单价及毛利率较高的4D32G31－004－J产品当期销售收入下降、单价及毛利率稍低的4D32G31－029－J产品销售收入增加，各明细产品单价及毛利率变动不大。杭叉集团4D32G31类产品销售单价及单位成本较高，杭叉集团机型产品配置稍高，非关联叉车客户个别产品配置稍低，以4D32G31－006－J为例，其使用的起动机、发动机、风扇，在2020年上半年较杭叉集团采购单价低100元左右。

报告期内，杭叉集团C490BPG类产品与非关联叉车客户相比单价及毛利率稍低。杭叉集团销售型号为专为其配套的机型，非关联叉车客户除为其配套专用机型外，存在公司通用机型，公司通用机型销售单价及毛利率均较高。

综上所示，公司对杭叉集团销售价格和其他客户不存在重大差异，存在差异的原因主要系产品配置、整体销售、市场竞争等因素，公司对杭叉集团销售价格公允。

五、发行人是否具备独立面向市场获取业务能力的分析

（一）公司和杭叉集团的交易为正常的商业行为

基于前述分析，公司持续获取杭叉集团的商业机会是基于公司自身的产品品质、售后服务能力、多年来稳定良好的合作关系以及杭叉集团对于核心零部件采购倾向于选择稳定供应商的采购策略等。公司和杭叉集团的交易是基于双方需求的正常的商业行为。

（二）报告期内，公司除杭叉集团以外收入规模稳步上升

报告期内，公司除杭叉集团外的销售收入情况如下：

单位：万元

项目	2020 年 1～6 月	2019 年度	2018 年度	2017 年度
主营业务收入	112,331.44	187,709.71	174,362.09	165,247.02
除杭叉集团外主营业务收入	70,042.58	127,394.91	120,051.22	116,360.21

报告期内，公司除杭叉集团外的销售收入分别为 116,360.21 万元、120,051.22 万元、127,394.91 万元、70，042.58 万元，收入规模不断增加。

1. 报告期内，公司对安徽合力、中国龙工销售规模稳步提升。

2. 报告期内，农业机械用柴油机收入稳步上升。

（三）公司产品性能稳定，受到下游主要客户认可，在非道路用柴油机市场占有率方面处于领先地位

综上所述，公司非道路用柴油机产品受到市场的广泛认可，报告期内业务规模持续上升，公司和客户之间的交易基于双方业务需求，都属于正常商业行为，故公司具有独立开发市场的能力以及直接面向市场独立持续经营的能力。

小兵评析

1. 发行人第一大客户是杭叉集团，而杭叉集团也是发行人实际控制人控制的上市公司。简单来说，杭叉集团是发行人的关联方，发行人的第一大客户是关联方，且销售收入占比超过 30%。

2. 注册制审核下，关联交易销售占比超过 30% 的案例还是有一些的，但是毕竟关联方都是非控股股东控制或者实际控制人参股的公司形成的，发行人这种情形看起来还是很容易让人怀疑。

3. 小兵看了发行人的解释之后，又觉得发行人的这种关联交易非常合理，

没有任何争议：（1）发行人从 2007 年就开始跟杭叉集团合作，从 2015 年开始就是战略客户。（2）仇建平 2011 年控制的杭叉集团，2017 年控制的发行人，因而发行人与客户的合作在前，关联交易在后（这个前后关系非常重要）。（3）发行人与杭叉集团的交易价格公允，在杭叉集团成为发行人关联方前后，双方的业务合作没有本质差异。（4）最关键的是，发行人每年的收入都超过 10 亿元，就算是扣除关联交易的收入，也是完全符合 IPO 标准的。

4. 从这个案例我们可以得到启示，很多问题还是要具体情况具体分析，看似不可能的事情，在复杂的商业逻辑下都有其必然性和合理性。

第四章　劳动人事问题

在 IPO 的审核实践中，劳动人事问题一直也是被普遍关注的问题，只是相对零散且没有系统的整理归纳。在这一部分，小兵将结合最新的一些案例，针对人员返聘、高校人员创业、人员兼职等劳动人事问题做一些简单的整理和分析，给大家提供一些思路和观点。

目前的 IPO 审核对于发行人劳动人事方面的关注点有了一些调整和变化，对于某些不会直接影响发行条件的问题且存在一些特殊的历史因素或者合理商业因素的问题，是可以在 IPO 申报的时候，承诺在一个期限内解决完成，而不一定需要等解决之后再申报 IPO。这可能也是注册制审核跟以前 IPO 审核理念的不同。

第一节　事业单位人员聘任

案例 68　正元地信（688509）——IPO 申报前仍存在大规模事业编制员工

【问询问题】

招股说明书披露，报告期内，正元地信及下属公司存在事业编制身份职工。根据正元地信向地质总局报送的《正元地理信息集团股份有限公司事业单位编制职工有关问题解决方案》，计划于 2020 年 12 月 31 日前解决完毕事业编制员工事宜。截至招股说明书签署日，正元地信及其子公司还有431名员工保留地质总局及其下属单位事业编制，前述人员不存在担任公司董事、监事、高级管理人员、核心技术人员、财务人员的情形。报告期内，发行人及其子公司具有事业编制身份员工的社会保险和住房公积金均由发行人或其子公司承担，部分委托地质总局或其下属事业单位代为缴纳。请发行人说明：（1）发行人及其子公司存在较多员工保留事业编制的背景及原因，是否符合相关法律法规及政策的规定。（2）上述人员在聘任、薪酬待遇、岗位分配、人事管理等方面与其他员工的差异；前述事业编制员工是否均在发行人处全职工作，是否已取得其所在事业单位的明确同意，与原事业单位之间是否存在纠纷或潜在纠纷。（3）结合上述保留事业编制的员工在发行人及其子公司中的任职情况，占发行人员工人数的比例，委托地质总局或其下属事业单位代为缴纳社会保险和公积金等情况，充分说明是否符合发行人人员独立性的要求，相关事项是否构成本次发行上市障碍。（4）上述解决方案的主要内容及目前进展情况，是否切实可行；发行人与事业单位编制员工之间就该等事项解决是否存在纠纷或潜在纠纷。（5）若后续出现大量人员返回原事业单位的情形，是否会造成发行人的人员集中流失，影响核心技术研发及开展，进而对发行人生产经营产生不利影响。（6）委托地质总局或其下属事业单位代为缴纳社会保险和公积金的原因及其必要性、合理性、合法合规性。（7）相关风险揭示是否充分。

【披露信息】

一、发行人及其子公司存在较多员工保留事业编制的背景及原因，是否符合相关法律法规及政策的规定

（一）发行人及其子公司存在较多员工保留事业编制的背景及原因

根据地质总局于2012年召开的一届四次职工代表大会审议通过的《中国冶金地质总局地理信息产业重组改制方案》，地质总局决定以正元有限为载体，对地质总局下属其他单位主营业务为地理信息的公司进行

整合。根据前述方案，地质总局于2013年将山东局持有正元有限股权划转至地质总局，正元有限成为地质总局直接控股的企业。

2013～2014年，地质总局将原隶属于山东局的中基地理、原隶属于中南局的武汉科岛、原隶属于一局的河北天元划入正元有限。正元有限、中基地理、武汉科岛、河北天元成立时的部分人员来自其当时的直接主管单位，其中部分人员具有当时直接主管单位的事业编制。此外，为提升发行人的管理水平，地质总局及下属事业单位陆续推荐部分具有事业单位编制人员到发行人工作。前述人员到发行人或子公司工作后，由发行人或子公司自行调配。根据发行人《关于严格控制事业单位编制人数的通知》（正元地理信息人〔2019〕244号），自2019年11月发行人要求子公司严格控制事业单位编制人员人数，不得新增事业编制人员，确有需要新增的，必须报发行人审批。

另根据《国务院办公厅关于转发国家经贸委管理的国家局所属地质勘查单位管理体制改革实施方案的通知》（国办发〔2001〕2号）、《中共中央、国务院关于分类推进事业单位改革的指导意见》（中发〔2011〕5号）、《中共中央办公厅、国务院办公厅印发〈关于从事生产经营活动事业单位改革的指导意见〉的通知》（厅字〔2016〕38号）等文件规定，地质总局及下属事业单位正在按照中央有关规定统一积极稳妥推进事业单位分类改革工作，地质总局目前事业单位分类改革尚未完成，发行人及其子公司来自地质总局及下属事业单位的部分员工在报告期内因而仍保留事业编制。

（二）是否符合相关法律法规及政策的规定

公司及子公司报告期内具有的事业编制员工主要来自地质总局及下属事业单位，保留事业编制系事业单位分类改革逐步推进、地质总局及下属事业单位尚未完成事业单位分类改革所致。地质总局作为国务院国资委直属的事业单位，系其及下属事业单位的主管部门，地质总局及下属事业单位人员入职公司及其子公司后仍保留事业编制取得了地质总局的同意，公司及其子公司存在较多员工保留事业编制符合《关于印发中国冶勘总局深化人事劳动分配制度改革方案的通知》规定。由于此类人员均专职在公司或其子公司工作，在公司或子公司领薪，不存在同时在事业单位工作或从事业单位领取薪酬的情形，公司及其子公司报告期内存在保留事业编制员工的情形未影响公司的独立性。

二、上述人员在聘任、薪酬待遇、岗位分配、人事管理等方面与其他员工的差异；前述事业编制员工是否均在发行人处全职工作，是否已取得其所在事业单位的明确同意，与原事业单位之间是否存在纠纷或潜在纠纷

（一）上述人员在聘任、薪酬待遇、岗位分配、人事管理等方面与其他员工的差异

地质总局及下属事业单位的人员到发行人或其子公司工作后，地质总局及下属事业单位无权管理该等人员在发行人及其子公司的聘任、薪酬待遇、岗位分配、人事管理等事项。发行人及其子公司按照《劳动法》及相关的法律法规对事业编制员工进行管理。

发行人及其子公司按照《劳动法》及相关的法律法规对事业编员工进行管理，发行人制定的《正元地信薪酬管理办法》《正元地信干部选拔任用办法》等人力资源管理相关的内部制度公平、统一适用于全体员工。因此，发行人在事业编员工的聘任、薪酬待遇、岗位分配、人事管理等方面与其他员工不存在差异。

（二）前述事业编制员工是否均在发行人处全职工作，是否已取得其所在事业单位的明确同意，与原事业单位之间是否存在纠纷或潜在纠纷

根据地质总局人力资源部于2020年6月出具的《关于对正元地理信息集团股份有限公司及其下属公司事业编员工相关事项的说明》，地质总局同意事业编制员工入职发行人及其子公司后至解决方案实施完毕之前，保留事业编制专职在发行人及其子公司工作，由发行人及其子公司按照《劳动法》及国家相关法律法规的要求进行全面管理。此类员工保留事业

编制身份的情形不影响其在发行人及其子公司工作，不影响发行人及其子公司对其管理。地质总局及下属事业单位未干预发行人及其子公司对事业编制员工的管理，亦未影响发行人的独立性。

三、结合上述保留事业编制的员工在发行人及其子公司中的任职情况，占发行人员工人数的比例，委托地质总局或其下属事业单位代为缴纳社会保险和公积金等情况，充分说明是否符合发行人人员独立性的要求，相关事项是否构成本次发行上市障碍

公司及其子公司按照《劳动法》及国家相关的法律法规的要求与事业编员工签署劳动合同，事业编制人员均全职在公司或其子公司工作，在公司或其子公司领薪，由公司或其子公司承担事业编制员工相关的社会保险、住房公积金费用，事业编制员工不存在同时在事业单位工作或从事业单位领取报酬的情形。因保留事业编制员工需根据国务院颁布的《国务院关于机关事业单位工作人员养老保险制度改革的决定》的相关规定缴纳事业单位养老保险，因而委托相关事业单位代为缴纳，其他社会保险和住房公积金根据当地社保政策和公司及其子公司的实际情况委托相关事业单位代缴纳，相关社会保险和住房公积金费用均由公司承担。公司及其子公司委托地质总局或其下属事业单位代为事业编制员工缴纳社会保险和公积金的原因合理，具有必要性、合理性，前述情形不影响公司人员独立性的要求，不构成本次发行上市的障碍。

四、上述解决方案的主要内容及目前进展情况，是否切实可行；发行人与事业单位编制员工之间就该等事项解决是否存在纠纷或潜在纠纷

（一）上述解决方案的主要内容及目前进展情况，是否切实可行

1. 上述解决方案的主要内容

解决方式：事业编制身份职工可以选择放弃事业编制身份，留在公司工作；或者保留事业编制身份，回到原编制所在单位工作。

实施步骤：按照“先易后难、分步推进、平稳过渡”的原则，分为上市申报前与上市申报后两个阶段实施。

上市申报前：公司董事、监事、高管及核心人员原则上留在正元地信工作，2019 年 12 月初办理与原事业单位终止事业编制身份事宜，涉及人员约 50 人。

2. 公司目前的进展情况

截至本反馈意见回复出具日，正元地信及其子公司有 300 名事业编制员工主动解除事业编制，还有 192 名员工的事业编制尚待解决。

2020 年 6 月 16 日，公司及下属公司事业编制职工召开代表大会，审议通过了《上市进程中解决事业编制身份有关问题工作方案》，同意公司的事业编制员工解决方案及目前实施步骤。地质总局于 2020 年 5 月召开上市工作协调推进会，听取了公司对其事业编制员工实际实施解决方案的情况汇报。公司在原解决方案的解决方式、原则、阶段、时限、措施等没有发生变化的前提下，推进步骤可以根据上市工作的实际进展情况灵活实施、相应调整，无须再次取得地质总局的批准，地质总局对公司目前的进展情况没有异议。

（二）发行人与事业单位编制员工之间就该等事项解决是否存在纠纷或潜在纠纷

根据已解除事业编制员工与事业单位签署的《终止协议》、已解除事业编制员工出具的《声明函》等资料和对地质总局及公司人力资源部门负责人、部分事业编制员工的访谈，以及对中国裁判文书网、中国执行信息公开网、公司及其子公司所在地人民法院网站等公开资料的查询，公司与事业单位编制员工之间就该等事项解决不存在纠纷或潜在纠纷。

五、若后续出现大量人员返回原事业单位的情形，是否会造成发行人的人员集中流失，影响核心技术研发及开展，进而对发行人生产经营产生不利影响

截至 2020 年 8 月 31 日，公司及子公司共有 3560 名员工，其中尚需解决的事业编制员工仅为 192 名，仅占公司当期总人数的 5.39%，占比较小。前述人员均为公司或子公司的一般员工，主要为一般行政人员、

后勤人员及少量基层市场人员和项目人员，若后续出现大量人员返回原事业单位的情形，不会造成公司的人员集中流失，不会影响核心技术研发及开展，不会对公司生产经营产生重大不利影响。

六、委托地质总局或其下属事业单位代为缴纳社会保险和公积金的原因及其必要性、合理性、合法合规性

（一）委托地质总局或其下属事业单位为其保留事业编员工代为缴纳社会保险和公积金的必要性、合理性、合法合规性

公司委托地质总局或其下属事业单位为其保留事业编制员工代为缴纳养老保险符合《国务院关于机关事业单位工作人员养老保险制度改革的决定》（国发〔2015〕2号）、《人力资源社会保障部、财政部关于贯彻落实〈国务院关于机关事业单位工作人员养老保险制度改革的决定〉的通知》（人社部发〔2015〕28号）等相关规定，其他社会保险和住房公积金由相关事业单位代缴符合当地社保政策和公司及其子公司的实际情况。

（二）委托地质总局或其下属事业单位为其已解除事业编员工代为缴纳社会保险和公积金的必要性、合理性、合法合规性

自2014年10月1日至地质总局及下属事业单位开始缴纳养老保险期间，公司及下属子公司已经解除事业编人员的养老保险的费用尚未缴纳。养老保险关系转移需待相关的社保经办机构对其账户清算后补缴前述期间的养老保险费用后才能转移，因而该等人员养老保险需暂继续委托原事业编制身份所在单位继续代缴，相关费用由公司承担；其他社会保险根据当地社保政策或公司的实际情况如需暂继续委托原事业编制身份所在单位代缴，相关费用由公司承担；截至2020年8月31日，130名已解除事业编制员工的住房公积金已由公司或其子公司通过其开立的住房公积金账户直接缴纳，未委托地质总局或其下属事业单位代缴，另有170名已解除事业编制员工的住房公积金关系按照事业编制员工解决方案规定时间陆续办理转移至公司或其下属子公司开立的住房公积金账户，届

时将由公司或子公司通过其开立的住房公积金账户缴纳，不再委托地质总局或其下属事业单位代缴。

小兵评析

1. 发行人是地质总局控股的企业，地质总局是国资委下属的事业单位，发行人身份的特殊性决定了这个案例不具有普遍的参考价值，但是对于这类企业存在的类似情形还是有很好的借鉴意义。同时，就算不是完全相同的问题，对于类似的问题这个案例的一些审核标准和解决思路，也是值得我们学习的。

2. 本案例涉及的发行人具体的情形，就是存在大比例的员工保留事业单位编制的情形，当然，这主要是因为控股股东各种职能整合、股权调整以及人员安排等因素造成的。换句话说，事业单位身份员工的情形，是整体安排的结果，不是发行人可以决定的，自然有着合理的背景。当然，更重要的是这样的安排也符合相关法律法规的规定，不存在违规情形。

3. 关于事业单位编制员工的问题，自然是需要彻底解决的，发行人向地质总局报送了关于解决的具体方案，控股股东表示同意，在方案中明确在2020年12月31日彻底解决员工事业编制的问题：员工要不放弃编制在公司上班，要不就离职返回原事业单位上班。

4. 发行人申报前一共有552名事业编制的员工，到了招股书签署日还有431名没有解决身份问题；到了第一次问询意见回复的时候，发行人披露截止到2020年8月31日，还有192名员工没有解决事业编制问题。而到了第二次问询意见回复的时候，发行人披露已经完全解决了这个问题。

5. 还有一个细节是，尽管发行人按照计划最终彻底解决了员工事业编制的问题，但是具体的每一步的解决过程还是跟原来申报的计划是存在出入的，包括IPO申报的时间其实都是推迟到了6月。关于这个问题，地质总局专门开了协调会，确认只要最终能解决，那么一些节奏和过程问题不需要重新审批，对此原则上没有异议。

6. 关于事业编制员工的解决问题，还有一个很大的问题，也是审核过程中一直被重点关注的问题：发行人需要委托地质总局替这些事业编制员工缴纳社保和公积金，就算是这些员工已经解除了事业编制全职在发行人这里工作，但因为账号清算转移的问题，也需要发行人继续委托地质总局缴纳社保和公积金，且短期内这种情况还无法改变。关于这个问题，发行人充分说明了是历史原因也是目前社保和公积金管理制度的问题，跟发行人没有关系。当然，发行人也是取得了相关的证明，也测算了委托缴纳的金额差异对发行人经营业绩的影响。

7. 其实，这个关于事业编制身份的问题以及代缴社保和公积金的问题，对于发行人来说，都是被动接受的，都不存在主观规避一些规定的情形。对于这种问题审核中心多次问询，小兵觉得其实没有多少必要。在注册制的审核理念下，如何把握重点，如何看待一些问题对于 IPO 上市标准的影响，是一个值得深度思考和总结的问题。

案例69 兰卫检验（创业板已过会，未上市）——聘请退休返聘人员

【问询问题】

审核问询回复显示，发行人劳务人员主要为具有丰富专业经验或当地人脉资源的退休返聘人员，其中从事检验工作的主要为具备病理和检验相关资质的专家、医师、技术人员。兼职员工为发行人根据业务需求聘请的非全日制员工，其中从事检验工作的主要为发行人为提升检验业务的技术水平聘请的具备病理和检验相关资质的专家、医师、技术人员，从事学术、技术的培训、指导、咨询等工作。请发行人补充披露：（1）检验人员中正式员工、劳务人员、兼职人员的构成情况；劳务人员、兼职员工是否在发行人客户处任职或曾经就职于客户单位，是否存在未披露的利益安排。（2）医院在职员工在发行人处任职是否符合行业内相关法律法规规定，是否存在纠纷或潜在纠纷。（3）报告期内劳务人员和

兼职人员的薪酬总额及占比、人均薪酬情况，与发行人其他员工是否存在较大差异；是否为节约成本费用而聘请较多劳务人员、兼职人员，发行人员工是否存在较大不稳定性，成本费用是否存在不确定性。

【披露信息】

一、检验人员中正式员工、劳务人员、兼职人员的构成情况；劳务人员、兼职员工是否在发行人客户处任职或曾经就职于客户单位，是否存在未披露的利益安排

（一）检验人员中正式员工、劳务人员、兼职人员的构成情况

报告期各期末，发行人检验人员的构成情况如下：

项目	2020年6月30日	2019年12月31日	2018年12月31日	2017年12月31日
正式员工	276	295	285	275
劳务员工	40	42	40	52
兼职员工	26	27	34	24
合计	342	364	359	351

（二）劳务人员、兼职员工是否在发行人客户处任职或曾经就职于客户单位，是否存在未披露的利益安排

报告期内，发行人存在劳务员工、兼职员工在发行人客户处任职或曾经就职的情形，主要为已退休的员工曾经任职的单位。

1. 发行人客户开拓基于公开、公平的招标或商业谈判，与员工是否在客户处任职无因果关系

发行人与主要医疗机构合作均基于公开、公平的招标或商业谈判。对于没有组织集中采购招投标的省市地区，医疗机构一般会采取院内招标或者竞争性谈判等方式，确定供应商品牌、价格，但其内部审核流程严格，一般成立较高级别评审小组对项目方案进行审评，并经医院法定代表人（院长）签字最终确定业务合作关系。

发行人业务开拓与员工是否在客户处任职无因果关系。

2. 聘请医院专业技术人员是行业内提升专业技术水平的通行方式

根据国家卫生健康委员会发布的《2019年我国卫生健康事业发展统计公报》，2019年年末，我国卫生技术人员共计1015.4万人，主要分布于医院、基层医疗卫生机构、专业公共卫生机构等，任职于发行人等其他机构的卫生技术人员仅4.6万人，占比0.45%。此外，任职于民营医院的卫生技术人员仅138.9万人，占比13.68%。可见，公立医疗卫生机构仍然是卫生技术人员，特别是高端的卫生技术人才的首选。因此，发行人聘请医院退休或在职的专家顾问、专业人员主要系为提升专业技术水平。

根据金域医学和迪安诊断招股说明书、定期报告等公开信息，金域医学聘请检验、病理和临床专家超200人，定期邀请海内外知名病理专家现场读片指导、远程会诊辅导；迪安诊断与医院建立合作关系，邀请专家开展各类学术培训班、对客户进行专业知识讲授、协助客户进行特色专科建设、担任技术顾问指导研发。

可见，由于卫生技术人才主要集中于医院，因此聘请医院专业技术人员是行业内提升专业技术水平的通行方式。

3. 单个客户销售收入占比较小，员工入职时间与客户合作开始时间间隔较长

发行人员工任职或者曾经就职的客户中，报告期内合计销售收入占发行人报告期内合计营业收入0.5%以上的共计9家。发行人单个客户销售收入占比较小，对发行人营业收入不构成重大影响。发行人与员工任职或曾经就职的客户业务开始时间和相关员工入职时间间隔大多在6个月甚至1年以上。发行人不存在为拓展特定客户而聘用其员工的情形。

综上，发行人存在部分劳务员工或者兼职员工在客户处任职或曾经任职的情形，但（1）发行人客户开拓基于公开、公平的招标或商业谈判，与员工是否在客户处任职无因果关系；（2）聘请医院专业技术人员是行业内提升专业技术水平的通行方式；（3）主要为已退休的员工曾经任职的单位，且单个客户销售收入占比较小，员工入职时间与客户合作

开始时间间隔较长，发行人不存在为拓展特定客户而聘用其员工的情形。发行人不存在未披露的利益安排。

二、医院在职员工在发行人处任职是否符合行业内相关法律法规规定，是否存在纠纷或潜在纠纷

（一）行业内未颁布医院在职员工在外兼职的禁止性规定

随着医疗制度改革的逐步深入，国家出台了一系列政策放开医院在职员工在外兼职。2016年12月，国务院发布《国务院关于印发“十三五”深化医药卫生体制改革规划的通知》，鼓励医师到基层、边远地区、医疗资源稀缺地区和其他有需求的医疗机构多点执业。2017年5月，国务院办公厅发布《国务院办公厅关于支持社会力量提供多层次多样化医疗服务的意见》，鼓励医师利用业余时间、退休医师到基层医疗卫生机构执业或开设工作室。

截至本回复出具日，经查阅《基本医疗卫生与健康促进法》《医疗机构管理条例》《医疗机构管理条例实施细则》《医师执业注册管理办法》等行业内法律法规，行业内未颁布医院在职员工兼职的禁止性规定。

（二）在发行人处兼职的医院在职员工占比较小，发行人用工合法合规

发行人聘请的医院员工主要为行业内专家、医师、技术人员，以退休人员为主。在发行人处兼职的医院在职员工数量较少，其工作时间一般每周不超过24小时，主要从事学术、技术的培训、指导、咨询等工作。发行人与上述员工签订兼职合同，双方属于《劳动合同法》中的劳务关系，发行人按工作内容和时长发放劳务报酬并依法代扣代缴个人所得税，用工合法合规。

截至报告期末，在发行人处兼职的医院在职员工共9名，占发行人检验人员总数的2.63%，数量和占比均较小，如果未来出现相关禁止性规定，不会影响发行人检验工作的正常开展。

（三）不存在纠纷或潜在纠纷

截至本回复出具日，发行人不存在被兼职员工所在医院主张损失赔

偿的情形，发行人与兼职员工所在医院不存在纠纷或潜在纠纷。

综上，行业内未颁布医院在职员工在外兼职的禁止性规定。截至报告期末，在发行人处兼职的医院在职员工数量和占比较小，如果未来出现相关禁止性规定，不会影响发行人检验工作的正常开展。医院在职员工在发行人处任职符合行业内相关法律法规规定，发行人与兼职员工所在医院不存在纠纷或潜在纠纷。

三、报告期内劳务人员和兼职人员的薪酬总额及占比、人均薪酬情况，与发行人其他员工是否存在较大差异；是否为节约成本费用而聘请较多劳务人员、兼职人员，发行人员工是否存在较大不稳定性，成本费用是否存在不确定性

（一）报告期内劳务人员和兼职人员的薪酬总额及占比、人均薪酬情况，与发行人其他员工是否存在较大差异

报告期内，发行人兼职员工的人均薪酬较为稳定，略低于正式员工人均薪酬的50%，主要系兼职员工为非全日制员工所致。发行人根据兼职员工的工作内容和工作时长支付薪酬，兼职员工一般每周工作时长不超过24小时，故其人均薪酬较低。

（二）是否为节约成本费用而聘请较多劳务人员、兼职人员，发行人员工是否存在较大不稳定性，成本费用是否存在不确定性

发行人聘请的劳务和兼职人员主要为退休人员、部分医院的专业人员等，主要系为提升专业技术水平，是行业内提升专业技术水平的通行方式。

1. 劳务员工

报告期内，发行人劳务员工的人均薪酬较为稳定，与正式员工的人均薪酬不存在重大差异，发行人不存在为节约成本费用而聘请较多劳务人员的情形。报告期内，发行人劳务员工的薪酬占比在10%以下，占比较低，成本费用稳定。

2. 兼职员工

报告期内，发行人兼职员工的人均薪酬较为稳定，因其工作时长低

于正式员工而人均薪酬较低。报告期内，发行人兼职人员的薪酬占比在3%以下，占比较低。若按正式员工的人均薪酬测算，需增加的人工成本及其对利润总额的影响如下：

单位：万元

项目	代码	2020年1~6月	2019年度	2018年度	2017年度
兼职员工薪酬总额	A	162.52	337.15	386.38	246.69
按正式员工×人均薪酬测算的兼职员工薪酬总额（注）	B	406.82	932.31	824.33	510.49
差额	C=B-A	244.30	595.16	437.95	263.8
利润总额	D	7097.31	12,631.06	10,565.05	556.42
占比	E=C/D	3.44%	4.71%	4.15%	47.41%

注：因兼职员工和正式员工的工作时长差异，若将兼职员工改为聘用正式员工，聘用人数将会减少。本次测算未考虑前述影响。

除2017年度发行人利润总额较小外，其余各期需增加的人工成本对利润总额的影响较小。因此，发行人聘请兼职员工虽然节约了一定的成本费用，但兼职员工的薪酬总额占比较低，对发行人利润的影响较小，发行人不存在为节约成本费用而大量聘请兼职人员的情形，成本费用稳定。

综上，报告期内，发行人聘请的劳务和兼职人员主要为退休人员、部分医院的专业人员等，是行业内提升专业技术水平的通行方式，不存在为节约成本费用而大量聘请劳务人员、兼职人员的情形。发行人聘请劳务和兼职员工虽然节约了一定的成本费用，但相关员工的薪酬总额占比较低，发行人员工不存在较大不稳定性，成本费用稳定。

小兵评析

1. 发行人有两种特殊的劳务用工方式：一种是劳务人员，就是主要找当地有资源有人脉的退休返聘人员；另一种是兼职员工，主要是医院的一些专家、医生、技术人员等。

2. 发行人解释了这样的用工方式也属于行业惯例，且因为占比不大，不会影响发行人用工的合规性。发行人也解释了医院等单位也没有关于禁止员工兼职的规定，不过小兵觉得医院的员工在发行人这种单位兼职，瓜田李下。

3. 当然，最重要的还是关注到薪酬待遇和比例的问题，并且还让发行人模拟测算对盈利的影响。这个小兵觉得就多余了，这些人拿的工资会低吗，至少不会比发行人正式员工低吧。

第二节 高校人员创业兼职

案例70 华卓精科（科创板已过会，未上市）——高校教授兼职

【问询问题】

根据问询回复：（1）2020年清华大学人事处批复同意朱煜、张鸣、杨开明在发行人处的兼职申请；（2）清华大学人事处、清华大学机械工程系及成荣签署及续签《离岗创新创业协议书》，期限至2022年1月31日；（3）报告期内，在发行人处兼职的其他清华大学人员还有李鑫、王磊杰、胡楚雄，李鑫已签订《离岗创新创业协议》，王磊杰兼职担任公司顾问期限至2022年8月31日，胡楚雄已不再为发行人提供顾问服务；（4）报告期内主要新增的发明专利发明人都包括朱煜等清华大学兼职人员，公司专职研发人员作为发明人申请的主要为实用新型专利。请发行人说明：（1）分析报告期内清华大学在公司兼职人员及离岗创业人员参与的各项知识产权（报告期内取得的）对公司核心技术的影响，该等人员已形成或未来可能形成的与发行人主营业务有关的知识产权是否属于其在清华任职的职务成果，发行人与清华大学就现有及未来可能形成的

该等知识产权的安排；（2）兼职人员的人事关系、劳动合同签订情况，发行人人员是否与清华大学相独立；（3）说明朱煜、成荣等人目前兼职或离岗创业状态是否存在期限限制和到期后的安排，结合该等人员对公司研发的重要性分析是否存在彻底解决非专职参与发行人工作的措施，分析该等人员未来不在公司任职的影响及是否构成对发行人生产经营的潜在重大不利影响；（4）胡楚雄等人员在公司生产经营中发挥的作用，不再提供顾问服务对公司目前生产经营是否构成重大不利影响。

【披露信息】

一、分析报告期内清华大学在公司兼职人员及离岗创业人员参与的各项知识产权（报告期内取得的）对公司核心技术的影响，该等人员已形成或未来可能形成的与发行人主营业务有关的知识产权是否属于其在清华任职的职务成果，发行人与清华大学就现有及未来可能形成的该等知识产权的安排

（一）分析报告期内清华大学在公司兼职人员及离岗创业人员参与的各项知识产权（报告期内取得的）对公司核心技术的影响

报告期内，清华大学在公司兼职人员及离岗创业人员参与的授权专利及在审专利合计50项（含境外申请专利），上述知识产权是发行人与清华大学进行技术转让、委托清华大学共同开发、承担国家科技重大专项过程中与清华大学共同开发以及发行人自主开发过程中产生。

发行人现有核心技术对应的专利包括部分发行人与清华大学共有及发行人自主开发专利。其中，共有专利主要是发行人以技术转让、委托开发等方式从清华大学受让或与清华大学共同开发取得，发行人已与清华大学达成协议，享有独占实施使用的权利。对于发行人自主开发的专利，发行人作为唯一专利权人，有权对该等专利进行实施使用。

同时，发行人应用核心技术进行实际生产经营，实现超精密测控设备部件及整机的生产并提供相关技术开发服务，仅依靠实施上述专利并不能直接实现，核心技术获得应用的关键是完成技术工程化、商业化所

需的相关制造工艺与技术的研发，并突破关键技术门槛，同时，发行人部分核心技术出于商业秘密保护的需要未申请专利而作为技术秘密进行保护。在上述研发过程中，发行人的全职研发团队人员起到了核心主导作用，同时发行人形成了一批享有完整所有权的非专利技术。

综上，发行人利用核心技术对应的专利及非专利技术进行生产经营不因清华大学在公司兼职人员及离岗创业人员参与上述知识产权的研发而受到影响与制约。

（二）该等人员已形成或未来可能形成的与发行人主营业务有关的知识产权是否属于其在清华任职的职务成果，发行人与清华大学就现有及未来可能形成的该等知识产权的安排

截至2021年6月30日，清华大学在公司兼职人员及离岗创业人员参与的授权专利及未来可能形成专利权的在审专利技术合计200项（含境外申请专利）。

发行人与清华大学进行技术转让、委托清华大学共同开发、承担国家科技重大专项过程中与清华大学共同开发取得共计181项授权专利及在审专利。由于该等专利技术涉及清华大学相关教职人员执行学校的任务或在其本职工作中完成的发明创造，体现为该等人员在清华大学的职务成果，故已将清华大学列为专利权（申请）人。根据发行人与清华大学签署的技术转让合同、技术开发（委托）合同以及国家重大科技专项项目联合申请协议等文件，上述181项专利技术为发行人与清华大学共同所有，且发行人具有独占实施使用的权利。

发行人与清华大学在双方签署的《技术转让合同书》（合同编号：20152000038）及其补充协议、《技术开发（委托）合同》及其补充协议、《2017年国家重大科技专项〈浸没式光刻机双工件台产品研制与能力建设〉项目联合申请协议》中已对双方共有的163项授权专利及在审专利的实施使用、收益等安排进行了明确约定。

截至2021年6月30日，发行人与清华大学就02专项——浸没双工

件台平面光栅位置测量系统研发项目共同开发过程中生成的18项授权专利及在审专利的使用安排已达成明确约定，但尚未就收益安排进行明确约定。发行人正在与清华大学就此进行协商处理。

发行人自主开发过程中，清华大学在公司兼职人员及离岗创业人员参与研发已形成15项授权专利及4项在审专利，发行人为上述19项授权专利及在审专利的专利权（申请）人。上述19项专利及在审专利技术均为该等人员执行公司的任务并主要是利用公司的物质技术条件所完成的发明创造，应为发行人的职务成果。

鉴于上述19项专利技术的发明人包含清华大学在公司兼职人员及离岗创业人员，清华大学可能对相关专利主张权利，为了明确发行人与清华大学对上述专利技术的权利义务，避免相关专利权利受到影响，发行人正与清华大学协商处理。

未来如确有清华大学在公司兼职人员及离岗创业人员参与研发产生公司知识产权的情形，公司将区分以下情况分别进行处理：

1. 如发行人与清华大学在技术转让、委托开发、合作开发或共同承担研发任务过程中产生知识产权，发行人与清华大学将通过合同方式明确该等知识产权的权属、实施使用及收益等相关安排。

2. 如上述情形之外的原因产生知识产权，发行人将根据过往与清华大学商定的方式及条件与清华大学进行协商，确定该等知识产权的权属、实施使用及收益等相关安排。

综上所述，发行人利用核心技术对应的专利及非专利技术进行生产经营不因清华大学在公司兼职人员及离岗创业人员参与上述知识产权的研发而受到影响与制约；对于涉及上述人员在清华大学因职务发明形成的双方共有授权专利及在审专利，发行人均已取得独占实施使用的权利。

对于上述人员参与的已形成或未来可能形成的与发行人主营业务有关的知识产权的安排情况如下：

1. 发行人与清华大学已通过合同方式对在技术转让、委托开发、共同承担02专项——浸没式光刻机双工件台产品研制与能力建设项目过程中产生的153项授权专利及10项在审专利的权属、实施使用及未来收益进行了明确安排；

2. 发行人与清华大学已通过合同方式对在02专项——浸没双工件台平面光栅位置测量系统研发项目过程中产生的9项授权专利及9项在审专利的权属及实施使用进行了明确安排，但尚未对该等专利及在审专利的收益安排进行明确约定；

3. 对于未来可能形成的知识产权，发行人将按照知识产权形成原因的不同情况与清华大学达成知识产权的相关安排。

二、兼职人员的人事关系、劳动合同签订情况，发行人人员是否与清华大学相独立

（一）兼职人员的人事关系、劳动合同或劳务合同签订情况

截至本问询函回复之日，共有5名清华大学人员在发行人处兼职，朱煜、徐登峰、张鸣、杨开明、王磊杰5名兼职人员仍保留清华大学人事关系，劳动合同亦均与清华大学签署。

截至本问询函回复之日，发行人已与朱煜、张鸣、杨开明、王磊杰4人签署《劳务合同》，徐登峰只在发行人处兼任董事，未与发行人签署相关劳动合同或劳务合同。

根据上述4人签署的《劳务合同》，发行人聘请朱煜担任首席科学家职务，合同期限至2023年6月；聘请张鸣担任技术顾问职务，合同期限至2022年7月；聘请杨开明担任技术顾问职务，合同期限至2022年12月；聘请王磊杰担任技术顾问职务，合同期限至2022年8月。

（二）发行人人员与清华大学相独立

朱煜、张鸣、杨开明、王磊杰4人取得清华大学兼职批复在发行人处担任技术咨询顾问类工作，为发行人研发过程中的重点难点研发问题提供理论性指导。上述4人均不直接参与发行人的日常技术开发工作。

上述4人虽然在发行人处担任技术咨询顾问类工作，但截至2020年

12月31日，发行人共有员工402人，并已经建立了133人规模的技术研发团队，除朱煜、张鸣2名兼职核心技术人员外，发行人另有5名专职员工担任核心技术人员，发行人日常大量的技术开发工作均是由发行人专职技术研发团队人员自主完成。

截至本问询函回复之日，发行人已独立聘任了总经理、副总经理、财务负责人、董事会秘书等高级管理人员。发行人与上述高级管理人员签署了相应的劳动合同并支付薪金报酬。

上述兼职人员在发行人处任职未对发行人的人员独立性产生不利影响，发行人与清华大学人员相独立。

三、说明朱煜、成荣等人目前兼职或离岗创业状态是否存在期限限制和到期后的安排，结合该等人员对公司研发的重要性分析是否存在彻底解决非专职参与发行人工作的措施，分析该等人员未来不在公司任职的影响及是否构成对发行人生产经营的潜在重大不利影响

（一）说明朱煜、成荣等人目前兼职或离岗创业状态是否存在期限限制和到期后的安排

1. 清华大学在公司兼职人员的期限限制和到期后安排

根据朱煜、张鸣、杨开明、王磊杰于2020年提交的在发行人处兼职的申请并经清华大学人事处批复同意，朱煜在发行人的兼职期限至2023年6月22日，张鸣在发行人的兼职期限至2022年7月30日，杨开明在发行人的兼职期限至2022年12月31日，王磊杰在发行人的兼职期限至2022年7月31日。

根据朱煜、张鸣、杨开明、王磊杰4人出具的书面《承诺函》，若发行人顺利上市，上述4人在本次兼职期限届满前，将根据发行人的实际需要，向清华大学办理兼职批复，继续在发行人处从事兼职工作。如未能重新取得清华大学同意兼职的批复，则上述4人将从清华大学办理离职手续并全职在发行人处工作。

根据本保荐机构对上述人员所在的清华大学机械工程系主任的访谈，

上述人员均能按要求履行学校及院系规定的教学研究工作，未对学校及院系相关工作开展造成负面作用，院系支持上述人员在发行人处兼职。

2. 清华大学在公司离岗创业人员的期限限制和到期后安排

根据《国务院关于印发实施〈中华人民共和国促进科技成果转化法〉若干规定的通知》（国发〔2016〕16号）的规定，国家设立的研究开发机构、高等院校科技人员在履行岗位职责、完成本职工作的前提下，经征得单位同意，可以兼职到企业等从事科技成果转化活动，或者离岗创业，在原则上不超过3年时间内保留人事关系，从事科技成果转化活动。

根据成荣、李鑫出具的《承诺函》，上述人员离岗创业期限届满后的安排如下：

根据清华大学的相关规定，清华大学机械工程系研究系列岗位人员实行聘用制，成荣、李鑫聘期届满时需进行续聘考核，考核合格并满足续聘条件的可以与清华大学续签聘用合同，并向清华大学申请续签离岗创业协议，将离岗创业期限相应延期至3年，即离岗创业期限延长至2023年8月届满。

若发行人顺利上市，且上述现有《离岗创新创业协议》或续聘后续签离岗创业协议期限届满前，成荣、李鑫未能与清华大学签署继续离岗创业的协议，则将从清华大学办理离职手续并全职在发行人处工作。

综上，朱煜、成荣等人目前的兼职或离岗创新创业状态均存在期限限制，上述人员已对到期后的情况作出相关安排。

（二）结合该等人员对公司研发的重要性分析是否存在彻底解决非专职参与发行人工作的措施，分析该等人员未来不在公司任职的影响及是否构成对发行人生产经营的潜在重大不利影响

综上所述，朱煜、成荣等人在公司兼职及离岗创业状态存在期限限制，上述人员已出具承诺作出了期后的安排；随着公司自主研发能力的不断增强，清华大学在公司兼职人员对于公司研发的重要性将越来越低，未来不在公司任职对发行人生产经营不构成潜在重大不利影响。

四、胡楚雄等人员在公司生产经营中发挥的作用，不再提供顾问服务对公司目前生产经营是否构成重大不利影响

截至本问询函回复之日，发行人控制工程部共有 30 人，其中参与自标定测量技术研发人员共计 2 名，上述研发人员能够独立完成自标定测量技术研发工作。胡楚雄 2020 年 4 月离任后，公司在自标定测量技术的研发方面的研发工作未受到影响，公司的各项生产经营活动均正常进行。

胡楚雄在公司生产经营中所起的作用较小，胡楚雄不再提供顾问服务不会对发行人目前的生产经营构成重大不利影响。

小兵评析

1. 小兵在以前的案例分析中就总结过，基于国家对于高校人员研发技术产业化的支持以及注册制对于 IPO 审核的最大宽容，形成了目前多家 IPO 发行人都与高校科研人员甚至是相关的领导存在紧密直接联系的情形。

2. 在过往的案例中，已经存在过很多高校教师创业然后 IPO 成功的案例，且在这些案例中，有些公司中的高校教师在担任学校教授和博士生导师的同时，还是发行人的控股股东和实际控制人，甚至有的也担任公司的董事长或者首席科学家等。从某种意义上来说，只要高校对于员工对外的创业没有明确的禁止、对于企业的科研成果没有产权归属的纠纷、对于教师相关的教学工作没有本质的影响没有引起学生的不满或者争议，那么，这样的情形只要不明显违反现有的相关规定，一般 IPO 审核都是接受的。

3. 本案例也是这种情况，当然还不是我们说的跟学校联系最紧密的情形，主要是包括在发行人处兼职以及离岗创业两种情况。清华大学对于这样的问题的一些意见和处理应该有一定的引导和指导意义，因而我们这里做一些借鉴，要点主要包括：

（1）发行人的业务可是做光刻机的，这么高精尖的技术，发行人的很多技术是跟清华大学联合研发的，并且产权也归清华大学，发行人只是独家授权

使用，这个明显是有问题的。关键是，历史上存在的这个问题现在也没有完全解决，还会存在技术来源的问题。

（2）发行人人员中有些是清华大学教师对外兼职的，尽管已经取得了清华大学人事处的批复，但是兼职做个技术指导或者顾问还可以，兼职在发行人这里担任董事，就不是简单一个兼职，还是有点“位高权重”的意思。

（3）发行人人员跟清华大学签署的离岗创业的协议时间是 3 年，关于这个协议可能也是我们后续处理类似问题一个很重要的参考。

（4）发行人相关人员承诺，如果发行人上市成功，清华大学如果同意兼职就继续兼职，如果不同意了那就从学校离职后全职在发行人处工作。这点小兵觉得有点不厚道，怎么能以上市成功作为前提条件？

4. 从某种意义上来说，如果发行人的业务对技术要求没那么高，或许应该不会存在太大争议，但对于发行人这样的业务来说，如果从技术和人员方面都跟清华大学有着千丝万缕的联系无法彻底隔断，那么还是存在很大的风险的。

案例 71　百克生物（688276）——高校教授兼职

【问询问题】

根据问询回复，发行人核心产品水痘疫苗的技术来源为孔维教授的技术投入，公司董事、高管及核心技术人员孔维、姜春来现为吉林大学教授，吉林大学孙博、张海红、张勇 3 人均曾在发行人处兼职并于 2019 年离职；发行人 12 项发明专利中有 11 项均为与吉林大学合作研发取得。请发行人进一步说明：（1）吉林大学相关人员在发行人持股、任职，从事研发活动的具体情况，是否符合相关规定，对相关人员过往的持股、任职、研发等情况，吉林大学是否知悉并认可；（2）相关人员在发行人和吉林大学同时任职的具体情况，针对双方目前和未来的合作研发、委托研发、技术授权、技术转让等情况，有无明确、有效的利益冲突防范机制，如何确定研发成果归属，如何划分研发费用承担方式等；（3）结合孙博、张海红、张勇等人参与产品研发、生产等具体情况，分析上述人员的离职是否对发行人研发、生产产生重大不利影响；（4）发行人有无科技创新能力，是否对吉林大学存在依赖，如存在依赖，请进一步说明该等依赖的具体体现，是否对发行人持续经营有重大不利影响，是否构成本次发行上市障碍。

【披露信息】

一、吉林大学相关人员在发行人持股、任职，从事研发活动的具体情况，是否符合相关规定，对相关人员过往的持股、任职、研发等情况，吉林大学是否知悉并认可

（一）吉林大学相关人员在发行人持股、任职、从事研发活动的具体情况

报告期内吉林大学相关人员在公司持股、任职、从事研发活动的具体情况如下：

序号	姓名	在吉林大学担任职务	在公司担任职务	在公司任职期间	持有公司股份情况	在公司任职期间参与研发项目情况
1	孔维	教授	董事、总经理	2004年3月4日至今	直接持有公司10,426.06万股股份	整体管理研发项目、参与研发项目的决策
2	姜春来	教授	董事、副总经理	2009年7月至今	间接持有公司124.08万股股份	研发项目管理和指导
3	孙博	实验技术人员	研究员	2016年1月至2019年7月	无	HPV疫苗项目的早期研究
4	张海红	教师	研究员	2016年1月至2019年7月	无	肿瘤治疗性疫苗项目的早期研究
5	张勇	副教授	研究员	2017年5月至2019年7月	无	流感病毒裂解疫苗（BK-01佐剂）项目的早期研究

（二）吉林大学相关人员在发行人任职及投资符合《人力资源社会保障部关于支持和鼓励事业单位专业技术人员创新创业的指导意见》《科技部、教育部关于充分发挥高等学校科技创新作用的若干意见》的规定

根据上述规定，吉林大学相关人员到百克生物任职和投资，符合《人力资源社会保障部关于支持和鼓励事业单位专业技术人员创新创业的指导意见》《科技部、教育部关于充分发挥高等学校科技创新作用的若干意见》等规定中支持和鼓励高校师生到企业兼职创业的规定。

（三）报告期内，吉林大学在发行人任职或投资的相关人员不属于吉林大学的校级党员领导干部，未违反相关规定

报告期内，吉林大学到百克生物任职的人员孔维、姜春来、张海红、张勇、孙博均不属于吉林大学的校级党员领导干部，不属于《中共中央纪委、教育部、监察部关于加强高等学校反腐倡廉建设的意见》《直属高校党员领导干部廉洁自律"十不准"》《中共教育部党组关于进一步加强直属高校党员领导干部兼职管理的通知》及其他法律法规规定不能在校外其他经济实体中兼职或领取报酬、不能以本人名义经商、办企业的人员，吉林大学相关人员在发行人处任职或投资未违反前述相关规定。

（四）对于相关人员在百克生物过往的持股和任职情况，吉林大学已出具确认函，确认其自始知悉并认可相关人员到发行人持股和任职

二、相关人员在发行人和吉林大学同时任职的具体情况，针对双方目前和未来的合作研发、委托研发、技术授权、技术转让等情况，有无明确、有效的利益冲突防范机制，如何确定研发成果归属，如何划分研发费用承担方式等

（一）发行人与吉林大学合作研发、委托研发、技术授权、技术转让等情况

报告期内，公司与吉林大学之间不存在技术授权、技术转让等情况，截至本回复报告出具日，公司与吉林大学正在进行的合作研发、委托研发均已签署正式合作协议，明确合作内容、研究成果分配及权利义务划

分、研发费用等内容。

根据吉林大学出具的《确认函》，就吉林大学与百克生物合作研发、委托研发、共有技术/专利等事项，吉林大学已就相关合作事项履行了相关审批程序，双方签署了相关合作研发协议、委托研发协议等，百克生物已按照相关协议向吉林大学支付了相关费用。吉林大学与百克生物之间的科技成果转化安排，符合《促进转化行动方案》《教育部、科技部关于加强高等学校科技成果转移转化工作的若干意见》及吉林大学的相关规定，科技成果的转移转化合法合规。吉林大学与百克生物就人员任职、合作研发、委托研发、共有专利等事项不存在任何现实或潜在的争议和纠纷。

（二）发行人与吉林大学之间的利益冲突防范机制

综上，报告期内，公司与吉林大学之间不存在技术授权、技术转让等情况，截至本回复报告出具日，公司与吉林大学正在进行的合作研发、委托研发均已签署正式合作协议，明确合作内容、研究成果分配及权利义务划分、研发费用等内容；公司已制定了项目立项审批程序及相关制度，对于未来公司与吉林大学之间的合作研发、委托研发、技术授权、技术转让等合作，公司将继续根据相关法律法规、公司章程、吉林大学的相关规定与吉林大学签署正式合作协议，明确约定研发成果的归属、研发费用的承担方式等内容；此外，孔维、姜春来、公司均已出具关于防范利益冲突的承诺函。因此，公司已采取明确、有效的利益冲突防范机制，以防范因相关人员在公司和吉林大学同时任职可能产生的利益冲突。

三、结合孙博、张海红、张勇等人参与产品研发、生产等具体情况，分析上述人员的离职是否对发行人研发、生产产生重大不利影响

孙博、张海红、张勇在公司任职期间均担任研究员职务，且前述人员在公司任职期间参与研究的项目均为公司尚处于临床前研究阶段的早期研发项目，另外孙博、张海红、张勇参与的研究为比较早期概念性验证研究及项目咨询，截至本回复报告出具日，前述人员参与的项目均尚

未进入临床阶段，公司具备专业稳定且有经验的研发团队进行相关项目的后续研发，因此孙博、张海红、张勇离职不会对公司研发、生产产生重大不利影响。

四、发行人有无科技创新能力，是否对吉林大学存在依赖，如存在依赖，请进一步说明该等依赖的具体体现，是否对发行人持续经营有重大不利影响，是否构成本次发行上市障碍

公司具备科技创新能力，对吉林大学不存在依赖，具体分析如下：

1. 发行人核心技术不存在来源于吉林大学的情况（略）

2. 发行人具备专业稳定且有经验的研发团队（略）

3. 发行人具备完善的研发体系和创新机制（略）

小兵评析

1. 本案例主要依据的是人社部和科技部的两个文件来进行解释和论证，可以借鉴其论证思路。

2. 具体到本案例发行人，吉林大学的教师不只是公司持有 1 亿股以上的重要股东，同时也担任公司的董事和总经理，是公司的高管。同时，发行人核心的技术和主要的盈利来源也都是靠这个人带来的。

3. 对于这个问题，吉林大学出具了说明，认可这些教授对外创业的情况，也知道这些教授在公司持股的情况，对此没有什么争议。高校老师以前取得了一些技术，然后利用这些技术创立的公司慢慢就跟原来的学校没有了技术和人员方面的联系，因而相对比较独立，未来发展也就有保证。当然，高校教师创业的 IPO 案例，基本上都是本案例发行人这种情形，一般可以被接受。

4. 还有一点是需要格外关注的，根据相关规定，高校校级党政干部是不得在外兼职的，连担任独立董事都是禁止的。从这个角度来说，允许教授、博士生导师自己创业拿股份上市成为亿万富翁，而只要是领导干部就连兼职都不行，实践中可能需要各人作出取舍。

第三节 特殊身份人员入股

案例 72 雅创电子（301099）——以客户资源作为合作条件入职发行人

【问询问题】

审核问询回复显示，发行人与王学奎签订《合作协议》，约定王学奎将劳动关系转至雅创电子，并承诺 2018～2020 年，为雅创电子创造的营业收入合计不低于人民币 600 万元。《合作协议》未约定绿凡电力业务转移的对价。王学奎退出硕卿合伙的价格低于王学奎受让硕卿合伙财产份额的价格，价差 60 万元。请发行人：（1）补充披露绿凡电力的业绩承诺实现情况，发行人与绿凡电力、王学奎是否就未达成业绩承诺情形下的业绩补偿事项进行约定及相关条款的执行情况；（2）补充披露在绿凡电力业务转移并附加业绩承诺的情形下，发行人未就承接绿凡电力的业务资源付出相应对价的原因及合理性，发行人子公司旭禾电子与绿凡电力的《专利权转让合同》中交易对价是否考虑绿凡电力业务资源的对价，专利权的交易价格是否公允、是否体现相关专利技术对应的价值；（3）王学奎低价退出硕卿合伙的原因，发行人免除王学奎竞业限制的原因，发行人与王学奎之间就业务经营、任职、持股等事项是否存在其他利益安排，发行人、发行人实际控制人与王学奎是否存在除已披露的财产份额转让、劳动关系事项之外的其他资金往来。

【披露信息】

一、王学奎与谢力书两次关于硕卿合伙财产份额交易作价不一致的原因

根据 2018 年 4 月 23 日发行人与王学奎签订的《合作协议》，谢力书

将所持硕卿合伙5.88%的财产份额作价300万元转让给王学奎。经双方协商确定，财产份额转让价格系以发行人同期外部融资价格整体估值6亿元为依据。

2020年5月，王学奎因身体健康等原因向发行人提出离职申请，并要求发行人实际控制人谢力书回购其持有的硕卿合伙份额。根据发行人与王学奎签订的《员工股权激励协议》，王学奎应自财产份额转让完成工商变更之日起全职在发行人处连续工作至少5年，王学奎离职时未满足《员工股权激励协议》约定的服务期限；同时约定，王学奎应当按照入股时支付的对价300万元将持有硕卿合伙的财产份额转让给谢力书。但考虑到王学奎系因身体健康等客观原因导致离职，发行人免除了王学奎离职后的竞业限制义务，双方经协商一致同意王学奎离职，并由谢力书按照人民币240万元的价格受让王学奎持有的硕卿合伙份额。

王学奎已就两次硕卿合伙份额转让的相关事宜进行确认并签署《确认函》，确认两次硕卿合伙份额转让价格系根据双方协商一致确定，转让价格公平、合理，其与谢力书的财产份额转让款已全部结清，不存在重大误解或显失公平的情况，不存在任何争议或潜在纠纷。

二、两次股权交易是否带有股权激励性质，相关会计处理是否符合《企业会计准则》的规定

2018年5月，谢力书、王学奎、发行人及硕卿合伙签订《员工股权激励协议》，约定王学奎以300万元的价格自谢力书处受让其持有硕卿合伙5.88%的财产份额（出资额58.80万元）。该交易系由于王学奎成为员工后参与发行人日常经营活动，为了更好获取其为企业提供的服务故授予其权益工具，满足《企业会计准则》中相关股份支付的定义，带有股权激励性质。该交易于2018年9月完成工商变更。根据《企业会计准则》的规定，发行人应将权益工具授予日的公允价值与王学奎支付对价的差额作为股份支付费用计入管理费用和资本公积。于授予日，发行人按2018年2月外部投资者投资入股发行人的估值人民币60,000.00万元

作为该权益工具的公允价值，该权益工具的公允价值与王学奎的支付对价相当，因此无须确认股权支付费用。

2020年5月，王学奎因身体健康原因向发行人提出辞职申请，与谢力书签订《财产份额转让协议》，与谢力书、发行人及硕卿合伙签订《协议》，向谢力书转让硕卿合伙58.80万元出资额。此次转让系王学奎因身体原因辞职向实际控制人转让股权，并不是为了补偿实际控制人谢力书为发行人提供的服务，与发行人接受实际控制人提供的服务无关。同时，本次交易完成后，实际控制人对发行人直接加间接合计持股比例未超过最初授予王学奎激励股份之前的合计持股比例；因此，此次股份转让不符合股份支付的定义，不带有股权激励性质，因此发行人无须就该事项进行股份支付相关的会计处理。

综上所述，两次股权交易的相关会计处理均符合《企业会计准则》的规定。

三、王学奎退股价格低于协议约定的原因

2020年5月，王学奎因身体健康等原因向发行人提出离职申请，并要求发行人实际控制人谢力书回购其持有的硕卿合伙份额。根据发行人与王学奎签订的《员工股权激励协议》，王学奎应自财产份额转让完成工商变更之日起全职在发行人处连续工作至少5年，王学奎离职时未满足《员工股权激励协议》约定的服务期限；同时约定，王学奎应当按照入股时支付的对价300万元将持有硕卿合伙的财产份额转让给谢力书。但考虑到王学奎系因身体健康等客观原因导致离职，发行人免除了王学奎离职后的竞业限制义务，双方经协商一致同意王学奎离职，并由谢力书按照人民币240万元的价格受让王学奎持有的硕卿合伙份额。

王学奎已就两次硕卿合伙份额转让的相关事宜进行确认并签署《确认函》，确认两次硕卿合伙份额转让价格系根据双方协商一致确定，转让价格公平、合理，其与谢力书的财产份额转让款已全部结清，不存在重大误解或显失公平的情况，不存在任何争议或潜在纠纷。

王学奎离职时未满足服务期限存在违约情形，但鉴于其系由于身体健康等客观因素导致离职，发行人决定不追究其违约责任；另外，王学奎任职期间未违反《合作协议》关于竞业禁止的义务，离职时已签署协议就竞业禁止条款及其他权利义务进行了免除。

小兵评析

1. 发行人涉及的情形要说复杂也不复杂，说简单，但还有点特色，如果放在注册制审核的大背景下去讨论，还是有点意思的。

2. 发行人与王学奎的合作事实基本上是这样的情况：（1）王学奎的公司租赁了发行人的厂房，这算是双方认识的基础；（2）发行人跟客户合作的时候，有些客户的需求涉及王学奎这个公司的产品；（3）发行人就跟王学奎商量，王学奎将自己公司的全部资产、客户资源以及销售网络转移到发行人体内，同时王学奎注销掉公司之后入职发行人担任副总经理，同时取得一定的股份作为股权激励；（4）因为发行人承担了王学奎入职发行人的义务且还有股权激励的作用，因而上述客户资源和资产的转移没有支付对价，不过有一项发明专利还是支付了490万元的对价；（5）关于双方合作协议的履行，还是很顺利的，只是工学奎入职发行人之后，因为身体原因决定从发行人那里离职，这违反了相关的股权激励协议，但是发行人也同意了这个请求，原本300万元的股份转让款后来只能以240万元转让了；（6）王学奎两次出具了确认文件，认为与发行人的相关合作都是真实有效的，不存在任何纠纷或潜在纠纷，对于这个问题的解决，当事人的确认文件是最有效的；（7）这里必须要提出一点，王学奎入职之后真的是因为身体原因离职的吗？我们不得而知。不过，在商务合作的实践中，总是有那么一句话：相识容易、相爱太难。

3. 其实，这个问题本身并不是很复杂，发行人与王学奎的资产转移和业务合作，一来对发行人的生产经营不会带来重大影响，二来相关的股权转让也没有产生纠纷的风险，因而是可控的。当然，从注册制的角度来说，审核机构还是从每个角度每个细节去做了关注，要求发行人详细说明并充分披露，这也是注册制审核的本质所在。

4. 审核机构主要关注的问题有：(1) 双方合作的背景和合作的主要内容；(2) 协议的履行情况，协议履行对发行人经营业绩的影响；(3) 相关资产和业务的转移是否支付对价，是否合理公允，是否存在纠纷；(4) 发行人取得专利的后续使用情况，是不是真的对发行人生产有好的作用；(5) 王学奎两次股份转让价格不一致的原因，是否存在纠纷等。

5. 最后还有一个细节，王学奎跟发行人合作的时候，承诺未来 3 年给发行人带来 600 万元的净利润，审核中关注到这是否属于业绩承诺，发行人解释为这属于双方对于未来业务发展的预判，不属于业绩承诺的性质。

案例 73 金沃股份（300984）——第一大客户员工入职发行人担任高管

【问询问题】

关于订单获取。审核问询回复显示，发行人副总经理张健于 2011 年 9 月至 2014 年 10 月，在舍弗勒（中国）有限公司担任供应商质量管理工程师兼部分产品供应商开发工程师，张健于 2014 年 10 月加入发行人并主要从事销售工作。报告期各期，舍弗勒均为发行人第一大客户。请发行人补充披露：(1) 高管张健在舍弗勒任职期间是否与发行人存在资金业务往来等利益安排，是否存在违反竞业禁止规定或其他违法违规情形；(2) 获得舍弗勒订单是否与张健曾经的任职经历相关，对该客户的订单获取是否对张健个人存在重大依赖。

【披露信息】

一、高管张健在舍弗勒任职期间未与发行人存在资金业务往来等利益安排，不存在违反竞业禁止规定或其他违法违规情形

经保荐机构、发行人律师核查张健、发行人于 2011 年 9 月至 2014 年 10 月（张健在舍弗勒任职期间）的银行流水以及张健及发行人出具的确认文件，张健在舍弗勒任职期间与发行人不存在资金往来或业务往来等

利益安排。

经保荐机构、发行人律师核查张健与舍弗勒签署的劳动合同、张健及舍弗勒出具的确认文件，张健在舍弗勒任职期间，未与舍弗勒签署竞业禁止协议或包含竞业禁止条款的法律文件。

根据张健户籍所在地公安机关出具的无犯罪记录证明、张健出具的确认文件及保荐机构、发行人律师在互联网上的查询，截至本问询函回复出具日，张健不存在违法违规情形。

综上所述，张健在舍弗勒任职期间未与发行人存在资金业务往来等利益安排，不存在违反竞业禁止规定或其他违法违规情形。

二、发行人获得舍弗勒订单与张健曾经的任职经历无关，对该客户的订单获取不存在对张健个人具有重大依赖的情形

（一）发行人与舍弗勒建立合作关系与张健无关

根据发行人与舍弗勒签署的合同，发行人与舍弗勒的交易起始时间为2008年10月，当时张健尚未在舍弗勒任职。

因此，发行人与舍弗勒之间合作关系的建立与张健在舍弗勒的任职经历不存在相关性。

（二）张健的任职与发行人获得订单不存在关系

张健在2014年10月至2016年12月担任发行人子公司建沃精工销售总监助理，2017年1月起任建沃精工销售总监，2018年10月起任发行人副总经理。在2018年10月前，张健并未担任发行人高级管理人员。

张健现年34岁，于2007年本科毕业后在汽车行业从事相关工作。根据张健与舍弗勒签订的劳动合同，张健于2011年9月至2014年10月在舍弗勒（中国）有限公司担任的职务系供应商质量管理工程师兼部分产品供应商开发工程师。上述职务仅为舍弗勒的普通员工，其职责范围未涉及具体采购工作，张健亦非舍弗勒的高级管理人员，无法控制或引导舍弗勒的供应商选择流程。

舍弗勒是一家历史悠久、内部管理严格的大型跨国企业。在发行人

与舍弗勒的合作过程中，发行人与其他同行业竞争对手一样，需要通过严格的供应商考核评审程序，只有在环境安全审核、技术能力审核、质量管理体系审核、资信审核、商务审核等方面综合评审达标，才能进入舍弗勒合格供应商名录，经过样品开发、小批量试制等渐进式的考察流程，在质量、交付能力等方面得到实际验证后，方能建立长期稳定的合作关系。

因此，发行人获得舍弗勒订单主要依靠自身的产品质量、技术积累等，与张健曾在舍弗勒任职不存在相关性。

综上所述，结合发行人与舍弗勒的交易起始时间、张健的从业经历、张健在舍弗勒的职责范围、舍弗勒的供应商考核评审程序等因素，发行人获得舍弗勒订单与张健曾经的任职经历无关，发行人对舍弗勒的订单获取不存在对张健个人具有重大依赖的情形。

小兵评析

1. 本案例涉及的问题其实很简单，就是发行人负责销售的副总经理曾经在发行人第一大客户那里任职，审核就关注副总经理的任职跟发行人与客户的合作是否有关系。

2. 发行人解释了没有关系，也不存在对副总经理的依赖。发行人的第一大客户是国际知名公司，一个客户的曾经的工程师入职发行人就能决定客户与发行人的合作，那也是不太可能的。

3. 其实小兵觉得，就算是副总的入职与客户的合作有关系，又怎么样呢，是不是也符合商业逻辑？两个思路都想得通：（1）发行人与客户的合作过程中，觉得这个工程师水平很高，然后就邀请来发行人入职担任副总，合情合理。（2）发行人为了争取客户的业务，就邀请其工程师来入职，工程师作为发行人的销售核心人员，帮助公司带来了客户的订单，这也是合理的。

PART 04

第四部分

从业人员的挑战

注册制，从政策角度来讲是大的变革更需要理性判断，对于从业人员来说是大的机遇更是挑战。

注册制下，审核政策的变化极大地考验着中介机构的应变能力，每一份新政策文件的发出，都值得从业人员好好研究，积极调整应对措施。

注册制下，充分信息披露成为发行人和审核机构达成的天然共识，在这样的共识下如何列示证据、如何分析数据以及如何解释差异，成为最重要的一个核心工作。

小兵觉得，万变不离其宗，真正理解了发行人的商业逻辑，即使是面对新的审核标准和核查要求，只需要如实披露、作出准确判断并解决问题即可。

第一章　财务数据差异

在注册制审核理念下，对于很多审核问题有了更加宽容的态度和多样的标准，但是对于内部控制和财务规范问题却更加严格。从某种程度上来说，财务的真实性和规范性，是IPO审核的底钱，同样也是灵魂。

复杂多变的竞争环境，多样的业务模式以及不同的企业发展阶段，都会导致不同的企业在不同的财务数据或者指标之间存在重大的差异，如何很好地解释这些差异符合商业规则和会计准则，是现在从业人员一个很大的挑战。

第一节　财务数据差异分析思路

案例74　隆华新材（301149）——高新技术企业资格与研发费用的差异如何解释

【问询问题】

申报文件显示，发行人为国家高新技术企业，各期研发投入为5027.02万元、6326.38万元、7131.34万元，同时各期研发费用为455.28万元、475.73万元、469.20万元。披露各期研发投入的具体内容、构成、金额，并结合投入逐项说明主要研发项目、主要参与人员、取得的主要研发成果，是否存在研发支出资本化，与当期研发费用存在较大差异的原因及合理性，说明研发投入的统计口径、相关会计处理政策，是否符合《企业会计准则》的相关规定。

【披露信息】

一、当期研发投入与研发费用存在较大差异的原因及合理性

单位：万元

项目	2020 年 1～6 月	2019 年度	2018 年度	2017 年度
营业收入	78,952.87	202,594.70	179,452.48	142,805.88
研发收入	2540.37	7131.34	6326.38	5027.02
研发投入/营业收入（%）	3.22	3.52	3.53	3.52
研发形成产品并在对外销售后确认营业成本金额	2344.67	6662.15	5850.65	4571.74
计入研发费用金额	195.70	469.20	475.73	455.28

当期研发投入与研发费用产生的差异，原因系公司在生产线上进行中试试验或技术性验证时投入的原材料在试验结束后形成可供出售的产品，实现销售后确认至“营业成本”科目。

公司研发项目经实验室的“小试”阶段研发外，中试试验或技术性验证需要在生产线上进行批量生产，该阶段进行的领料由研发部门开具研发领料单，将原材料投入反应釜中进行试验，并由研发人员记录研发过程、收集研发数据，试验结束后将满足标准可对外出售的产品成本对应转入生产成本中，根据收入成本匹配原则，在实现销售后转至“营业成本”科目。

该部分投入属于为研发活动发生的直接材料投入，故属于“研发投入”，但在会计核算上，由于该部分产品最终对外销售，根据“收入成本配比”原则，需确认为“营业成本”，而不在“研发费用”科目列示，从而导致公司研发投入与研发费用存在差异。

二、公司研发投入统计口径

公司研发投入统计口径是公司为研发项目取得研发数据、得出试验

结论和形成研发成果所投入的全部人工成本、试验成本和与研发有关的费用，研发支出具体归集包括：(1) 支付研发项目参与人员与研发活动有关的职工薪酬；(2) 进行实验室实验、中试试验和生产线上技术性验证所消耗的原材料；(3) 研发实验所使用仪器设备的折旧；(4) 为研发活动提供必要支持所必须支付的水电费、办公费、差旅费和信息资料费等。

公司与研发投入相关的会计处理如下：

(一) 按研发项目归集研发所发生的各项费用

借：研发支出（物料、人工、水电、办公、折旧等）

贷：原材料

应付职工薪酬

累计折旧

应付账款（预提的水电费用）

(二) 形成可供出售产品的研发支出

借：生产成本

贷：研发支出

形成的可供出售产品销售后将生产成本转入“营业成本”科目。

(三) 未形成可供出售产品的研发支出

借：研发费用（物料、人工、水电、办公、折旧等）

贷：研发支出

报告期内，公司为研发活动所承担的研发支出均按照研发项目进行归集，且研发支出不满足资本化条件，研发支出最终均归集到损益中，符合《企业会计准则第6号——无形资产》中对研发支出的规定。

三、研发投入统计口径相关政策文件

(一)《研发费用加计扣除政策执行指引（1.0版)》

根据国家税务总局《研发费用加计扣除政策执行指引（1.0版)》的说明，研发费用归集有会计核算、高新技术企业认定和加计扣除三个口径：一是会计核算口径，由《财政部关于企业加强研发费用财务管理的若干意见》（财企〔2007〕194 号）规范；二是高新技术企业认定口径，由《科技部、财政部、国家税务总局关于修订印发〈高新技术企业认定管理工作指引〉的通知》（国科发火〔2016〕195 号）规范；三是加计扣除税收规定口径，由财税〔2015〕119 号文件和 97 号公告、40 号公告规范。

三个研发费用归集口径相比较，存在一定差异。形成差异的主要原因如下：

一是会计口径的研发费用，其主要目的是准确核算研发活动支出，而企业研发活动是企业根据自身生产经营情况自行判断的，除该项活动应属于研发活动外，并无过多限制条件。

二是高新技术企业认定口径的研发费用，其主要目的是判断企业研发投入强度、科技实力是否达到高新技术企业标准，因此对人员费用、其他费用等方面有一定的限制。

三是研发费用加计扣除政策口径的研发费用，其主要目的是细化哪些研发费用可以享受加计扣除政策，引导企业加大核心研发投入，因此政策口径最小。

（二）《国家税务总局关于研发费用税前加计扣除归集范围有关问题的公告》

《国家税务总局关于研发费用税前加计扣除归集范围有关问题的公告》（国家税务总局公告 2017 年第 40 号）对研发费用的归集范围以及加计扣除进行了规定：研发费用税前加计扣除归集范围包含直接材料投入，直接材料投入指研发活动直接消耗的材料、燃料和动力费用。但若企业研发活动直接形成产品或作为组成部分形成的产品对外销售的，研发费用中对应的材料费用不得加计扣除。

（三）政策分析

国家税务总局《研发费用加计扣除政策执行指引（1.0 版）》中体现了研发费用加计扣除政策口径的研发费用的政策口径最小，而《国家税务总局关于研发费用税前加计扣除归集范围有关问题的公告》中认定了企业研发活动直接形成产品或作为组成部分形成的产品对外销售的直接材料投入属于研发费用归集范围，但不得进行加计扣除。

报告期内，公司严格按照国家税务总局相关规定归集研发投入，将与研发活动相关的直接材料投入计入研发支出，但直接材料投入形成产品并对外销售部分公司未申请加计扣除，符合政策规定。

四、研发投入与研发费用差异情况不影响公司高新技术企业认定

2016 年 12 月 15 日，公司取得山东省科学技术厅、山东省财政厅、山东省国家税务局、山东省地方税务局联合颁发的高新技术企业证书，证书编号为 GR201637000066，有效期三年；2019 年度，公司在高新技术企业重新认定过程中，按照研发投入口径申报高新技术企业，该归集口径获得山东省高新技术企业认定管理机构认可。2019 年 11 月 28 日，公司取得山东省科学技术厅、山东省财政厅、国家税务总局山东省税务局联合颁发的高新技术企业证书，证书编号为 GR201937000775，有效期三年，公司可继续享受国家关于高新技术企业的相关优惠政策，按 15% 的税率计缴企业所得税。

小兵评析

1. 研发费用有不同的说法，有的叫研发费用，有的叫研发投入，有的叫研发支出。本案例中为了表述方便，统一称为研发费用。关于研发费用的问题，小兵觉得到现在也没有一个明确的结论和标准，以至于现在审核实践中还有一些争议，尤其是在某些企业偏重研发和强调技术含量的情况下。更何况，科创板 IPO 的研发费用比例本身就是上市标准，是 IPO 审核的红线。

2. 关于研发费，这里小兵提到的是另外一个问题，也就是现实中最常见的也是最普遍的关于研发费用的核算问题：对高新技术企业研发费用的统计金额与会计准则的研发费用核算金额的差异如何看待，且有时候这个差异很大。

3. 高新技术企业资格认证对于研发费用占营业收入的比例有着严格的规定，比例从3%至5%不等。高新技术企业自然是有一定技术研发能力和技术水平的企业，这里有一个核心的问题要讨论：怎样的企业才算是真正的高新技术企业；是取得的专利多，是每年投入的研发费用多，是研发人员多，还是其他。

4. 除了研发人员学历等资格之外，高新技术企业认定用了研发费用占营业收入的比例这个核心指标。小兵觉得这个指标是有一些问题的，相比较小兵觉得高新技术企业认定使用研发费用的绝对额指标更加合理，并且应该是一个资格周期使用累计或平均的绝对金额指标。理由是：（1）一个企业的研发投入是存在偶然性的，并不是平稳发生的，有的年份研发投入很高，有的年份的研发投入可能很少；（2）一个企业的研发活动与生产经营甚至最终的营业收入并没有绝对的匹配逻辑，实现收入和研发投入是有滞后的，甚至是割裂的；（3）并不是收入越高的企业就一定要有更高的研发投入，后面的收入可能是前面的研发投入带来的，这对于收入规模很大的企业非常不友好。综上，小兵认为：只要一个企业的研发人员是稳定的，研发投入在一个合理的区间内，保证每年平均有稳定的研发投入就可以认定为高新技术企业。

5. 在IPO审核实践中，很多企业在研发费用的归集上有过纠结，主要纠结的就是：为了满足高新技术企业资格的原始认定标准，需要对研发费用进行充分的归集，有时候真的就是去东拼西凑那个金额和比例。而本案例，却给了我们另外一个解释的思路。

6. 发行人分析研发费用的归集口径一共有三个：（1）高新技术企业资格认定的研发费用口径，这个口径是最宽松的，只要是跟研发相关的人员薪酬、设备折旧以及投入的材料都可以计算在内，而材料投入又是大头；（2）会计核算的研发费用口径，这个口径是会计上归集的口径；（3）税务局加计扣除的口径，这个口径的研发费用是最谨慎的，因为涉及税务扣除问题，当然会计口径和税务局口径基本是保持一致的。那么，税务局口径和高新技术企业认定的口径怎么来理解？本案例发行人，各期研发投入为5027.02万元、6326.38

万元、7131.34万元，同时各期研发费用为455.28万元、475.73万元、469.20万元，真正研发费用占当期研发投入的比例不足10%，算是差异巨大。

7. 发行人如何解释这个口径呢？最核心的理由就是：高新技术企业资格认定的研发投入口径是包含小试、中试以及小批量生产投入到原材料，而这些实验是可以生产成品并且实现样品销售的，销售的同时这些研发投入计入了营业成本。这部分的原材料投入可以算作研发投入，但是不能计入研发费用是不能加计扣除的。在以前，对于这样的解释思路很多人其实都动过脑筋，但是真的没有人敢这么做，因为实在是有点诡辩的意思。但是，这样的解释思路是否符合相关规则的规定呢？从发行人给出的相关规定来看又是符合的，因而也不能说不行。

8. 这样的解释在逻辑上是否完全顺畅，规则上是否完美无瑕，其实也不是。真正要解决这个问题，小兵觉得还是要修改高新技术企业资格的认定标准，将研发费用的考核从相对指标变为绝对指标。

第二节 收入确认的依据是否充分

案例75 荣信教育（创业板已过会，未上市）——客户第四季度突击备货的合理性以及收入真实性核查

【问询问题】

葫芦文化报告期第四季度集中采购的原因，是否符合其备货周期等备货策略及具体理由，发行人称因设计、生产周期较长导致葫芦文化需要提前3个月左右备货，但“双11”“双12”等促销活动未提前备货而是在当期备货的合理性，相关大促时备货金额远大于大促中其采购的对外销售金额情况的合理性。补充披露葫芦文化报告期第四季度集中采购的原因，是否符合其备货周期等备货策略及具体理由。

【披露信息】

一、报告期内，葫芦文化在第四季度采购占比相对较高符合其备货策略

2017～2019年，公司对葫芦文化第四季度销售占比分别为34.08%、39.85%和50.82%，占比相对较高，主要是由于年底“双11”“双12”等促销节活动较为集中；同时次年初春节前后物流停运，葫芦文化为保证春节前后的正常销售，亦会在年底进行一定程度的备货。因此，2017～2019年公司对葫芦文化第四季度销售占比较高符合葫芦文化的备货政策和其实际经营需求。

二、第四季度为线上渠道销售旺季，“双11”和“双12”销售集中的趋势日益明显

线上电商打造了“双11”“双12”年货节和“618”等促销季，促销季主要集中在第四季度，导致该季度线上销售高于其他季度，从而使渠道经销商第四季度集中采购的效应越来越明显。根据中国商业联合会、中华全国商业信息中心和阿里巴巴数据，以2019年“双11”为例，天猫“双11”总成交额为2684亿元，同比增加25.71%，其中“双11”当天成交额占比为8.71%，同比增加1.57%。因此，2017～2019年，葫芦文化对公司采购在第四季度占比较高，且逐年提升。

三、发行人称因设计、生产周期较长导致葫芦文化需要提前3个月左右备货，但“双11”“双12”等促销活动未提前备货而在当期备货的合理性

如前葫芦文化的备货政策所述，对于大促活动备货，针对大促活动的特点，发行人会依据经销商的日常图书征订情况和大促预沟通情况对重点书品进行预估，提前3个月左右安排生产订单，在大促活动前准备好相应的图书库存。因此，由于发行人针对大促活动已经准备了充足的书品库存，葫芦文化无须提前3个月进行大促活动备货，而只需要按照30天的周转期进行备货，即提前30天左右采购以满足大促活动的销售需

求；同时，还需要根据大促活动实际销售的品类情况，在当月进行适度补货。

小兵评析

1. 从财务核查的角度来说，这个案例是非常经典的一个案例。这个案例为了一个特殊的客户合作问题，从行业特性、商业模式、客户结构、测试核查等角度做了解释和说明。审核中心问询的问题非常的全面到位，发行人和中介机构的解释也有理有据。

2. 发行人的这个特殊客户是葫芦文化，是专门做少儿图书经销的，市场排名很高，跟发行人的合作很特殊，主要体现在以下几个方面：

（1）发行人对葫芦文化的销售占比逐年大幅增加，已经成为发行人最大的客户，营业收入占比分别为 4.67%、11.66%、24.96%、22.42%。

（2）发行人对葫芦文化的销售主要在下半年，尤其是在第四季度，这就有突击发货确认收入的嫌疑。公司对葫芦文化下半年销售占比分别为 74.34%、68.62% 和 65.19%；其中第四季度销售占比分别为 34.08%、39.85% 和 50.82%。

（3）不仅 2019 年第四季度，2020 年第二季度也存在突击备货的情形。发行人对葫芦文化 2020 年 4～6 月的销售金额远大于此前年度，且 6 月的销售金额大幅增长。

（4）2019 年葫芦文化的采销率大幅下降，是不是就是因为备货的原因？2019 年第四季度葫芦文化对公司的采销率为 55.35%，大幅低于 2017 年第四季度和 2018 年第四季度。

（5）发行人对葫芦文化的销售策略发生了很大的调整，同时对葫芦文化的销售财务指标也存在差异，需要合理解释。2017 年～2019 年 6 月，公司对葫芦文化发货的基本销售折扣为 50%，并以当期回款额为基数给予葫芦文化销售返点；2019 年 6 月起至今，公司与葫芦文化开始深化合作，经双方协商，发货的基本销售折扣由 50% 降低至 35%～38%，不再给予销售返点。2018 年发行人对葫芦文化销售的毛利率明显高于京东、当当，2019 年的相应毛利率略低于京东但仍高于当当。

3. 从 IPO 审核的角度来说，如果发行人客户出现上述五种情形中的任何一种，都会成为一个很重要很敏感的问题，需要去重点解释，更何况发行人存在多种情形。尤其是这个客户在 2019 年第四季度和 2020 年第二季度都存在突击备货的情形，要知道这两个时间点都是发行人报告期的期末，是对于业绩非常敏感的时期。对于这个问题，审核重点关注的核心逻辑就是：发行人第一大客户年底集中大规模备货的合理性是什么；是否存在囤货协助发行人确认收入粉饰业绩的风险；客户通过这样的囤货等行为得到什么好处。

4. 这里我们借鉴本案例发行人的一些解释，重点说明一下客户囤货的合理性和必要性：

（1）从商业逻辑上看：

①发行人清理天猫渠道经销商后，流量向葫芦文化汇集，推动了葫芦文化向发行人采购的内在需求大幅增加。

②少儿图书不具有很强的时效性，因而可以提前 3 个月日常备货或者提前 1 个月大促备货，保持一定库存。

③葫芦文化图书销售市场地位很高，销售规模很大，备货符合其行业地位。

④葫芦文化采购的图书种类大幅增加，备货的复杂程度和备货金额也就大幅提高。

⑤少儿互动类图书具有长销和畅销特点，公司少儿图书的品牌影响力较强，葫芦文化备货风险较低。

⑥葫芦文化的备货水平与其他经销商的备货水平差不多，不存在重大差异。

⑦结合葫芦文化的备货政策、发货周期、仓储面积、折扣率和历史采购情况等因素，其备货水平符合其经营需求，具有合理性。

（2）从葫芦文化生产经营的角度来说：

①葫芦文化采购量不断增长，公司对葫芦文化的综合折扣率明显下降，由上年的43.16%下降至35.78%，2020年1~6月进一步降低至30.44%。这个折扣率甚至都低于京东（36%）和当当（39%）的折扣率。

②葫芦文化备货产品的期后销售情况良好，不存在大规模退换货情况以及回款情况良好，不存在突击备货以及后期大规模退货的情形。

③葫芦文化目前共有两个仓库，总面积3.2万平方米，仓储面积能够满足其备货需求。

④葫芦文化期末库存占比低于委托代销客户期末库存占比，不存在集中囤货的情况。

⑤公司品牌影响力高，对葫芦文化可起到导流效果。

（3）从与其他合作方的合作情况来看：

①发行人与葫芦文化采取买断式经销的合理性：A. 图书销售买断式经销和代销都是正常的模式，取决于企业自主决策。葫芦文化与其他上游供应商基本上也是以买断式经销模式居多，与发行人的合作模式不存在重大差异。B. 买断式经销可以帮助经销商获取更多畅销书资源；C. 公司产品具有长期畅销性，就算是买断式经销且备货，也不会有滞销风险。

②发行人并不是葫芦文化最重要且唯一的供应商。发行人向葫芦文化销售的图书占葫芦文化整体图书采购比例均在20%以内，分别为4.27%、12.93%和15.98%。

③公司2018年对葫芦文化的销售毛利率高于京东和当当、2019年对葫芦文化的销售毛利率高于当当，主要受当期销售返点、综合折扣率和销售的书品结构因素影响。

案例76 赛伦生物（科创板已过会，未上市）——提前备货对收入确认标准的影响

【问询问题】

根据招股说明书披露，发行人收入确认的具体方法为公司按照销售

合同约定的时间、交货方式及交货地点，将合同约定的货物全部交付给买方并经其签收后确认收入。另外，本次申报发行人进行了与收入确认相关的差错更正。针对2016年至2018年的备货产品，以经销商实际对下游客户发出该批产品的时点作为收入确认时点。请发行人补充披露：(1) 各年产生备货产品的原因，经销商选择备货的合理性，报告期内发行人备货产品的具体情况，包括各年备货产品的类型、产品数量、产品金额及占比等，不同类型产品均存在提前备货的合理性；(2) 发行人如何识别经销商的合理库存和提前备货，提前备货的确定方式及依据，在经销商正常发货的产品中是否存在正常的备货需求，相关备货是否以更正后的收入确认方式确认收入；(3) 按照更正后的备货产品收入确认时点，发行人各年确认的备货产品的收入确认金额及占比情况，收入确认的具体依据，是否获得由客户确认的外部证据；(4) 报告期内发行人存在备货产品的收入确认政策，请将相关政策补充披露到收入确认的具体方法中；(5) 2019年及2020年上半年发行人是否依然存在提前备货的情形，是否已按照相关收入确认政策予以确认收入。

【披露信息】

一、各年产生备货产品的原因，经销商选择备货的合理性，报告期内发行人备货产品的具体情况，包括各年备货产品的类型、产品数量、产品金额及占比等，不同类型产品均存在提前备货的合理性

1. 本招股说明书中涉及的“备货”是指除经销商向发行人提出的正常购货需求外，发行人额外与经销商协商确认的提前备货。经销商正常购货需求在报告期内均为正常发货，未作为提前备货处理。

2. 发行人历史上提前备货产生的背景主要是发行人营销部门因产品涨价、仓库改造等原因，与部分经销商洽谈达成了在部分年度年末提前备货的非书面约定。提前备货是发行人的额外要求，部分经销商基于与发行人良好的商业合作关系从而与发行人达成在部分年度年末提前备货。

3. 发行人在2016年年末、2017年年末和2018年年末存在提前备货

行为，2016～2018年各年年末提前备货产品数量占当年第四季度发货量的比例较高。

4. 发行人的抗蛇毒血清产品在2017年年初、2018年年初各存在一轮价格上涨；发行人在2016年年末、2017年年末已提前向经销商作出了价格上涨通知。基于该涨价预期，经双方协商，发行人将超出经销商订购要求的抗蛇毒血清产品提前备货至经销商处。同时，基于互惠的商业原则，经销商接受了发行人对马破免疫球蛋白的提前备货。此外，发行人的有关产品均需通过冷库存放，因发行人在2018年年底对青浦厂区的仓库进行改造，导致在改造期间仓储能力降低。发行人因担心仓库改造影响2019年市场供应，出现因无法及时供货导致的患者救治风险，故与经销商协商，于2018年年底提前发货至经销商处。

二、发行人如何识别经销商的合理库存和提前备货，提前备货的确定方式及依据，在经销商正常发货的产品中是否存在一定合理的备货需求

1. 发行人是以与具体经销商的备货约定为基础识别经销商的合理库存和提前备货。提前备货的确定方式及依据是发行人营销部门对有关约定进行了统计梳理并形成了内部台账。发行人通过上述措施从而有效保证备货信息的真实、准确和完整。

2. 发行人向涉及备货商品的经销商发货的产品包括两部分，一部分是经销商正常的采购需求，另一部分为发行人与经销商约定的提前备货的产品。针对经销商正常的采购需求，发行人按照销售合同约定的时间、交货方式及交货地点，将合同约定的货物全部交付给经销商并经其签收后确认收入；针对发行人与经销商约定的提前备货的产品，发行人以经销商实际对下游客户发出该批产品的时点作为收入确认时点。

发行人向不涉及备货商品的经销商发货的产品全部为经销商正常的采购需求。不同经销商基于自身的实际情况在正常发货的产品中可能存在一定合理的备货需求，该需求为经销商主动提出的正常购货需求，非发行人的额外要求，发行人未作为提前备货进行会计处理。

三、按照更正后的备货产品收入确认时点，发行人各年确认的备货产品的收入确认金额及占比情况，收入确认的具体依据，是否获得由客户确认的外部证据

发行人更正后的备货产品的收入确认的具体依据为经销商定期向发行人提供的向下游发货的销售流向数据，同时涉及备货产品的销售流向数据均获得经销商签章确认。发行人更正后的备货产品的收入确认有充分的外部证据，备货产品收入确认真实、准确、完整，发行人的收入确认符合《企业会计准则》的规定。

四、报告期内发行人存在备货产品的收入确认政策，请将相关政策补充披露到收入确认的具体方法中

提前备货产品以经销商实际对下游客户发出该批产品的时点作为收入确认时点。

五、2019年及2020年上半年发行人是否依然存在提前备货的情形，是否已按照相关收入确认政策予以确认收入

2019年及2020年发行人不存在提前备货的情形。2019年及2020年发行人按照销售正常商品的收入确认方式确认收入，即发行人按照销售合同约定的时间、交货方式及交货地点将合同约定的货物全部交付给买方并经其签收后确认收入。

六、经销商基于何种商业理由要求提前备货，提前备货是经销商的合理诉求还是发行人额外的供货要求，是否存在发行人要求经销商帮助其囤货以扩大收入规模的情况

发行人历史上产生提前备货是发行人营销部门因产品涨价、仓库改造等原因，与部分经销商洽谈达成的在部分年度年末提前备货的约定。提前备货不是经销商的合理诉求，是发行人额外的供货要求，部分经销商基于与发行人良好的商业合作关系从而与发行人达成在部分年度年末提前备货。针对经销商正常的采购需求，发行人按照销售合同约定的时间、交货方式及交货地点，将合同约定的货物全部交付给经销商并经其

签收后确认收入；针对发行人与经销商约定的提前备货的部分，发行人以经销商实际对下游客户发出该批产品的时点作为收入确认时点。不存在发行人要求经销商帮助其囤货以扩大收入规模的情况。

七、本次申报发行人是否同经销商补充签订了备货约定，列表说明备货约定与正常销售合同在关键条款中的主要异同点，并将报告期内主要客户的两种书面文件作为本次问询函附件予以提交（略）

综上所述，正常销售的产品和提前备货产品的风险报酬转移的时点不一样。

八、针对备货产品，请结合新旧会计准则收入确认应当同时满足的条件，分析风险报酬是否已经转移、发行人是否保留管理权、金额能否可靠计量、经济利益是否很可能流入等，说明备货产品不应当确认为当期收入的原因（略）

九、针对已经发出但未确认收入的备货产品，说明存货的管理者、管理方式，发行人予以存货盘点的具体情况

针对已发出但未确认收入的备货产品，后续管理权和保管责任已转移至经销商。发行人除跟进了解经销商整体库存进销存情况外，未向经销商主张针对备货商品额外的控制手段，未要求经销商对备货商品与常规商品开展物理上的区分或独立存放；经销商自主管理备货与常规商品，备货商品发出前亦无须征得发行人的专门同意。

十、结合具体收入确认政策，说明备货产品未来确认收入的具体时点，确认时点的销售单价是否存在变化，收入确认金额的计算方式，如果以涨价后的单价确认收入是否涉及发行人和经销商间的利益分配，货款结算及回款安排

1. 备货产品未来确认收入的具体时点

报告期内所有备货产品均在经销商将产品向下游客户发出时确认收入。

2. 关于终端销售价格变动的影响说明

无论是否属于备货商品，产品的结算价格在发货当期即已确定，如

果发行人产品价格上调，经销商仍只需按发行人向其发货时的合同价格支付货款，对于已经支付的货款亦无须作出价格补差。如因产品终端价格上涨造成的经销商额外利得归属于经销商，不存在经销商与发行人实施利益分配，也是属于长期商务合作互惠的考虑。

十一、是否所有客户均有备货产品，列表说明报告期各年存在提前备货的经销商情况，包括经销商名称、备货数量、金额和占比，说明各年相关经销商备货产品的次年各月销售情况，统计平均消化周期

并不是所有客户均有备货产品，发行人在2016~2018年有备货产品的经销商家数分别为1家、5家、42家。2016~2018年备货商品在2017~2019年的第一季度的去库存率分别为4.10%、6.31%和11.07%，备货商品的去库存速度相对较慢。

十二、报告期各期末备货商品和非备货商品库存水平、去库存速度与回款时间对比情况

从2016~2018年非备货商品和备货商品去库存速度情况对比表可以看出，备货商品去库存的时间长于非备货商品去库存时间，备货商品去库存的速度低于非备货商品去库存速度，尤其是在次年的第一季度备货商品去库存的速度远低于非备货商品去库存速度。

从2016~2018年年末非备货商品与备货商品未收回的货款余额次年累计回款金额及累计回款率对比统计表可以看出，备货商品累计回款率低于同期非备货商品累计回款率。

十三、发行人以经销商实际对下游客户发出该批产品的时点作为收入确认时点，说明经销商是否存在合理有效的信息管理系统管理存货，发行人是否能够以及通过何种方式实时掌握经销商库存情况及终端销售情况，经销商的库存管理是否需要同发行人协商，下游客户发出产品后是否向发行人提供销售清单等确认文件，备货产品收入确认依据是否充分

1. 发行人经销商按照《药品经营质量管理规范》（GSP）的相关要求，对药品采购、储存、销售、运输等环节采取有效的质量控制措施，

对药品流通和结存情况进行管理。经销商为保证向终端医疗机构持续稳定供药，通常结合药品种类、质量特性、平均配送周期等多方面因素综合考虑合理库存范围。

2. 经销商的库存管理为其独立实施的行为，不需要同发行人协商。按照销售合同相关约定，在产品运输到经销商指定仓库，由经销商验收并在验收单或送货清单上签字确认后，开始承担存货的管理义务。对于经销商处库存，经销商除负责保管和发货外，还需向发行人提供存货信息管理系统账号或定期提供终端流向单，发行人由此对经销商处库存的流向和数量进行跟踪。

3. 下游客户发出产品后定期向发行人提供终端流向单等文件，发行人备货产品的收入确认的具体依据为经销商定期向发行人提供的向下游发货的销售流向数据，同时涉及备货产品的销售流向数据均获得经销商签章确认。发行人备货产品的收入确认依据充分。

十四、发行人与经销商是否明确约定正常库存与备货产品的批次或唯一编码，经销商是否对正常库存和备货产品分开存放、分别管理，资产负债表日后经销商向下游客户发货时系优先发出正常存货还是备货产品、发货时经销商能否准确识别正常存货与备货产品

1. 发行人向经销商销售的正常库存与备货产品均有对应的生产批次。

2. 根据发行人与经销商签订销售合同的约定，在产品运输到经销商指定仓库，由经销商验收并在验收单或送货清单上签字确认后，货物即视为交付至经销商。据此，已发出未确认收入的提前备货品存放于经销商的仓库，由经销商负责保管与发货。发行人可以通过访问经销商的信息管理系统查看或从经销商处获取流向单的方式了解产品流向信息，结合每期末与经销商的对账结果，从而对提前备货产品的流向和数量进行跟踪，经销商对正常库存和备货产品没有分开存放、没有分别管理。

3. 发行人是按照生产批号的“先进先出”原则进行发货，发行人对

客户的发货都能对应生产批号，不存在发货的产品无法对应生产批号的情形，经销商向下游客户的发货也都能对应到生产批号。

小兵评析

1. 小兵认为，本案例发行人确实是个好企业，产品不错，市场不错，技术也不错。就是因为在某些技术问题上没有考虑周全，结果第一次申报科创板多次问询反馈，直接扛不住撤回了材料。发行人撤回申请之后，换了保荐机构和会计师，针对第一次问询重点关注的提前备货确认收入问题和部分存货的减值准备问题做了彻底的整改，之后重新申请终于成功。值得说明的是，在第二次申报的时候，有多项数据的披露差异超过了 20% 这个看似红线的指标，显而易见第一次申报的时候是多么仓促，多么经不起推敲。

2. 关于申报的历程以及信息披露的具体差异情况，大家可以看案例描述的相关内容，这里小兵主要跟大家分享关于提前备货以及收入确认的问题。在核查财务数据真实性和准确性问题上，收入提前确认自然是核查的重点和难点，发行人竟然自己就主动披露存在提前备货还确认收入的情形，自然会被重点关注。就算是第一次申报的时候，会计师做了调整，但是调整得并不是很彻底甚至有点敷衍，并且解释的理由也不符合商业惯例和事实，因而第一次申报的时候还是“翻车”了。

3. 关于提前备货的背景、原因、商业逻辑以及收入确认等差错调整的问题，主要涉及的情形和关注的要点，简单总结如下：

（1）发行人说因为担心涨价等原因，经销商会要求发行人提前确认一部分存货，年底突击发货给经销商，然后确认收入。发行人曾在 2016 及 2017 年年底集中大额发货，并于当年确认收入，这显然就是典型的业绩造假的情形，后续经销商库存根本就无法消化回款也是问题，在收入造假的定性面前，其实任何商业逻辑上合理性的解释都是苍白的。

（2）第一次申报的时候，发行人还是认识到这个问题了，觉得这种备货不能确认收入，但是到底哪些是备货哪些是正常发货，竟然没有一个明确的标准和系统内的认定依据，依靠的是发行人的一种“估算”。简单来说，就是多发的货，发行人自己进行估计，“合理估计经销商库存”将“合理”备货量确认为发货当年，超出“合理”的部分于以后年度确认。

（3）首次申报三次问询都重点关注了这个提前备货的问题，后来在第四次问询的时候，发行人说时间不够了，应该也是没法解释了，只能撤了材料。

（4）第二次申报的时候，发行人对这个提前备货的问题做了差错更正，并且有针对性地对第一次申报犯的两个致命错误做了彻底的修改，具体来说就是：①提前备货的数量是根据相关产品的批次和数量确定的，哪些是备货哪些是正常发货是有明确的依据和标准的。②提前备货的数量不是发货给经销商的时候确认收入了，而是经销商发给最终客户实现最终销售的时候确认收入，应该说这个收入确认的标准已经很靠后了，算是一个改正错误的态度。因为备货都是2018年以前的事情，因而这些销售也都全部回款，风险基本消除。③此外，发行人如何判断经销商的最终销售情况，发行人解释还是有系统的留痕可以查询的，对于医药行业来说，系统还是值得信赖的。

（5）其实，发行人在2019年以后对提前备货的情况作了彻底改正，不再发生备货的情形。从小兵的角度来说，第一次申报的时候，会计师其实可以这样处理：关于提前备货的情形，确定好数量，既然很多都是口头约定，那么就不做会计处理，认定是发行人的存货，后续再按照正常的销售来确认收入即可，也就是淡化提前备货的概念，甚至都不需要怎么去提及。

（6）关于提前备货的理由和商业合理性，第一次申报的时候发行人解释是因为经销商担心涨价的要求，第二次申报的时候解释是发行人主动对经销商的要求。按照这个理由，发行人刚开始提前发货确认收入业绩造假的冲动都坐实了，这也是为什么第二次申报的时候同样还是对发行人的提前备货问题做了多次重点关注的原因。

案例77 卓锦环保（688701）——报告期最后2个月做了一个4500万余元的大项目

【问询问题】

乌拉特中旗永兴矿业公司铬盐厂厂区、原铬渣渣库受污染土壤和地下水修复工程项目合同金额为4528.67万元，签订时间为2018年11月，并于当年完成验收确认收入。请发行人说明：（1）报告期内公司土壤和地下水修复工程业务项目的具体时间周期情况；（2）乌拉特中旗永兴矿业公司铬盐厂厂区、原铬渣渣库受污染土壤和地下水修复工程项目于11月签订，并于当年完成验收的原因及合理性，发行人相关内控制度是否健全，是否有效执行；（3）该项目的应收账款情况、期后回款情况及相关坏账准备计提情况，是否单项计提及原因，是否符合《企业会计准则》的相关规定。

【披露信息】

一、报告期内公司土壤及地下水修复工程业务项目的具体时间周期情况

（一）影响土壤及地下水修复工程业务项目周期的因素分析

根据中国环保产业协会编写的《2017年度中国污染场地修复行业发展报告》，统计了2017年我国开展的土壤修复项目，其中98个修复工程项目包含了工期信息，59.2%的项目工期不超过半年，86.8%的项目工期不超过1年，超过1年的修复工程仅13个，占比为13.2%。可见大部分土壤修复业务的单一项目实施工期在1年内，尤其是6个月内。公司在土壤及地下水修复业务领域积累了丰富的经验和技术，报告期内除个别项目因客户或项目客观原因使时间周期较长，其余项目实施工期一般为2~12个月，与行业实际状况吻合。

前述土壤及地下水修复项目虽然修复污染土方量均超过10万立方米，但是项目间在施工条件、工艺路线、客户要求等方面存在一定差异，

使项目实施周期存在较大差异。因此，公司所开展的土壤及地下水修复工程业务项目因施工条件、工艺路线、客户要求等原因实施周期存有差异。

（二）公司实施的土壤及地下水修复项目周期与各项目情况相吻合

二、乌拉特中旗永兴矿业公司铬盐厂厂区、原铬渣渣库受污染土壤和地下水修复工程项目于11月签订，并于当年完成验收的原因及合理性，发行人相关内控制度是否健全，是否有效执行

（一）项目基本情况

乌拉特中旗永兴矿业公司铬盐厂厂区、原铬渣渣库受污染土壤和地下水修复工程项目于2018年9月17日发布招标公告，10月17日项目中标通知书签发，施工合同于2018年11月1日签订，由发行人承担工程实施工作，并在2018年12月28日完成项目实施。

（二）项目施工流程（略）

（三）项目当期完工验收的合理性

1. 发行人具有成熟的技术储备，能够短期内制定符合客户需求的治理方案，并为项目实施提前完成大量准备工作。

公司在六价铬污染方面有成熟的技术储备，核心技术之一的高浓度六价铬等重金属长效稳定化技术在本项目中得到了有效应用。该项目业主方在进行招投标时，已对项目施工工期提出了较为严格的要求。中标通知书中载明的项目工期为102天，实际签订合同时，业主对工期有进一步的要求，约定在2018年12月30日前必须完成验收。由于项目周期相对较紧，在2018年10月17日取得中标通知书后，经履行内部决策程序通过，公司即组织队伍开展项目实施工作。

2. 现场已有成套污染土壤湿法解毒设备，可直接应用于项目实施。

3. 污染土壤程度较轻，经修复后无须进行异位终端处置。

4. 项目实施条件良好，并且发行人已采取必要的措施，降低气候条件对项目实施的影响。

乌拉特中旗项目的污染土壤主要以轻、中度污染为主，且无须将修复后土壤进行异位处置，因此处理效率相对较高。为进一步提升该项目的修复效率，发行人在中标后执行了大量准备工作，并在项目实施过程中利用当地已有厂房、设备进行修复，针对乌拉特中旗的冬季气候条件，发行人采取有针对性的应对措施，以保证项目的顺利、高效实施，并按照当地业主方要求于 2018 年 12 月 30 日前完成了上述项目的实施及验收工作。

三、该项目的应收账款情况、期后回款情况及相关坏账准备计提情况，是否单项计提及原因，是否符合《企业会计准则》的相关规定

乌拉特中旗永兴矿业公司铬盐厂厂区、原铬渣渣库受污染土壤和地下水修复工程项目款项支付方为乌拉特中旗财政局，由于该项目合同金额较大，款项支付需经过乌拉特中旗人民政府根据当地财政状况统筹规划。受当地财政资金规划调拨影响，报告期内，该项目回款进度较慢。经访谈和回函确认，乌拉特中旗环境保护局对合同款项及施工质量均不存在争议，剩余款项预计 2021 年年底结清。

由于乌拉特中旗财政局系政府事业单位，信用等级较高，且乌拉特中旗环境保护局对合同款项及施工质量均不存在争议，公司根据既定的坏账政策，按照应收账款期末余额账龄相应计提坏账准备，无须单项计提坏账准备，符合《企业会计准则》相关规定。

小兵评析

1. 在以往的 IPO 审核中，我们经常会遇到以下项目和情形：在报告期内期末，短期内取得新的客户或者某个客户大的订单，从而短期内确认收入且实现回款。

2. 小兵认为，在 IPO 审核中关于收入确认，一般会有以下三个层次：

（1）虚增收入，也就是收入造假，把假的说成真的，这显然是不允许的。

（2）粉饰收入，也就是通过降低产品销售价格、延长信用周期、开拓低端客户等方式增加收入，这种情况尽管合规但是不合理，不合理的核心是因为这种收入增长的方式不可能持续，这是一种短期内的行为，因而称为粉饰收入。

（3）突击收入，也就是把一些应该以后实现的收入提前到报告期内实现收入，这种收入调整方式从形式上既不能说不合法也不能说不合理，为了 IPO 整个公司从上到下为了业绩努力拼搏，至少没有错吧？

3. 当然，因为突击确认收入从形式上具有很大的隐蔽性，从 IPO 审核的角度来说，自然也会对这种突击确认收入的情形进行严格的核查和控制，如财务核查中的关于截止性测试的要求，对发行人第四季度尤其是 12 月收入的比重以及变动情况，甚至某些案例中都要求发行人全面核查发行人四季度每笔收入的流水情况。

4. 具体到本案例的情况就是：发行人 2018 年 11 月 1 日签了一个 4500 万余元的合同，并且在 12 月实现验收并确认收入，当然回款只是回了一部分。对于这个问题，审核中自然要关注是否合理，是否符合商业惯例以及发行人项目的操作周期。具体来说：（1）发行人一般情况下项目周期是多久；（2）发行人 2 个月做完这样一个大项目是不是合理；（3）发行人取得这个项目的过程是怎样的。

5. 发行人对这个问题也做了详细解释：（1）发行人项目周期因为项目质地不同、客户要求不同从而工作量存在很大差异，近 60% 的项目都在 6 个月以内，还有很多项目是 6 个月至 1 年的时间；（2）尽管这个项目很大，但是 2 个月以内做完还是有可能的，如做了很多前期准备，项目质地很好，工作量并不大，用了最先进的设备以及安排了更得力的人员等；（3）项目本来周期是 3 个月，后来是客户要求必须年底完工的，发行人只能配合客户要求。

6. 从注册制的理念来讲，小兵也认同发行人的解释，只是不知道保荐机构有没有具体去现场核查这个项目，以及项目完工是否需要第三方的检测和验收。如果有这样的第三方验收报告确认是完工了，那还是值得信赖的。可惜的是，这个验收问题并没有解释清楚。如果没有第三方证据，那么就会有人质疑，到底是否满足验收标准呢？是否客户可以配合发行人验收呢？是否可以期后再慢慢把后续的一些工作补充完整呢？就跟以前我们做 IPO 项目似的，项目报进去看起来就是工作完成了，但其实还有很多补充核查以及工作底稿整理的工作，是后面慢慢完善的。

第二章　境外交易的核查

本来，境外交易的核查就是 IPO 的重点和难点，而现在基于海内外疫情的影响，对于涉外的核查，又向从业人员提出了新的难题。庆幸的是，目前已有较多的成功案例可以让我们学习，一些境外核查的替代程序也可以参考借鉴。小兵认为，不论是怎样的核查方法或者替代程序，只要最终能达到核查收入真实性的目的就可以，当然如何具体实施这些核查程序以及境外机构如何配合，是同样需要从业人员付出时间精力的，同时也考验着从业人员的沟通协调能力。

第一节　境外客户销售收入核查

案例 78　均普智能（科创板已过会，未上市）——境外客户不回函的情况下，回函的比例要求和替代程序

【问询问题】

请保荐机构、申报会计师进一步说明报告期内未回函或回函不符的具体情况，执行替代程序的具体情况，包括但不限于执行替代程序涉及的单据、参与的人员、时间、地点、金额和占比等，结合相关内容说明函证的结论及依据是否充分。

【披露信息】

一、报告期内客户函证情况

报告期内，销售收入函证发函金额占比分别为75.09%、75.96%和73.21%，应收账款余额函证发函金额占比分别为73.07%、69.75%和62.92%，发函比例均超过60%。

报告期内，销售收入函证未回函占各期销售收入的比例分别为54.64%、51.19%和39.48%，应收账款函证未回函占各期末余额的比例分别为47.02%、44.49%和17.74%，未回函比例较高，但整体呈现下降趋势，相关函证未回函主要系受公司境外主要客户采埃孚、戴姆勒、美国车桥、宝洁集团和麦格纳等全球知名企业未回函影响，公司境外主要客户基于其对供应商的内部管理的要求，通常不予对第三方机构的函证回函所致。

报告期内，销售收入函证回函不符占各期销售收入的比例分别为0.42%、0.11%和2.30%，应收账款函证回函不符占各期末余额的比例分别为0.20%、2.68%和7.94%，回函不符占比较低，主要系受双方账务处理时间差异所致，公司依据终验收单确认收入及应收账款，部分客户依据合同约定付款进度确认采购额及应付账款，形成回函差异。

二、函证回函不符的具体情况

客户函证回函不符的原因主要系公司与客户的会计政策不同导致的账务处理方式、账务处理时间的差异，公司依据终验收单确认项目销售收入及应收账款，而部分客户合同约定付款进度确认采购额及应付账款，进而产生时间性差异，并导致函证回函差异。

三、函证未回函的具体情况

公司未回函的主要客户为采埃孚、戴姆勒、美国车桥、宝洁集团、麦格纳、格雷斯海姆和大陆集团等全球知名企业，上述客户建立了较为完善的供应商管理系统，基于其内部管理要求，通常不予对第三方机构的函证回函，受公司客户结构、境外商业文化习惯差异影响，公司境外客户回函率较低。另外，未回函客户大多数为境外公司及境内外资公司，由于地域、文化等差异，导致境外客户对函证的理解、收取和回复较为缓慢，回函整体难度较国内客户更大，所需周期更久，对函证回函比例产生一定的不利影响。

为此，保荐机构及申报会计师通过与客户视频连线观察或询问客户相关产线项目状态，获取由客户官方邮件发出的报告期从公司采购的主要项目情况等补充程序获取外部证据。通过函证及上述补充程序确认的客户销售收入金额占营业收入的比例分别为25.19%、41.89%和41.38%。

四、执行替代程序的具体情况

针对报告期内未回函或回函不符的情况，保荐机构和申报会计师执行了细节性测试、实地走访及视频访谈、核查资金流水等替代程序。保荐机构和申报会计师执行替代程序的具体情况如下：

（一）执行替代程序的参与人员、时间、地点

报告期各期，保荐机构及申报会计师执行替代程序的参与人员、时间和地点如下：

报告期	公司	参与人员	地点	时间
2018年度	NPIA	会计师：王晨、陈建兵、陆璐、卫宁、周力、凌全珍、朱昇熙	中国工厂现场	2019年3~6月
	PIA控股 PIA安贝格 PIA巴城	会计师：王晨、陈建兵、陆璐、王进、丁雅嘉、周力、凌全珍、朱昇熙	德国工厂现场	2019年7~8月
	PIA奥地利 PIA服务中心 PIA克罗地亚	会计师：陈建兵、陆璐、王进	奥地利工厂现场	2019年7~8月
	PIA美国	会计师：王晨、卫宁、王进、陈伟宇	美国工厂现场	2019年7~8月
	PIA加拿大	会计师：陆璐、王进、陈伟宇	加拿大工厂现场	2019年7~8月

续表

报告期	公司	参与人员	地点	时间
2019 年度	NPIA、均普苏州	会计师：王晨、陈建兵、钟英才、顾健、陆璐、卫宁、钱陈洁、丁雅嘉、凌全珍、陈伟宇等 海通证券：王中华、黄科峰、赵洁巍、赵春奎、郭凌峰、孙璐	中国工厂现场	2020 年 1 月、2020 年 4～9 月
	PIA 控股 PIA 安贝格 PIA 巴城	会计师：王晨、陈建兵、钟英才、陆璐、钱陈洁、陈伟宇、凌全珍、王进、朱昇熙	德国工厂现场	2019 年 11～12 月、2020 年 2～3 月
		海通证券：黄科峰、赵洁巍		2019 年 11～12 月
	PIA 奥地利 PIA 服务中心 PIA 克罗地亚	会计师：陆璐、钱陈洁、陈伟宇	奥地利工厂现场	2019 年 11～12 月、2020 年 2～3 月
		海通证券：黄科峰、赵洁巍		2019 年 11～12 月
	PIA 美国	会计师：卫宁、王进、陈伟宇 海通证券：刘昊	美国工厂现场	2019 年 12 月
	PIA 加拿大	会计师：陆璐、钱陈洁、王进、陈伟宇 海通证券：郭凌峰	加拿大工厂现场	2019 年 12 月
2020 年度	NPIA、均普苏州	会计师：王晨、陈建兵、钟英才、顾健、金鑫、许丹萍、丁雅嘉、凌全珍、黄景涛 海通证券：王中华、黄科峰、赵春奎、陈宇豪、郭凌峰、许小松、李青雨、孙璐	中国工厂现场	2021 年 1～5 月

续表

报告期	公司	参与人员	地点	时间
	PIA 控股 PIA 安贝格 PIA 巴城	委托德国合作机构 EBNER STOLZ①	德国工厂现场	2021 年 2 月
	PIA 奥地利 PIA 服务中心 PIA 克罗地亚	委托德国合作机构 EBNER STOLZ	奥地利工厂现场	2021 年 2 月
	PIA 美国、 PIA 加拿大	会计师：陈伟宇	美国、加拿大工厂现场	2020 年 12 月至 2021 年 1 月

申报会计师于 2018 年 12 月承接公司 IPO 审计业务后，便聘请了 EBNER STOLZ协助申报会计师开展境外德国及奥地利子公司的前期尽职调查和审计工作。2018 年 12 月至 2020 年 2 月，申报会计师前后组织了多批次的境内审计团队，实地前往德国、奥地利、美国和加拿大实施境外子公司的现场审计和客户走访工作，同时 EBNER STOLZ 派出中国业务部成员加入申报会计师的审计团队，协助申报会计师执行境外子公司部分审计工作，EBNER STOLZ 依据中国审计准则的相关要求、按照申报会计师的审计计划执行相关审计程序，申报会计师安排有境外审计经验的人员对 EBNER STOLZ 的工作按照天健会计师事务所的质量控制管理规定进行了复核。

针对 2020 年度境外子公司的审计，受新冠肺炎疫情的影响，申报会计师无法获取有效签证前往德国和奥地利开展现场审计的工作。根据中国审计准则及《中国注册会计师协会关于在新冠肺炎疫情下执行审计工

① EBNER STOLZ 是一家总部位于德国巴登—符腾堡州斯图加特的会计师事务所，是天健会计师事务所的国际网络所，设立了中国业务部，相关成员具备多年的中国境内和境外的审计工作经验，与天健会计师事务所有过多年上市公司或拟上市公司的审计项目合作经验，一起服务的中国上市公司主要有万通智控、博威合金、顾家家居和三花智控等，在中国上市公司境外并购审计、境外子公司审计、协调配合天健会计师事务所对境外子公司现场审计工作方面具备丰富的经验。

作的指导意见》的相关要求，EBNER STOLZ 派出的审计人员采取了因申报会计师无法出境执行的部分现场审计工作的方式对境外子公司进行了审计。申报会计师主要通过共享网盘、邮件、电话和视频等方式，实施询问、重新计算、分析程序和函证等审计程序获取相关审计证据；EBNER STOLZ派出的审计人员通过现场审计方式，实施观察、检查和重新执行等审计程序，负责固定资产监盘、存货监盘、凭证测试、穿行测试，以及核对审计团队获取的电子审计证据与相关原始单据（如电子数据文件、PDF 扫描件等）的一致性。申报会计师对 EBNER STOLZ 派出的审计人员执行的审计工作及获取的审计证据，按照中国审计准则及天健会计师事务所质量控制体系的要求进行了复核。

（二）执行的替代程序涉及的相关单据

1. 执行的替代程序涉及的相关单据情况

保荐机构及申报会计师执行替代程序涉及的单据主要包括：销售合同（订单）、发运单、客户预验收单据、客户终验收单据、销售发票、记账凭证、银行收款回单、银行对账单等业务凭证，客户实地走访或视频询问记录，客户官方邮箱发出的报告期从公司采购的主要项目情况表等。

2. 执行的替代程序涉及的相关单据的核查情况

保荐机构及申报会计师通过在境内外公司现场、委托德国合作机构 EBNER STOLZ 等方式获取了与未回函或回函不符客户相关的上述业务凭证的原件，检查了销售合同主要条款，发运单的发运日期及发运内容，客户预验收和终验收单据的日期、验收内容及签署情况，销售发票的开具日期、金额与购货方信息，银行收款凭证的日期、金额和付款方情况等内容，与公司收入明细表相关信息交叉核对一致，并取得上述单据的复印件。

3. 除核查单据以外的其他替代程序

为充分核查发行人收入的真实性，保荐机构及申报会计师除执行单据核查外，主要通过客户实地走访或视频询问、资金流水核查等方式进行全面核查。具体情况如下：

（1）实地走访或视频询问的情况

保荐机构及申报会计师对报告期内的重要客户执行以实地走访为主，视频访谈为辅的核查程序，主要核查公司与重要客户的合作历史、合作情况、项目执行情况等，实地走访重要客户实际经营所在地，核查公司销售收入的真实性。

除走访和访谈外，保荐机构及申报会计师对已发货至客户现场的项目实施视频为主，实地为辅的抽样监盘方式，在视频监盘的情况下，公司通过派遣项目相关人员前往项目所在地，并与保荐机构和申报会计师建立视频连线并录制和保存视频，保荐机构和申报会计师与现场工作人员确认项目信息、项目状态、项目是否在客户工厂等信息，了解公司的销售生产线所在地及其投产运行等情况，并与项目盘点表信息进行核对。报告期内，保荐机构及申报会计师通过实地监盘及替代程序核查的发出在产品的占比分别为67.50%、67.93%和65.48%。

（2）银行流水核查情况

保荐机构及申报会计师通过现场、网银等方式获取发行人及其子公司的银行流水，并核查银行流水的完整性，同时根据银行流水的情况，对比收入单据与银行流水的相关性，核实与销售相关的回款，确认销售回款与销售收入相匹配，并对大额银行流水进行筛选并核查大额银行流水产生的原因及其合理性。

（三）执行替代程序的金额及占比

针对回函不符客户，保荐机构及申报会计师检查了回函的具体不符内容，并与公司及客户相关人员沟通形成差异的原因。经核查，回函不符原因主要系公司依据终验收单确认收入及应收账款，而部分客户依据合同约定付款进度确认采购额及应付账款，不同账务处理方式导致了时间性差异。保荐机构及申报会计师获取并检查了相关的销售合同（订单）、客户终验收单据、销售发票、银行收款回单等单据，核实报告期内的销售情况及应收账款余额。

针对未回函客户，保荐机构及申报会计师向被函证方确认是否收到函证，了解未回函的原因，必要时执行二次函证。保荐机构及申报会计师获取并检查了相关的销售合同（订单）、客户终验收单据、销售发票、银行收款回单等单据，核实报告期内的销售情况及应收账款余额。

保荐机构及申报会计师执行替代程序的金额及占比具体如下：

函证内容	项目	2020年度	2019年度	2018年度
销售收入	未回函金额/万元	66,590.14	112,260.52	90,531.40
	回函不符金额/万元	3872.05	234.79	703.43
	小计/万元	70,462.19	112,495.31	91,234.83
	替代程序金额/万元	70,462.19	112,495.31	91,234.83
	替代程序占比/%	100.00	100.00	100.00
函证内容	项目	2020年12月31日	2019年12月31日	2018年12月31日
应收账款余额	未回函金额/万元	2222.28	7275.95	7986.96
	回函不符金额/万元	994.14	437.93	35.54
	小计/万元	3216.42	7713.88	8021.50
	替代程序金额/万元	3216.42	7713.88	8021.50
	替代程序占比/%	100.00	100.00	100.00

（四）相关函证的结论及依据充分

综上所述，报告期内，保荐机构及申报会计师通过函证和上述替代程序确认的销售收入分别为124,412.33万元、166,580.49万元和123,501.36万元，占报告期内销售收入的比例分别为75.09%、75.96%和73.21%，确认的应收账款余额分别为12,411.79万元、11,407.12万元和7881.98万元，占报告期内各期末应收账款余额的比例分别为73.07%、69.75%和62.92%。

申报会计师获取了充分、适当的审计证据，出具无保留意见的审计报告符合中国审计准则的相关要求。保荐机构及申报会计师认为，通过函证和替代程序已获取了与销售收入、应收账款余额的准确性和真实性相关的、可靠的证据，函证结论依据充分，公司境内、境外销售收入真实、准确、完整。

小兵评析

1. 函证是财务审计和核查最便捷也是最有效的手段，没有之一。函证因为成本可控且便捷，同时能够直接跟独立第三方对话，验证很多信息和数据，因而是非常重要的核查手段和方式。

2. 因为函证的方式不可或缺，所以 IPO 审核实践中对于函证的要求也非常高。对于收入、应收账款、采购、预付账款以及银行存款金额等科目的函证，一般要求发函比例要超过 80%，回函不得低于 70%。当然，最终判断结果的时候，还是以回函的金额和比例作为标准，因而具体发函的比例跟回函率还是有着直接的关系。

3. 在 IPO 审核实践中，境内不论是客户还是银行，不论是国企还是民企，不论是上市公司还是非上市公司，经过这些年的认知和培养，从认识程度上基本上都还是能够接受函证的验证方式，基本上还是能够按照要求进行回函，只是可能不同的企业回函的难度会不一样，甚至也会存在回函不是完全规范的情况。例如，国企可能就会存在这样的情况：发函的对象可能和回函的对象并不是同一个机构，可能是同一个集团或系统内的两家公司。

4. 境内的企业都能够认识到函证的必要性和价值，但是境外的公司基本上不会认同，也没有函证的概念，对于境外的企业来说，根本就没有配合发行人进行数据验证的义务。因而，IPO 审核对于境外客户（也包括供应商），基本上也能够接受不回函这样一个事实，那么如何采取有效的替代程序是一个实践中需要好好思考的问题。

5. 关于替代程序，简单来说可能会有以下几个思路：（1）增加实地走访的比例，如果能够实地走访显然比函证更加有效力；（2）对客户和供应商增加视频访谈的比例，通过视频访谈直接确认相关数据的有效性；（3）客户邮件确认相关采购和销售数据，不能盖章回函，邮件确认也是有效力的；（4）有些客户有自主的供应商体系管理系统，发行人可以用自己的账号在系统内查询到自己的发货和回款情况，可以提取数据或者截图作为数据；（5）可以对相关具体负责的采购和财务人员进行访谈，了解具体的一些销售数据和背景情况。

6. 具体到本案例，报告期内，发行人收入和应收账款的发函比例还是都超过了70%以上，只是因为境外客户不回函的原因，那么发行人回函的比例基本上没有超过30%。从IPO审核的角度来说，一方面我们只能接受回函比例比较低的现实，另一方面要积极采取替代措施。从披露的信息来看，发行人回函以及通过替代措施合计核查的比例还是超过了70%。因而，从财务核查的标准来说，回函（包括替代程序）比例超过70%是一个基本的标准。

7. 最后，还有一个问题需要重点关注，就是在疫情背景下，审计机构对于境外子公司的审计以及境外存在的发出商品或者存货的监盘都是存在实质性障碍的，目前的常规做法就是境内的审计机构寻找境外的合作机构一起配合审计，由境外的机构进行相关的审计和监盘工作，境内机构进行复核。当然，从规则上来说，境内和境外的机构是一个整体，是需要承担相同的责任的。

案例79 本川智能（300964）——境外贸易商销售的三种模式以及财务核查的思路

【问询问题】

审核问询回复显示：（1）报告期各期，发行人向贸易类客户的销售金额分别为13,653.86万元、12,724.27万元、10,120.45万元、5175.35万元，发行人贸易商客户以国外客户为主。（2）根据中介机构核查情况，报告期各期发行人贸易类收入中送至终端客户的收入占贸易类收入的比例分别为33.43%、36.16%、34.72%、33.80%；报告期各期运送至指定的货代地址的收入金额分别为540.41万元、1115.09万元、1211.92万元、602.15万元，且无法核查货代送往地址。请发行人：（1）结合可比公司贸易类收入占比、境外贸易类收入占比等，分析并披露发行人贸易类收入结构是否与可比公司存在较大差异。（2）披露保荐人、申报会计师针对贸易类收入中收货主体为终端客户的确认依据及是否充分，对向贸易商的销售收入是否实现最终销售的具体核查方法及充分性，报告期各期采用货代方式的收入金额及占比、是否与可比公司存在较大差异，涉及货代方式的主要客户名称、采用货代方式的原因、发行人向其销售金额及毛利率、毛利率是否与同类客户存在较大差异。

【披露信息】

一、对贸易类收入中收货主体为终端客户的确认依据

PCB贸易商根据客户需求和基于商业保密的行业惯例，选择不同的接收货物的方式。常见的发货方式包括发往PCB贸易商、直接发往终端客户、发往货代仓库。

公司对境外PCB贸易商的发货模式主要如下：香港本川指定艾威尔电路通过快递直接发往PCB贸易商、终端客户或发往客户指定的货代仓库。通过对比公司送货快递单的发运地址，将发运地址与贸易商地址（包括注册地址与办公地址）进行对比分析，具体分类方法如下：（1）如发运地址与贸易商地址相同，则归类为送至PCB贸易商；（2）如发运地址与贸易商地址存在差异，则判断是否为物流或货代公司地址，若为物流公司或货代地址则归类至送至货代；（3）其他则归类至送至终端客户。

对于归类为送至终端客户的订单，保荐机构和申报会计师通过抽样的方式选取样本，对于所选取的样本通过网络检索的方式搜索发运地址所对应公司，同时通过发运地址收件人（若收件人为公司）或订单中的终端客户名称（对于直接送至终端客户的订单，贸易商可能在订单中写明终端客户名称）确认发运地址所搜索公司名称的准确性。之后再通过

公司官网或地图搜索工具中关于该公司的简介了解相对应客户的主要业务，判断其采购PCB是否具有合理性。

报告期各期，保荐机构和申报会计师通过该方式核查样本的金额占送至终端客户订单金额的比例分别为76.46%、75.83%、61.86%和64.85%，所核查样本对应的终端客户采购PCB具有合理性。

二、对向贸易商的销售收入是否实现最终销售的具体核查方法

由于印制电路板产品的性能指标、规格尺寸等具体要求均由贸易商客户向公司提出，公司直接与贸易商进行订单下达、产品交付和款项支付，不与终端客户进行对接，且贸易商客户为保护自身商业秘密，很少向公司告知终端客户信息，因此公司掌握的贸易商的终端销售信息有限。

为确认公司向贸易商客户的销售收入实现终端销售的情况，保荐机构及申报会计师实施了如下核查手段：

（一）了解、评价公司与收入确认相关的内部控制的设计有效性，并对关键控制运行有效性进行了测试

访谈公司业务负责人、财务负责人，检查销售合同、订单条款，对公司的客户开发方式、合作模式、订单签订方式、信用政策及其变化情况进行了解，评价公司与销售收入相关的内部控制的设计有效性，并对关键控制运行有效性进行了测试。

（二）执行细节测试

对报告期内记录的收入执行细节测试，针对向贸易商的销售选取各类型交易样本，核查销售合同、订单、出库单、送货单、报关单、销售对账单、快递单，验证收入的真实性。

（三）核查客户回款情况

取得银行对账单、应收账款明细账，对贸易商客户回款情况进行检查，了解贸易商客户是否及时支付销售款项，判断销售的真实性。

（四）对贸易商客户进行背景调查

获取了26家境外贸易商客户（按统一控制下合并统计的家数）的中

信保海外资信报告，了解境外贸易商客户的成立时间、地址、业务情况、股东信息、高管信息等，核查境外贸易商客户是否真实存在，公司与境外贸易商客户是否存在关联关系。公司的境外贸易商客户大多成立时间较早，且与公司合作时间较长。

同时，通过“企查查”（https://www.qcc.com/）、“国家企业信用信息公示系统”（http://www.gsxt.gov.cn/index.html）等网络查询手段，核查发行人境内贸易商客户的工商信息，了解境内贸易商客户的成立时间、地址、营业范围、股东信息、高管信息等，核查境内贸易商客户是否真实存在，公司与境内贸易商客户是否存在关联关系。

（五）对报告期内主要贸易商客户进行函证

报告期各期，保荐机构及申报会计师对贸易商客户的销售金额和应收账款情况进行了独立的函证，以确认报告期内发行人与其交易的真实情况。

针对未回函的客户，保荐机构及申报会计师执行了替代程序，检查了相应的发货单、快递单、银行回款等记录，以验证收入的真实性和准确性。

（六）对报告期内主要贸易商客户进行实地走访

走访核查的具体内容如下：

1. 访谈内容包括：客户成立时间、注册地点、注册资本、股东情况、实际控制人、业务规模、主要客户与供应商、合作开始时间、初始接洽途径、业务发生额、支付结算方式、退换货情况、与发行人是否存在关联关系等信息；

2. 经客户同意后，查看客户生产经营场所、仓库以及仓库中与发行人有关的存货；

3. 经客户同意后，查看客户的进销存系统与发行人相关的交易数据；

4. 要求客户提供工商登记资料以及与发行人之间交易的银行对账单、现金日记账、验收单、进/出库记录单据、物流凭证、运费凭证、海关报关单据、保险凭证等相关资料。

（七）核查境外销售数据和海关数据、电子口岸数据的匹配性

登录中国电子口岸数据系统获取公司相关出口数据，就海关出口数据与公司的出口数据匹配情况进行核查。

报告期内，公司境外销售收入与海关出口数据存在差异，主要系海关统计数据时点与公司收入确认时点差异所致。经调节后的海关出口数据与公司审定境外销售收入差异较小，差异主要系公司其他外币折算美元的汇率与电子口岸数据系统所用汇率略有差异所致。

经核查，公司海关数据与同期产品境外销售存在匹配性。

（八）核查境外销售数据与增值税出口退税金额的匹配性

报告期内，公司境外销售收入与申报出口退税销售额存在差异，主要系公司申报出口退税时点与收入确认时点差异所致，经调节后的海关出口数据与公司审定境外销售收入差异较小。

经核查，公司各期境外收入与增值税出口退税金额匹配。

（九）通过同行业公司公开披露信息核查公司贸易商客户是否为同行业公司的客户

保荐机构和申报会计师通过公开资料查询同行业公司披露的客户情况，核查确认公司的贸易商客户是否为同行业公司的客户。

报告期各期，公司向同行业公司客户 10 家贸易商客户销售金额占向 PCB 贸易商销售总金额的比例分别为 14.03%、13.85%、15.02% 和 17.36%。

（十）核查发运地址收件人信息

保荐机构及申报会计师还通过检查发运地址和境外 PCB 贸易商地址核查终端销售情况。

报告期内发行人对境外 PCB 贸易商销售的产品大部分系直接发往贸易商，部分直接送至终端客户（报告期各期占比分别为 28.29%、30.13%、28.00% 和 30.63%），少数送至指定的货代地址。

对于直接送至PCB贸易商的销售，检查了相应的送货单、快递单，并将快递单的送货地址与PCB贸易商的办公地址或注册地址进行核对，通过抽样方式查询了快递单的物流信息，通过物流信息检查了快递单的签收时间、签收地址等以确定销售的真实性。

直接送至货代的销售，检查了公司发货单、快递单，当货物到达货代仓库后，货代开出入仓单或直接在深邦物流面单上签字，检查相应的入仓单或经签收的物流面单，以验证收入真实性。

对于直接送至终端客户的销售，检查了相应的送货单、快递单，并核查了快递单的送货地址，通过抽样方式查询了快递单的物流信息，通过物流信息检查了快递单的签收时间、签收地址等以确定销售的真实性。同时，保荐机构和申报会计师还通过抽样的方式选取样本，对于所选取的样本通过网络检索的方式搜索发运地址所对应公司，同时通过发运地址收件人（若收件人为公司）或订单中的终端客户名称（对于直接送至终端客户的订单，贸易商可能在订单中写明终端客户名称）确认发运地址所搜索公司名称的准确性。之后再通过公司官网或地图搜索工具中关于该公司的简介了解相对应客户的主要业务，判断其采购PCB是否具有合理性。报告期各期，保荐机构和申报会计师通过该方式核查样本的金额占送至终端客户订单金额的比例分别为76.46%、75.83%、61.86%和64.85%，所核查样本对应的终端客户采购PCB具有合理性。

小兵评析

1. 在以往的IPO审核理念下，贸易商销售和境外销售的收入核查是财务核查的难点和重点。如果发行人同时存在境外销售和贸易商销售的情形且金额比较大，那么这就是不可能完成的任务，因而构成IPO审核的实质性障碍。

2. 在注册制的审核理念下，境外贸易商的销售核查尽管仍旧是IPO审核重点关注问题，已经不是IPO的实质性障碍。当然这主要基于两个基本的思路：一个是 IPO 审核理念的重要变化；另一个是中介机构核查方式和核查手段也有了很多的选择。

3. 具体到本案例，发行人贸易商客户的销售金额尽管呈持续下降的趋势，但是每年还是超过 1 亿元，且 98% 以上的贸易商销售均是境外贸易商销售。同时，发行人对于贸易商的销售还存在三种典型的合作模式：直接发货至终端客户、直接发货给贸易商、直接发货给货代或者中转仓。

4. 发行人首先明确解释了电路行业贸易商销售是行业的惯例，也解释了贸易商以前都是生产商，只是后来产业转移到亚洲地区，欧美原来的生产商转行做贸易商，继续为自己的客户服务。从这个角度来说明，这些贸易商都是有很长的历史和背景，是经得起考验的。

5. 当然，这个案例对于我们最大的借鉴意义，就是区分三种不同的销售模式，对核查情况做了详细的说明，具体如下：

（1）对于直接向贸易商发货的情形：基于商业机密和保护客户信息的考虑，向贸易商直接发货仍旧是发行人与贸易商合作最重要的方式。在这种情况下，中介机构也做了最详细的核查，具体措施包括：

①数据匹配方面：核查客户回款情况；核查境外销售数据和海关数据、电子口岸数据的匹配性。

②财务核查方面：对报告期内主要贸易商客户进行函证（发函比例超过 95%，回函比例超过 90%）；对报告期内主要贸易商客户进行实地走访（走访比例超过 80%）；核查境外销售数据与增值税出口退税金额的匹配性；执行细节测试。

③客户背景调查：对贸易商客户进行背景调查；通过同行业公司公开披露信息核查公司贸易商客户是否为同行业公司的客户；核查发运地址收件人信息、了解、评价公司与收入确认相关的内部控制的设计有效性，并对关键控制运行有效性进行了测试。

（2）对于直接发货至终端客户的情形：对于所选取的样本通过网络检索的方式搜索发运地址所对应公司，同时通过发运地址收件人（若收件人为公司）或订单中的终端客户名称确认发运地址所搜索公司名称的准确性。之后再通过公司官网或地图搜索工具中关于该公司的简介了解相对应客户的主要业务，判断其采购 PCB 是否具有合理性（核查比例超过 70%）。

（3）采用货代公司销售：报告期各期运送至指定的货代地址的收入金额分别为 540.41 万元、1115.09 万元、1211.92 万元、602.15 万元，且无法核查货代送往地址。对于这个问题，发行人没有进行更加详细的说明，如对于货代送货地址的核查问题。当然，发行人以重点解释收入占比不大且销售数据不存在明显的差异来说明这个问题。

案例 80　优利德（688628）——疫情影响下，境外客户如何进行视频访谈

【问询问题】

根据回复材料，保荐机构及申报会计师执行了境外客户核查程序：（1）访谈核查包括视频、电话、现场走访、工厂或展会走访等；（2）函证包括邮寄回函及电子邮件回函两种方式，应收函证也存在电子回函的情况；（3）分析海关报关数据以及增值税退税数据对比分析。请保荐机构、申报会计师区分经销与 ODM 两种模式说明：（1）各类访谈的具体情况及采用该种方式的原因，包括客户名称、访谈对象的身份、访谈问卷的设计情况、访谈中未确认的信息及无法确认的原因、确认的具体方式及有效性；（2）函证发函及回函过程及规范性（不限于境外客户），是否符合《中国注册会计师审计准则第 1312 号——函证》及指南的要求，函证地址的取得方式、地址准确性的验证过程，邮寄回函及电子邮件回函的具体对象，邮寄回函地址与发函地址是否一致及是否具有合理性，电子邮件回函的原因、采用电子邮件回函而不是邮寄回函的原因、相关邮件的收发件人身份及对发件人身份的核查情况；（3）回函差异的调整情况（包括供应商函证）；（4）外销数据与报关数据、退税数据对比的具体情况，差异及调整过程。

【披露信息】

由于受到新冠肺炎疫情的影响，访谈期间，公司境外客户所在的大多数国家或区域实施有出入境管制或居家隔离等措施，经销商客户的员工多数是居家远程办公，导致中介机构无法实施现场走访，故主要采用视频方式进行访谈，同时补充执行以下程序以保证访谈的有效性：①请被访谈对象出示名片并介绍在被访谈单位担任的职位以确认身份；②检查被访谈人出示的名片上的邮箱是否为被访谈单位的公司邮箱。

一、函证发函及回函过程及规范性（不限于境外客户），是否符合《中国注册会计师审计准则第1312号——函证》及指南的要求

（一）中介机构在实施函证程序时，采取下列措施对函证实施过程进行控制

1. 对选择被询证者、设计询证函以及发出和收回询证函保持了控制。函证对象的样本由中介机构独立选取，询证函由中介机构独立设计制作并打印，加盖被审计单位盖章后，针对邮寄函证和电子邮件函证，程序分别如下：

（1）邮寄函证。由中介机构独立寄至被询证客户，客户确认信息盖章后，直接寄至中介机构办公地址，由中介机构亲自拆封。

（2）电子邮件函证。受到新冠肺炎疫情的影响，被函证单位人员无法取得中介机构邮寄到客户公司的纸质函证，因此中介机构独立编制电子邮件发送到被询证客户公司邮箱，经客户公司确认后，通过电子邮件将回函直接发送至中介机构的邮箱。如客户已取得纸质函证文件但无法进行邮寄的，亦通过电子邮件将回函直接发送至中介机构的邮箱。

2. 将询证函中列示的账户余额或其他信息与发行人有关资料核对；中介机构将函证的交易额及余额与发行人的财务账套数据进行了核对。

3. 在询证函中指明直接向中介机构回函；中介机构在所有询证函中均将中介机构办公地址作为函证回函收件地址进行列示。

4. 将发出询证函的情况形成工作记录。中介机构对所有发出的函证

均已编制工作底稿记录，包括被询证单位名称，被询证单位与发行人在申报期各期的交易额及往来余额情况，被询证单位收件地址、收件人、联系方式、收件人邮箱等信息；并将发函的收件人地址与工商地址/发货地址进行核对，将发函的收件人邮箱与被询证单位公司名称、发函的收件人名片上显示的邮箱、与公司日常往来信件的邮箱进行核对，对核对不一致的执行了进一步核查和分析程序。

5. 将收到的回函形成工作记录，并汇总统计函证结果。中介机构将所有收到的回函进行整理核对并编制工作底稿。具体包括：记录函证内容是否确认相符，不符事项的核对情况及处理结果，回函地址与发函地址的核对情况、回函邮箱与被询证单位公司名称以及回函的发件人名片上显示的邮箱、与公司日常往来信件的邮箱进行核对，回函原件与发函复印件的核对等。

（二）中介机构在完成函证程序后，对函证的可靠性进行了评价，并考虑了以下事项：

1. 对询证函的设计、发出及收回的控制情况；中介机构亲自设计询证函、亲自发出并收回询证函，保持了对函证的控制。

2. 被询证者的胜任能力、独立性、授权回函情况、对函证项目的了解及其客观性：

（1）对于境内客户的回函，被询证单位会在回函上加盖公司公章，中介机构结合发函及回函地址的核查情况、现场访谈中对函证内容及结果的确认情况认为被询证者具备胜任能力和独立性，对函证项目了解并保持了客观性；

（2）境外客户的回函，中介机构通过获取被询证者的名片进行核对，结合走访程序中对函证内容及结果的确认情况认为被询证者具备胜任能力和独立性，对函证项目了解并保持了客观性。综合上述程序，中介机构认为函证具有可靠性。

3. 发行人施加的限制或回函中的限制。中介机构在函证的过程中，未受到发行人施加的限制或回函中的限制，中介机构不受限制地实施了函证的全过程，保持了中介机构的独立性。

综上所述，中介机构在函证发函及回函过程及规范性（不限于境外客户）方面，符合《中国注册会计师审计准则第1312号——函证》及指南的要求。

二、函证地址的取得方式及地址准确性的验证过程

（一）函证地址取得方式

中介机构选取函证样本后，由发行人根据所选取样本统一提供函证地址。

（二）函证地址准确性的验证过程

中介机构获取函证地址后通过与工商地址、合同或订单地址进行验证确保发函的可靠性。

发函地址与合同/订单地址核对不一致的原因汇总如下：

单位：万元

原因	项目	2020年1~6月	2019年度	2018年度	2017年度
有多个办公地址	单位数量/个	11	11	10	10
	交易额/万元	1606.55	1719.97	1559.58	1903.05
办公地址搬迁	单位数量/个	1	—	—	—
	交易额/万元	256.85	—	—	—

三、邮寄回函及电子邮件回函的具体对象，邮寄回函地址与发函地址是否一致及是否具有合理性，电子邮件回函的原因、采用电子邮件回函而不是邮寄回函的原因、相关邮件的收发件人身份及对发件人身份的核查情况

（一）邮寄回函及电子邮件回函的具体对象

经中介机构核实，邮寄回函的寄件人及电子邮件回函的发件人均为被函证单位员工。

（二）邮寄回函地址与发函地址是否一致及是否具有合理性

中介机构对所有邮寄回函的寄件人地址与邮寄发函时的收件人地址进行核对，并分析其合理性。

经核查，中介机构认为：采用邮件回函的发件人的身份可以得到验证，回函的结果真实可靠。

四、回函差异的调整情况（包括供应商函证）

中介机构对所有回函进行检查核对，核实回函与发行人账面金额是否相符，针对不符内容进行进一步分析核对，编制回函不符差异核对底稿，形成处理意见并执行。

小兵评析

1. 在新冠肺炎疫情的特殊背景下，目前境内客户的实地走访工作已经基本上没有了障碍，但是对于客户主要在境外的发行人来说，视频访谈就成为最重要的补充方式。在这种情况下，视频访谈如何保证客观性和真实性就是一个需要在实践中思考和把握的问题。关于视频证据，需要保证视频必须是连续的，不得存在任何剪辑的情形；以及尽量多视角拍摄，能够将周围的环境涵盖。同时，本案例发行人还采取了以下的补充程序：（1）请被访谈对象出示名片并介绍在被访谈单位担任的职位以确认身份；（2）检查被访谈人出示的名片上的邮箱是否为被访谈单位的公司邮箱。

2. 需要注意的是，在视频访谈情况下，需要对访谈对象、访谈时间、访谈内容等作出详细说明。此外，需要格外关注的是，对于访谈提纲中访谈对象没有确认的内容，需要说明没有接受访谈并确认的原因，在这种情况下，中介机构需要对访谈的有效性和独立性发表明确的意见。

3. 在这个案例中，还充分披露了在函证过程中需要关注的一些事项，以保证函证的独立性。函证尽管已经很普遍，但是对于一些细节问题，还是需要我们多加关注，主要包括：

（1）函证对象的样本由中介机构独立选取，询证函由中介机构独立设计制作并打印，加盖被审计单位盖章。

（2）由中介机构独立邮寄至被询证客户，客户确认信息盖章后，直接寄至中介机构办公地址，由中介机构亲自拆封。

（3）被函证单位人员无法取得中介机构邮寄到客户公司的纸质函证，中介机构独立编制电子邮件发送到被询证客户公司邮箱，经客户公司确认后，通过电子邮件将回函直接发送至中介机构的邮箱。

（4）重点关注被询证者的胜任能力、独立性、授权回函情况、对函证项目的了解及其客观性。

（5）还需要关注函证地址取得的方式及地址准确性以及需要进行相关的验证。函证地址的取得方式及地址准确性的验证过程中介机构获取函证地址后通过与工商地址、合同或订单地址进行验证以确保发函的可靠性。如果存在不一致的情形，就需要关注原因以及商业合理性。

（6）在邮箱函证的情况下，更需要关注邮箱发送地址以及回函邮箱的真实性，经中介机构核实，邮寄回函的寄件人及电子邮件回函的发件人均为被函证单位员工。

案例 81 富信科技（688662）——疫情之下，境外客户的核查替代程序和方式

【问询问题】

根据申报材料，保荐机构、申报会计师、发行人律师对于多个境外客户的走访在国内完成，主要走访了境外客户在国内的办事处或通过视频方式完成，并向客户发放了调查问卷。疫情期间，境内客户走访也有部分为视频访谈。请保荐机构、申报会计师、发行人律师说明：（1）因疫情期间无法现场走访的客户目前是否补充了相应核查程序及具体情况；（2）视频访谈的情况下，如何确认被访谈人的身份及访谈的效力。请保

荐机构、申报会计师、发行人律师说明对以下事项的核查情况：(1) 相关办事处与境外客户的隶属关系，被访谈人员身份；(2) 相关办事处是否具备获取公司对该客户及其分支机构销售完整信息的权限。

【披露信息】

一、保荐机构、申报会计师、发行人律师说明

保荐机构、申报会计师及发行人律师对发行人报告期各期主要客户的核查方式情况如下：

核查方式	核查方
对报告期各期收入前20名客户进行实地走访、视频访谈、走访办事处或当面访谈	保荐机构、申报会计师、发行人律师
对2019年度及2020年1~6月销售金额在100万元以上的客户以函件方式发送了专项核查问卷，其中2019年度问卷涵盖了2017~2019年度的销售金额及往来款项的期末余额	保荐机构、申报会计师、发行人律师
对于2019年度及2020年1~6月客户收入进行了普通函证核查，并复核了申报会计师2017~2018年度的客户询证函	保荐机构、发行人律师
对于报告期客户收入进行了普通函证核查	申报会计师

保荐机构核查金额及核查比例情况如下：

项目		2020年1~6月	2019年度	2018年度	2017年度
营业收入		24,880.63	62,616.54	60,276.43	51,156.04
核查金额/万元	实地走访	5982.98	9348.19	10,606.44	9005.21
	视频访谈	7733.40	26,334.06	21,969.82	14,249.76
	走访办事处	475.83	1738.23	1690.94	1558.72
	当面访谈①	2081.96	2764.98	2454.67	1935.65
	仅邮寄调查问卷及普通函证	4845.42	8560.43	5950.60	4925.93
	合计	21,056.59	48,745.90	42,672.47	31,675.27

续表

<table>
<tr><th colspan="3">项目</th><th>2020年1~6月</th><th>2019年度</th><th>2018年度</th><th>2017年度</th></tr>
<tr><td rowspan="7">核查情况/%</td><td colspan="2">实地走访</td><td>24.05%</td><td>14.93%</td><td>17.60%</td><td>17.60%</td></tr>
<tr><td colspan="2">视频访谈</td><td>31.08%</td><td>42.06%</td><td>36.45%</td><td>27.86%</td></tr>
<tr><td colspan="2">走访办事处</td><td>1.91%</td><td>2.78%</td><td>2.81%</td><td>3.05%</td></tr>
<tr><td colspan="2">当面访谈</td><td>8.11%</td><td>4.42%</td><td>4.07%</td><td>3.78%</td></tr>
<tr><td colspan="2">仅邮寄调查问卷及普通函证</td><td>19.47%</td><td>13.67%</td><td>5.63%</td><td>9.63%</td></tr>
<tr><td rowspan="2">合计</td><td>核查比例②</td><td>84.63%</td><td>77.85%</td><td>70.79%</td><td>61.92%</td></tr>
<tr><td>回函比例③</td><td>97.83%</td><td>93.92%</td><td>88.12%</td><td>86.19%</td></tr>
</table>

注：①当面访谈系客户到发行人处接受访谈；
②核查比例=核查金额/营业收入；
③回函比例=回函核查金额（剔除核查范围中未取得回复问卷及函证的样本）/核查金额。

二、疫情期间无法现场走访的客户目前是否补充了相应核查程序及具体情况

（一）境内客户实地走访及补充核查程序情况

报告期内，保荐机构对境内客户实地走访、视频访谈共涉及17家。

2020年3月，受新冠肺炎疫情影响，中介机构对原计划2020年一季度走访的部分境内外客户采用了视频访谈的核查形式。截至本回复出具日，国内疫情相对好转，中介机构对前期进行视频访谈的内销客户全部补充了实地走访核查程序。

（二）境外客户实地走访及补充核查程序情况

中介机构对外贸客户实地走访、走访境内办事处、视频访谈及当面访谈等共涉及18家，受疫情影响，大部分客户未能实地走访，采用了视频访谈等方式进行核查，具体核查情况如下：

1. 实地走访

2. 走访境内办事处

对于实地走访境内办事处的客户，中介机构主要履行了以下核查程序：

（1）确认办事处与境外客户的隶属关系：包括取得营业执照、查阅工商信息等；

（2）证明被访谈人身份：包括取得被访谈对象名片、查询其与业务员的邮件及微信沟通记录；

（3）确认办事处具备获取公司对该客户及其分支机构销售完整信息的权限：包括通过取得被访谈单位管理结构图、总部对被访谈人授权信息等；

（4）现场取得客户签字或加盖公章的调查问卷及无关联关系承诺函，并在办事处内与被访谈人员合影；

（5）现场确认发行人与客户已签署的销售订单的真实性。

3. 视频访谈

对于视频访谈的境外客户，中介机构主要履行了以下核查程序：

（1）确认约谈人员为客户业务人员：由公司业务人员通过邮件或微信对客户业务人员进行约谈，保荐机构检查约谈记录及日常业务往来记录，对邮箱地址、微信联系人进行比对；

（2）确认实际访谈人员为客户业务人员：要求被访谈人准备名片或工作证在视频访谈时出示，或在被访谈公司内与客户公司 LOGO 合影；

（3）中介机构共同参与了视频访谈，并对视频访谈进行了拍照及录像；

（4）视频访谈后取得客户签字或加盖公章的调查问卷及无关联关系承诺，并对其真实性进行核查：访谈后中介机构将记录的调查问卷扫描后由发行人发送给客户，客户签字或盖章后通过其常用邮箱将问卷回复至发行人业务邮箱，中介机构取得问卷后检查填写内容是否被篡改，检查客户回函邮箱与日常业务洽谈邮箱是否一致，与日常业务往来文本的客户签字、公章进行比对，确保问卷回复内容一致，签章真实。

4. 当面访谈

当面访谈系客户到发行人处洽谈业务，中介机构对客户进行访谈，中介机构取得全部当面访谈对象的名片并将其名片中所载的邮箱与其和发行人日常业务沟通中所使用的邮箱进行比对的方式证明被访谈对象的身份，现场取得客户签字的调查问卷及无关联关系承诺函。

小兵评析

1. 本案例中，保荐机构的核查方法如下：

（1）对报告期各期前20大客户进行实地走访、视频访谈、走访办事处或者当面访谈。

（2）对2019年至2020年1～6月的销售金额超过100万元客户发送了专项核查问卷。

（3）对报告期客户进行了普通的函证核查。

2. 对于保荐机构的核查比例：实地走访的比例报告期期初占17%，最后一期占比接近25%；视频访谈的比例最低比例为24%，最高比例达到42%；仅邮寄调查问卷和普通函证的比例由最低的6%，增加至最后一期的20%。此外，还有走访办事处和当面访谈作为一个补充的核查手段，占比为6%～10%。综合以上方式，保荐机构对于客户的核查比例由报告期第一年的61%提高至最后一期的84%。从目前的情况来看，对于收入规模，通过各种方式核查的比例达到80%以上是相对被认可的。而前10大客户基本上都是要求实地走访的，实地走访的比例超过50%是相对审慎的。当然，在疫情之下，视频访谈也可以作为实地走访一种非常重要的核查补充手段。

3. 关于境外销售的核查，发行人还可以通过说明报关数据、出口退税金额、外汇数据以及函证数据的匹配关系，而通过这些数据之间的逻辑关系来验证销售收入的真实性和准确性。

4. 因为疫情的影响，保荐机构还是承认实地走访受到很大的影响。对于发行人的境外客户，保荐机构实地走访的数量只有2家，后续只能采用替代程序，主要就包括视频访谈、走访办事处以及当面访谈。对于这些替代程序，如何做好过程控制，如何保证核查的真实性和有效性，这个案例给了我们一些重要的提示，值得我们借鉴。

第二节　境外子公司经营情况的核查

案例82　博拓生物（688767）——境外子公司的核查标准和核查方式

【问询问题】

根据招股说明书披露，Advin为公司发行人境外子公司，专门从事药物滥用（毒品）检测产品的研发和销售。2019年年底及2020年6月底，Advin总资产分别为4033.52万元及6411.34万元，同期净利润分别为-274.82万元及410.01万元。2017年公司研发费用中存在125.51万元委托开发费，为Advin出于研发便利的需要，对外委托开发移动医疗应用App等软件的开发费用。请发行人补充披露：（1）境外子公司Advin报告期内的具体经营状况；（2）Advin在发行人生产、研发、销售体系中承担的职责。

【披露信息】

一、境外子公司Advin报告期内的具体经营状况

Advin报告期内的具体经营状况如下：

单位：万元

期间	2020年6月30日/2020年1~6月	2019年12月31日/2019年	2018年12月31日/2018年	2017年12月31日2017年
资产总额	6411.34	4033.52	2985.30	2353.43
净资产	-607.57	-1005.70	-716.83	-639.78
营业收入	7171.92	7877.59	6580.24	3669.81
净利润	410.01	-274.82	-43.76	-679.42

注：上述财务数据已经中汇会计师事务所审计。

境外子公司Advin的主营业务收入主要来源于两部分：一是作为发行人在北美的销售平台，从发行人处采购成品后对外销售；二是作为生

产商，自行生产后对外销售。境外子公司 Advin 在报告期内，营业收入呈现持续增长的趋势。

2017 年至 2020 年 1～6 月，Advin 主营业务收入中，来自销售母公司生产的产品比例分别为 35.30%、52.55%、70.27%、85.23%，即 Advin 逐步以销售母公司生产的产品为主。

2017 年 Advin 公司产生较大的亏损，主要原因为 2017 年 Advin 公司处于市场开拓阶段，总体销售规模较小，销售带来的毛利额规模较小。且 Advin 公司当期委托外部机构进行移动医疗应用的开发，相对费用支出较高。

二、Advin 在发行人生产、研发、销售体系中承担的职责

1. 销售职责；

2. 生产职责；

3. 研发辅助职责。

三、核查程序

（一）保荐机构、发行人律师、申报会计师对境外子公司的日常经营情况履行的核查程序

1. 于 2020 年 6 月 28 日至 2020 年 7 月 3 日，对发行人境外子公司 Advin 执行了视频监盘程序，并且通过视频方式查看了 Advin 的生产经营场所，访谈了相关人员。

2. 对发行人的境外主要供应商、主要客户进行了视频访谈，对发行人的境外经营情况进行了核实，并通过函证方式对境外子公司的采购额、销售额及报告期各期末应收账款、应付账款余额情况进行核查。

3. 取得了美国 Rick Ma 律师事务所（Law Offices of Rick Ma）、加拿大陈薛律师事务所（CHEN AND XUE LLP）就境外子公司的合法合规情况、资产状况出具的法律意见。

4. 取得并核查合并范围内发行人境外子公司的经营范围、主营业务、人员构成、财务报表、公司银行流水等经营性资料。

5. 就美国 Advin、加拿大 Citus 取得注册证的情况，通过美国 FDA 官

方网站、欧盟CE认证公告机构BSI的官方网站等外部渠道进行检索。

6. 获取美国Advin的主要内部管理制度，并对报告期内的执行情况进行了核查。

7. 通过网络检索、获取加拿大陈薛律师事务所出具的法律意见确认加拿大Citus未开展实际经营。

（二）保荐机构、申报会计师对境外子公司的财务核查程序

1. 收入循环核查程序

（1）对Advin的财务负责人、销售负责人进行询问，了解与收入确认相关的关键内部控制，评价这些控制的设计，确定其是否得到执行，并测试相关内部控制的运行有效性。

（2）了解收入确认政策，检查销售订单，了解主要合作条款或条件，评价收入确认方法是否符合《企业会计准则》的规定。

（3）从产品、客户等维度对其营业收入进行波动分析，识别是否存在重大或异常波动，并查明波动原因；在合并报表层面对其客户销售毛利率进行分析，识别是否存在重大或异常波动，并查明波动原因。

（4）以抽样方式检查与收入确认相关的支持性文件，包括销售订单、销售出库单、销售发票、支票存根等。

（5）对资产负债表日前后确认的营业收入执行截止测试，评价营业收入是否在恰当期间确认。

（6）向主要客户函证销售额和应收账款余额，并对主要客户进行视频访谈。

2. 采购成本循环核查程序

（1）对美国Advin的财务负责人、生产负责人进行访谈，了解与成本采购相关的关键内部控制，包括原材料采购流程、生产流程、成本核算方法及核算流程，评价这些控制的设计，确定其是否得到执行，并测试相关内部控制的运行有效性。

（2）对美国Advin存货各期末余额的波动进行分析性复核，识别是

否存在重大或异常波动，并查明波动原因。

（3）获取美国Advin的产量数据，主要原材料的消耗数据，能源消耗数据，聘用的人员数据，对公司的投入产出比、能耗比等信息进行分析，识别是否存在重大或异常波动，并查明波动原因。

（4）了解美国Advin存货盘点制度和实际执行情况，对报告期期末的存货执行监盘或视频监盘程序。

（5）针对原材料采购以及制造费用采购，以抽样方式检查与采购相关的支持性文件，包括采购订单、采购发票、入库登记表、采购入库单、付款支票存根、银行对账单等。

（6）向主要供应商函证采购额和应付账款余额，并通过视频访谈主要供应商。

（7）了解美国Advin的成本核算模式，对成本计算表进行复算，对单位材料成本和单位人工制造费用的波动进行分析。

（8）获取美国Advin的期末存货库龄表以及存货跌价准备计提表，结合公司的存货跌价计提政策，评估存货跌价准备计提的准确性。

3. 境外子公司薪酬循环核查程序

（1）对美国Advin的财务负责人进行访谈，了解公司聘用人员情况及薪酬政策制度，了解当地的工资发放频率以及账务处理的习惯。

（2）获取美国Advin的工资表、员工名册，分析了报告期内美国Advin工资总额、员工人数和人均薪酬，核实员工人数和人均薪酬的增长与公司业绩规模实际情况是否相匹配。

（3）获取银行对账单，检查员工薪酬的实际支付情况是否与账面记录相符。

（4）获取各员工的岗位职能情况，复核公司的职工薪酬的分配是否恰当。

4. 货币资金核查程序

（1）获取美国Advin报告期各期末库存现金自盘表，对报告期期末的库存现金进行监盘或视频监盘。

（2）对美国Advin所有账户期末银行存款余额执行函证程序，以验证报告期各期末银行存款余额的真实性、准确性。

（3）获取银行对账单，重要账户由银行盖章确认后寄回，非重要账户通过公司网上银行远程控制下载。对主要银行账户执行双向核对程序，并检查境外银行余额调节表编制是否准确，是否存在重大余额调节项。

5. 长期资产循环核查程序

（1）取得美国Advin固定资产、长期待摊费用明细，了解资产的主要情况，包括类别、金额等。

（2）对报告期末的境外主要固定资产进行视频盘点，确认固定资产的真实存在。

（3）抽查大额固定资产、长期待摊费用的发票、合同、验收单等文件，确认入账金额的真实性及准确性，并根据购入资产的类型与价值判断是否应计入相应的资产类别。

（4）根据公司折旧摊销政策，复核公司固定资产、长期待摊费用的折旧摊销年限，分析确定折旧摊销年限的依据是否充分合理，是否符合企业客观情况；对报告期内资产的折旧摊销进行重新测算，并与利润表计提的折旧费用进行勾稽测试，将资产处置与资产处置收益进行勾稽测试。

6. 费用循环核查程序

（1）取得报告期内管理费用、销售费用、财务费用、研发费用明细表，并对各费用项目波动情况进行分析。

（2）抽查其他大额期间费用相关凭证，检查相关订单、发票、支票存根等单据是否一致。

（3）进行费用截止测试，检查相关费用是否计入正确期间。

（4）在合并报表层面，与同行业可比公司比较，分析公司管理费用率、销售费用率、财务费用率、研发费用率与同行业可比公司是否存在重大差异。

7. 获取发行人关于境外子公司 Citus 未实际开展业务的声明、境外律师出具的法律意见书，确认其确实不存在银行账户以及税款缴纳情况（略）

小兵评析

1. 随着公司发展目标的国际化和发展模式的多元化，在 IPO 的审核案例中，发行人存在境外重要子公司的情形越来越普遍，而如何对境外子公司进行核查以及核查的标准是什么，就成为一个非常关键且重要的问题。

2. 简单总结如下，发行人境外的子公司一般存在以下情形：（1）主要承担境外市场的开拓功能，相当于市场开发的一个平台；（2）有的子公司成熟之后会承担某些区域的产品销售功能，相当于发行人的一个经销商；（3）有的子公司主要承担合作研发和技术研究的功能，主要依赖境外的先进技术；（4）因为人力成本和管理差异等原因，除非特别必要，一般境外子公司不会从事大规模的生产工作。

3. 对于境外子公司的核查，其实思路和标准跟境内的并没有本质区别，只是在手段和方式上，因为境外一些规则的差异会存在一些操作上的不同。对于财务问题的核查来说，一般境内的审计机构会委托境外的机构进行审计并按照境内规则出具审计报告，同时也要按照 IPO 的标准对相关的核算过程和内部控制进行核查。对于法律问题的核查，主要是要对发行人生产经营的合规性以及是否存在重大违法违规行为进行核查，这一般会委托当地的律师事务所针对子公司的相关事项出具专项的说明。

4. 此外，对于境外子公司一些违规行为的处理，也会与境内有明显的差异。最直接的就是相关的部门不会出具证明文件，最后的结论只能靠律师的核查意见和发表的意见。此外，对于违规情形的认定、解决的方式以及潜在的法律后果，也需要根据当地的法律进行核查和判断，曾经就有境外子公司因为税收政策的差异而被处罚的案例。

5. 具体到本案例发行人，其有两个境外子公司，一个没有本质的经营，另一个是从亏损逐步实现了500万元的盈利，慢慢成为发行人一个非常重要的子公司和境外平台。对于这样的子公司的核查，中介机构也做了详细的披露，可以进行借鉴。

6. 在新锐股份（688257）的案例中，对于境外子公司的审计事项做了详细的说明。发行人有主要的子公司设立在境外，那么需要对境外的公司视同上市主体进行全面的审计，而需要实地进行的重要的审计程序包括客户走访、存货盘点以及函证程序等。一些比较特殊的情况值得我们关注：

（1）对于境外子公司的核查，目前最常见的方式是审计机构委托当地的合作审计机构来进行协助审计，当然，如果审计机构在当地有境外分所就更好了（有境外分所也成为现在审计机构争取业务的重要筹码）。本案例则是审计机构委托了当地的审计机构协助审计，包括存货的盘点以及客户的访谈等。

（2）境外审计机构会出具审计报告，申报会计师主要根据审计报告执行相应的核查程序并作为发表意见的重要依据，自然要关注到这样的结论是否审慎，审计机构是否需要对境外的审计结果负责。

（3）关于审计机构与境外审计机构的关系，审计机构将其解释为集团审计师和组成审计师的关系。在这样的关系下，集团审计师需要对组成审计师的审计结果负责。从小兵的角度来说，这是第一次看到如此解释两者之间关系的，值得参考。

（4）当然，我们也看到，因为这种关系，审计机构是无法对境外审计进行更多干预的，境外审计机构就是按照自己的标准去完成工作。例如，2019年境外存货盘点比例不足20%，后来做了进一步沟通，2020年又把比例提高到了60%以上。

案例83　上声电子（688533）——境外子公司因为税务问题被处罚

【问询问题】

招股说明书披露，公司在境外设立了7家子公司，分别位于捷克、巴西、墨西哥等地。根据捷克当地的税收监管政策，若捷克上声不能够有效证明其报告期内连续亏损的合理性或被捷克当地主管部门认定存在转移定价的情形，公司可能存在被捷克当地主管部门根据其核定的利润率补缴税款的风险，也存在因补缴税款受到捷克当地主管部门处罚的风险。巴西上声因对巴西IPI（工业产品税）相关税务政策存在理解误差，在进口扬声器并转售给整车厂过程中，错误地适用了IPI暂缓缴纳政策，导致未及时申报和缴纳IPI和不当抵扣了IPI进项，被巴西税务主管部门处以罚款1,328,259.20雷亚尔（折合人民币2,425,413.93元）。2017年1月1日至2019年12月31日，巴西上声因未及时缴纳部分税款而被巴西税务主管部门要求缴纳利息及罚款共计55,308.25雷亚尔（折合人民币103,804.69元）。请发行人披露：（1）捷克上声目前是否因为税收问题受到当地主管部门的调查，目前的调查进展（如有），量化分析如果被当地主管部门核定利润并补缴税款对公司财务状况的影响，可能面临的具体处罚，是否可能涉及刑事犯罪；（2）其他子公司是否存在税务违规情形，结合报告期内境外子公司多次存在税务违规的情形，说明境外子公司是否存在税收风险敞口，发行人内部控制是否完善、有效，相关风险揭示是否充分、到位。

【披露信息】

一、捷克上声目前是否因为税收问题受到当地主管部门的调查，目前的调查进展（如有），量化分析如果被当地主管部门核定利润并补缴税款对公司财务状况的影响，可能面临的具体处罚，是否可能涉及刑事犯罪

根据捷克律师2020年8月24日出具的法律意见书，截至该法律意见书出具日，捷克上声未因税收问题而受到当地主管部门调查，亦未因税收问题被当地主管部门处以行政处罚。

若捷克上声被当地主管部门核定利润且需要补缴税款，根据捷克当地审计机构测算需要补缴税款及罚款180.50万克朗（折合人民币53.12

万元），前述或有需补缴的税款及罚款金额较小，占营业收入比重较低，不会对发行人经营业绩造成重大不利影响。捷克律师认为，若捷克上声被主管税务机关认定存在转移定价，根据捷克税法的相关规定将会被处以行政罚款；根据捷克法律，转移定价被要求补缴税款及被处以罚款不涉及刑事犯罪。

综上，捷克上声被当地主管部门核定利润涉及的或有补缴税款及罚款金额较小，占营业收入比重较低，不会对发行人经营业绩造成重大不利影响；截至招股说明书签署日，捷克上声尚未受到主管部门调查，即便被核定利润并要求补缴税款，相关处罚也不涉及刑事犯罪。

二、其他子公司是否存在税务违规情形，结合报告期内境外子公司多次存在税务违规的情形，说明境外子公司是否存在税收风险敞口，发行人内部控制是否完善、有效，相关风险揭示是否充分、到位

根据境外控股子公司所在地律师事务所出具的法律意见书和税务评估意见，报告期内除前述巴西上声的相关税务处罚事项外，发行人境外控股子公司不存在其他因税务违规行为而被监管部门处罚的情形。

因境外子公司所处地区较多，税制较为复杂，公司对境外主要经营主体聘请了当地税务评估机构，对各主体税务合规风险情况进行评估，其中主要经营主体包括巴西上声、捷克上声、欧洲上声、墨西哥上声、墨西哥上声服务。

根据税务评估机构出具的评估意见，主要境外经营主体不存在重大税务风险，其中巴西上声、捷克上声存在一定的税务风险敞口，其中存在较可能的税务风险及公司应对措施如下：

公司名称	税收风险评估情况	应对措施
巴西上声	根据普华永道（巴西）出具的税务评估意见，巴西上声2020年1~6月存在发票内容描述错误（12489号发票）；2017~2018年存在因供应商发票错误，公司流转税进行了超额抵免；2017~2018年流转税进口计算基数中未包含海运费附加税；企业所得税申报时未考虑累计亏损应计提的利息收入，四项税务事项中存在较可能的税务风险，预估税务风险金额合计为1.32万巴西雷亚尔（人民币约为1.72万元）	对于发票内容描述错误事项，巴西上声已在8月进行了更正申报；对于流转税超额抵免事项，就流转税超额抵免事项，巴西上声增强了SAP发票管理环节，且自2019年起聘请了更加专业的税务会计对所有发票进行税务方面的专项复核；对于流转税进口计算基数中未包含海运费附加税事项，巴西上声自2019年起已将海运费附加税加入进口流转税的计算基数中；对于企业所得税申报时未考虑累计亏损应计提的利息收入事项，普华永道（巴西）于2020年1~6月提出，巴西上声将在本年度企业所得税申报时进行补充申报
捷克上声	根据捷克立信出具的税务评估意见，捷克上声在企业所得税申报、转移定价、公司间贷款利息税前列支、投资激励（税务减免）等税务事项上存在较可能的税务风险	对于企业所得税申报、转移定价、公司间贷款利息税前列支事项，相关税务风险敞口主要源于捷克上声亏损。若捷克上声被当地主管部门核定利润且需要补缴税款，金额较小且不涉及刑事犯罪；且捷克上声每年已按照规定准备《年度税务同期资料本地文档报告》，以备主管机关核查。 对于投资激励（税务减免），捷克上声已在2019年税务申报中声明放弃未来使用该项投资激励，减少未来期间被税务稽查的风险

发行人已制定《财务管理制度》《发票及税务管理规定》《票据管理规定》《关联交易转移定价管理手册》等与税务内控相关的制度并在日常经营过程中贯彻执行，发行人从税务核算、税款缴纳、发票开具、涉税档案管理、关联交易转移定价等环节落实税务工作并防范税务风险，确保税务核算准确、税款及时缴纳、发票开具合规以及档案留存完整。发行人税务内部控制完善、有效，境外子公司税务风险敞口揭示充分、到位。

三、报告期内税务处罚不属于重大违法行为

巴西上声税务处罚不属于《审核问答》第3条规定的重大违法情形，且依据《审核问答》第3条，可以不认定为重大违法行为，具体情况分析如下：

（一）巴西上声未及时缴纳部分税款受处罚事项

2017年1月1日至2020年6月30日，巴西上声因未及时缴纳部分税款而被巴西税务主管部门要求缴纳利息及罚款共计56,988.07雷亚尔（折合人民币106,191.37元），巴西上声已按要求缴纳了相关利息及罚款。

根据巴西律师出具的法律意见书，前述未及时缴纳部分税款而导致的利息和罚款不属于刑事违法，相关法律规定或处罚决定未将其认定为严重违规，且巴西上声因前述违规行为而支付的利息和罚款金额较小。因此，巴西上声前述行为不属于重大违法违规行为，不会对巴西上声的生产经营造成重大不利影响。

（二）巴西上声IPI受处罚事项

巴西上声因对巴西IPI相关税务政策存在理解误差，在进口扬声器并转售给整车厂过程中，错误地适用了IPI暂缓缴纳政策，导致未及时申报和缴纳IPI和不当抵扣了IPI进项（以下合称IPI案件），被巴西税务主管部门处以罚款1,328,259.20雷亚尔（折合人民币2,425,413.93元）。

根据巴西律师出具的法律意见书，鉴于巴西上声没有违法故意、前述罚款金额占巴西上声营业收入比重较小、IPI案件仅属于税务违规行为而非刑事犯罪、相关法律规定或处罚决定未将巴西上声的违规行为认定为严重违规且巴西上声在IPI案件发生后未再出现类似违规情形，巴西律师认为前述巴西上声IPI案件不属于故意的、重大的违法违规行为，不会对巴西上声的生产经营造成重大不利影响。

保荐机构、发行人律师认为，巴西上声上述税务处罚不属于《审核问答》第3条中“其他涉及国家安全、公共安全、生态安全、生产安全、公众健康安全等苏州上声领域的重大违法行为”，且巴西税务机关处罚未将有关处罚认定为严重或重大，符合《审核问答》第 3 条中“相关规定或处罚未认定该行为属于情节严重”时可以不认定为重大违法行为的规定，故巴西上声上述处罚不构成重大违法行为。

小兵评析

1. 发行人为了开拓境外市场，为了更好地服务境外客户，在境外设立子公司独立运营是越来越普遍的做法。不过，由于境外的监管规则和境内有很大的差别，如果境外子公司存在一些问题，还是比较敏感且需要重点处理的。

2. 对于本案例发行人来说，境外一共设立了 7 家子公司，分布在很多地方，其中有 2 家出现了问题，主要还是税务问题。巴西子公司因为适用税务政策问题，被合计处以人民币 250 多万元的处罚；而捷克子公司也有可能被认为通过转移定价制造子公司的亏损从而偷逃税款，尽管现在还没有处罚，后续也会有处罚的可能。

3. 这两个问题如果是在境内，都是很小的问题，只要主管部门出具明确的合法合规证明文件就可以了，而在境外显然没有这样的操作思路。对于上述两个问题，发行人的操作是：（1）关于巴西子公司被处罚的问题，发行人聘请了当地的律师和税务评估机构，同时认真研究了当地的法律，认为不适用刑事法律且不会被认定为重大违规行为。既然没有证明文件，只能让律师来发表明确意见。（2）关于捷克子公司可能被处罚的情形，发行人同样聘请了当地的律师事务所和税务评估机构，对可能要补缴的税款以及对公司生产经营的影响出具了意见。（3）此外，发行人还通过律师和税务评估机构对其余的子公司也都进行了全面的核查，关注是否存在潜在的税务风险和违规行为。

第三章　法律问题与基本规则的冲突

我们总是讲“文无第一，武无第二”，在IPO审核实践中，财务问题和非财务问题好像也有这样的感觉。财务问题很多时候是明确的，有明确的标准和依据，是真实的还是虚假的也能够看明白。非财务问题更多情况并非是非对错的判断，而是一种利益最大化和风险最小化的权衡。

注册制审核理念下，很多非财务事项的披露，更像一种自圆其说的故事会形式的描述，反正我就是按照我的逻辑进行充分披露，只相信证据和逻辑。其实，小兵觉得这样的思维方式也没有错，就算历史上的问题有些许离奇和复杂，但是只要相关当事人都能够充分确认且没有异议，那么监管机构就没有干涉的权力和理由。也就是基于这样的事实，目前我们在很多法律问题上的解释，更多地出现了《民法典》的内容，而民商法最核心的一个原则就是意思自治。

第一节　法律规范问题核查要点

案例84　星源卓镁（创业板已过会，未上市）——实际控制人境外借外汇进行返程投资

【问询问题】

申报材料显示，发行人实际控制人邱卓雄与陆满芬于2003年4月在

香港设立了香港天幸，注册资本为1万港元。香港天幸于2003年7月独资设立了发行人前身星源有限，注册资本210万美元，资金主要来源于实际控制人向朋友筹借的合法外汇资金的借款。2017年6月，香港天幸将星源有限全部股权转让给实际控制人在境内设立的企业源星雄，星源有限由外商独资企业变更为内资企业；2018年7月，香港天幸注销。香港天幸存续期间，实际控制人未就设立香港天幸及返程投资星源有限事宜办理外汇登记/补登记程序。请发行人结合香港天幸、星源有限的设立程序，外汇资金来源及出借主体基本情况，说明并披露星源有限设立出资的比例、出资时间、出资来源、2006年第四期实缴出资由税后利润转增，以及未办理外汇登记/补登记程序等是否符合外汇管理和返程投资等相关规定；说明外汇资金借款和偿还的过程以及资金出借主体与发行人及其实际控制人是否存在关联关系、委托持股或其他未披露的利益安排，是否涉及补缴税款，是否存在股权纠纷或潜在纠纷；如存在上述出资瑕疵，请充分披露存在的出资瑕疵事项、采取的补救措施，是否存在因出资瑕疵而导致被处罚的风险；结合香港天幸的历史沿革和实际经营情况，说明注销香港天幸的原因及存续期间是否存在违法违规情形。

【披露信息】

一、结合香港天幸、星源有限的设立程序，外汇资金来源及出借主体基本情况，说明并披露星源有限设立出资的比例、出资时间、出资来源、2006年第四期实缴出资由税后利润转增，以及未办理外汇登记/补登记程序等是否符合外汇管理和返程投资等相关规定

香港天幸设立星源有限并对其数次以外汇出资（包括2006年第四期实缴出资由税后利润转增），均经外商投资主管部门核准/备案、外汇主管部门确认、会计师事务所出具验资报告验证出资到位，合法有效。

根据外汇出借方《借款情况确认书》、访谈记录和发行人实际控制人邱卓雄出具的说明，香港天幸前述向星源有限出资的477.53万美元中，除2006年4月27日香港天幸以税后利润再投资方式出资199,463.88美

元外，其他外汇出资均来源于邱卓雄向其有境外外汇来源的境内朋友借款，包括：2003 年至 2006 年、2012 年至 2013 年多次向境内自然人吴继勇（身份证号为 33020619731103××××，主要从事塑料制品生意）借款港币及美元外汇合计约 253 万美元；2012 年至 2013 年多次向境内自然人张作峰（身份证号为 31010119681024××××，主要从事采矿、航运生意）借款美元外汇合计约 205 万美元。

前述邱卓雄及陆满芬通过香港天幸投资星源有限，构成境内居民境外投资并返程投资境内企业情形，但邱卓雄及陆满芬并非以以其持有的境内企业资产或权益在境外进行股权融资（包括可转换债融资）为目的，根据 2005 年 10 月 21 日国家外汇管理局颁布的《关于境内居民通过境外特殊目的公司融资及返程投资外汇管理有关问题的通知》（汇发〔2005〕75 号）（已失效）（以下简称“75 号文”）规定，邱卓雄先生及陆满芬女士无须就出资设立香港天幸办理境外投资外汇登记，其投资行为符合当时有效的“75 号文”的规定。国家外汇管理局 2014 年 7 月 4 日颁布《关于境内居民通过特殊目的公司境外投融资及返程投资外汇管理有关问题的通知》（汇发〔2014〕37 号）（以下简称“37 号文”）后，香港天幸属于“37 号文”规定的“特殊目的公司”，星源有限、邱卓雄先生及陆满芬女士需要办理外汇补登记，由于邱卓雄先生和陆满芬女上未能及时关注到“37 号文”关于境外投资外汇登记的新规定，后多次向相关外汇主管部门申请办理外汇补登记但均未被受理，至香港天幸于 2017 年 6 月股权转让退出不再持有星源有限股权并于 2018 年 7 月注销完毕，一直未能成功办理外汇补登记，从而不符合“37 号文”关于外汇管理和返程投资等相关规定。

二、说明外汇资金借款和偿还的过程以及资金出借主体与发行人及其实际控制人是否存在关联关系、委托持股或其他未披露的利益安排，是否涉及补缴税款，是否存在股权纠纷或潜在纠纷；如存在上述出资瑕疵，请充分披露存在的出资瑕疵事项、采取的补救措施，是否存在因出

资瑕疵而导致被处罚的风险

发行人实际控制人邱卓雄通过香港天幸向星源有限外汇出资来自其向境内朋友多次借款，就出借主体与发行人实际控制人之间债权债务的形成及偿还事项双方确认，该等事项与发行人实际控制人直接或间接持有的发行人股份权属无涉。上述外汇资金出借主体与发行人及其实际控制人不存在关联关系、委托持股或其他未披露的利益安排，不存在股权纠纷或潜在纠纷。

发行人前身星源有限系香港天幸于2003年7月设立的外商独资企业，2017年6月香港天幸将其持有的星源有限100%的股权全部转让与发行人现控股股东源星雄，2017年星源有限企业类型由有限责任公司（台港澳法人独资）变更为私营法人独资的内资企业，即星源有限实际经营期已超过10年，无须补缴原作为外商投资企业已经享受的减免税款。

发行人实际控制人向境内朋友筹借外汇资金返程投资星源有限，因未能办理外汇补登记，致使发行人历史沿革存在出资瑕疵。根据“37号文”所附《返程投资外汇管理所涉业务操作指引》“如因转股和身份变更致持有特殊目的公司权益但不持有境内企业权益”，“不再属于需要办理特殊目的公司登记”情形。鉴于香港天幸于2017年6月股权转让退出不再持有星源有限股权并于2018年7月注销完毕，符合“不再属于需要办理特殊目的公司登记”的情形，无须再办理境外投资外汇登记。就该等瑕疵事项，发行人律师和保荐机构走访了相关外汇主管部门，取得国家外汇管理局北仑支局出具证明：“我支局尚未发现宁波星源卓镁技术股份有限公司2003年7月16日至今存在逃汇、非法套汇等外汇违规行为。”经国家外汇管理局官网（http://www.safe.gov.cn）查询，邱卓雄先生、陆满芬女士和发行人不存在因违反国家外汇管理相关法律、法规、规章、规范性文件规定而受到行政处罚的情形。

就上述瑕疵事项可能导致被处罚的风险，发行人实际控制人邱卓雄先生和陆满芬女士出具《承诺函》，承诺：“截至本《承诺函》出具日，本人不存在违反外汇管理规定而受到外汇主管部门行政处罚的情形。若本人因个人外汇登记相关事项受到外汇主管部门的处罚而给星源卓镁造成损失的，本人愿意赔偿因此给星源卓镁造成的全部损失。如届时本人没有履行上述赔偿义务的，星源卓镁有权暂扣对本人或源星雄利润分红相当的金额直至本人履行上述赔偿义务，或者直接扣除对本人或源星雄利润分红相当的金额以抵偿本人应付赔偿数额。”

吴继勇、张作峰拆借给邱卓雄的外汇资金来源于相关主体境外经营所得，并非境内购汇或从境内汇出的外汇。

根据外汇出借各方签署的《借款情况确认书》，保荐机构及发行人律师对吴继勇和张作峰的访谈以及发行人实际控制人邱卓雄出具的说明，香港天幸的银行账户进账明细，部分香港天幸记账凭证、实际控制人银行流水记录、星源有限历次出资的验资报告和银行进账单等。吴继勇和张作峰为邱卓雄多年好友，为解决香港天幸向星源有限外汇出资短缺问题，实际控制人邱卓雄向好友吴继勇借款合计约253万美元，向张作峰借款约205万美元，其分别通过有境外经营所得的相关主体向邱卓雄提供外汇借款。同时鉴于吴继勇和张作峰在大陆境内资金周转所需，邱卓雄、陆满芬分别向其提供相应本金（按外汇借款时汇率折算）的人民币借款，其中2008～2009年向吴继勇提供了1700万人民币借款，2012～2013年向张作峰提供了1292.35万元人民币借款。上述人民币借款资金主要来源于实际控制人邱卓雄及陆满芬自1997年起经营星源模具厂和自2003年起经营宁波市北仑兴业卓昌房屋租赁有限公司的积累所得，以及投资资本市场、房产和其他资产的收益。各方确认对上述外汇借款和人民币借款均不收取利息，截至本问询函回复出具日，上述相关借款均未清偿或对抵。上述借款未清偿或对抵主要系借款双方为避免涉嫌违反《外汇管理条例》等法律法规关于禁止“变相买卖外汇”的规定。《外汇管理条例》第45条规定：私自买卖外汇、变相买卖外汇、倒买倒卖外汇或者非法介绍买卖外汇数额较大的，由外汇管理机关给予警告，没收违法所得，处违法金额30%以下的罚款；情节严重的，处违法金额30%以上等值以下的罚款；构成犯罪的，依法追究刑事责任。同时基于邱卓雄与吴继勇和张作峰的朋友信任关系，邱卓雄向其提供的人民币借款也能担保其资金安全，因此各方就后续还款安排约定，在邱卓雄具有合法的外汇来源并向其归还外汇后，吴继勇和张作峰再相应归还人民币借款。

如上所述，吴继勇、张作峰拆借给邱卓雄的外汇资金来源于相关主体境外经营之合法所得，并非境内购汇或从境内汇出的外汇。根据国家外汇管理局《关于简化境外投资外汇资金来源审查有关问题的通知》（汇发〔2003〕43号，已失效）的规定，投资主体开展境外投资，需购汇或从境内汇出外汇的，应事前报所辖地外汇分局（外汇管理部）进行外汇资金来源审查。由于上述香港天幸向星源有限出资来源不涉及购汇或从境内汇出外汇，因此无须办理境外投资资金来源审查。

就邱卓雄上述外币借款，根据当时施行的《外汇管理条例》《境外投资外汇管理办法》（已失效）《外债管理暂行办法》等规定，相关法律法规未对境内自然人境外投资作出限制，亦无境内自然人境外外币借款的相关限制；但其以该等外汇借款用于香港天幸向星源有限出资事项涉及返程投资的外汇监管，根据“37号文”，星源有限属于“37号文”规定的“特殊目的公司”，星源有限、邱卓雄先生及陆满芬女士需要办理外汇补登记，星源有限、邱卓雄先生及陆满芬女士曾多次向相关外汇主管部门申请办理个人外汇补登记但均未能补办，至香港天幸于2017年6月股权转让退出，不再持有星源有限股权，并于2018年7月注销完毕，一直未能成功办理外汇补登记。

香港天幸对星源有限的出资资金均来源于境外借款，香港天幸持有星源有限期间，星源有限未进行现金分红，亦不存在任何其他资金流出境外的情形，未对我国外汇管理造成重大不利后果。虽然邱卓雄向吴继勇、张作峰借用境外资金返程投资境内公司存在不规范之处，但根据国家外汇管理局北仑支局出具的证明，并经查询国家外汇管理局官网

(http://www.safe.gov.cn),邱卓雄先生、陆满芬女士和发行人不存在因违反国家外汇管理相关法律、法规、规章、规范性文件规定而受到行政处罚的情形。

发行人实际控制人上述外汇借款事项存在瑕疵，但该等情形不构成重大违法违规，不会对发行人本次发行上市造成重大不利影响，理由如下：

1. 发行人实际控制人和发行人系为响应当时本地的投资政策，没有违法违规的主观故意，香港天幸向星源有限出资来源不涉及购汇或从境内汇出外汇，香港天幸持有发行人股权至股权转让期间发行人不存在任何向境外主体现金分红及资金流出境外的情形。

2. 鉴于实际控制人未对境外现金分红、个人暂未开展境外投资经营、无其他境外收入等事实原因未偿还外汇借款，但各方就借款及借款偿还已经进行了相关安排并签署了借款确认协议，该等债务的归还与发行人无关，亦不影响发行人股份权属，发行人当前股东不存在为境内外自然人或机构代持发行人股份的情况。

小兵评析

1. 这是一个内容很丰富也非常典型的案例，涉及的问题包括返程投资、外商投资企业税收、外资借款、外汇管理、控制权稳定、外汇偿还等诸多问题。

2. 关于返程投资，这是一个非常具有历史背景和原因的事项。想当初，我们外汇紧张，外资企业更是宝贝，很多地方政府会把外汇投资作为考核指标。于是，就出现了很多境内自然人将外汇转移到境外然后以外资身份向国内投资形成外商投资企业的情况（本案例中是借款）。这符合当时的政府鼓励政策，也能够满足企业家的一些自身需求（如税收优惠、用地指标等），算是双赢的一个政策。说白了，这种投资方式就是“假外资”，好听一些叫返程投资。

3. 具体到本案例，其算是典型的返程投资的操作。境内自然人在境外设立一个香港公司，然后在境内设立外商独资企业，这个操作没问题，最关键的是，香港公司出资设立发行人以及后续增资的资金来源于境外自然人的借款。关于这个自然人借款，肯定是要重点关注到的。主要关注的要点在于：

（1）借款人的基本情况、从事的主要业务、是否有借款的能力、外汇资金的来源。

（2）借款人是不是认同借款，是不是会认为是股权出资，是不是会影响到发行人股权的稳定。

（3）借款人的私自借外汇的行为是否违反外汇管理法律法规，是否存在违法违规的风险，是否需要进行相关的外汇登记，是否损害国内的外汇资产。

（4）借款人借的外汇直到现在还没有偿还，后续的偿还计划如何安排。

4. 关于自然人境外借款的偿还问题，发行人提到，一是实际控制人女儿境外毕业工作，可以有工资外汇；二是实际控制人也开始进行境外投资。其实，小兵觉得，实际控制人借了外汇直接在境内拿人民币偿还不就可以了，本身实际控制人也在境内向这两个借款人借钱了，且金额已经超过了外汇的金额，为什么不能直接将债务对冲。

5. 关于返程投资，自然还会有几个衍生的问题，这几个问题是必须涉及的：（1）外汇登记问题。发行人还解释了关于2007年“75号文”和2014年“37号文”的一些差异，本来不用登记后来又说需要登记，虽做不了登记但实际控制人做了承诺，以目前审核标准来看，基本上也可以被认可。（2）外资企业税收优惠问题。因为发行人外资企业已经过了10年，不存在退税问题，就算没有超过10年，只要税务局同意也可以不退税。

案例85 南模生物（688265）——合同要件不完整是否影响合同效力

【问询问题】

根据问询回复，发行人报告期内科研项目大部分业务合同仅项目负责人或项目联系人签名，无作为合同方的科研机构签章。发行人认为PI

或项目联系人签字符合《民法典》规定的职务代理行为全部要件。保荐机构、发行人律师经核查认为，PI代科研机构与发行人签署合同的情形并未取得科研机构的专项书面授权，但PI作为科研项目负责人，在科研项目获批时就已取得相关授权；综合科研项目的实际特点、《民法典》相关规定及交易双方真实的交易背景，发行人部分科研项目合同仅由PI或项目联系人签名不影响合同效力，且合同效力及于科研机构。请发行人进一步说明：(1) 上述合同对应的科研课题项目在最初申请时，具体的申请主体（是以单位名义申请，还是以个人名义申请）。(2) 上述合同的具体履行情况，包括但不限于合同双方均认可的合同主体情况、回款方、科研成果归属方。(3) 上述合同是否发生过违约情况，发生违约时，具体的违约责任承担主体。(4) 合同仅项目负责人或项目联系人签名，无作为合同方的科研机构签章，是否符合行业惯例，行业惯例的具体情况。(5) 上述合同对应科研项目的具体类别构成情况、其中属于国家自然科学基金资助项目的具体占比情况；上述合同对应科研项目的经费管理制度、科研机构与项目负责人等个人之间的职责定位和具体关系情况，若存在差异请分类别说明；结合前述事项进一步说明认定PI或项目联系人签字属于职务代理行为的具体依据。(6) 结合前述 (1) ~ (5) 事项进一步说明发行人将科研机构认定为客户的具体依据。

【披露信息】

一、发行人关于合同有效性的情况说明

（一）发行人的客户为科研机构，而非PI个人

1. 发行人业务合同的相对方、商品交付接收地、发票开具对方、回款对方均为科研机构；

2. 业务合同对应的科研课题项目在最初申请时，具体的申请主体是科研机构；

3. 业务合同对应的科研课题项目的科研成果归属于科研机构。

（二）发行人存在部分合同仅PI或项目联系人签名而未包含科研机构签章

发行人仅PI或项目联系人签名的合同涉及科研机构，不涉及医药公司及CRO公司等工业客户。其原因主要是根据我国科研项目经费管理相关规定，PI对科研经费的使用具有自主权，在此背景下，科研机构在其制定的经费管理制度中，亦赋予PI很大的自主权，实务中科研机构对PI自行决定的合同经费使用行为予以认可。

合同仅项目联系人签名的原因。项目联系人为PI指定人员，负责具体科研项目执行工作。合同仅项目联系人签名的情况通常系：（1）PI出差、访学等客观原因无法签字；（2）合同、订单金额较小，因而由PI团队内部指定联系人负责。合同由项目联系人签字时，发行人均核实项目联系人身份，确信其属于PI的课题组成员。

（三）发行人部分合同仅PI或项目联系人签名而未包含科研机构签章的有效性分析

发行人部分合同仅PI或项目联系人签名，而未包含科研机构签章，属于职务代理行为，其合同有效。

1. 职务代理的相关规定

根据《民法典》第170条的规定，“执行法人或者非法人组织工作任务的人员，就其职权范围内的事项，以法人或者非法人组织的名义实施的民事法律行为，对法人或者非法人组织发生效力。法人或者非法人组织对执行其工作任务的人员职权范围的限制，不得对抗善意相对人。”

职务代理是指根据代理人所担任的职务而产生的代理，即执行法人或者非法人组织工作任务的人员，就其职权范围内的事项，以法人或者非法人组织的名义实施的民事法律行为，无须法人或者非法人组织的特别授权，对法人或者非法人组织发生效力。职务代理能够弥补商事交易中法定代表人制度的不足，满足法人对外交易的需求，也能够增强交易结果的确定性和可预见性，使交易相对人能够迅速、准确地判断代理人是否有代理权，维护正常的交易秩序、降低交易成本、提高交易效率。

2. PI或项目联系人签字属于职务代理行为

根据前述规定，职务代理行为的构成要件为：(1) 代理人须是执行法人或者非法人组织工作任务的人员；(2) 代理事项须是职权范围内的事项；(3) 代理人以法人或非法人组织的名义实施法律行为。PI或项目联系人向发行人采购并签署合同的行为，属于职务代理行为。

综上，PI或项目联系人作为科研机构的项目负责人及科研人员，向发行人采购基因修饰动物模型及相关服务并以科研机构的名义与发行人签订合同的行为，符合《民法典》第170条关于职务代理行为的构成要件，属于职务代理行为。

（四）发行人针对未盖章合同的管控措施及纠纷情况

截至本回复签署日，发行人历史上未曾发生因科研机构未签章导致合同无效的情形或交易纠纷。

二、上述合同对应的科研课题项目在最初申请时，具体的申请主体(是以单位名义申请，还是以个人名义申请)

科研课题的申请主体是科研机构，科研机构下属PI团队负责科研项目的具体执行。

在上述申请过程中，科研机构作为项目申请单位，负责统筹、组织下属所有PI团队的科研课题项目申请工作，履行管理和监督职责；科研人员负责科研项目的具体执行，包括探索研究方向、编制研究计划及项目预算、具体科研工作的开展等。不存在PI团队脱离或独立于科研机构，以自身作为申请主体申请科研经费的情况。

三、上述合同的具体履行情况，包括但不限于合同双方均认可的合同主体情况、回款方、科研成果归属方

（一）合同主体和回款方

合同主体为发行人和科研机构，回款方为科研机构。结合发票开具对方和商品交付接收地的约定，均能够验证发行人客户为科研机构。

（二）科研成果归属方

科研成果的归属方为科研机构。科研机构和 PI 两方均认可科研项目的科研成果归属于科研机构。除职务发明创造外，科研项目还会产生论文等职务作品，其著作权归属于作者。

四、上述合同是否发生过违约情况，发生违约时，具体的违约责任承担主体

截至本回复签署日，发行人上述合同未发生过违约情况。

鉴于 PI 使用项目经费采购科研物资属于职务代理行为，其以科研机构名义与发行人签署的合同，对科研机构发生效力。如果合同发生违约纠纷，发行人有权向科研机构主张违约责任，科研机构为上述合同的违约责任承担主体。

五、合同仅项目负责人或项目联系人签名，无作为合同方的科研机构签章，是否符合行业惯例，行业惯例的具体情况（略）

六、上述合同对应科研项目的具体类别构成情况、其中属于国家自然科学基金资助项目的具体占比情况；上述合同对应科研项目的经费管理制度、科研机构与项目负责人等个人之间的职责定位和具体关系情况，若存在差异请分类别说明；结合前述事项进一步说明认定 PI 或项目联系人签字属于职务代理行为的具体依据（略）

综上，我国目前对于科研项目经费的管理制度具有一致性，对科研机构与项目负责人等个人之间的职责定位和具体关系的规定并不存在差异，均明确了科研机构作为项目承担单位对科研经费的管理和监督职责，项目负责人对科研经费的具体使用具有自主性。

七、进一步说明发行人将科研机构认定为客户的具体依据

综合前述二至六所述，发行人将科研机构认定为客户的具体依据如下：

1. 科研课题的申请主体是科研机构，科研机构下属 PI 团队负责科研项目的具体执行。

2. 从合同实际履行角度，合同主体为发行人和科研机构；回款方、发票开具对方和商品交付接收地均为科研机构；科研成果的归属方亦为科研机构。如果合同发生违约纠纷，发行人有权向科研机构主张违约责任，科研机构为上述合同的违约责任承担主体。

3. 合同仅项目负责人或项目联系人签名，无作为合同方的科研机构签章，符合行业惯例，具体体现为发行人长期以来按相关模式开展业务，从未发生过违约纠纷情况，业务对接及销售回款均能够顺利开展，且该等相关行业惯例得到了客户确认。关于金额较小的合同或订单由项目联系人签字，系发行人与PI及其团队之间长期合作形成的交易习惯，符合客户实际需求。

4. 我国目前对于科研项目经费的管理制度具有一致性，对科研机构与项目负责人等个人之间的职责定位和具体关系的规定并不存在差异，均明确了科研机构作为项目承担单位对科研经费的管理和监督职责，PI对科研经费的具体使用具有自主性。PI或项目联系人作为科研机构的项目负责人及科研人员，向发行人采购基因修饰动物模型及相关服务并以科研机构的名义与发行人签订合同的行为，符合职务代理行为的构成要件，属于职务代理行为，合同有效。

综上，发行人将科研机构认定为客户具有合理性。

小兵评析

1. 无论是在IPO审核中还是在商业合作的实践中，都会讨论一个问题，即合同的成立以及有效性需要怎样的形式要件。一般情况下，我们看到的合同都是签署双方机构的法人盖章以及法定代表人（授权代表）签字正式生效。那么这里就有一个问题，如果合同只有法人盖章没有签字、只有法定代表人或者授权代表签字没有法人盖章、只有项目负责人或者联系人签字，那么合同是否成立呢？

2. 如果法定要件不齐全，那么这个合同应该属于效力待定的合同，只要双方事后确认且认可后续的合同执行且没有明确的纠纷，应该认可相关的合同条款和后果。例如，如果没有法定代表人签字，是可以后续确认甚至补签字的；同样地，如果法人没有盖章，但是法人对合同相关条款是认可的，且后续做了确认甚至补充了盖章，那么也是没有问题的。

3. 那么还有一个问题，如果形式要件就是不全且也不会补齐，合同会有效力吗？例如，如果只有法人盖章没有法定代表人签字，实践中一般认为合同是有效的，这也符合我国的商业惯例；那么如果只有法定代表人甚至只有项目负责人签字而没有盖章的合同，是不是具有法律效力呢？

4. 本案例就属于这种情况。这个案例还是非常具有代表性和典型性的，当然类似的案例也主要存在于一些特殊的领域和商业模式之下。情形简单来说就是发行人与科研机构签署的合同，只有 PI 的签字或者项目联系人的签字，那么这个合同是否能够成立？客户是谁？是否存在纠纷？

5. 对于这些问题，操作其实也很简单：（1）科研机构认同与发行人的合作关系，发行人客户是科研机构；（2）科研机构认同 PI 作为科研机构的代表来签署合同，科研机构认同合同相关条款；（3）PI 签署合同符合行业惯例，也符合行业的操作便利需求；（4）合同执行没有任何纠纷和争议，不存在任何重大法律风险。

6. 具体到本案例的解释思路，因为没有看到科研机构明确的有法律效力的证明文件，而只披露了一些相关人员和机构的访谈信息，效力自然是弱了一些，因而发行人做了更多的努力去解释，如解释客户的问题、相关知识成果的归属问题、我国的科研政策以及 PI 在整个科研项目中具有很大自主权、PI 的行为构成了《民法典》规定的职务代理行为、这样的代理行为最终的法律责任由被代理人也就是科研机构承担等。

7. 小兵以前就说过，在注册制理念下，我们有一个原则被充分提及且到了一个很高的程度，那就是商事领域的意思高度自治原则。对于商业合作双方的行为，只要没有争议且互相遵从且没有违反《民法典》的基本准则，那么就应该充分尊重双方当事人意见，而不是拘泥于一些固定的形式和格式。

第二节 基本法律规则的冲突

案例86 大全能源（688303）——转贷行为违反审核问答的规定

【问询问题】

根据首轮问询问题20的回复，公司认为存在通过贷款银行向供应商发放贷款，再由供应商将取得的银行贷款归还给公司的情形。公司认为，连续12个月内通过同一供应商贷款走账的累计金额大于对同一供应商在该期间内采购额（应付款项贷方发生额）的情形，构成转贷行为，其余属于贷款走账。因此，报告期发行人认定的转贷金额为8855.00万元、9480.00万元、17,800.00万元和0元。实际的贷款走账金额分别为22,890.00万元、24,010.00万元、49,910.18万元和14,600.00万元。首次申报审计截止日后，公司认定的贷款走账行为仍在持续发生，且截至目前还存在相关余额。此外，公司存在个人卡收支的情况，自2020年6月以来，公司未再发生使用个人账户的情形，公司已将相关个人账户的结余款项全部转回公司银行账户，相关个人账户已全部注销。请发行人说明：(1) 比照《上海证券交易所科创板股票发行上市审核问答（二)》(以下简称《审核问答（二)》) 问题14，说明公司认定的贷款走账情况是否符合问答要求，是否实际为转贷行为；(2) 发行人在申报前未能及时对上述内控不规范情况予以整改的原因，是否规避了审核问答的相关要求；(3) 逐项对照审核问答的要求，逐项予以说明，并重新回复首轮问询问题；(4) 首次申报审计截止日后个人账户收支的情况，在审计截止日后依然存在的原因。

【披露信息】

一、比照《审核问答（二)》问题14，说明公司认定的贷款走账情

况是否符合问答要求，是否实际为转贷行为

根据《审核问答（二）》问题14中的相关规定：为满足贷款银行受托支付要求，在无真实业务支持情况下，通过供应商等取得银行贷款的行为为转贷。

公司在报告期内通过银行受托支付的形式获取的部分贷款，在支付至公司的供应商后，供应商将收到的贷款资金转回公司供公司使用，该等情形不符合《审核问答（二）》关于真实业务支持的要求，构成转贷行为。发行人已在招股书中进行重新披露。

二、发行人在申报前未能及时对上述内控不规范情况予以整改的原因，是否规避了审核问答的相关要求

公司整改相关内控不规范行为在时间上存在客观限制，并非主观意愿所致；公司持有相关贷款期间，正常支付利息，未给相关银行造成损失；截至本回复签署日，公司所有转贷贷款均已清偿完毕；公司已按照《公开发行证券的公司信息披露内容与格式准则第41号——科创板公司招股说明书》及《审核问答（二）》的规定充分、完整、真实地披露了转贷相关信息。公司不存在规避审核问答的相关要求的情况。

三、报告期内贷款走账的相关方及金额，认定上述为贷款走账而非转贷是否依据充分；涉及转贷的公司的股东、经营情况，与公司股东等的关系、与公司之间是否存在交易、是否实质上为发行人关联方

（一）报告期内贷款走账的相关方及金额，认定上述为贷款走账而非转贷是否依据充分

发行人根据《审核问答（二）》进行自查，已将上述认定为贷款走账的行为全部认定为转贷。

（二）涉及转贷的公司的股东、经营情况，与公司股东等的关系、与公司之间是否存在交易、是否实质上为发行人关联方

涉及转贷的公司均为发行人的供应商，报告期内与公司均存在交易。

四、转贷资金的去向，是否构成重大违法违规，是否存在被金融机构处罚的风险；转贷行为的清理过程，包括款项的偿还、利息等相关费用的确认

(一) 转贷资金的去向，是否构成重大违法违规，是否存在被金融机构处罚的风险

公司的供应商在收到受托支付的银行贷款后均在短期内将有关资金转回至公司银行账户。公司转贷资金主要用于支付工程及设备采购款、生产物资采购款以及其他日常生产经营业务。公司收到的转贷资金均用于主营业务的正常生产经营，严格按照借款合同的约定清偿贷款本息，未用于证券投资、股权投资、房地产投资或国家禁止生产经营的领域和用途，未套取贷款相互借贷牟取非法收入，不属于违反《贷款通则》情节特别严重的情形。同时，公司亦不存在以非法占有为目的的骗贷行为，公司的转贷行为未实际危害国家金融机构权益和金融安全。报告期内公司的银行贷款不存在逾期还款情形，未给相关贷款银行造成损失，公司亦未因此受到监管机构的处罚。公司已通过纠正不当行为方式、改进制度、加强内控等方式积极整改。

截至本回复签署日，相关转贷资金及其相应利息发行人已清偿完毕，发行人报告期内的转贷行为不存在后续影响或重大风险隐患。

(二) 转贷行为的清理过程，包括款项的偿还、利息等相关费用的确认

转贷过程中，相关供应商收付资金时间间隔较短，因此未向公司支付利息。

公司已按照与银行签订的贷款合同的约定如期、足额还本付息，未发生逾期还款或其他违约的情形，未造成贷款银行损失。

截至本回复签署日，转贷行为已全部清理完毕。

五、请发行人结合上述情况说明公司内控整改措施及整改情况，目前公司是否建立有效的内控制度，内部控制制度是否健全且能有效执行

公司已对相关财务内控不规范情形进行了整改，已建立有效的内控

制度，内部控制制度健全且能有效执行。

六、首次申报审计截止日后个人账户收支的情况，在审计截止日后依然存在的原因

发行人在首次申报审计基准日后依然存在公司使用以出纳个人名义开立的银行账户进行资金收支，主要用于收取食堂饭卡现金充值款、员工公寓楼租金收费，支付部分董事和员工的部分工资和奖金、日常零星费用报销，并未用于收取客户货款或支付供应商货款，且发生金额较小；相关个人账户实际由公司财务统一管理，银行卡未交由出纳人员个人保管，相关收支交易正常及时纳入公司的财务核算，成本、费用入账真实、完整、准确，不存在未入账核算的情形，不构成重大财务内控缺陷。因为统一管理，正常入账核算，因而公司未能充分意识办理个人账户销户工作的重要性，应于 2020 年 6 月全部注销。

小兵评析

1. 转贷问题在 IPO 审核实践中是非常普遍又有点纠结的一个问题。从规则上来讲，转贷是明显的违反银行借款管理以及《贷款通则》等规定的违规行为，如果要是严格执行规则，贷款都是不合规的。从商业现实来说，银行都需要采购合同才能审批贷款，企业要是需要借款就得按照银行的要求去做，不得已而为之。

2. 从某种意义上来说，转贷行为算是银行业内的一个行业潜规则，只是因为 IPO 的核查要求而被透明化了。遗憾的是，因为证券监管机构没有权限去对银行监管的相关问题发表意见，更不可能去讨论解决，因而只能由发行人和中介机构为另外一个行业的潜规则埋单。希望有一天，证券和银行的监管机构可以坐下来好好谈一谈，要么银行不再有这样的潜规则，要么银行和证券联合发布文件，直接从规则上认同这样的潜规则不违反 IPO 的审核基本标准。

3. 在以前的 IPO 审核中，转贷问题作为严重的有损财务规范效力和内部

控制有效性的问题，被严格审核且控制标准，要求在申报之前必须全部解决，且需要运行 12 个月甚至更长的时间才能申报。在注册制的审核理念下，新的关于 IPO 的审核问答，对于转贷这类规范性问题已经没有了运行时间的要求，只要求在辅导期内就要开始规范（不能再新增任何这样的不规范的业务），在申报基准日之前全部清理完毕，不能有余额。只要满足这样的要求，那么就可以满足 IPO 申报标准。

4. 具体到本案例，发行人就存在明显违反审核问答的情形，发行人在申报基准日之后还新增了转贷的业务且个人卡业务也还在持续发生，同时在进行问询意见回复的时间，转贷的业务还有很大金额的余额。显然，这样的情形直接违反了审核问答的要求，这个保荐机构和发行人也承认不符合审核问答的规定，这在 IPO 审核案例中还是不多见的。当然，就不符合审核问答的规定，发行人也做了很多解释，找了很多客观的理由。

5. 尽管如此，小兵觉得在转贷问题明显违反审核问答的情形下，能够被认可的最重要的几点原因是：发行人是当地的一家大型国企，行业地位高，业绩规模很大，当地的人民银行和银保监会均出具了相关的证明文件，这让审核机构还是很放心的。小兵还是那句话，每个案例都有特殊性，不要轻易学，因为你可能学不会。

6. 关于这个案例，还有两个比较典型的问题需要跟大家探讨：

（1）由于本案中转贷问题和个人卡问题没有彻底清理就进行 IPO 申报，因此还要关注到保荐机构的质控和内核是怎么处理这个问题的，是不是切实履行了职责。

（2）发行人本来将连续 12 个月内超过货款支付的金额认定为转贷金额的，而其他的只是一种走账行为，显然这样的认定没有被审核中心认可，后来做了调整。小兵倒是觉得，可以借这个机会来讨论一下这个问题：既然转贷的核心是没有真实的业务背景，那么通过银行贷款直接给供应商支付货款的情形应该就是一种委托支付或者走账的情形，是有真实的业务背景的，是不满足转贷的定义的，应该就不是转贷。

案例 87 汇隆新材（301057）——项目开工早于环评手续

【问询问题】

首次反馈意见回复及招股说明书显示：（1）发行人前期共申请建设三个生产项目，分别为“年产 6000 吨差别化有色涤纶长丝项目”“扩建年产 4.4 万吨差别化有色涤纶长丝项目”“年产 10.5 万吨差别化新型环保免染有色涤纶长丝建设项目”。（2）发行人回复称上述生产建设项目均在环评批复和备案文件有效期内开展生产建设施工。（3）发行人生产的危险废弃物主要为废乳化液、废矿物油等，均储存于危废仓库，积累至一定量后集中委托具有资质的第三方机构处置。（4）根据《危险废物贮存污染控制标准》要求，危险废物贮存设施在施工前应做环境影响评价。发行人危废物品储存设施为仓库。请发行人：（1）披露上述三个生产项目的具体开工建设时间及完工时间，说明上述环评批复和备案文件有效性涉及的具体规定及判断依据。（2）披露上述仓库设施施工前是否进行相应环境影响评价，上述三个生产项目的建设过程是否符合相关环保法律规定及满足相应的备案许可要求。（3）披露危险废物贮存、转移及委托处置的具体过程，上述过程是否符合相关环保法律法规要求，报告期内是否发生重大环保违法行为或安全生产事故。

【披露信息】

一、上述三个生产项目的具体开工建设时间及完工时间，说明上述环评批复和备案文件有效性涉及的具体规定及判断依据

环评批复和备案文件有效性涉及的具体规定及判断依据：

（一）环评批复和备案文件的相关法律法规

根据《环境影响评价法》第 24 条的规定，建设项目的环境影响评价文件自批准之日起超过 5 年，方决定该项目开工建设的，其环境影响评价文件应当报原审批部门重新审核。

<table>
<tr><th rowspan="2">建设项目名称</th><th colspan="4">环评批复情况</th><th colspan="4">发改部门备案情况</th><th rowspan="2">开工时间</th><th rowspan="2">完工时间</th></tr>
<tr><th>审批单位</th><th>批准文号</th><th>批准时间</th><th>有效期/年</th><th>备案单位</th><th>备案文号</th><th>备案时间</th><th>有效期/年</th></tr>
<tr><td>年产 6000 吨差别化有色涤纶长丝项目</td><td rowspan="4">德清县环境保护局</td><td>德环建审〔2004〕225 号</td><td>2004 年 6 月</td><td>5</td><td rowspan="3">德清县发展改革和经济委员会</td><td>德计经技〔2004〕第 81 号</td><td>2004 年 7 月</td><td>1</td><td>2005 年 3 月</td><td>2006 年 10 月</td></tr>
<tr><td rowspan="2">扩建年产 4.4 万吨差别化有色涤纶长丝项目</td><td rowspan="2">德环〔2011〕76 号</td><td rowspan="2">2011 年 11 月</td><td rowspan="2">5</td><td rowspan="2">德发改经备〔2010〕第 207 号</td><td rowspan="2">2010 年 7 月</td><td rowspan="2">1</td><td rowspan="2">2008 年 8 月</td><td>2012 年 7 月（一期）</td></tr>
<tr><td>2020 年 6 月（二期）</td></tr>
<tr><td>年产 10.5 万吨差别化新型环保免染有色涤纶长丝建设项目</td><td>德环建〔2015〕155 号</td><td>2015 年 5 月</td><td>5</td><td>德清县经济和信息化委员会</td><td>德经技备〔2014〕463 号</td><td>2014 年 12 月</td><td>1</td><td>2015 年 7 月</td><td>2018 年 7 月</td></tr>
</table>

注：本表所列项目为公司主营产品的生产建设项目，不包括已审批尚未开工的募集资金投资项目等在建项目。

根据《浙江省企业投资项目核准和备案暂行办法》第 30 条的规定，项目备案的有效期为 1 年，项目在备案有效期内未开工建设的，项目单位应当在有效期届满 30 日前向原核准或备案的企业投资项目主管部门申请延期，企业投资项目主管部门应当在有效期届满前作出是否准予延期的决定。

由上述规定可知，环评批复和备案文件的有效性均以项目开工时间作为判断依据。

（二）年产 6000 吨差别化有色涤纶长丝项目和年产 10.5 万吨差别化新型环保免染有色涤纶长丝建设项目的环评批复和立项备案符合相关法律法规规定

根据上表信息及上述法律法规的规定，年产 6000 吨差别化有色涤纶长丝项目和年产 10.5 万吨差别化新型环保免染有色涤纶长丝建设项目均在环评批复及备案文件有效期内开工建设，符合相关法律、法规的规定。

（三）扩建年产4.4万吨差别化有色涤纶长丝项目的环评批复和立项备案的情况

扩建年产4.4万吨差别化有色涤纶长丝项目共经历了两次备案程序，公司于2008年7月取得《德清县企业投资项目备案通知书》[德发改经备（08）第143号]，完成首次项目立项备案，于2008年8月开工建设，开工建设前公司未立即办理环评手续；在建设过程中，公司根据相关要求，编制环境影响评价报告，此时第一次立项备案已过期，因此，公司向德清县发展改革和经济委员会申请第二次立项备案，于2010年7月取得《德清县企业投资项目备案通知书》（德发改经备〔2010〕第207号），并在项目完工前取得环评批复文件（德环〔2011〕76号）。扩建年产4.4万吨差别化有色涤纶长丝项目在首次备案文件有效期内开工，但开工时间早于环评批复取得时间。

鉴于：(1) 公司该建设项目已按照国家环保相关法律法规编制了环境影响评价文件，并于项目完工前取得了环评批复文件（德环〔2011〕76号）；(2) 该建设项目已于2012年7月和2020年6月分两期通过环评验收，证明其符合环评验收条件；(3) 湖州市生态环境局德清分局已出具证明文件，确认公司报告期内遵守国家有关环境保护及防治污染的法律、法规，生产经营活动中的污染物排放符合国家标准；(4) 德清县发展和改革局、德清县经济和信息化局已分别出具证明文件，确认公司建设项目备案符合相关法律法规。

综上所述，扩建年产4.4万吨差别化有色涤纶长丝项目开工时间早于环评批复的时间，但后续已办理完成相关环评手续，因此该事项不会对公司发行上市构成重大不利影响。

二、上述仓库设施施工前是否进行相应环境影响评价，上述三个生产项目的建设过程是否符合相关环保法律规定及满足相应的备案许可要求

公司上述生产建设项目均编制了环境影响评价文件，并经所在环保主管部门批准办理了相关环评手续。虽然公司扩建年产4.4万吨差别化

有色涤纶长丝项目开工时间早于环评批复的时间，但后续已办理完成相关环评手续。项目竣工后，公司根据所在地环保主管部门的要求申请环保竣工验收并获得通过。公司上述生产建设项目均取得了当地审批备案部门项目备案批准，办理了相关环评手续与环保竣工验收，符合相关环保法律规定，满足相应的备案许可要求。

三、危险废物贮存、转移及委托处置的具体过程，上述过程是否符合相关环保法律法规要求，报告期内是否发生重大环保违法行为或安全生产事故

（一）危险废物贮存、转移及委托处置的具体过程及合法合规性

根据《危险废物经营许可证管理办法》（国务院令第408号）规定，在我国境内从事危险废物收集、贮存、处置经营活动的单位，须领取危险废物经营许可资质。

公司生产过程中产生的危险废物积累至一定量后，会集中委托具有资质的第三方机构处置。公司与处置单位签署危险废物委托处理合同，该处置单位具备有效的《危险废物经营许可证》；公司转移危险废物时，均根据相关规定依法填报《危险废物转移联单》，并委托具有危险品运输资质的运输单位进行运输。

综上，公司危险废物的贮存、转移及委托处置均符合相关环保法律法规要求。

（二）报告期内公司未发生重大环保违法行为或安全生产事故

根据湖州市生态环境局德清分局于2020年3月18日、2020年7月8日及7月20日出具的证明文件，确认公司2017年至今未产生严重污染情况，且遵守国家有关环境保护及防治污染的法律、法规。

根据德清县应急管理局于2020年7月8日出具的证明文件，确认公司报告期内未发生较大生产安全死亡事故。

综上所述，公司危险废物贮存、转移及委托处置符合相关环保法律法规要求，报告期内未发生重大环保违法行为或安全生产事故。

发行人扩建年产4.4万吨差别化有色涤纶长丝项目存在未取得环境保护部门对环境影响评价文件的批复前开工建设的情形，但发行人在该项目建设过程中已向德清县环境保护局提交了环境影响评价文件，并于2011年11月1日取得了该局出具的环评批复（德环〔2011〕76号），于2012年7月通过了相关环保竣工验收，并取得了该局出具的《建设项目验收意见》（德环验〔2012〕065号）。

保荐机构及发行人律师亦对湖州市生态环境局德清分局就发行人扩建年产4.4万吨差别化有色涤纶长丝项目环评审批事项进行了走访，并取得了湖州市生态环境局德清分局出具的证明文件，确认发行人上述项目已完成了相应的环评审批和环保竣工验收手续，2017年1月1日至今，发行人所属建设项目均按要求办理相应环保审批手续并完成验收，发行人遵守环保法律法规，未受到生态环境部门的行政处罚。

根据《行政处罚法》第29条的规定，“违法行为在二年内未被发现的，不再给予行政处罚。法律另有规定的除外。前款规定的期限，从违法行为发生之日起计算；违法行为有连续或者继续状态的，从行为终了之日起计算。”发行人于2011年11月取得了环保部门的环评批复文件，即前述行为已于2011年11月终止，截至本回复出具之日，该行为已超过2年，行政处罚时效已届满。

小兵评析

1. 发行人属于化工行业并且还涉及危废处理的情形，所以对于一些看起来小的、涉及环保的瑕疵问题还是重点关注了，这个思路倒是没错。

2. 发行人一共有三个建设项目，其他两个项目开工建设时间都在备案和环评的有效期限内，是合法合规的。只有一个项目，立项备案是没有问题的，但是在没有取得环评手续的情况下就开工建设了，属于开工时间早于环评时间的情形。

3. 在以前的审核理念下，这样的问题很可能成为 IPO 审核的实质性障碍。在注册制审核理念下，这样的情形不再空白，且解决思路也基本成熟：（1）后续发行人还是很顺利地取得了环评文件；（2）发行人没有因为环保问题被处罚过；（3）主管部门出具了相关的证明文件。从小兵的角度来说，根据 IPO 注册制的审核标准，备案环评资质、生产经营资质，以及特定的生产许可，在短期内存在空白的情形，只要没有引起重大违规情形且取得了相关的证明文件，是不影响 IPO 审核的。

4. 当然，这里还有一个细节：发行人环评文件存在瑕疵都是 10 年前的事情了，谁会重点去关注这个问题呢，都不是报告期里的事情且后续也没有任何处罚和影响。说不定就是被举报的，如果真的是项目组主动披露的，那么只能说项目组太勤勉尽责了。

案例 88　凌玮科技（创业板已过会，未上市）——代理销售违反了合同约定

【问询问题】

首轮问询回复显示：（1）对代理销售合同实际履行主体和签订主体不一致事项，BYK 认可凌玮科技的上述采购及销售 BYK 产品的模式，并未因上述采购及销售模式与凌玮科技或其子公司产生过争议及纠纷。（2）对超越销售范围的后果，中介机构以 BYK 子公司上海毕克出具的相关文件确认，以及对 BYK 大中华区负责人访谈作为发表意见的依据。（3）对合同实际履行主体和签订主体不一致以及超越销售范围的后果，保荐人及发行人律师未发表明确意见。请发行人说明上海毕克及 BYK 大中华区负责人是否有权对相关事项做出确认，对相关事项不存在纠纷或潜在纠纷的认定依据是否充分。

【披露信息】

一、请发行人说明上海毕克及BYK大中华区负责人是否有权对相关事项做出确认，对相关事项是否存在纠纷或潜在纠纷的认定依据是否充分

（一）基本情况

1. 产品销售合同的签订情况

2014年11月，BYK－ChemieGmbH与成都展联签订《产品销售合同》，约定成都展联作为BYK在中国重庆、四川、贵州、云南、西藏区域的代理商，合同自2015年1月1日起长期生效，但任何一方在提前6个月书面通知另一方即可解除本合同。

《产品销售合同》并未就超越销售范围的后果进行专项规定，仅对合同违约作出了概括性规定，未约定违约金或者相关违约赔偿责任条款。

2. 产品销售合同的履行情况

（1）合同实际履行主体

自2018年1月1日至今，母公司凌玮科技向BYK采购产品并付款，成都展联未向BYK直接采购过产品。

自2018年1月1日至今，母公司凌玮科技负责与BYK沟通、下达订单、进口产品清关、付款和发票开具等事项，即母公司凌玮科技实际履行了成都展联与BYK签订的《产品销售合同》。

（2）BYK产品的采购情况

报告期内，发行人向BYK采购的产品金额分别为7934.19万元、5759.90万元和6320.37万元。

（3）BYK产品的销售情况

通过上述测算，报告期内，BYK产品于代理区域销售贡献的净利润分别为250.68万元、229.13万元和224.06万元；于其他区域销售贡献的净利润分别为444.10万元、337.38万元和323.41万元，呈逐年下降趋势。

3. 相关主体的确认情况

BYK－ChemieGmbH、上海毕克及 BYK 大中华区负责人分别于 2021 年 4 月 27 日、2021 年 3 月 11 日出具了相关文件确认：BYK 认可凌玮科技、成都展联、BYK 之间的业务模式以及《产品销售合同》的履行情况，BYK 与凌玮科技截至目前不存在公开争议；上海毕克有权代表 BYK 管理其在中国的代理商，管理 BYK 中国代理商采购并对外销售，解释和处理中国代理商履行《产品销售合同》的有关事宜，并作出相关决定；BYK 与凌玮科技的相关合作事宜可以直接联系 BYK 大中华区负责人处理。

（二）上海毕克及 BYK 大中华区负责人是否有权对相关事项做出确认（略）

（三）对相关事项不存在纠纷或潜在纠纷的认定依据是否充分

依据 BYK－ChemieGmbH 于 2021 年 4 月 27 日出具的相关文件，凌玮科技及其子公司与 BYK 无公开争议，对过去与 BYK 的合作不承担任何法律责任。同时，发行人及其实际控制人确认，发行人及其子公司与 BYK 不存在纠纷。

经查阅发行人及其子公司合并报表范围内的营业外支出明细，网络核查中国裁判文书网、“粤公正”微信小程序、企查查网站，查阅发行人出具的确认文件、发行人报告

期内不存在向 BYK 支付违约金或者赔偿金的情形，亦不存在与 BYK 有关的诉讼、仲裁案件。

因此，保荐机构及发行人律师认为，截至本回复出具之日，发行人与 BYK 不存在纠纷。

虽然 BYK 在实际履行《产品销售合同》时不追究发行人超越销售区域销售 BYK 产品的违约责任，但各方并未就“取消销售区域限制”签订书面协议，如发行人未来仍超越代理区域进行销售，发行人就超越销售区域事项存在潜在纠纷。

二、是否存在取消代理资格的风险、相关风险的程度，可能承担的损害赔偿金额，以及是否对发行人持续经营能力造成重大不利影响发表明确意见

（一）被取消代理资格的风险较小

报告期内，发行人超出约定销售区域销售BYK产品的金额分别为5998.00万元、4137.19万元和4216.44万元，存在被取消代理资格的风险，但相关风险较小，具体理由如下：

1. 双方拥有良好的合作关系。

2. BYK确认未来仍与发行人继续合作。

3. 终止合作会影响BYK在中国的销售业绩。

由于下游涂料厂商比较分散，BYK难以招募相应的销售人员来服务所有的中小客户。如BYK与发行人立即终止与发行人的合作，BYK仍需寻找新的熟悉中国市场的代理商来替代发行人下游数百家客户。新旧代理商的替换通常需要一定的过渡期，会对BYK在大中华区域的业绩短期内造成不利影响。

4. 发行人能为客户提供更好的服务。

5. 发行人公开披露后，BYK未提出终止要求。招股说明书披露了发行人与BYK合作的相关模式。自招股说明书于2020年年底披露以来，发行人仍然按照以往的模式与BYK进行合作，BYK未向发行人提出过终止《产品销售合同》的要求。

综上，保荐机构和发行人律师认为，发行人存在因跨区域销售行为而被BYK取消代理资格的风险，但相关风险较小。

（二）如果被取消代理资格，其风险程度情况

报告期内，剔除测算代理产品贡献的业绩后，发行人的业绩情况如下：发行人减少的营业收入分别为9900.45万元、9070.75万元和9246.98万元，减少的净利润分别为694.79万元、566.51万元和547.47万元，扣除BYK产品贡献的净利润后，发行人的净利润分别为4327.33

万元、6018.62万元和7478.05万元。因此，如发行人被取消代理资格，不会对发行人的持续经营能力产生重大影响，发行人仍满足《深圳证券交易所创业板股票发行上市审核规则》的上市标准。

（三）可能承担的损害赔偿金额

综上所述，保荐机构和发行人律师认为，发行人存在被取消代理资格的风险；被取消代理资格后不会对发行人的持续经营能力产生重大影响，发行人仍将满足《深圳证券交易所创业板股票发行上市审核规则》的上市标准；就发行人过往与BYK合作事项，BYK已确认发行人无须承担损害赔偿责任；发行人未来如仍继续超越销售范围销售BYK产品，发行人存在承担损害赔偿金额的风险，但概率较小，如果BYK要求发行人承担损害赔偿金额，则违约赔偿金额的计算应以发行人于2021年4月28日之后发生的超越销售范围销售给其造成的实际损失为限且由BYK承担举证责任，但该等实际损失难以计算且举证难度极大，法院支持BYK要求发行人承担高额赔偿金额的可能性较小，实际控制人已承诺承担发行人因为与BYK的合作而遭受的损失以确保发行人免受损失。

小兵评析

1. 这个案例本身并不是很复杂，也是实践中非常普遍的一种情形。只是，这样的事情因为普遍，而反映了一种很常规的IPO审核的理念，小兵想借着这个机会，跟大家做一个简单的交流。

2. 本案例具体情况简单来说，就是发行人的子公司与境外一个品牌公司签订了一个代理销售的协议，协议签署得比较简单，违约条款以及有些事项没有约定得很明确。在具体协议的执行过程中，发行人成为代理销售的业务主体，且执行过程中存在超越了合同约定的销售区域进行销售的情形。

3. 关于这个问题，发行人还是采取了积极的解决措施：（1）取得了品牌方在中国总代理的确认函，认为不存在争议，也不会有纠纷；（2）取得了大中华区负责人对于这个问题的确认；（3）模拟测算该事项对于发行人可能带来的影响，假设后续代理销售取消了对于发行人业绩的影响；（4）控股股东和实际控制人出具承诺。

4. 将最坏的结果列示出来给审核人员看，如果最坏的结果都可以接受且不会影响IPO发行条件，那么这个问题就不会构成IPO审核障碍。这个思路一直在我们IPO审核中被普遍使用，现在在注册制审核理念下好像也越来越普遍，甚至有点滥用的趋势。如何理解这个问题呢？

5. 其实，关于模拟测算也是一个悖论的问题：如果这个问题很严重，模拟之后对于IPO审核影响很大，那么这个问题都没有讨论的必要；如果这个问题肉眼可见的轻微，模拟测算的最坏结果几乎就不可能出现，那么对于这个问题重点关注模拟测算也没有太大的价值。

6. 小兵觉得，动不动对某个问题进行模拟测算，也是一种IPO审核没有实质判断的表现，更多依赖信息披露。对于某些问题，是不是IPO的实质要件需要各方作出充分判断，而不是动不动就去模拟测算信息披露，因为这样的测算对于IPO的结果甚至后续发行的结果都没有任何影响。

第三节　股东访谈、换股操作

案例89　云天励飞（科创板已过会，未上市）——退出股东不接受访谈

【问询问题】

根据问询回复：（1）田第鸿为公司联合创始人和退出前的原第二大股东。（2）因公司无法获取相关资料或得到田第鸿的确认，田第鸿退出公司后的去向及任职经历暂无法核实。因未取得相关资料或确认，公司无法核实田第鸿于境外对外投资企业情况及是否存在与公司同业的情形。

(3) 在与田第鸿退出的谈判过程中，公司了解到张明轩为田第鸿的母亲，楚岳科技为田第鸿关系密切的家庭成员100%持股的公司，但公司未能获取相关书面证据确认上述关系。(4) 田第鸿离职前在公司技术研发中主持发行人的研发管理工作，并主要参与了公司在视频结构化及图像处理方面的技术积累及研发工作。在核心技术方面，田第鸿参与了公司视频图像处理相关的核心技术的研发，该等技术系支撑公司人工智能解决方案的重要技术组成部分之一。请发行人说明：(1) 退出时田第鸿的持股情况，结合田第鸿为发行人创始人且曾在发行人发展历史中的重要作用，在未签署保密协议及竞业禁止协议的情况下，发行人相关业务开展是否受到限制，发行人相关技术和知识产权与田第鸿之间是否存在纠纷或潜在纠纷；(2) 结合田第鸿在发行人技术及产品发展过程中的作用，退出前后对发行人业务与技术的影响，说明历史上及目前发行人所拥有的核心技术及产品与田第鸿之间的关系；(3) 发行人、田第鸿与相关方签署《技术咨询服务协议》的具体情况，在其退出公司后提供技术服务的原因，后田第鸿将其在《技术咨询服务协议》的权利义务转让给楚岳科技的原因和合理性，是否存在潜在利益安排；(4) 田第鸿是否存在重大违法违规情形，相关事项是否涉及发行人；(5) 田第鸿与发行人董监高、核心技术人员、关键人员、主要客户供应商之间是否存在关联关系、业务往来和其他利益安排；(6) 结合上述情况，进一步说明在发行人上市前田第鸿退出的真实原因，其退出公司对发行人的已有及潜在影响，是否存在规避相关监管要求的情形；(7) 就首轮问询相关事项，在未获取相关证据确认上述关系，以及田第鸿未提供相关证明的情形下，相关核查证据能否支撑核查结论；(8) 提交田第鸿退出公司时与发行人及相关方签署的相关文件。

【披露信息】

一、退出时田第鸿的持股情况，结合田第鸿为发行人创始人且曾在发行人发展历史中的重要作用，在未签署保密协议及竞业禁止协议的情况下，发行人相关业务开展是否受到限制，发行人相关技术和知识产权与田第鸿之间是否存在纠纷或潜在纠纷

（一）退出时田第鸿的持股情况

2019年3月4日，云天有限股东会作出决议，同意田第鸿将股权转让给楚岳科技和张明轩。截至田第鸿退出时，田第鸿持有公司150万元出资额，持股比例为17.15%，为公司第二大股东。

（二）结合田第鸿为发行人创始人且曾在发行人发展历史中的重要作用，在未签署保密协议及竞业禁止协议的情况下，发行人相关业务开展是否受到限制

公司的研发工作、核心技术、知识产权未因田第鸿退出而限制业务开展，且公司与田第鸿之间不存在知识产权的授权关系，公司不存在侵犯田第鸿所享有的知识产权或田第鸿作为发明人的知识产权（由发行人及其子公司享有知识产权的除外）的行为；同时，公司亦已采取相应措施，避免田第鸿退出为公司业务开展带来不利影响。

综上所述，虽然田第鸿为发行人创始人且曾在发行人发展历史中发挥重要作用，并且未与发行人签署保密协议及竞业禁止协议，但发行人相关业务开展未受到限制。

（三）发行人相关技术和知识产权与田第鸿之间是否存在纠纷或潜在纠纷

田第鸿与陈宁在2019年1月11日签署的《股权转让协议》第6条中确认田第鸿与陈宁及云天励飞之间不存在尚未了结的债权债务或纠纷。

田第鸿在公司任职期间作为发明人所申请的专利的专利权人均为公司，公司不因田第鸿的退出而失去该等专利。公司与田第鸿之间不存在知识产权的授权关系，公司亦不存在侵犯田第鸿所享有的知识产权或田

第鸿作为发明人的知识产权（由发行人及其子公司享有知识产权的除外）的行为。

截至本回复报告出具日，公司未收到田第鸿或其关联方提出的关于技术和知识产权的异议或诉讼通知，公司的相关技术和知识产权与田第鸿之间不存在纠纷或潜在纠纷。

二、结合田第鸿在发行人技术及产品发展过程中的作用，退出前后对发行人业务与技术的影响，说明历史上及目前发行人所拥有的核心技术及产品与田第鸿之间的关系

1. 历史上发行人所拥有的核心技术及产品与田第鸿之间的关系；

2. 目前发行人所拥有的核心技术及产品与田第鸿之间的关系。

由于发行人所处的人工智能行业不断迭代发展，田第鸿主持研发的早期产品在田第鸿离职后持续迭代，后续发行人产品的最新版本已与田第鸿无直接关系。

三、发行人、田第鸿与相关方签署《技术咨询服务协议》的具体情况，在其退出公司后提供技术服务的原因，后田第鸿将其在《技术咨询服务协议》的权利义务转让给楚岳科技的原因和合理性，是否存在潜在利益安排

（一）发行人、田第鸿与相关方签署《技术咨询服务协议》的具体情况

在发行人与田第鸿签署《技术咨询服务协议》的同时，发行人子公司云天香港与NAITMIND，INC. 签署《顾问服务协议》的原因系田第鸿退出后计划回到美国工作生活，发行人应田第鸿要求，同意部分顾问服务费用以香港子公司的美元存款支付。

（二）田第鸿在退出公司后提供技术服务的原因

由于在退出方案中田第鸿承担了在《股权转让协议》签署后两年内未经同意不得泄露公司保密信息的义务，并且公司希望田第鸿能够在其退出全过程中及退出后一段时间内协助公司保持经营的连续性和公司的

稳定（包括向有疑问的员工解释其退出的情况、经营管理及研发工作中任何可能的交接等），因此，发行人需要支付给田第鸿一定的对价，该对价不属于股权转让对价的部分。

基于上述背景，发行人出于稳定核心员工及相关技术研发工作、降低核心技术泄密风险等方面的考虑，在田第鸿的退出方案中提出了包括但不限于技术服务的相关要求，田第鸿应公司要求协商并以技术咨询服务和顾问服务的名义签署了上述协议。《技术咨询服务协议》和《顾问服务协议》的签署是退出方案的组成部分。

根据公司的说明，田第鸿曾与部分员工进行过电话沟通，履行了协议约定的相关义务。除此之外，不存在提供其他技术服务的情形。

（三）田第鸿将其在《技术咨询服务协议》的权利义务转让给楚岳科技的原因和合理性，是否存在潜在利益安排

根据发行人的说明，在《技术咨询服务协议》签署后，田第鸿与其家庭成员协商并提出对协议签署方进行调整。鉴于楚岳科技系田第鸿岳父控制的公司，上述调整系田第鸿与其家庭成员之间的内部安排，且各方在协议中约定楚岳科技仍应确保委派田第鸿提供《技术咨询服务协议》第1条约定的服务，对发行人没有实质性影响，因此经协商后发行人同意签署补充协议，具有合理性。上述权利义务转让不存在潜在利益安排。

四、田第鸿是否存在重大违法违规情形，相关事项是否涉及发行人

截至本回复报告出具日，发行人未发现田第鸿存在重大违法违规情形，亦不存在相关事项涉及发行人的情形。

五、田第鸿与发行人董监高、核心技术人员、关键人员、主要客户供应商之间是否存在关联关系、业务往来和其他利益安排

公司董监高、核心技术人员、关键人员（公司供应链体系及销售体系总监职级以上人员、财务部全体员工）已书面确认与田第鸿不存在关联关系、业务往来和其他利益安排。

六、结合上述情况，进一步说明在发行人上市前田第鸿退出的真实原因，其退出公司对发行人的已有及潜在影响，是否存在规避相关监管要求的情形

（一）在发行人上市前田第鸿退出的真实原因

田第鸿的退出与发行人上市之间无相关性。双方的分歧是经过较长时间的积累，2018 年 9 月田第鸿辞职并决定退出是这一长期过程的最终结果，在整个过程中，发行人处于亏损状态，不具备当时的上市条件并且无法预计科创板的推出。

（二）田第鸿退出公司对发行人的已有及潜在影响

创始人之间的意见不合是诸多创业公司早期的常见现象。田第鸿退出后，公司管理效率提升，股权融资等工作顺利进行。田第鸿所承担的公司的研发管理职能由王孝宇及程冰等其他核心技术人员分工接替，原有的研发团队核心骨干及后续引进的研发人员承担了田第鸿原有的具体研发工作，不存在员工大批量离职的情形。

从公司经营成果来看，自 2018 年 9 月田第鸿离职后，公司收入保持增长未见下滑，并且在业务上新开辟了智慧泛商业相关产品线，员工人数上升至 700 人以上规模。

因此，田第鸿退出时未对发行人造成重大不利影响。发行人目前处于正常经营状态，田第鸿退出对发行人亦无潜在不利影响。

（三）是否存在规避相关监管要求的情形

2018 年 9 月田第鸿辞职时，公司尚未盈利，短期内并不具备国内资本市场上市的条件，公司亦无上市计划。因此，田第鸿的退出与公司本次申请科创板上市无关。

经公开信息查询，未发现田第鸿存在重大违法违规行为或持有其他境内同行业公司股权的情形。田第鸿退出并辞任董事不存在为规避《科创板首次公开发行股票注册管理办法（试行）》第 13 条而退出的情形。田第鸿不是发行人的控股股东或实际控制人，即使存在重大违法违规行

为或在境内境外持有其他同行业公司股权，亦不会导致公司违反《科创板首次公开发行股票注册管理办法（试行）》第 10 条至第 13 条而不符合科创板发行上市条件。

七、就首轮问询相关事项，在未获取相关证据确认上述关系，以及田第鸿未提供相关证明的情形下，相关核查证据能否支撑核查结论

（一）关于田第鸿去向及任职经历、境外对外投资企业情况

由于田第鸿不接受保荐机构与发行人律师的访谈请求，其退出过程中聘请的律师亦未回复访谈请求，因此，保荐机构与发行人律师仅能通过访谈发行人部分入职时间较长的员工，查阅发行人工商登记资料、公司保存的历史协议资料及互联网公开渠道开展核查工作。

基于上述核查工作及核查证据，保荐机构及发行人律师发表如下核查意见："因公司无法获取相关资料或得到田第鸿的确认，田第鸿退出公司后的去向及任职经历暂无法核实。因未取得相关资料或确认，公司无法核实田第鸿于境外对外投资企业情况及是否存在与公司同业的情形。"

在本次问询回复中，公司在核查田第鸿持有的知识产权过程中发现鹏城实验室申请的专利中有田第鸿与他人共同作为发明人的情况。经保荐机构与发行人律师访谈专利权持有单位鹏城实验室的相关负责人，并经查询深圳市人工智能与机器人研究院的官方网站，了解到田第鸿退出后曾在鹏城实验室及深圳市人工智能与机器人研究院兼职并远程开展研究工作，上述两个单位为非营利性机构。

（二）关于田第鸿与张明轩、楚岳科技的关系

发行人提供的公司员工与田第鸿聘请律师的微信沟通记录显示，田第鸿聘请律师称张明轩为田第鸿母亲。根据发行人说明，其在退出谈判过程中口头了解到楚岳科技为田第鸿岳父（关系密切家庭成员）100% 持股的公司。发行人在深圳市市场监督管理局备案的张明轩及楚岳科技受让田第鸿股权的工商档案显示，张明轩及田第鸿的身份证复印件显示的住址一致。

根据发行人提供的资料，在本次问询回复过程中，经发行人聘请的律师向田第鸿、张明轩户籍所在地的公安机关进行查询，发行人取得田第鸿原户籍登记所在地派出所出具的人员基本信息表，确认张明轩与田第鸿系母子关系。

基于上述核查工作及核查证据，可以确认张明轩为田第鸿的母亲；根据发行人的书面确认，发行人在与田第鸿退出的谈判过程中了解到，楚岳科技为田第鸿岳父（关系密切的家庭成员）100%持股的公司，但发行人未能获取相关书面证据确认上述关系。

（三）关于田第鸿是否完全退出

2018年9月4日召开的发行人董事会会议记录显示，《关于审议田第鸿博士辞去公司CTO职务的议案》由时任董事会4名董事全票通过（陈宁、田第鸿、蒋露洲、叶伟中），全体董事均在会议记录上签字。

根据发行人的员工花名册登记信息，田第鸿已于2018年9月离职；根据发行人的工资发放银行流水记录，发行人已于2018年10月起停止为田第鸿发放工资。因此，田第鸿自2018年10月起已不再是公司员工。

根据发行人的工商登记信息，田第鸿的股权于2019年4月转让给张明轩及楚岳科技，2019年5月楚岳科技转让给深圳共创三号，2019年6月张明轩转让给深圳共创三号。根据深圳共创三号的银行转账凭证，合计8000万元的股权价款亦已足额支付完毕。至2019年6月，田第鸿及其相关方已不再是发行人的股东，在股权层面已完全退出。至2019年8月，发行人办理董事的工商登记备案，康莉成为发行人董事，田第鸿卸任发行人董事，田第鸿在任职层面已完全退出。

（四）关于股权转让是否存在纠纷

田第鸿与陈宁在2019年1月11日签署的《股权转让协议》第6条中确认田第鸿与陈宁及云天励飞之间不存在尚未了结的债权债务或纠纷。

截至本回复报告出具日，公司未收到田第鸿或其相关方提出的关于股权的异议或诉讼通知，公司、控股股东陈宁就上述股权转让与田第鸿或其相关方之间不存在纠纷或潜在纠纷。

小兵评析

1. 在以前的案例分析中，我们已经讨论过类似的案例，那就是：发行人股东转让股份退出公司或者发行人的核心人员或者高管退出公司，在 IPO 过程中这些人员不接受任何访谈和确认。这种情况下，中介机构只能依据发行人提供的资料以及获得的外部证据来确认相关事实，并且发表不存在股权纠纷以及法律风险的肯定的充分的明确的意见。

2. 在以前的案例中，我们遇到的情况一般是小股东的退出、某个高管或者核心人员的退出，或者其他一些涉及公司生产经营的人员的变动等情况。这种情况下，如果当事人不接受任何访谈和确认，发行人就算是推算出一个最坏的结果，也是不影响 IPO 的条件的，这是这个问题的核心。因而，就算是当事人不确认，甚至有时候资料也存在缺失的情形，但是中介机构还是可以发表明确意见，发行人也可以对相关问题承诺兜底。

3. 具体到本案例发行人，则有一些明显的不同，体现在：（1）当事人是发行人的原始创始人，是公司原来的第二大股东，持有发行人超过 17% 的股份，是绝对的公司“二当家”；（2）当事人是发行人的 CTO，发行人的研究团队是他带出来的，发行人的主要技术成果也都跟他有关系；（3）当事人退出公司的时间是 2019 年，应该是比较接近发行人 IPO 的一个时间点；（4）当事人退出的原因是，因为公司一直研发投入持续亏损，第一大股东和第二大股东对于公司经营策略出现巨大分歧，而公司多数人支持第一大股东。

4. 关于这个问题，发行人的解决方式没有太多的瑕疵：（1）当事人将股份转让给了自己的母亲和岳父控制的公司，然后母亲和岳父把股份卖给了投资机构，17% 的股份转让价格为 8000 万元，按照当时的情况，这个价格也算合理；（2）当事人毕竟是公司的技术元老，还有很多技术问题和徒弟需要经常沟通，因而发行人后续还跟当事人签署了一个技术顾问协议，发行人支付费用给当事人，万一有什么事情还可以沟通，中介机构也核查到当事人确实跟员工有沟通；（3）在中介机构核查过程中，当事人不接受任何访谈和确认，也不提供任何资料，因而在认定当事人的关联方，以及是否存在同业竞争和关联交易的时候，中介机构只能自己去独立核查，实在查不到的，那也只能承认就是查不到，好在股权没有纠纷，当事人也彻底离开公司了，结果还是好的，意见也并不是很难发表。

5. 就股权转让的过程来说，不知道有没有录音录像甚至公证的程序，如果有的话，那么基本上是完备的。当然，从披露的信息来看，尽管第一大股东和第二大股东最后分道扬镳，但感觉还算是君子之间的交往，也算圆满。

6. 当然，审核中心对这个问题还是很关心的，关注了很多问题，包括是否存在产权纠纷、是否存在技术依赖、是否存在供应商和客户的权益、是否存在潜在纠纷、是否存在刻意规避监管的情形、当事人是否存在重大违法违规行为等。不过，发行人表示当事人当时已经严重影响公司的决策和发展，当事人退出公司后，公司业绩大幅增长。

案例90 云天励飞（科创板已过会，未上市）——子公司如何换股成为发行人股东

【问询问题】

根据问询回复：（1）2020年8月，发行人与子公司印像数据少数股东印力商置、瑞泰安协商一致进行换股安排。上述换股安排的背景为公司启动本次发行上市事项，印像数据作为发行人的子公司实现独立上市的门槛增高，公司子公司印像数据的少数股东印力商置、瑞泰安希望将对子公司的投资置换为对发行人的投资，但由于子公司减资后再投入母公司工商流程较为烦琐，耗时较长，因此采用直接换股的形式。其中，印力商置为公司客户印力集团的下属企业。（2）根据印力商置与发行人签署的《协议书》及印力商置与印像数据签署的《集中采购供货框架协

议》，印力商置及其关联方将在上述协议签署之日起1年内向印像数据采购不少于5000万元的产品及服务，在该等采购完成前，印力商置不得转让、出售或以其他方式处置其所持有的发行人的股份。(3) 印像数据与瑞泰安于2018年10月30日签署了《借款协议》，约定印像数据向瑞泰安拆借资金5000万元，按照年利率不低于4.5%的利率计息。该笔资金拆借对于印像数据属于固定利率的投资理财。2020年8月18日，瑞泰安已全额归还了上述5000万元借款及相应的利息。请发行人说明：(1) 印力商置、瑞泰安的基本情况，共同持股印像数据的原因及合理性，出资来源及缴纳情况，印力商置与印力集团的关系；报告期内发行人与印力集团间的交易情况，印力商置与印像数据间的交易情况；换股及交易的定价依据及公允性，是否存在潜在利益安排，是否存在纠纷及潜在纠纷。(2) 上述《协议书》及《集中采购供货框架协议》的签署时间、签署背景及原因，在未约定印力商置及瑞泰安增资入股发行人的业绩承诺的情况下，对采购金额进行约定的原因及商业合理性，是否存在潜在利益安排；印像数据的财务数据情况，相关交易对发行人财务状况的影响。(3) 瑞泰安归还资金的来源，是否存在损害发行人利益的情形。

【披露信息】

一、印力商置、瑞泰安的基本情况，共同持股印像数据的原因及合理性，出资来源及缴纳情况，印力商置与印力集团的关系；报告期内发行人与印力集团间的交易情况，印力商置与印像数据间的交易情况；换股及交易的定价依据及公允性，是否存在潜在利益安排，是否存在纠纷及潜在纠纷

(一) 印力商置、瑞泰安的基本情况，共同持股印像数据的原因及合理性，出资来源及缴纳情况，印力商置与印力集团的关系

1. 印力商置、瑞泰安的基本情况（略）

2. 印力商置、瑞泰安共同持股印像数据的原因及合理性，印力商置与印力集团的关系

根据万科企业股份有限公司的2020年年度报告及印力集团官网

(http：//www. scpgroup. com)，印力集团系注册于开曼群岛的印力集团控股有限公司（SCPG Holdings Co.，Ltd.），专注于购物中心投资、开发和运营管理，系万科企业股份有限公司及其附属公司的商业开发与运营平台；印力商置系印力集团为布局商业和物业管理咨询及提供商用物业解决方案领域而于2006年设立的公司。

印力商置系存在实际经营业务的企业，鉴于印像数据系商城数字化解决方案提供商、在智慧商业领域开展人工智能业务的经营主体，与印力商置提供全方位商业地产解决方案业务的发展方向相契合，为继续开拓印力商置在商业地产数字化解决方案的发展，于是其决定投资印像数据。瑞泰安系专门为投资印像数据而设立的投资平台，瑞泰安的股东陈丹、李慧婷二人同印力商置具有商业合作关系，并且对商业地产的科技应用方面比较关注。经印力商置推荐，瑞泰安决定以设立投资平台的方式与印力商置共同投资入股印像数据。

因此，印力商置、瑞泰安共同持股印像数据具有合理性。

3. 印力商置、瑞泰安持股印像数据的出资来源及缴纳情况

根据云天有限、印力商置、瑞泰安于2018年5月3日签署的《关于深圳印像数据科技有限公司之增资协议》（以下简称《合作协议》)，印力商置出资3500万元认购印像数据新增注册资本116.9万元（占印像数据注册资本总额的35%)，其余部分计入资本公积；瑞泰安出资1500万元，认购印像数据新增注册资本50.1万元（占印像数据注册资本总额的15%)，其余部分计入资本公积。印力商置及瑞泰安已根据增资协议约定足额缴纳上述增资款。

印力商置系存在实际经营业务的公司，其投资印像数据的资金来源为自有资金。瑞泰安系专门为投资印像数据设立的投资平台，截至本回复报告出具日，瑞泰安股东尚未实缴出资。瑞泰安投资于印像数据的投资款系自有资金出资，来源为其关联方深圳市鸿汇云科技实业有限公司(以下简称鸿汇云）向其提供的借款。根据瑞泰安的书面确认，截至鸿汇

云向瑞泰安提供借款之日，自然人陈丹、李慧婷各持有鸿汇云50%股权，与瑞泰安的股权结构一致，其向瑞泰安提供的借款系同一控制下两个主体间的资金往来，未签署借款协议。

综上所述，印力商置、瑞泰安持股印像数据的出资来源均为自有资金，均已根据相关增资协议约定足额缴纳投资款项。

（二）报告期内发行人与印力集团间的交易情况，印力商置与印像数据间的交易情况；交易的定价依据及公允性，是否存在潜在利益安排，是否存在纠纷及潜在纠纷

根据报告期内发行人与印力商置以及印力集团的子公司、参股公司及受托管理的商场等相关方（以下简称印力集团相关方）签署的协议，报告期内发行人与印力集团间的交易系通过子公司印像数据进行，印像数据与印力集团的交易通过印力集团相关方进行。

报告期内发行人与印力集团相关方之间的交易金额及占各期营业收入的比例很低。上述交易系发行人与客户参照发行人同类型产品及解决方案成本及合理盈利水平而定，价格具有公允性，不存在潜在利益安排，亦不存在纠纷及潜在纠纷。

上述交易涉及的销售合同的签署时间均早于《集中采购供货框架协议》的签署时间及换股相关的股东会决议时间及工商变更登记时间，均不属于《集中采购供货框架协议》项下发生的交易，《集中采购供货框架协议》项下销售的产品及服务在报告期内未确认收入，上述交易亦不存在与《集中采购供货框架协议》、换股或发行人上市相关的潜在利益安排。

（三）换股的定价依据及公允性，是否存在潜在利益安排，是否存在纠纷及潜在纠纷

1. 本次换股的背景

印力商置及瑞泰安投资印像数据的最终目的是印像数据可以实现上市，但鉴于印像数据仍处于设立初期，且发行人已经启动本次发行上市事项，印像数据作为发行人的子公司实现独立上市的门槛增高，发行人

子公司印像数据的少数股东印力商置、瑞泰安希望将对子公司的投资置换为对发行人的投资，但由于子公司减资后再投入母公司工商流程较为烦琐，耗时较长，因此采用直接换股的形式。

2. 换股涉及的发行人股权价格公允（略）

3. 换股涉及的印像数据的股权价格公允、合理（略）

4. 次换股发行人已充分履行内部程序（略）

综上所述，本次换股具有合理商业背景，印力商置及瑞泰安的增资价格与同轮次其他投资者相同，印力商置及瑞泰安用于换股交易的印像数据股权价值系基于具有相关业务资质的评估机构出具的评估报告确定的评估值作价出资，定价依据充分，价格公允，发行人针对本次换股已履行内部审议程序并依法办理工商变更登记，不存在潜在利益安排，不存在纠纷及潜在纠纷。

二、上述《协议书》及《集中采购供货框架协议》的签署时间、签署背景及原因，在未约定印力商置及瑞泰安增资入股发行人的业绩承诺的情况下，对采购金额进行约定的原因及商业合理性，是否存在潜在利益安排；印像数据的财务数据情况，相关交易对发行人财务状况的影响

（一）《协议书》及《集中采购供货框架协议》的签署时间、签署背景及原因，在未约定印力商置及瑞泰安增资入股发行人的业绩承诺的情况下，对采购金额进行约定的原因及商业合理性，是否存在潜在利益安排（略）

综上所述，印力商置与印像数据签署《集中采购供货框架协议》系基于印力集团相关方从事商业地产业务的正常商业需求，印力商置与瑞泰安增资入股发行人系出于发行人启动上市进程后，其原先持股的发行人子公司印像数据单独上市的可能性降低，从而置换为发行人的股权，相关换股的价格具有公允性，与《集中采购供货框架协议》的签署无必然的关联性。双方签署《协议书》是在满足印力商置通过换股方式成为发行人层面股东的要求后，为了保障发行人、印像数据的合法权益，在

未约定印力商置及瑞泰安增资入股发行人的业绩承诺的情况下，促使印力商置履行《集中采购供货框架协议》项下的义务，具有商业合理性，不存在同发行人能否成功上市相关联的约定或其他潜在利益安排。

（二）印像数据的财务数据情况，相关交易对发行人财务状况的影响

因《集中采购供货框架协议》签署时间为2020年6月，该协议下销售的产品及服务在2020年1~9月未确认收入，未影响发行人截至2020年9月30日的财务状况。

三、瑞泰安归还资金的来源，是否存在损害发行人利益的情形

瑞泰安归还资金的来源为瑞泰安出借予其关联方用于资金拆借及资金往来后向瑞泰安归还的资金。

瑞泰安根据印像数据的资金需求，分多次将上述5000万元借款及相应的利息归还印像数据，没有影响发行人及印像数据的正常生产经营。上述资金拆借已经过印像数据股东会审议，符合印像数据公司章程及相关法律法规规定，截至2020年8月18日，瑞泰安已全额归还了上述5000万元借款及相应的利息，不存在损害发行人利益的情形。

小兵评析

1. 发行人与两个其他股东合资设立了一个子公司，发行人持股50%，另外两个股东分别持有35%和15%的股份。其中，持有35%股份的股东是发行人的重要合作伙伴，持有15%股份的股东是专门为投资子公司设立的一个投资机构。

2. 发行人两个股东投资发行人的子公司，原来是计划子公司可以独立IPO上市的，现在子公司还在初期阶段，上市几乎不可能，而发行人又要准备上市了，因而两个子公司少数股东就有了要转变为发行人股东的想法。其实，这个想法对于存在子公司少数股东的发行人来说，大概率会存在，毕竟子公司的股份显然没有拟上市公司的股份更有流动性和价值。

3. 对于把下面的股权如何"翻到"上面来，其实最简单的方式就是换股，少数股东以子公司的股份对发行人出资。只是，实践中很多工商局根本就不认可股权出资的方式，无法办理工商登记，因而也会出现少数股东先减资再增资，少数股东先将股份转让给发行人然后少数股东再以转让款对发行人增资等方式。

4. 关于这种股权出资的方式，程序上并不复杂，决策也很简单，最核心的问题就是换股的价格和子公司股份的价值。对于这个问题，发行人的处理可以借鉴：对子公司股份的价值进行评估，确定了一个价格；而发行人股权出资的价格，跟外部投资者第三轮投资的价格保持一致。

5. 这个案例还有一个特殊的情况，就是因为持有35%股份的股东本身就是发行人的客户，因而签署了转股协议的同时签署了一个销售协议，如果客户一年采购额没有超过5000万元，则股东一年内不得转让发行人股份。这个约定算不算股份投资的一个对赌协议，我们还可以深入讨论。关于这种入股跟后续的合作绑定的问题，以前的审核是不会接受的，而现在只要不影响财务数据的真实性，不影响业务独立性，还是能够有条件接受的。

第四节　未办理发改委备案手续

案例91　优利德（688628）——境外投资没有取得发改委核准程序该如何解决

【问询问题】

根据问询回复，(1) 发行人2013年设立香港优利德时未办理发改委核准手续。(2) 根据广东省发改委互动交流网站的留言咨询确认，在2018年3月1日之前，广东省发改委仅就境外固定资产投资类项目进行审批或备案，对境内主体在境外设立贸易公司或销售公司而未进行固定资产投资的行为，无须由发改委审批或备案。后续如公司需办理相关发改委手续，可直接办理，不会因此要求依照 2018 年 3 月 1 日起施行的《企业境外投资管理办法》补办此前的发改委备案手续。根据发行人提供的留言截图，前述留言内容为广东省发改委互动交流网站向第三方企业的答复内容，非针对发行人。（3）发行人控股股东优利德集团及实际控制人控制的企业瑞联控股均为境外设立的公司。请发行人补充披露：香港优利德未履行发改核准程序面临的法律风险，必要时进行风险提示和重大事项提示。请发行人说明：（1）结合相关法律法规规定、报告期各期香港优利德的财务数据及其在发行人业务经营中发挥的作用等，分析香港优利德未履行发改委核准程序可能受到的行政处罚、对发行人的具体影响，是否影响持续经营；（2）广东省发改委关于上述固定资产投资类项目审批或备案规定的规范性文件依据，固定资产投资类项目的含义、发行人设立香港优利德及购置房产等是否属于固定资产投资类项目、是否应依照前述规定办理审批或备案手续；（3）优利德集团、瑞联控股设立及历次增资时商务、发改、外汇等部门的核准或备案情况，如未履行相关核准或备案程序可能面临的行政处罚及对发行人控股股东、实际控制人的影响，是否构成重大违法违规行为。

【披露信息】

一、香港优利德未履行发改核准程序面临的法律风险

香港优利德自成立日至本招股说明书签署日，股权结构未发生变动。

香港优利德设立时未履行发改部门核准程序及其法律风险：

（一）香港优利德设立时未履行发改部门核准程序的具体情况

《境外投资项目核准暂行管理办法》（中华人民共和国国家发展和改革委员会令第21号，自2004年10月9日起施行，2014年5月8日失效）第5条规定，“中方投资额3000万美元以下的资源开发类和中方投资用汇额1000万美元以下的其他项目，由各省、自治区、直辖市及计划单列市和新疆生产建设兵团等省级发展改革部门核准，项目核准权不得下放”。根据《广东省发展和改革委员会关于转发国家发展改革委〈境外投

资项目核准暂行管理办法〉的通知》（粤发改外〔2005〕968 号），除省属有关机构外的其他各类法人举办境外投资项目，由所在地地级以上市发展改革部门申报。

公司已于 2013 年 3 月 28 日完成香港优利德的设立，设立香港优利德时未办理发改委核准手续，根据《企业境外投资证书》所载内容“公司持本证书办理外汇、海关、外事等相关手续”办妥了商务、外汇的核准手续。

（二）未履行发展改革部门核准程序面临的法律风险

《境外投资项目核准暂行管理办法》未明确规定未办理发改委核准手续对企业的具体罚则，仅于第 22 条规定，“对未经有权机构核准或备案的境外投资项目，外汇管理、海关、税务等部门不得办理相关手续”。

因此，公司 2013 年设立香港优利德未履行相关发改部门核准程序，在当时存在外汇管理、海关、税务等部门不予办理相关手续的风险。在公司实际办理投资设立香港优利德的手续过程中，商务、外汇手续未存在障碍，已于 2012 年 12 月 26 日取得商务部核发的《企业境外投资证书》（商境投资证第 4400201200438 号），于 2013 年 8 月 27 日取得国家外汇管理局东莞市中心支局出具的《业务登记凭证》。

二、结合相关法律法规规定、报告期各期香港优利德的财务数据及其在发行人业务经营中发挥的作用等，分析香港优利德未履行发改委核准程序可能受到的行政处罚、对发行人的具体影响，是否影响持续经营

（一）香港优利德未履行发改委核准程序可能受到的行政处罚

《境外投资项目核准暂行管理办法》第 2 条规定：“本办法适用于中华人民共和国境内各类法人（以下称‘投资主体’），及其通过在境外控股的企业或机构，在境外进行的投资（含新建、购并、参股、增资、再投资）项目的核准。投资主体在香港特别行政区、澳门特别行政区和台湾地区进行的投资项目的核准，适用本办法。”第 3 条规定：“本办法所称境外投资项目指投资主体通过投入货币、有价证券、实物、知识产权

或技术、股权、债权等资产和权益或提供担保，获得境外所有权、经营管理权及其他相关权益的活动。”第 5 条规定：“中方投资额 3000 万美元以下的资源开发类和中方投资用汇额 1000 万美元以下的其他项目，由各省、自治区、直辖市及计划单列市和新疆生产建设兵团等省级发展改革部门核准，项目核准权不得下放。为及时掌握核准项目信息，省级发展改革部门在核准之日起 20 个工作日内，将项目核准文件抄报国家发展改革委。地方政府按照有关法规对上款所列项目的核准另有规定的，从其规定。”

《广东省发展和改革委员会关于转发国家发展改革委〈境外投资项目核准暂行管理办法〉的通知》规定，“根据国家发展改革委规定，广东省发展和改革委员会负责核准或初步审查我省法人以及自然人在境外投资项目。我委进行项目核准的程序、要求和条件参照国家发展改革委境外投资项目核准有关规定执行”。

根据上述规定，中方投资额 3000 万美元以下的资源开发类和中方投资用汇额 1000 万美元以下的其他境外投资项目，需经省级发展改革部门核准。

《境外投资项目核准暂行管理办法》第 22 条规定，“对未经有权机构核准或备案的境外投资项目，外汇、海关、税务等部门不得办理相关手续”。因此，公司在设立香港优利德时未履行发改委核准程序，在当时的法律后果为外汇管理、海关、税务等部门不得为其办理相关手续。上述规定未对应履行发改核准程序但实际未履行的情况制定明确的罚则。

（二）对发行人的具体影响

1. 未对公司设立香港优利德造成不利影响

根据商务部于 2012 年 12 月 26 日核发的《企业境外投资证书》，公司在设立香港优利德时已经履行完毕商务相关手续。

根据 2013 年 8 月 27 日国家外汇管理局东莞市中心支局向优利德有限发出的《业务登记凭证》，公司在设立香港优利德时已经履行完毕外汇相关手续。

根据姚黎李律师行出具的《有关香港优利德法律意见书》，香港优利德“是一家于2013年2月28日根据当时的公司条例于香港注册成立的私人股份有限公司……该公司截至2020年9月15日仍被列入公司注册处备存的公司登记册中且合法有效存续……该公司现有股东优利德科技（中国）股份有限公司已交付股本金额为美金五十万元整”。

根据上述情况，公司设立香港优利德已办理完毕商务、外汇相关手续，香港优利德已于2013年2月28日设立且合法存续。

2. 公司未因未办理发改核准手续而受到发改、外汇、海关、税务等政府主管部门的行政处罚

根据对广东省发改委的访谈可以确认，“未经发改核准，法律后果为无法办理外汇等手续；发改委的核准/备案手续为事前行为，事后发改部门不会要求公司进行补办，也没有给企业补办过；截至目前，没有因为当时企业对外新设贸易类公司未办理发改核准手续而对企业进行处罚的情形”。

根据对东莞市发展和改革局的访谈可以确认，“东莞市发展与改革局暂无针对优利德的行政处罚记录，不会要求优利德就当时未履行发改核准手续进行补办。东莞市发展与改革局未因企业未办理境外投资发改核准手续而对企业作出行政处罚”。

根据国家外汇管理局东莞市中心支局出具的《证明》，确认在2017年1月1日至2020年6月30日，该中心支局未对公司进行立案检查，未发现公司有逃汇、套汇等违规记录。

根据黄埔海关出具的《证明》，确认公司2017年1月1日至2020年6月30日在黄埔海关关区无走私违法、违规行为记录。

根据国家税务局东莞市税务局出具的《涉税征信情况》（东税电征信〔2020〕125号、东税电征信〔2020〕1237号），公司自2017年1月1日至2020年6月30日无欠缴税费记录，未发现公司存在税收违法违章行为。

因此，公司未因未办理发改核准手续而受到发改、外汇、海关、税务等政府主管部门的行政处罚，广东省发改委亦不会要求公司进行补办。

小兵评析

1. 发行人存在设立境外子公司没有进行发改委备案的问题，而这个备案问题现在逐渐成为一个 IPO 审核中普遍且重要的问题。这个问题存在很大的现实困局：（1）设立境外子公司的时候并没有任何前置程序要求必须进行发改委备案，没有备案也不影响后续的工商和商务登记手续，关键是主管部门不会主动提醒发行人去做发改委备案。（2）后来发行人发现没有备案这是个问题，想要去补充备案，结果根据相关规定根本无法补充备案。（3）负责这个备案程序的发改委级别很高，一般是单列市或者省级发改委，让它们出具证明文件确认不存在违规行为的难度可想而知。（4）实践中这个事情就是默认的，不备案不影响经营和存续，但是如果要问具体的政策和操作也无法给出明确的答复。可是，IPO 审核机构又必须要一个明确说法，怎么办？

2. 这个问题在实践中还是比较普遍的，到底该如何去理解和解决，解决到什么程度才能符合 IPO 的条件，是一个值得探讨的问题。本案例说明的是关于境外投资没有履行发改委核准备案程序的问题，其实类似的问题还有外汇管理登记、外资企业商务备案登记等情形。这类问题最核心的逻辑在于：公司当时的处理是违反相关法律规定的，但是后续各种操作都一路顺畅，没有引起任何不利的后果，公司的生产经营也是一切顺利，没有任何风险。那么，问题在哪里呢？出现这种问题的最核心的原因，就是我们很多法规更新的滞后以及相关主管部门没有对规则有深入的理解和执行。

3. 具体到本案例的技术细节，发行人在香港设立子公司没有进行发改委核准程序，依据的主要规则是：《境外投资项目核准暂行管理办法》第 5 条规定。发行人也承认这样的设立公司行为是需要履行发改委核准程序的，但是当时的法律规定也没有明确没有履行这个程序有没有具体的惩罚措施，只是说没有核准，后续不能办理商务和外汇手续。恰恰在实践中，香港公司后续又顺利办理了相关手续，公司合法设立且一直正常运行，不存在任何处罚和违规的情形。

4. 原来的审批是由省级发改委核准的，而现在最彻底的解决方式自然是省级发改委出具证明文件，这显然是很难做到的，也是完全没有必要的。在这种情况下，发行人是取得了相关商务、外汇、工商等具体主管部门的意见，不存在违法行为，也不会进行补充处罚，同时香港公司后续的投资和变更也不会受到影响，算是解决了这个问题。同时，控股股东也做出了相应的承诺。

5. 此外，需要关注的是，发行人引用了发改委网站的咨询留言的截图，显然这个证据因为只是一般问题的咨询回复，本身没有法律效力，也不是具体针对发行人做出的说明，因而这样的证据并没有被采纳。为了证明香港公司的合法设立和运行，发行人还取得了香港律师事务所的一个专项说明意见。同时，发行人也论证了香港公司在公司经营中的地位，尽管可能存在被终止经营的可能，但是因为规模不大且可替代性强，因而对发行人没有重大不利影响。

第四章　业务规范问题

业务方面的规范问题，主要考察从业人员对于审核政策的掌握程度，极其考验中介机构的专业处置和应变能力。由于一些个案并没有可复制的经验，可以需要从业人员有清晰的逻辑和准确的判断能力，在尊重事实和规则的前提下，提供可行的解决思路。

第一节　业务独立性

案例 92　达嘉维康（301126）——为保证中介机构独立性，实控人之女被迫离职

【问询问题】

反馈意见回复显示，发行人于2014 年6 月16 日整体变更为股份公司时，王毅清之女王越持有发行人 10% 的股份，王毅清及其妻子明晖、王越三人为发行人实际控制人。2015 年 3 月，发行人在全国中小企业股份转让系统挂牌公开转让，主办券商为国金证券。2015 年 12 月，发行人发行股份购买资产并募集配套资金完成后，王越的持股比例被稀释至 1.07%。2018 年 1 月，发行人在全国中小企业股份转让系统终止挂牌。2019 年 7 月，王越将其持有的发行人股份全部转让给明晖。发行人现认定的实际控制人为王毅清、明晖夫妻二人。王越 2019 年 1 月至今就职于

国金证券。本次发行人聘请的保荐人为国金证券。请发行人：(1) 结合王毅清、明晖、王越三人持股比例及变化情况，发行人在新三板关于实际控制人的信息披露情况，说明发行人将实际控制人认定由三人改为两人的原因，触发上述变更的具体事件、时间，是否有足够证据证明发行人实际控制人在该时点进行了变更；并结合上述变更时点说明发行人实际控制人两年内是否发生变更，是否符合《创业板首次公开发行股票注册管理办法（试行)》第12条相关规定。(2) 补充披露发行人与保荐人签订保荐协议的时间，王越2019年将发行人股份全部转让的原因及合理性，是否与入职国金证券有关；结合王越在国金证券的任职期间及所任职务，说明上述情形是否影响保荐人独立性，是否符合《证券发行上市保荐业务管理办法》等法律法规的相关规定。

【披露信息】

一、结合王毅清、明晖、王越三人持股比例及变化情况、发行人在新三板关于实际控制人的信息披露情况，说明发行人将实际控制人认定由三人改为两人的原因，触发上述变更的具体事件、时间，是否有足够证据证明发行人实际控制人在该时点进行了变更；并结合上述变更时点说明发行人实际控制人两年内是否发生变更，是否符合《创业板首次公开发行股票注册管理办法（试行)》第12条相关规定。

（一）股份比例变动情况和实际控制人认定变化

根据发行人申请新三板挂牌的公开转让说明书，发行人申请新三板挂牌时披露的实际控制人为王毅清、明晖、王越三人，认定王毅清、明晖和王越为共同实际控制人的依据是基于他们之间由于家庭婚姻所形成的共同共有关系。根据发行人新三板挂牌期间的历次公告文件，发行人一直将王毅清、明晖、王越三人认定为实际控制人。

发行人完成股份制改制时，王越持股比例高于5%，因此新三板挂牌时认定并披露王越为实际控制人之一。但实际上王越一直未在发行人或其控股子公司担任董事或高级管理人员等职务，未参与发行人的日常经营管理，在发行人股东大会上行使表决权时，也系以其父母的意见为准，对发行人的影响十分有限。

由于王越于2017年6月研究生毕业后在北京工作定居，较少回长沙，不参与公司的经营管理，且远程参会表决、签字比较麻烦，2018年至退出期间其均未出席发行人股东大会或行使股东表决权。因此，王毅清家庭内部做了持股调整，2019年7月16日，王越将其所持发行人的股份转让给母亲明晖。双方签署了股份转让协议，明晖按照注册资本定价向王越支付了100万元转让价款，发行人的股东名册相应进行了变更。转让完成后，王越不再直接或间接持有发行人的任何股份，发行人的实际控制人变更为王毅清、明晖夫妻二人，证据充分。

（二）结合上述变更时点说明发行人实际控制人两年内是否发生变更，是否符合《创业板首次公开发行股票注册管理办法（试行）》第12条的相关规定

1. 最近两年发行人的控制权稳定，未因王越退出受到影响（略）

2. 王毅清作为持股比例最高股东的地位未发生变化

自发行人设立之日起，王毅清一直为发行人的控股股东，王毅清家族内部股权结构调整引起的股东变更并未导致持有、支配发行人股份表决权比例最高的人发生变化且变化前后的股东不属于同一实际控制人。发行人在最近两年内，共同拥有发行人控制权的多人没有出现重大变更。并且，王毅清、明晖夫妇共同拥有发行人控制权的情况在最近2年内且在本次发行后的可预期期限内是稳定、有效存在的。

3. 共同控制人之一不再持股未构成实际控制人变更已有先例

经查询已上市的案例，金时科技（002951. SZ）的控股股东彩时集团自设立起至2017年6月11日，股东为李文秀、李海坚、李海峰与李嘉渝，该4人均为李氏家族成员，为发行人的共同实际控制人。2017年6月，发行人实际控制人家族内部讨论决定对彩时集团的持股结构进行调整，李嘉渝将持有彩时集团的15%股份转让给李文秀，股权转让后发行

人实际控制人为李文秀、李海坚和李海峰，该次变化不构成实际控制人的变更。

二、补充披露发行人与保荐人签订保荐协议的时间，王越2019年将发行人股份全部转让的原因及合理性，是否与入职国金证券有关；结合王越在国金证券的任职期间及所任职务，说明上述情形是否影响保荐人的独立性，是否符合《证券发行上市保荐业务管理办法》等法律法规的相关规定。

（一）发行人与保荐人签订保荐协议的时间，王越2019年将发行人股份全部转让的原因及合理性，是否与入职国金证券有关

1. 发行人与保荐人签订保荐协议的时间

根据发行人新三板挂牌期间的公告文件，摘牌后与保荐机构签署的辅导协议、保荐协议以及根据湖南省证监局网站的查询，国金证券系发行人2015年申请新三板挂牌的主办券商，并在发行人新三板挂牌期间持续为发行人提供服务，如做市报价服务、独立财务顾问服务等。发行人自新三板摘牌后，国金证券与发行人签署了《国金证券股份有限公司与湖南达嘉维康医药产业股份有限公司关于首次公开发行股票与上市之辅导协议》，担任发行人首次公开发行股票并上市的辅导机构，并于2018年10月25日向湖南省证监局报送了辅导备案登记材料，开始进入监管辅导期。2020年7月13日，国金证券与发行人签署了《国金证券股份有限公司与湖南达嘉维康医药产业股份有限公司关于首次公开发行股票并在创业板上市之保荐协议》。

2. 王越2019年将发行人股份全部转让的原因及合理性，是否与入职国金证券有关

根据王越的劳动合同及其说明，王越于2017年6月研究生毕业后，2017年7月至2019年1月就职于中国民族证券有限责任公司，2019年1月至今就职于国金证券股份有限公司上海证券承销保荐分公司，任职为普通职级员工。因其在北京工作定居，较少回长沙，不参与公司的经营

管理，且远程参会表决、签字比较麻烦，因此家庭内部做了持股调整，王越将其所持发行人的股份转让给母亲明晖，具有合理性，转让原因与入职国金证券无关。

（二）结合王越在国金证券的任职期间及所任职务，说明上述情形是否影响保荐人的独立性，是否符合《证券发行上市保荐业务管理办法》等法律法规的相关规定

根据王越与国金证券股份有限公司上海证券承销保荐分公司于2019年1月28日签署的劳动合同以及王越的说明，王越自2019年1月至今就职于国金证券股份有限公司上海证券承销保荐分公司，任职为普通职级员工，工作地点为北京市。而国金证券自发行人2015年申请新三板挂牌起一直为发行人提供服务，2018年8月，国金证券启动达嘉维康IPO项目内部立项工作并实质开展业务；2018年10月，发行人与国金证券签署了辅导协议并向湖南省证监局提交了辅导备案。因此，早在王越入职国金证券之前，保荐机构即与发行人建立业务合作，并签订上市相关协议及开展辅导工作。

王越系国金证券的普通员工，不属于保荐机构的保荐业务负责人、内核负责人、保荐业务部门负责人，亦不属于保荐机构的关联方。根据《国金证券股份有限公司关于湖南达嘉维康医药产业股份有限公司首次公开发行股票并在创业板上市之发行保荐工作报告》，保荐机构项目执行成员为保荐代表人柳泰川、朱国民，项目协办人刘晴青，项目组其他成员为魏娜、宗莉、周炜。根据国金证券向湖南省证监局提交的历次辅导工作报告，辅导期间，曾参与该项目的项目组成员还包括薛莹、郑宇。王越自始至终均未作为保荐机构达嘉维康IPO项目组的成员，未参与保荐机构达嘉维康IPO项目的工作。

综上，王越自2019年1月起就职于国金证券股份有限公司上海证券承销保荐分公司，任职为普通职级员工，入职时间晚于发行人与保荐机构签订相关协议或实质开展业务的日期；王越为国金证券的普通员工，

并非保荐机构的关联方，且其不属于项目组成员，未实际参与项目工作；发行人及国金证券已按照相关法律法规就两者之间的关联关系进行了如实披露。王越在国金证券的任职不会对保荐人的独立性产生影响，符合《证券发行上市保荐业务管理办法》等法律法规的规定。

小兵评析

1. 小兵一直认为，不管是怎样的 IPO 审核方式，审核机构作为专业人员一定要做到这样几点：（1）要有自己专业的判断，而不是没有把握和感情的按照模板提问题；（2）要重点突出，明白什么问题需要刨根问底，什么问题可以忽略不计；（3）千万不能有被害妄想症，有的审核机构总觉得这个事情有问题，又不知道哪里有问题，于是就一遍遍揪着问，逼得中介机构实在没办法了，心里才放心了，觉得这个问题真的过关了。

2. 具体到本案例，说白了就是两个简单的事情：一个是实际控制人由夫妻和女儿变成了夫妻二人；另一个是女儿同时是保荐机构的员工是否影响保荐业务的独立性。

3. 先说实际控制人的问题：

（1）发行人新三板挂牌的时候，女儿持有发行人 100 万股股份，因而认定实际控制人为夫妻和女儿。2017 年 7 月女儿大学毕业入职民族证券，2019 年 1 月入职国金证券，2019 年 7 月将股份转给了母亲。这个时候，实际控制人认定为夫妻二人。

（2）当然，我们要承认证券公司从业人员持有上市公司股份是不合规的，就算是持有新三板的股份也是不合规的，这个需要清理是没有问题的。因而，女儿王越在入职民族证券和国金证券的时候，王越均持有新三板挂牌公司的股份，事实上是违规的，这个必须要承认，当然没有处罚这个事情也不大。

（3）至于后来王越将股份进行了转让，不再是共同实际控制人，是否构成实际控制人变更，审核机构做了多次的问询，小兵觉得完全没有必要。这样的一个公司是谁具体控制的难道不是一目了然，更何况这本身就是家族内部的股权调整。

（4）其实，在新三板挂牌的时候，就应该认定实际控制人为夫妻二人，并没有规定持股的家庭成员就一定是实际控制人，更何况王越那时候还是学生。当然，也有可能是那时候股转公司审核造成的这个结果。

4. 再说王越的任职是否影响保荐机构业务独立性问题：

（1）我们先梳理一下时间线：

①2015年3月至2018年1月，国金证券是发行人新三板挂牌主办券商且后续提供做市以及重组的顾问；②2018年8月，发行人摘牌准备IPO并跟国金证券财务顾问协议；③2018年10月，发行人签署辅导协议，正式进入辅导期；④2019年1月，王越通过社会招聘方式入职国金证券；⑤2019年7月，王越将股份转给母亲；⑥2020年7月，发行人签署保荐协议。

（2）时间线很明确，小兵是这么认为的：

①国金证券跟发行人的业务合作关系还是很密切的，后面继续做IPO基本上也是市场惯例没有异常。②王越入职国金证券可能确实有自己父母跟国金证券比较熟悉的关系，但是这种关系熟悉的情形多了，这都怀疑的话中国就没有一家独立的公司了。③王越入职国金证券合情合规，没什么可争议的。④王越不过是一名普通员工，靠自己努力通过了保荐代表人胜任能力考试，考试签了协办注册了保荐代表人，没有利用IPO的机会得到任何优先的机会，也不能决定项目的取舍，有什么不合理的？⑤此外，王越唯一可能影响独立性的情形就是跟发行人项目组的成员曾经一起做过项目，后来还披露做了隔离工作，发行人项目组成员不能去王越项目所在地和居住地。

5. 当然，发行人用30万字解释了这两个问题，最后的结果还是：王越在最后关头紧急离职，根据中国证券业协会披露的信息，王越最后去了北京的一家头部券商。

案例93　弘成立业（创业板已过会，未上市）——拟上市公司可以设立独立的学院吗

【问询问题】

根据招股说明书披露，发行人参股子公司重庆翔美下设两个独立学院。请发行人结合2020年5月教育部办公厅发布的《关于加快推进独立学院转设工作的实施方案》及其他相关规定，补充披露：（1）上述两个独立学院及发行人所涉的其他独立学院现行运行合规性、转设情况安排及进度、相关转设工作的合规性、对未来业务开展的影响；（2）重庆翔美等公司公允价值是否发生较大变动、是否需要对相关投资计提减值准备。

【披露信息】

一、上述两个独立学院及发行人所涉的其他独立学院现行运行合规性、转设情况安排及进度、相关转设工作的合规性、对未来业务开展的影响

（一）重庆邮电大学移通学院和山西农业大学信息学院的运行合规性

重庆翔美的子公司重庆市建鸿创嘉房地产开发有限公司为重庆邮电大学移通学院的举办者，重庆邮电大学移通学院目前持有《民办非企业单位登记证书（法人）》和《民办学校办学许可证》。

重庆翔美的子公司山西泰古投资有限公司为山西农业大学信息学院的举办者，山西农业大学信息学院目前持有《民办非企业单位登记证书（法人）》和《民办学校办学许可证》。

报告期内重庆邮电大学移通学院和山西农业大学信息学院在校生规模稳步增长、教学工作正常开展，并且均通过了当地教育主管部门的年度检查工作。同时，经检索重庆市教育委员会官方网站（http://jw.cq.gov.cn/）和山西省教育厅官方网站（http://jyt.shanxi.gov.cn/），未发现重庆邮电大学移通学院和山西农业大学信息学院报告期内存在被处罚的情形。

综上所述，重庆邮电大学移通学院和山西农业大学信息学院在报告

期内运行合法合规，不存在重大处罚情形。

（二）闽江学院信息技术服务外包人才培养基地项目的基本情况

闽江学院是2002年经教育部批准设立的全日制普通本科高校，闽江学院软件学院是闽江学院的二级学院，主要开展软件学历教育。

新邦集团有限公司与闽江学院软件学院从2003年开始投入运作闽江学院信息技术服务外包人才培养基地项目（以下简称“基地项目”）；2015年新邦集团有限公司将其在“基地项目”的相关权利与义务转给闽大新邦。发行人看好“基地项目”的业务发展，2015年弘成科技与闽大新邦、闽大新邦的股东高翔签署协议，弘成科技以15万元的价格自高翔处受让闽大新邦30%的股权（对应出资额15万元）；弘成科技另向闽大新邦支付总计2310万元作为对“基地项目”的投入。

经过近5年的发展，由于“基地项目”未能达到发行人的预期，并且考虑到“基地项目”与公司未来业务发展规划相关性较弱，弘成科技与贵州鼎荣恒能源开发有限公司、厦门聚思教育科技有限公司于2020年6月30日签署股权转让协议，约定弘成科技将所持闽大新邦30%的股权以2325万元转让给贵州鼎荣恒能源开发有限公司，厦门聚思教育科技有限公司作为闽大新邦的股东同意放弃优先购买权。贵州鼎荣恒能源开发有限公司与发行人不存在关联关系。截至本招股说明书签署日，相应工商变更工作已经完成。

二、转设情况安排及进度、相关转设工作的合规性、对未来业务开展的影响

重庆邮电大学移通学院和山西农业大学信息学院转设情况安排及进度、相关转设工作的合规性、对未来业务开展的影响：

根据教育部办公厅发布的《关于加快推进独立学院转设工作的实施方案》（教发厅〔2020〕2号）规定，截至2020年年末，各独立学院需全部制订转设工作方案，同时推动一批独立学院实现转设。原则上，中央部门所属高校、部省合建高校举办的独立学院要率先完成转设，其他

独立学院要尽早完成转设。

截至本招股说明书签署日，重庆翔美下属独立学院重庆邮电大学移通学院和山西农业大学信息学院均在积极推进转设工作。

（一）重庆邮电大学移通学院

根据《教育法》《民办教育促进法》《独立学院设置与管理办法》等法律法规规定，2019年12月，重庆邮电大学移通学院举办者重庆市建鸿创嘉房地产开发有限公司与重庆邮电大学签署了《关于重庆邮电大学移通学院转设工作相关事宜的协议》，就转设方案达成了一致意见。截至本招股说明书签署日，重庆邮电大学移通学院的转设申请已报送教育部审核。

同时，根据《重庆市人民政府关于进一步促进民办教育健康发展的实施意见》（渝府发〔2018〕19号）和《重庆市民办学校分类登记实施细则》（渝教民发〔2018〕3号）规定，现有民办学校应在2022年9月1日前全部实行非营利性和营利性分类管理。

重庆邮电大学移通学院作为独立学院，在重庆邮电大学的监督管理下，独立开展招生、教学教务等工作。转设完成后，重庆邮电大学移通学院将由独立学院变更为独立设置的民办普通高等学校。转设前后，重庆邮电大学移通学院主要资产、人员等均保持稳定，业务开展不会受到重大影响。

综上所述，重庆邮电大学移通学院的转设工作按照相关法律法规稳步推进，转设完成后学校的招生活动、教学教务活动不会发生重大变化。

（二）山西农业大学信息学院

根据《教育法》《民办教育促进法》《独立学院设置与管理办法》等法律法规规定，2020年8月，山西农业大学信息学院举办者山西泰古投资有限公司与山西农业大学签署了《山西农业大学信息学院转设协议》，就转设方案达成了一致意见。截至本招股说明书签署日，山西农业大学信息学院的转设申请已报送教育部审核。

同时，根据《山西省人民政府办公厅关于支持和规范社会力量兴办教育促进民办教育健康有序发展的若干意见》（晋政办发〔2018〕75 号）和《山西省民办学校分类登记实施办法》（晋教发〔2019〕39 号）规定，按照举办者自愿的原则，2016 年 11 月 7 日前设立的民办学校，选择登记为营利性民办学校的，应当进行财务清算，经有关部门和相关机构依法明确土地、校舍、办学积累等财产的权属，并缴纳相关税费，办理新的办学许可证，重新登记，继续办学。

山西农业大学信息学院作为独立学院，在山西农业大学的监督管理下，独立开展招生、教学教务等工作。山西农业大学信息学院转设完成后，其法律性质预计将由独立学院变更为独立设置的民办普通高等学校，招生活动、教学教务活动预计不会受到重大影响。

综上所述，山西农业大学信息学院的转设工作按照相关法律法规稳步推进，预计转设完成后学校的招生活动、教学教务活动不会受到重大影响。

三、重庆翔美等公司公允价值是否发生较大变动、是否需要对相关投资计提减值准备

根据第三方机构投资者和评估公司对重庆翔美的定价估值情况，弘成立业自 2016 年投资重庆翔美至今，其所持重庆翔美股权的公允价值由 3.97 亿元下降至 3.62 亿元，下降幅度约为 8.82%。整体来看，报告期内弘成立业投资重庆翔美股权的公允价值未发生较大变动。同时，2017 年度和 2018 年度，弘成立业所投资重庆翔美的股权未发生资产减值；2019 年起，弘成立业所投资重庆翔美的股权作为以公允价值计量且其变动计入其他综合收益的金融资产进行核算，不涉及减值计提事宜。

小兵评析

1. IPO 审核的发行人能否创办设立民办学校和学院，这个问题实践中也

有一些争议，如是否违反《民办教育促进法》的相关规定、是否对发行人的业绩存在重大影响、是否影响公司的合规运营等。

2. 本案例是发行人持有10%左右比例的子公司跟其他方合资开办了两个民办的学院，当然都是经过严格的审批且是证照齐全的学院。

3. 从这个案例来讲，规则上是允许公司创办独立学院的，只是从IPO审核的角度来说要关注是否合规运营，发行人的投资是否营利，是否存在减值的情况，毕竟独立学院都是民办非营利的机构。

4. 更加重要的是，2020年5月，教育部办公厅出台了《关于加快推进独立学院转设工作的实施方案》，关注发行人参股子公司设立的学院是否在执行这样的规定，执行这样的规定之后学院的经营情况是否会存在重大的不确定性，甚至存在较大损失等。

第二节 价格调整机制、境外并购

案例94 聚赛龙（创业板已过会，未上市）——因原材料价格波动触发价格调整机制的情形和处理思路

【问询问题】

请发行人：（1）说明报告期内发行人产品主动发起调涨价格次数、客户是否同意，客户要求调降产品价格的次数及幅度情况。（2）结合报告期内主要原材料的价格波动与发行人产品的实际调价情况，披露发行人与主要客户的“销售价格调整机制”是否有效执行，原材料价格波动风险能否实际传导至下游客户，并进一步完善相关风险提示。（3）结合报告期内及2020年前三季度主要原材料价格波动及对产品销售价格及毛利率的影响情况，进一步分析并披露原材料价格波动对发行人盈利能力的影响情况。

【披露信息】

改性塑料行业产品价格的制定通常采用主要原材料成本加上固定成本及合理利润空间确定，固定成本包括人工成本、制造费用等，合理利润空间根据客户和产品类别而定，通常考虑工艺复杂程度、产品技术性能指标、产品的开发难易程度、开发周期等因素，在合理区间内保持稳定。改性塑料产品的市场售价与原材料采购价格联动性较强，公司结合市场前景、竞争对手价格、客户期望价格等因素进行调整，与客户协商，确定最终产品价格。

考虑产业链价格传导的时效，公司与主要客户之间的产品定价和调价机制主要分为阶段性定价和临时性调价两种机制，具体情况如下：

一、阶段性定价的情况

阶段性定价，即公司根据市场原料涨跌幅、产品工艺、竞争情况等因素，与主要客户进行阶段（一定周期）议价的机制。公司与家电行业客户一般按照季度或者半年度进行议价，与汽车行业客户一般按照年度或半年度进行议价。

公司主要客户基本都按照一定的周期进行阶段性定价，该定价方式可以将原材料价格波动的影响部分传导至下游客户。其中，家电领域客户定价周期以季度或半年度为主，汽车领域客户定价周期以半年度或年度为主。

由于阶段定价存在一定的周期，且公司产品从原材料采购、投产到销售结算也需要一定的时间，该等时间差异导致因原材料价格波动而进行产品售价调整的机制可能存在一定的滞后性。

此外，对于其他年度销售额相对较小的客户，公司根据当期的市场价格、原材料价格走势等因素签订销售合同并根据逐笔合同进行销售定价。逐笔合同定价产品可以将原材料价格波动的影响部分传导至下游客户。由于公司存在原材料和产成品的备货，原材料采购时点早于产品结算时点，上述时间差异导致因原材料价格波动而进行产品售价调整的机制可能存在一定的滞后性。

二、临时性调价的情况

临时性调价，即由于改性塑料行业成本受原料价格的影响较大，为保障各方利益不严重受损，公司与部分主要客户还约定了临时销售价格调整机制，在原材料价格短时间内出现大幅度波动的情况下，双方可以在阶段性定价期尚未届满时协商重新定价。

报告期内，主要客户没有在阶段定价期内要求公司调降产品价格的情况。

三、发行人与主要客户的“销售价格调整机制”的执行情况

公司在业务开展过程中，依据卓创资讯等提供的市场价格数据对主要原材料价格波动情况进行监测。一般情况下，由于原材料市场价格可能受各种因素影响出现短时间波动，为避免过于频繁的价格调整和结合实际的可操作性，公司在主要原材料市场价格连续两月较上月同期涨幅超过10%的情况下，将会考虑主动与签署协议中约定了价格调整机制的客户就相关产品重新定价事宜进行协商。

报告期内虽主要原材料价格波动并未触发公司制定的调价条件，但公司综合衡量原材料价格波动情况及产品市场需求情况后，向主要客户发起过3次主动涨价要求，且均与客户协商通过。由此可见，公司与部分主要客户框架协议中关于“销售价格调整机制”的条款在实际业务合作中得以有效执行，在原材料价格波动较大的情况下，公司与客户具有一定的议价能力，可以将原材料价格波动风险一定程度上传导至下游客户。

四、发行人的调价机制符合行业通性

从产业链的角度来看，改性塑料企业位于大型石化企业与生产最终产品的制造企业之间，主要原料价格与大宗化工产品和国际原油的价格有较高关联性，营业成本中直接材料通常占比较大。受国际政治与经济因素影响，国际原油价格近年呈振荡走势，主要原材料化工产品价格在油价影响下处于相应的波动态势，对营业成本影响较大。

根据同行业上市公司的公开信息，发行人通过价格调整机制向下游客户部分传导原材料价格波动，且价格调整机制具有滞后性符合行业通性。

五、原材料价格波动对发行人盈利能力的影响

总体来看，公司主要产品的销售价格与原材料市场价格的变动趋势基本一致，但由于公司与主要客户采取阶段定价的交易模式，原材料价格波动对公司产品销售定价的传导存在一定的滞后性，导致产品毛利率受原材料成本短期波动的影响而有所变动。报告期内，公司产品毛利率整体相对稳定，公司能够在一定程度上将原材料价格波动的风险传导至下游客户，传导机制较为顺畅，保证了公司获得持续稳定的盈利能力。

小兵评析

1. 在 IPO 的审核案例中，有一类企业，具有以下典型特征：（1）他们产品对外销售的毛利率不会很高，多数在 20% ~30%；（2）生产成本中直接材料占比很高，一般要超过 70%；（3）根据敏感性分析，原材料的价格变动对于发行人毛利率的影响很大；（4）发行人产品销售价格的确定原则就是成本加成，即“固定成本加一定区间的稳定盈利水平”；（5）发行人一般会跟客户约定产品价格的调整机制，如等原材料价格波动达到一定水平，产品销售价格随即调整。

2. 关于产品销售的价格调整机制，一般有两种情形：一种是原材料价格上涨到一定区间，然后产品销售价格也会上涨一定幅度；另一种自然就是原材料价格下降到一定区间，产品销售价格也要相应下降。当然，在企业经营实践中，这种看起来非常明确的价格调整机制并不一定能够完全执行，甚至实际情况完全跟这样的原则相悖。

3. 这种价格调整机制，具体实践中可能存在的问题在于：（1）尽管原材料价格上涨幅度已经达到了约定的标准，但是客户拒绝调整价格或者后续调整

的协调周期很长；（2）原材料价格上涨幅度已经很大但是还没有达到约定的阈值，这种情况下产品价格不能调整，直接会大幅降低发行人毛利率；（3）原材料价格下降，尽管没有达到约定的标准，但是客户可以要求发行人进行降价销售。总而言之，在买方市场的竞争环境下，发行人作为供应商，要提高价格的难度很大，而还会时刻面临客户要求降价的竞争现实。另外，原材料价格的波动对于发行人产品销售价格的影响以及毛利率的影响存在时间差，需要一定的时间去传导，这对于我们解释价格波动对毛利率影响的敏感性，也存在一定的困难。

4. 具体到本案例发行人，发行人与主要客户约定了阶段定价的议价模式以及临时议价的模式，并约定了销售价格调整机制，在原材料价格短时间内出现大幅度波动的情况下可以协商重新定价。同时，发行人与部分主要客户签署的合同约定，客户有权随时要求发行人配合客户调降售价。若发行人要求调涨单价，则发行人须以书面方式提出，由客户书面确认执行。同样，发行人的调价机制在报告期内并没有触发很多次，但是也偶尔出现因为原材料价格波动而临时调整的情形，发行人就以这样的事实作为这样的价格调整机制有效性的依据。

案例95 新锐股份（688257）——境外并购的关注要点和核查思路

【问询问题】

根据首轮问询问题的回复，报告期内发行人存在收购澳洲 AMS 股权、收购迈特刀具主要经营资产、向锑玛工具转让思麦科 100% 股权、投资锑玛工具等情况。2016 年发行人子公司澳洲新锐收购了澳洲 AMS 的 51% 股权。截至股权购买日（2016 年 9 月 1 日）澳洲 AMS 设立尚不足 1 年，由于澳洲 AMS 承接了 APL 全部经营性资产和业务，因此以 APL 作为被收购方进行测算。APL 2015 年的营业收入占发行人 2015 年经审计的营业收入比例为 51.38%，且超过 5000 万元人民币，构成《科创板上市公司重大资产重组特别规定》规定的重大资产重组。APL 2015 财年的利润总额占发行人 2015 年经审计的利润总额的比例为 109.32%，应视为发行人的主营业务发生重大变化。2019 年发行人增持澳洲 AMS 的 19% 股权，本次收购股权无须发行人股东大会审议。收购澳洲 AMS 时交易双方约定了交易对价调整的对赌条款并执行完毕。发行人在收购澳洲 AMS 的 51% 股权、转让思麦科 100% 股权、认购锑玛工具定向增发股份等事项中均签署附条件合同。请发行人说明：（1）公司最近两年主营业务是否发生重大不利变化，收购完成后业务、资产、人员整合情况，是否存在纠纷或潜在纠纷；（2）报告期内，澳洲 AMS、美国 AMS 经营情况、主要财务数据、采购销售的主要内容；（3）相关合同所附条件的具体内容，是否存在其他利益安排。

【披露信息】

一、公司最近两年主营业务是否发生重大不利变化，收购完成后业务、资产、人员整合情况，是否存在纠纷或潜在纠纷

报告期内，发行人存在收购澳洲 AMS 股权、收购迈特刀具主要经营资产、向锑玛工具转让思麦科 100% 股权、投资锑玛工具等情形，前述投资行为均对发行人的生产经营产生一定程度的影响，现就是否导致主营业务发生重大不利变化，收购完成后业务、资产、人员整合情况，以及是否存在纠纷或潜在纠纷情况分析如下：

（一）2016 年收购澳洲 AMS 的 51% 股权

1. 主营业务是否发生重大不利变化

根据《上市公司重大资产重组管理办法》《科创板上市公司重大资产重组特别规定》的相关规定，以及《首发业务若干问题解答》（2020 年 6 月）的解释，发行人收购澳洲 AMS 股权为重大资产重组，且导致主营业务发生重大变化，但考虑到：

（1）该重大变化并非不利变化

2016 年，发行人因收购澳洲 AMS 导致主营业务重大变化，但 2017

年以来，发行人的产品和业务结构较为稳定，主营业务收入亦持续增长，因此，2016年主营业务的重大变化并非不利变化。

（2）变化发生时点至首次申报日已超过24个月

发行人2016年收购澳洲AMS导致的主营业务重大变化，至本次申报时点2020年10月，已超过45个月，且自2018年以来，发行人的产品和业务结构较为稳定，主营业务未发生重大变化。

综上所述，最近两年发行人主营业务未发生重大变化，符合《科创板首次公开发行股票注册管理办法（试行）》第12条的规定。

2. 收购完成后业务、资产、人员整合情况

（1）业务整合：澳洲AMS提供财务报表、资产、雇员、合同、税务等方面的准确信息，澳洲AMS与客户和供应商之间的所有协议和关系都处于良好状态，已向发行人提供每个雇员的信息及雇佣条件；澳洲AMS由其董事会负责总体发展方向和管理，董事会由5名董事组成，发行人任命3名；Emerald信托任命Andrew Andreou出任董事，发行人通过董事会决策重大事项以对澳洲AMS实施控制。

（2）资产整合：澳洲AMS提供财务报表、资产的准确信息，发行人选聘和派驻财务人员对澳洲AMS的资产进行清理和盘点；建立各项资产的日常管理制度；实际控制澳洲AMS各项资产的日常使用和管理。

（3）人员整合：澳洲AMS与现有主要经营团队签订劳动合同；约定交易双方竞业禁止义务：限制业务范围包括与澳洲AMS的业务或业务的细分领域相同、相似或有竞争关系的业务；限制区域为澳大利亚；限制期间为交易完成后5年内以及APL作为澳洲AMS股东的所有期间；竞业禁止身份包括个体经营、合作伙伴、股东、董事、高管、供应商、受托人等单独或与其他任何人联合经营。

3. 是否存在纠纷或潜在纠纷

自收购澳洲AMS以来，发行人与澳洲AMS的少数股东、外籍员工合作良好，澳洲AMS运行情况良好，营业收入持续增长，发行人对澳洲

AMS实施了有效控制。基于澳洲AMS收购和整合的成功经验，2018年发行人设立了美国AMS，2020年进一步增持澳洲AMS的股权，持股比例由51%增至70%。

截至本问询函回复日，发行人不存在因收购澳洲AMS产生的纠纷或潜在纠纷。

（二）2019年收购澳洲AMS的19%股权

本次收购前，澳洲AMS已经为发行人的控股子公司并纳入合并报表，因此，本次收购澳洲AMS的19%股权对于总资产、净资产、营业收入和利润总额均不构成影响。以2019年的财务报表为基础测算，收购澳洲AMS的19%股权对于财务报表的主要影响为增加发行人2019年的归属于母公司股东净利润553.18万元，占发行人2019年的归属于母公司股东净利润的比例为7.25%，对发行人的影响较小，不构成发行人主营业务的重大变化。

（三）收购迈特刀具主要经营资产、向锑玛工具转让思麦科100%股权、投资锑玛工具

1. 主营业务是否发生重大不利变化

综上所述，由于硬质合金刀具业务对发行人的影响很小，报告期内发行人对硬质合金刀具业务所做出的多次业务整合和资产重组均未造成主营业务的重大变化，亦未产生重大不利影响。

2. 收购完成后业务、资产、人员整合情况

报告期内，发行人收购迈特刀具主要经营资产和向锑玛工具转让思麦科100%股权均系围绕硬质合金刀具业务进行的业务整合和资产重组，过程中硬质合金刀具相关业务、资产和人员均相应地进行了彻底整合。

2017年，发行人收购迈特刀具主要经营性资产后，硬质合金刀具相关的业务、资产和人员均纳入发行人子公司思麦科。2018年2月5日，迈特刀具更名为苏州锐特新贸易有限公司，经营范围变更为“机械设备及配件、劳保用品的销售；企业管理咨询服务”；2019年12月26日，苏

州锐特新贸易有限公司完成注销登记。

2019年，发行人转让思麦科100%股权后，思麦科的业务、资产和人员亦相应地由锑玛工具进行整合和控制，2019年和2020年，发行人硬质合金刀具销售收入分别为99.36万元和0万元，发行人不再直接从事硬质合金刀具业务。

2019年，发行人投资锑玛工具并持有其20%的股权仅为投资行为，不涉及业务、资产和人员的整合。

3. 是否存在纠纷或潜在纠纷

发行人收购迈特刀具主要经营资产、向锑玛工具转让思麦科100%股权、投资锑玛工具的交易各方均履行了必要的审批程序，签署相关协议，交易完成至今各方不存在纠纷或潜在纠纷。

二、报告期内，澳洲AMS、美国AMS经营情况、主要财务数据、采购销售的主要内容

（一）澳洲AMS

发行人收购澳洲AMS前后，澳洲AMS的主营业务未发生变化，均为矿山探采工具及配套产品的销售与服务，除销售发行人的矿用硬质合金工具产品外，还为其矿山客户提供其他种类的矿用硬质合金工具及配套产品。澳洲AMS的主要业务区域为澳洲矿山企业和探采服务企业，包括FMG、必和必拓、DDH1等。

澳洲AMS专注于矿山探采工具及配套产品的销售与服务，为矿山企业和矿山探采服务企业提供探采耗材综合解决方案，不从事生产活动，因此上述产品中牙轮钻头为向发行人采购，其余均为对外采购所得。

（二）美国AMS

2018年起美国AMS开始经营，其主营业务与澳洲AMS相同，主要的业务区域为北美矿山，主要客户为力拓集团。

美国AMS亦不从事生产活动，因此上述产品中牙轮钻头为向发行人采购，其余产品均为对外采购所得。

三、相关合同所附条件的具体内容，是否存在其他利益安排

除上述合同生效条件外，发行人收购澳洲 AMS 股权、收购迈特刀具主要经营资产、向锑玛工具转让思麦科 100% 股权、投资锑玛工具等投资和业务重组过程中不存在其他利益安排。

小兵评析

1. 从披露的信息来看，发行人目前的 IPO 证券化的主要核心资产很大一部分来自 2016 年也就是 5 年前的一次跨国并购。

2. 2016 年，发行人收购了澳洲 AMS 51% 的股权，实现了控股和并表，而根据当初的财务数据，澳洲公司的利润总额超过了发行人本身的 100%，根据相关规则，非同一控制下的企业合并超过 100%，就构成了主营业务的重大变化，需要运行 24 个月才能符合科创板的上市条件。当然，到申报的时候，发行人这次并购确实已经超过了 24 个月，并且证明本次并购是发行人主营业务的产业升级，不会对发行人产生重大不利影响。

3. 企业并购最大的困难还是整合，包括业务整合和人员整合，发行人大规模的跨国并购到底效果怎么样，自然成为重点关注的问题。具体如下：（1）发行人收购之后是否能够全面控制澳洲公司的生产经营，剩余股权的少数股东毕竟是东道主是否干涉企业经营；（2）发行人在澳洲的业务是否依赖少数股东在澳洲当地的资源，是否对其存在重大依赖。对于上述两个问题，发行人的解释是收购之后效果很好，少数股东不直接参与经营；发行人 2019 年又收购了 19% 的股份进一步巩固了控制权，并且在澳洲又单独设立了子公司，进一步扩大业务规模和控制市场。

4. 发行人通过境外的有价值资产的并购，同时后续经过有效的整合，实现了公司做大做强的目标，这个路径虽然风险很大，但是还是值得提倡，至少从结果上来看，发行人也算是做了一个很好的榜样。当然，我们看起来容易，实际操作起来还是很难的，并且收购之后的很多处理是否真的像发行人说的那样美好，我们也不得而知。毕竟，并购有风险，境外并购更是如此。

第五章　现场督导

案例 96 之江生物（688317）——现场检查被出具警示函

【问询问题】

发行人 2019 年接受了证监会的现场检查工作。根据中国证监会 2019 年 7 月 5 日出具的《关于对上海之江生物科技股份有限公司采取出具警示函监管措施的决定》，“经查，我会发现你公司在申请首次公开发行股票并上市过程中，存在个人账户支付工资等费用、未披露控股股东等关联方与发行人发生资金往来、2016 年存在少计费用多计收入、设备管理不善、关联交易及内部组织结构披露与事实不符等问题”。请发行人提供前次申报的问询函及回复材料，并说明：（1）现场检查发现的具体问题，对现场检查相关问题的整改情况；（2）报告期内的会计差错更正对应的具体发生原因及内容。请发行人和保荐机构说明本次招股说明书较前次申报大幅简化产品分类的原因及合理性。

【披露信息】

一、现场检查发现的具体问题及整改情况

经发行人自查并比对《关于对上海之江生物科技股份有限公司采取出具警示函监管措施的决定》，现场检查涉及的问题详细列明如下：

（一）个人账户支付工资等费用

1. 具体问题

之江生物子公司杭州博康出纳个人卡农业银行6228480320416808××××账户实际视同公司账户使用并管理，该账户中部分零星进项和费用未及时核算。

（1）发行人存在通过其子公司杭州博康出纳名下的个人账户向部分员工支付工资的情况。实际执行过程中，该等工资均已计提，但系通过该个人卡进行发放，不存在体外代付工资薪酬的行为。

（2）该等个人卡除前述情况外，还存在部分零星进项及费用未及时核算入发行人体系的情形。

2. 整改情况

针对警示函关注的事项，发行人于2019年度强化资金内控及现金管理，禁止通过个人卡代付工资的行为，已完成对于杭州博康出纳个人账户的清理及整改。

（二）未披露控股股东等关联方与发行人发生资金往来

1. 具体问题

报告期前发行人由于疏忽未披露下列关联交易。

2. 整改情况

针对警示函关注的事项，发行人后续强化关联交易内控，强调关联方之间的资金往来必须经过前置流程审批，全部留痕并充分披露，对历史年度未披露关联交易依法履行程序予以追认。

2020年5月22日，公司第三届董事会第十四次会议审议通过《关于追认关联交易的议案》并同步于股转系统公告，完成对前述交易的追认。

（三）2016年存在少计费用多计收入

1. 具体问题

（1）2016年度费用计提跨期

发行人历史年度在各期末计提客户服务费时存在对于数家销售服务

商对应的客户服务费计提跨期及归集错误。

由于汇总错误，发行人于2016年度少计提与员工李启腾相关的股权激励费用8.23万元。

发行人2018年度向控股股东之江药业支付与资金占用相关的利息并在当年计提，该等利息实际对应包括2016年度、2017年度在内的历史年度，相应导致发行人存在财务费用跨期的情形。

（2）2016年度多计收入

发行人在2016年度与杭州索嘉的代理协议书中就返利予以约定，返利方式为抵充货款，后续杭州索嘉完成对应业绩，发行人由于疏忽未能根据合同识别该等返利，相应于2016年度存在多计收入的情况。

发行人2016年12月27日发货给深圳市罗湖区人民医院，终端医院实际签收日为2017年1月2日，该笔收入误确认入2016年度。

2. 整改情况

针对警示函关注的事项，（1）加强对销售人员管理，落实细化客户服务商备案制度，复核确认各期客户服务费计提是否充分、准确；（2）加强对费用跨期的管控与识别；（3）进一步加强对销售返利相关事项的识别与管控，针对约定的销售返利逐项复核判断其是否已兑现；（4）加强对于已发出商品的监控，关注其是否已为客户签收，强化对于收入跨期事项的识别。

发行人已完成对于警示函关注事项的追溯调整。

（四）设备管理不善

1. 具体问题

经销商泰州民信保溢在未通知发行人的情况下将公司投放在经销商的设备以销售的名义交付给终端医院。

2. 整改情况

针对警示函关注的问题，发行人健全出借固定资产的管理制度，通过实地盘点、维保等多种方式确认其所有权及使用状态。于《在外设备管理规程》中明确对于擅自对外销售发行人对其投放设备之经销商，发行人历史年度对其投放设备一律转为销售且后续不再对其进行设备投放。发行人于2019年度已将对泰州民信保溢的全部投放设备转为销售。

（五）关联交易及内部组织结构披露与事实不符

1. 具体问题

关联交易披露与事实不符系“（二）未披露控股股东等关联方与发行人发生资金往来”中所涉及的关联交易未在招股说明书披露。内部组织结构披露与事实不符系招股说明书中披露的内部组织结构未能与OA系统中保持一致，OA系统中未体现内审部，发行人控股股东财务审批人系发行人总经理邵俊斌先生，在内部控制上存在进一步加强空间。

2. 整改情况

针对警示函关注的问题，发行人后续保持OA系统与公司组织架构一致性。发行人总经理不再对控股股东财务事项进行审批。健全信息披露制度，通过建立健全多级复核机制确保信息披露与事实相一致。

二、报告期内的会计差错更正对应的具体发生原因及内容

发行人经审慎审查，发现公司前期会计处理中出现，差错及需要调整的事项。

2020年5月22日，公司第三届董事会第十四次会议审议通过《关于前期差错更正及追溯调整的议案》，具体如下：

1. 收入、费用调整（略）

2. 个别银行账户未及时核算（略）

3. Autrax分类、核算错误

公司仪器出库核算适用个别计价法，由于公司财务疏忽，2018年公司一台Autrax仪器成本结转计价错误，调减2018年主营业务成本262,790.52元，调增存货262,790.52元；

2018年销售的Autrax仪器前期计提的折旧未转出，2018年度调减主营业务成本127,187.26元，调减存货146,754.54元，调减累计折旧

273,941.80 元。

4. 金融资产重分类（略）

5. 政府补助重分类（略）

小兵评析

1. 发行人被证监会现场检查，因为存在问题被出具了警示函，最后通过整改成功上市。当然，这个企业还有一个特别之处，那就是：企业是在撤回材料之后仍旧被现场检查的企业。

2. 在证监会对发行人出具的警示函中，明确列示了发行人存在的相关问题，本次 IPO 申报自然也需要对这些问题进行重点关注并处理到位。从披露的信息来看，发行人存在的收入确认、内控管理、资金往来等方面的问题还是很多的，甚至还存在资金体外循环的情形。尽管发行人自我解释金额都不是很大，且很多问题发生在 2018 年之前，基本上都已经在报告期之外了，但是小兵总觉得发行人这样的解释思路有点避重就轻的感觉，发行人自我披露的相关瑕疵可能只是问题的冰山一角。

3. 当然，发行人通过了最终的审核，还是有两个很重要的原因的，一个是科创板实施注册制审核的理念，另一个就是发行人的主营业务跟核酸检测试剂相关。

案例 97　赛赫智能（科创板否决案例）——现场督导关注收入确认的证据是否完备

【问询问题】

保荐业务现场督导发现：（1）发行人境内多数销售合同含有初验、终验条款，报告期内收入金额 400 万元以上的 33 个项目（收入金额 3.53 亿元）中，有 17 个项目（收入金额 1.73 亿元）在合同及技术协议中约定了初验、终验两道验收，有 6 个项目（收入金额 8014.31 万元）实际验收流程中分为初验、终验。但保荐工作底稿中只有大连风神物流有限公司1个项目（收入金额439.66万元）存在两份验收单，其余项目保荐机构均只获取了一份验收单，并以此作为收入确认依据，且该验收单的内容无法清晰体现该时点是否已安装调试完成，达到预定可使用状态。(2) 部分境内项目合同约定了“如果由于乙方原因导致项目延期或者设备未通过终验收，甲方有权解除合同”等违约条款，保荐机构未充分说明该条款对发行人收入确认政策的影响。

【披露信息】

一、实际验收流程中分为初验、终验的6个项目是否获得终验收，相关收入确认的依据是否充分，设备验收单与安装调试的关系

（一）实际验收流程中分为初验、终验的6个项目是否获得终验收

除H19－A001项目尚未终验，其他项目均已获得终验收。

（二）相关收入确认的依据是否充分

发行人对于同时存在安装调试验收和终验收的项目，以安装调试完成验收作为收入确认时点，符合汽车智能制造装备行业的特点，相关收入确认的依据充分。

在同时存在安装调试验收、终验收的情况下，安装调试验收通过，是与收入相关的主要风险和报酬（或控制权）转移的时点，应当以安装调试验收通过的时点作为收入确认时点。

发行人上述项目以获取的安装调试时点验收单作为收入确认依据是充分的。同时根据获取的上述项目的终验收单或公开信息查询的终验收时点，可以判断上述项目安装调试验收完成时点的准确性。

（三）设备验收单与安装调试的关系

保荐机构及申报会计师核查了境内主要项目的验收单，根据业务实质判断，该等验收单是在安装调试完成后下游主机厂、一级供应商客户提供的，具体说明如下：

1. 从汽车行业智能制造生产线供应流程角度分析，生产线发往客户

现场安装后，一般需要进行安装调试验收、联调验收

(1) 安装调试验收主要验收生产线是否达到可使用状态，如车身生产线需要进行超声波设备调试、模拟空运行、实物装间测试等测试。该验收阶段涉及供应商的合同主要权利、义务是否完成，只有安装调试验收通过后，发行人才能将产品控制权移交（Hand - over）给下游客户，与收入相关的控制权、主要风险和报酬才发生转移。

(2) 终验收（联调验收）是进行生产线之间的信号、匹配度主要是解决生产线之间的匹配度，以达到量产的目的，该联调验收是下游客户自身主导进行，与发行人关系较小。

2. 下游客户只有在安装调试完成后，才愿意出具验收单

尽管下游客户签收的验收单未区分是否为安装调试验收或者终验收，但安装调试验收、终验收完成后，除了支付义务不同外，更重要的是主要的控制权、风险转移不同。由于安装调试完成，是涉及控制权、风险的转移最重要的步骤，客户只有在安装调试完成后才愿意出具验收单。

因此，发行人取得下游客户的验收单据，意味着安装调试已经完成。

二、具体列示存在终验收未通过违约条款的项目，该条款对收入确认政策的影响

部分项目合同违约责任中约定“如果由于乙方原因导致项目延期或者设备未通过终验收，甲方有权解除合同”，该部分条款为甲方合同中约定的保护性条款，发行人在项目实际执行过程中不会出现在安装调试完成之后由于发行人原因导致的客户终验收无法通过的情形。

由于发行人在产品发货至客户现场并安装调试验收合格后已完成了合同约定的主要履约义务，后续终验收主要是客户需要将发行人产品与其他工艺环节生产线一起联调，但联调主要解决生产线之间的匹配度问题，在发行人产品已安装调试验收通过的情况下，不会出现由于发行人原因导致的终验收不合格的情形，因此，上述项目中约定的违约责任不

影响发行人收入确认政策，发行人在设备安装调试完成后确认收入符合《企业会计准则》的规定。

小兵评析

1. 关于发行人现场督导的问题，主要是结论和底稿是否匹配的问题，还体现了一些细节和财务核查的基本操作问题，具体体现在：

（1）发行人很多项目在合同中约定了两个环节的验收，但是发行人只以第一次验收作为收入确认的时点，是否存在提前确认收入的情形呢？是否符合相关规定？

（2）保荐机构还根据第二个验收环节确认收入进行了模拟测算，结果就是收入确认的时点延迟了，只是这样的模拟测算有什么意义呢，为什么不以第二次验收作为收入确认的标准呢？

（3）发行人很多项目存在初验和终验的环节，但是只能取得一份验收单，那么这份验收单取得的依据和节点是什么？验收单与收入确认的标准是否保持一致？

（4）发行人某些验收单还存在跨期的情况，督导组自然会关注到收入确认是否准确。

2. 在现场督导的意见中，还有一个细节非常有意思：发行人存在某些月份大额领料的情况，在首次反馈意见回复中，保荐机构随便找了一个看似合理的理由进行了回复。根据项目操作的经验，小兵觉得这个理由肯定是发行人提供的，但是有点靠经验主义的意思，根本就没有考虑工作底稿的依据以及具体执行的情况。现场督导过程中发现了问题，项目组经过复核发现的原因根本就不是第一次回复里说的那个原因。第一次回复说的原因是客户有一些临时需求，而复核发现其存在入库延迟和时间差等情形。可能很多项目组都存在这种问题，要是没有现场督导，这样的问题也许根本就不会被发现。

案例98 均普智能（科创板已过会，未上市）——IPO运行时间满36个月的最新案例

【问询问题】

请发行人按照《公开发行证券的公司信息披露内容与格式准则第41号——科创板公司招股说明书》的规定，全面梳理“重大事项提示”各项内容，突出重大性，增强针对性，强化风险导向，删除冗余表述，按重要性进行排序，并补充、完善以下内容：（1）发行人主要资产来自境外收购，主要的采购、生产、销售活动均在境外；（2）扣除商誉后的净资产为负的风险；（3）受下游行业政策影响较大的风险；（4）发行人境内收入占比较少，境内市场有待进一步开拓。

【披露信息】

发行人主要资产来自境外收购，主要的生产经营活动在境外。发行人2017年先后收购了Preh IMA和Macarius GmbH，通过全球产业并购，发行人实现了全球业务布局，区域布局包括中国、德国、美国、奥地利、加拿大、克罗地亚等国，客户覆盖汽车工业、工业机电、消费品、医疗健康等领域。

报告期内，发行人主营业务收入中境外收入占比分别为96.16%、91.33%和81.76%，境外收入占比较大，发行人境内市场有待进一步开拓。发行人需通过进一步整合实现境外技术、客户和市场的境内持续转化与拓展，提高境内业务收入规模和占比。目前，发行人对于收购子公司的业务整合仍具有一定的不确定性，若发行人业务整合无法持续推进，将可能导致公司无法有效执行境外子公司内控管理体系，境外子公司经营管理不善，进而使公司业务整合和境内业务开拓不及预期的风险，将对公司经营产生不利影响。

截至2020年12月31日，公司合并报表商誉账面原值为73,850.69万元，账面净值为70,216.82万元。上述商誉系2017年并购所形成。报

告期期末，公司扣除商誉后的净资产余额为 -18,228.65 万元，公司存在商誉发生减值导致净资产为负的风险。

公司并购完成后，并购标的之一 PIA 美国 2018 年因部分较大项目执行不及预期以及新签订单金额下降，导致经营业绩有所下滑，2018 年公司对 PIA 美国产生的商誉计提了 3537.10 万元（不含外币报表折算差异）的减值准备。公司商誉涉及的境外子公司主要经营地受新冠肺炎疫情影响较为严重，部分订单执行不及预期。若新冠肺炎疫情无法得到有效控制，未来宏观经济、下游客户行业、市场环境等发生重大不利变化，或公司整合开拓未实现既定目标，则可能对公司的持续经营产生不利影响，公司将存在商誉减值的风险，从而导致净资产为负的风险，同时对公司经营业绩将造成较大不利影响。

小兵评析

1. 首发管理办法以及中国证监会《首发业务若干问题解答》都明确规定，有限责任公司按原账面净资产折股整体变更为股份有限公司的，持续经营时间可以从有限责任公司成立之日起计算。首发规则中的“最近 3 年”以 36 个月计。我国《会计法》明确规定了会计年度自公历 1 月 1 日起至 12 月 31 日止，从会计的角度看，3 年就是完整的 3 个会计年度的概念。证监会的历次培训都明确：法律上的“年”都是 12 个月的概念，会计上的“年”都是会计年度的概念。

2. 这样的话，其实是有争议的。如果按照首发规则中的规定，那么企业满 36 个月就可以申报 IPO。但是，既然要申报 IPO，就必然要根据会计准则申报财务报表。这里的财务报表可是要求“三年一期”的，这里的 3 年就是 3 个会计年度的概念。如果严格从这两个角度来看，那么 IPO 申报企业必须是满足 3 个完整会计年度才可以申报。

3. 科创板审核动态第一期中，对这个问题也做了说明：

问题5【三个完整年度会计报表】：申报企业成立满36个月，但没有3个完整年度会计报告的，能否申报科创板？

答：我国《会计法》明确规定了会计年度自公历1月1日起至12月31日止，同时，证监会《科创属性评价指引（试行）》规定的“最近三年营业收入复合增长率”亦应考虑第一年数据的可比性等。因此，对于发行人设立虽已满36个月，但尚无3个完整会计年度财务会计报告的情形，建议以3个完整会计年度的财务会计报告进行申报。

当然，上交所这个审核动态相当于一个业务总结或者会议纪要，是没有法律效力的，对于3个会计年度的申报的问题也只是建议，既然是建议你就可以不听。当然，这个争议实践中一直是存在的。只是，因为这种情况只有在新设上市主体的时候才会出现，并且随着审核要求越来越高，IPO财务核查要求越来越深入，一个企业就算是从设立到最终申报IPO，总是会有各种因素会拖延时间，到最终真正能够要去选择36个月还是3个会计年度的企业几乎没有。也就是这个原因，自三星电气之后，就再也没有运行满36个月申报IPO的企业。因而，尽管理论上一直有争议，实践中其实真正冲突的时候并不多。

4. 现在案例又来了，有人说这个企业申报的时候，科创板的审核动态还没有呢，但其实有没有都不重要，反正小兵认为这不是“窗口指导”。具体到本案例的情况：

（1）发行人成立于2017年1月10日，2017年6月前，发行人主要开展产业并购及业务开展前的资金、人员、场地等方面的准备，尚未开展实质性的经营业务，自发行人收购的Preh IMA和Macarius GmbH于2017年6月30日交割完成开始，发行人实际开展业务经营。

（2）均普有限由均胜集团和王剑峰于2017年1月10日共同出资设立，设立时公司类型为有限责任公司。2019年12月，均普有限按其经审计的账面净资产值折股，以发起设立方式整体变更为股份有限公司。均普有限的持续经营时间可以从有限责任公司成立之日起计算。

（3）2017年6月30日，PIA控股收购Preh IMA和Macarius GmbH均完成交割。发行人自完成前述交割后开展具体经营业务，至发行人本次发行上市申报之日（2020年9月）已超过36个月。

（4）因此，发行人系由均普有限按其经审计的账面净资产值折股整体变更设立的股份有限公司，其设立并实际开展业务经营至发行人本次发行上市申报之日起已满36个月以上，符合《科创板首次公开发行股票注册管理办法（试行）》第10条关于"持续经营三年以上"的要求。

5. 到底是3个会计年度还是3年，这个问题小兵觉得没有任何争议，有必要赶紧以规则的方式明确下来。当然，这还不是本案中的发行人所做的最出人意料的操作。发行人是2017年1月设立的，此时还没有进行实质经营，应于2017年6月购买了欧洲的一个公司才开始正式运行。发行人靠购买的这个欧洲的公司开始挣钱且IPO成功，同时形成了8.9亿元的商誉，而现在发行人的净资产只有7亿元，扣除商誉，发行人的净资产可是负数，亏空接近2亿元。截至2020年12月31日，公司合并报表商誉账面原值为73,850.69万元，账面净值为70,216.82万元。上述商誉系2017年并购所形成。报告期期末，公司扣除商誉后的净资产余额为-18,228.65万元，公司存在商誉发生减值导致净资产为负的风险。

PART 05

第五部分

注册制的底线

对于注册制，我们必须要有这样的基本理念和认识：对于 IPO，注册制不是不审核，注册制不是没有门槛和要求，注册制也不是 100% 审核通过。

在每次与大家分享时，我们都会统计当期的 IPO 否决的案例进行简要的统计分析，小兵认为这代表了 IPO 审核的底线，是必须不能轻易去碰触的。这次，我们统计了 2021 年完整的 IPO 否决案例并进行分析，在总结以往审核经验教训的同时，以期能对未来的工作有所指引。

2021 年度被否决的案例统计如下（按照审核时间排序）：

序号	发行人	板块	否决原因	否决时间	否决会议
1	速达股份	创业板	独立性	2021 年 1 月 20 日	创业板上市委 2021 年第 5 次审议会议
2	九恒条码	沪主板	业绩波动	2021 年 1 月 28 日	第十八届发审委 2021 年第 14 次会议
3	灿星文化	创业板	持续经营能力	2021 年 2 月 2 日	创业板上市委 2021 年第 9 次审议会议
4	运高股份	沪主板	单一客户依赖	2021 年 2 月 25 日	第十八届发审委 2021 年第 22 次会议
5	康鹏科技	科创板	安全环保	2021 年 3 月 17 日	科创板上市委 2021 年第 18 次审议会议
6	汇川物联	科创板	科创属性不足	2021 年 3 月 18 日	科创板上市委 2021 年第 19 次审议会议
7	华夏万卷	创业板	持续经营能力	2021 年 3 月 19 日	创业板上市委 2021 年第 17 次审议会议
8	鸿基节能	创业板	不符创业板定位	2021 年 3 月 25 日	创业板上市委 2021 年第 18 次审议会议

续表

序号	发行人	板块	否决原因	否决时间	否决会议
9	珈创生物	科创板	科创属性不足	2021 年 4 月 29 日	科创板上市委 2021 年第 27 次审议会议
10	林华医疗	沪主板	商业贿赂怀疑	2021 年 5 月 27 日	第十八届发审委 2021 年第 56 次会议
11	垦丰种业	沪主板	持续经营能力	2021 年 7 月 2 日	第十八届发审委 2021 年第 69 次会议
12	丁点儿股份	深主板	持续经营能力	2021 年 7 月 8 日	第十八届发审委 2021 年第 71 次会议
13	老铺黄金	深主板	持续经营能力	2021 年 7 月 22 日	第十八届发审委 2021 年第 78 次会议
14	赛赫智能	科创板	持续经营能力	2021 年 7 月 22 日	科创板上市委 2021 年第 49 次审议会议
15	新疆派特罗尔	沪主板	单一客户依赖	2021 年 9 月 2 日	第十八届发审委 2021 年第 93 次会议
16	天地环保	科创板	关联交易不公允	2021 年 9 月 3 日	科创板上市委 2021 年第 63 次审议会议
17	海和药物	科创板	自主研发能力不足	2021 年 9 月 17 日	科创板上市委 2021 年第 70 次审议会议
18	吉凯基因	科创板	持续经营能力	2021 年 9 月 22 日	科创板上市委 2021 年第 71 次审议会议
19	鲁华泓锦	创业板	独立性	2021 年 9 月 23 日	创业板上市委 2021 年第 60 次审议会议
20	德纳股份	沪主板	股东立案调查	2021 年 9 月 29 日	第十八届发审委 2021 年第 106 次会议
21	涧光股份	沪主板	持续经营能力	2021 年 10 月 14 日	第十八届发审委 2021 年第 110 次会议

续表

序号	发行人	板块	否决原因	否决时间	否决会议
22	才府玻璃	深主板	持续经营能力	2021 年 11 月 11 日	第十八届发审委 2021 年第 121 次会议
23	正和科技	深主板	单一客户依赖	2021 年 11 月 18 日	第十八届发审委 2021 年第 124 次会议
24	菲仕技术	科创板	科创属性不足	2021 年 11 月 24 日	科创板上市委 2021 年第 88 次审议会议
25	梦金园	深主板	持续经营能力	2021 年 11 月 25 日	第十八届发审委 2021 年第 127 次会议
26	华泰永创	创业板	持续经营能力	2021 年 11 月 25 日	创业板上市委 2021 年第 68 次审议会议
27	世佳科技	创业板	持续经营能力	2021 年 12 月 16 日	创业板上市委 2021 年第 71 次审议会议
28	华南装饰	深主板	持续经营能力	2021 年 12 月 16 日	第十八届发审委 2021 年第 137 次会议
29	扬瑞新材	创业板	关联交易不公允	2021 年 12 月 17 日	创业板上市委 2021 年第 72 次审议会议

第一章　独 立 性

案例99　速达股份（创业板否决案例）——业务不具有完全独立性

【问询问题】

1. 请发行人代表进一步说明：(1) 郑煤机对发行人存在重大影响而不构成实际控制的理由；(2) 发行人第一大股东李锡元与贾建国、李优生形成一致行动关系的背景，是否系为避免将郑煤机认定为实际控制人或共同实际控制人而进行的相关安排。请保荐人代表发表明确意见。

2. 报告期内，发行人与郑煤机存在较多关联交易，且客户、供应商存在重叠，发行人为郑煤机客户提供免费的质保期服务，并接受郑煤机派驻的财务人员。请发行人代表进一步说明：(1) 发行人与郑煤机关联交易的定价依据及合理性，相关交易是否公允；(2) 发行人直接面向市场独立获取订单的能力；(3) 发行人对郑煤机的依赖是否对发行人的持续经营能力构成重大不利影响。请保荐人代表发表明确意见。

【披露信息】

发行人是一家专注于机械设备全寿命周期管理的专业化服务公司，业务主要围绕煤炭综采设备液压支架开展，为煤炭生产企业提供备品配件供应管理、维修与再制造、全寿命周期专业化总包服务、二手设备租售等综合后市场服务，并为机械设备生产商提供流体连接件产品。发行人服务或产品涉足煤炭综采设备和工程机械两个领域。

报告期内，发行人利润表主要数据如下：

单位：万元

项目	2020 年 1～6 月	2019 年度	2018 年度	2017 年度
营业收入	29,399.38	61,861.34	62,953.13	44,995.24
营业利润	5288.72	9034.26	13,474.33	10,297.49
利润总额	5425.19	8948.04	13,401.44	10,263.93
净利润	4064.40	6860.13	10,423.88	7562.58
归属于母公司所有的净利润	4064.40	6874.22	10,444.08	7529.08

小兵评析

1. 郑煤机是发行人的第二大股东，持有发行人 29.82% 的股份，而第一大股东的持股比例仅为 30.02%，差距微乎其微。郑煤机是河南最大的煤炭生产机械企业，发行人主要就是做煤机售后和配套的，同样也是河南的企业，发行人是否靠郑煤机起家，是否还有其他的隐藏历史，不得而知。

2. 如果单纯从规则的角度来说，发行人将三位创始股东认定为共同实际控制人也具有合理性，毕竟三个人确实都是从 2009 年公司设立就一起创业。需要注意的是，三个股东中有两个人以前可是在郑煤机工作的。尽管郑煤机持有发行人 29.82% 的股份，且是公司第二大股东，如果其单纯就是一个财务投资者，不参与公司的具体生产经营，那么，不将其认定为实际控制人也具有商业合理性。

3. 报告期内，发行人向郑煤机关联采购的比例分别为 12.11%、11.84%、5.72% 和 11.37%，关联销售的比例分别为 22.84%、14.32%、18.81% 和 28.47%。发行人和郑煤机之间存在客户和供应商重叠的情形。发行人同时存在向郑煤机关联采购和关联销售的情形，且郑煤机一直都是发行人的第二大客户。

4. 在 IPO 审核实践中，本身对于既是客户又是供应商的情形都会格外关注，不仅关注合作的合理性，更关注业务的独立性。发行人不仅存在这种客户和供应商重叠的情况，其重要的供应商和客户竟然还是发行人的第二大股东。在这种情形下，要打消别人的疑问，实在是太难了。

5. 假定郑煤机的客户不存在，那么，发行人是否还符合 IPO 的基本标准呢？小兵认为，发行人还是符合 IPO 基本要求的，但是发行人是否真正具备独立的经营能力，跟郑煤机是否还有其他千丝万缕的联系，这才是最让人担忧的。

案例 100 鲁华泓锦（创业板否决案例）——业务独立性存在重大障碍

【问询问题】

1. 报告期各期，发行人向中石化的采购金额占比超过 70%，中石化同时是发行人的第一大客户，且中石化下属公司与发行人从事类似业务。发行人对中石化的平均销售毛利率低于其他客户。请发行人：(1) 结合与中石化合作的稳定性和持续性，说明发行人对中石化是否存在重大依赖，是否对发行人持续经营能力构成重大不利影响；(2) 说明中石化下属公司从事类似业务对发行人业务的影响。请保荐人发表明确意见。

2. 报告期内，发行人实际控制人郭强与其亲属、发行人员工存在大额资金往来。请发行人说明：(1) 相关资金往来的具体情况、原因和合理性；(2) 发行人资金管理相关内部控制制度是否存在较大缺陷，是否存在应披露而未披露的重要信息。请保荐人发表明确意见。

【披露信息】

发行人是一家专业从事高分子新材料研发、生产和销售的高新技术企业。公司从创立之初即致力于裂解乙烯的副产物——碳五、碳九的综合加工利用，不断延伸产业链，持续开发符合市场需求的新产品、新材料。公司通过对裂解碳五、碳九进行精细分离和深加工，研发、生产和销售高性能、高附加值的树脂、橡胶等高分子新材料，相关产品广泛应用于胶黏剂、橡胶助剂、橡胶制品、路标漆、油墨、涂料等下游产品，以及卫生用品、医药材料、包装材料、汽车饰材等终端应用领域。

报告期内，发行人利润表主要数据如下：

单位：万元

项目	2020年度	2019年度	2018年度
营业收入	206,573.12	254,596.60	261,249.06
营业利润	17,597.38	18,549.84	12,807.63
利润总额	16,973.12	18,496.04	12,391.42
净利润	14,695.10	16,817.77	11,445.89

小兵评析

1. 我们经常遇到一类企业进行IPO，即发行人是从某个大型国企的某个部门或者某类业务起家，在独立发展后申请IPO。这时，我们需要判断一个核心问题：是青出于蓝而胜于蓝，还是大树底下好乘凉。

2. 这个企业尽管从国企起家，但是后续的发展已经完全独立，不仅具有市场竞争力，且客户结构也发生了优化和调整，是符合IPO条件的。那么，就算原来的国企仍旧是发行人的供应商或者客户，也主要是因为行业发展的原因或者历史的原因，仍旧符合商业竞争规律。换句话说，就算是企业跟原来的老东家持续进行合作，那也是真刀真枪凭本事拿下来的，如果是这种情况，那么IPO没有任何障碍。

3. 另一种情况，发行人尽管在形式上是独立发展了，但是总让人感觉无法“断奶”，无法真正独立发展从而提升自己的市场竞争力。尽管有时候这样的企业业绩规模也很大，也对原来老东家的大规模采购或者销售做了详细的解释，但还是会让人对于其业务独立性存在质疑。

4. 具体到本案例，发行人就属于后一种情况。发行人起家于中石化这个大家庭的某一个小类型业务，尽管后来独立发展，但还是主要依赖中石化的业务发展提供的“食粮”。尽管发行人报告期内业绩稳定增长且都在 1 亿元以上，但是现在其业务独立性是无法保证的，也就不符合 IPO 上市标准。

5. 贡献发行人 2020 年净利润 44% 的全资子公司天津鲁华先后受到 42 项涉及生产安全、1 项涉及生态安全的行政处罚，且还有 2 项涉及生态安全的违法违规行为可能受到有关部门的行政处罚。对于发行人这样一个化工企业来说，这也是需要重点关注的一个合规问题。

6. 此外，发行人及 2 名保代还曾被证监会警示：（1）2019 年 7 月 8 日，公司收到证监会的警示函。证监会发现公司在申请首次公开发行股票并上市的过程中，存在未对有关固定资产进行减值测试、部分固定资产入账价值不准确、部分修理费确认不及时、部分政府补助的会计处理不恰当、收入确认会计政策及应收票据的信息披露与事实不符等问题。（2）2021 年 4 月 6 日，两名保代陈万里、赵峰被证监会警示，原因是这两名保代在担任淄博鲁华泓锦新材料首次公开发行股票并上市保荐代表人过程中，未勤勉尽责，对发行人应收款项、固定资产、股权变动等情况的核查不充分。

案例 101 垦丰种业（沪主板否决案例）——净利润主要来自关联交易，且连续三年大幅下滑

【问询问题】

1. 发行人主要收入来源于 KWS 授权种子的销售收入，主要利润来源于发行人与 KWS 合资设立的垦丰科沃施公司。报告期关联交易金额较大，对申请人及垦丰科沃施（合资子公司）的利润影响重大。请发行人代表：（1）说明不认定 KWS 为发行人关联方以及发行人不存在对 KWS 重大依赖的原因和合理性；（2）说明发行人向 KWS 支付特许权使用费的定价是否公允，是否存在通过特许权使用费调节发行人利润的情况；（3）说明发行人是否存在与 KWS 合作中断的风险，发行人持续经营及盈利能力

是否存在重大不确定性，相关风险是否充分披露；（4）结合垦丰科沃施合资合同、章程中规定的须董事会全体董事一致通过的相关事项，说明发行人将垦丰科沃施纳入合并报表范围是否符合《企业会计准则》的相关规定。请保荐代表人说明核查依据、过程，并发表明确核查意见。

2. 报告期内，发行人经营业绩大幅下降。请发行人代表说明：（1）发行人在2020年度收入上涨的情形下，扣非后归母净利润大幅度下降的原因及合理性；（2）2020年度毛利率下降的具体原因；（3）发行人的行业地位或发行人所处行业的经营环境是否已经或者将要发生重大变化，是否会对发行人的持续盈利能力构成重大不利影响，是否符合发行条件。请保荐代表人说明核查依据、过程，并发表明确核查意见。

【披露信息】

发行人主要从事农作物种子的研发、生产、加工、销售和服务，目前主要产品包括玉米种子、水稻种子、大豆种子等农作物种子，是一家多作物经营的现代化大型国有控股种业公司。

截至2021年3月26日，黑龙江北大荒种业集团有限公司持有公司225,845,100股股份，占公司股本总数的47.73%，为公司控股股东。种业集团为北大荒农垦集团有限公司全资子公司，北大荒集团为公司实际控制人。

报告期内，发行人利润表主要数据如下：

单位：万元

项目	2020年度	2019年度	2018年度
营业收入	145,506.56	138,028.79	165,160.81
营业利润	9243.52	13,511.29	17,982.78
利润总额	9464.69	14,013.91	18,136.15
净利润	6731.42	12,341.25	17,174.92

小兵评析

1. 发行人主营业务就是农作物种子研发、生产和销售。种子也算是我国的战略性物资，因而从行业上来讲，理应是IPO审核需要支持的行业。发行人的实际控制人是北大荒集团，也是黑龙江最著名的国企之一，有这样的“大树”发行人自然也好乘凉。

2. 注册制的IPO审核理念进一步深入，之前过会的青岛食品，不论是行业还是经营业绩都不是那么突出，但依然成功过会，证明了现在绝对是IPO的一个好时代。此外，据媒体报道，为了这个企业的IPO，相关的多个部门不同级别的领导多次沟通想着保驾护航，确保万无一失。

3. 从小兵的角度来看，无论是外部因素还是内部因素，上面提到的算是发行人IPO审核的利好因素。为什么这么多利好因素，还是没有保证发行人IPO成功呢？发行人未通过审核的最核心的因素就是：发行人报告期内扣非归母净利润连续三年大幅下滑，从2018年的1.4亿元下降至2019年的8800万元，而到了2020年也是最关键的报告期最后一年，直接断崖式下跌至3300万元，下降幅度超过了50%。

4. 不管有多少外部的因素加成，也不管IPO审核的理念怎么改变，企业的经营业绩，尤其是企业的市场竞争力和话语权，永远都是IPO审核的本质和核心。发行人净利润连续三年大幅下滑，足以否决这个企业，其实发行人还存在更严重的问题：

（1）发行人原本就是主要靠代理销售一个境外客户的种子取得收益的，后来发行人与这个境外客户设立合资公司，发行人原本的业务全部转移到这个合资公司，而发行人尽管控股该合资公司，但是只持有51%的股份。这说明发行人在跟这个境外客户合作方面，根本就没有话语权，也是因为没有话语权，才白白把49%的收益分给了别人。

（2）发行人2020年关联交易的金额从400万元直接飙升到1.4亿元，占比接近20%，大家可以试想一下，如果没有这个关联交易，发行人2020年的业绩会有多惨淡。

（3）还有一点不能忽略，发行人净利润大幅下滑是在收入变化并不剧烈的情况下发生的，自然也就反映出发行人毛利率水平持续下滑的事实，这更加让人担心发行人未来是否具备足够的市场竞争力和持续经营能力。小兵一直认为，毛利率是对企业技术含量、市场地位、合作话语权等方面最直接也是最综合的一个反映。

案例 102 海和药物（科创板否决案例）——自主研发能力不足

【问询问题】

1. 请发行人代表：（1）对照口服紫杉醇（RMX3001）、AL3810、SCC244 等核心产品相关适应证的最新临床试验结果，说明该等产品在国内外的开发策略、适应证及联合用药的拓展方向、产品注册路径及预计时间表；（2）结合同一产品或竞品在国外临床试验及上市审批的最新结果，说明发行人对上述核心产品的临床试验及上市审批风险是否充分估计并准确披露。请保荐代表人发表明确意见。

2. 请发行人代表：（1）说明发行人与韩国大化、药物所等主要合作方在核心产品研发过程中的分工情况；（2）说明为何报告期内，在通过化合物专利权受让方式与药物所合作的核心产品在后续研发过程中，均委托药物所进行外包研发服务，而在与韩国大化合作产品的后续研发中，并未委托药物所进行外包研发服务，该等情形是否表明，发行人在与药物所合作产品的后续研发中，对药物所持续构成技术依赖；（3）结合发行人已开展二期以上临床试验的核心产品均源自授权引进或合作研发的情况，说明发行人是否独立自主对引进或合作开发的核心产品进行过实质性改进且未对合作方构成持续技术依赖，说明发行人关于科创板定位的自我评价是否真实、准确、完整。请保荐代表人发表明确意见。

3. 请发行人代表：（1）说明发行人关于“自身具有独立完备的化合物专利的发明能力，而新药研发的科技创新工作并不停留在化合物发现层面”的理解，并陈述相关理由；（2）说明化合物早期发现对新药成功研发的作用；（3）分析目前以合作研发与授权引进为主的研发模式对自身竞争力的影响。请保荐代表人发表明确意见。

【披露信息】

海和药物是一家专注于抗肿瘤创新药物发现、开发、生产及商业化的中国领先的自主创新生物技术公司，以“海纳百川，和谐共赢，创新为本，造福人类”为使命，坚持走自主创新为主的道路，寻求创新药物的国际开发之路，为全球癌症患者带来改善生活质量和挽救生命的疗法。

报告期内，发行人利润表主要数据如下：

单位：元

项目	2020 年度	2019 年度	2018 年度
营业收入	—	15,379,056.59	18,750,000.00
营业利润	-714,668,559.85	-302,049,088.35	-429,177,568.38
利润总额	-714,475,579.81	-302,061,231.35	-428,131,477.76
净利润	-709,008,926.34	-300,891,506.62	-427,936,523.64

小兵评析

1. 海和药物成为注册制下第一家暂缓后二次上会被否的医药企业，从问询问题看来，审核机构关注的核心要点仍集中于发行人的自主研发能力。

2. 海和药物自成立以来共计 19 个项目中，除 HH3806 项目外，均为授权引进或合作研发，几乎没有自己研发的专利。与此相关的反馈问题多是关于技术的真伪、原创性、是否依赖外部研发等方面问题。

第二章　业绩波动及持续经营能力

案例103　九恒条码（沪主板否决案例）——业绩波动很大，应收账款大量逾期

【问询问题】

报告期各期末发行人应收账款及逾期金额较大，主要逾期客户为霖格集团，发行人对该客户按照账龄计提坏账。请发行人代表：（1）说明霖格集团应收款项账龄划分是否准确、合理，在霖格集团逾期账款持续增加的情况下，仅按普通账龄法计提减值准备的依据是否足够充分，未列入单独评估信用风险的原因及合理性，是否存在少计提坏账准备调节利润的情形；（2）结合霖格集团的实际经营状况及财务状况，说明在报告期每年客户回款金额低于销售金额的情况下，发行人仍然持续与其发生大额销售的商业合理性，截至目前，发行人与对方客户还款计划的执行进展与可实现性；（3）说明发行人与霖格集团以及霖格集团与DHL、马来西亚邮政的合作是否存在不确定性。请保荐代表人说明核查依据、过程，并发表明确核查意见。

【披露信息】

发行人致力于快递物流应用材料产品的研发、生产和销售业务，发行人产品涵盖电子面单、快递运单及快递包装材料等全系列快递物流应用材料产品。

报告期内，发行人利润表主要数据如下：

单位：万元

项目	2019 年度	2018 年度	2017 年度
营业收入	149,313.34	141,563.81	99,004.42
营业利润	7631.45	12,299.89	4841.40
利润总额	7725.00	12,195.90	4393.70
净利润	6802.30	10,253.60	3107.02
归属于母公司所有者的净利润	6802.30	10,253.60	3107.02
扣除非经常性损益后归属于母公司所有者的净利润	6054.80	7779.41	5955.64

小兵评析

1. 发行人报告期各期末，应收账款余额分别为 29,398.10 万元、36,853.96 万元和 50,188.65 万元，占同期营业收入的比例分别为 29.69%、26.03%和 33.61%，1 年以内应收账款余额占比均在 89%左右。如果发行人客户的经营情况发生不利变化，则应收账款产生坏账的风险将增大。

2. 发行人的主要逾期客户为霖格集团，霖格集团系公司拓展海外业务的重要客户来源，其主要代 DHL、马来西亚邮政等客户采购公司商品。发行人称上述客户均拥有良好资信和背景，霖格集团和上述客户合作长期稳定，具有持续经营能力。截至报告期期末，发行人对霖格集团应收账款期末余额为 7665.95 万元，按预期信用损失率计提坏账准备 1311.74 万元，这样的计提比例是否合理呢，审核机构也质疑发行人是否存在少计提坏账准备调节利润的情形。

3. 在每年客户回款金额低于销售金额的情况下，发行人仍然持续与其发生大额销售，这样的商业合理性同样令人生疑。发行人解释如下：霖格集团在马来西亚经营房地产开发业务，受行业环境影响，资金链较紧张，为保持与霖格集团业务的正常运营和兼顾出口业务的整体发展，维持与国际快递业巨头的业务发展，公司继续与霖格集团保持合作。这种逼近真实又无奈的解释显得有些苍白无力。

4. 问询问题中提到的关联交易，我们在公开披露文件中未找到更多信息。李拥是一个值得关注的人物，他与发行人实控人是多年好友，系添城纸业及拥城电子的控股股东，其持股或任职的多家公司与发行人实际控制人及其配偶存在股权或合作关系，审核机构关注关联交易中是否存在通过资金往来进行利益输送的行为。

案例104 华夏万卷（创业板否决案例）——业务主要来自一名书法家字帖，且存在重大诉讼

【问询问题】

1. 发行人自2006~2020年，未经认证或申请流程，在部分产品封面印有“教育部门推荐练字用书”字样。请发行人代表说明：（1）是否违反相关法律法规的规定，是否属于重大违法行为；（2）发行人的内控制度是否健全且被有效执行，能够合理保证发行人经营合法合规。请保荐人代表发表明确意见。

2. 报告期内，发行人在部分产品封面印有“教育部门推荐练字用书”字样，发行人及其相关经销商被消费者投诉举报。请发行人代表说明原因及风险。请保荐人代表发表明确意见。

3. 请发行人代表说明与田英章著作权许可使用合同纠纷诉讼再审情况，其结果对发行人持续经营是否存在重大不利影响。请保荐人代表发表明确意见。

【披露信息】

发行人是一家以硬软笔书法内容创意为核心的文化企业，主营业务包括字帖图书的策划、内容制作、发行及相关文化用品的开发与销售。

报告期内，发行人利润表主要数据如下：

单位：元

项目	2020 年 1～6 月	2019 年度	2018 年度	2017 年度
营业总收入	87,693,340.51	234,614,729.63	195,996,921.66	155,587,820.30
营业利润	19,696,984.83	75,608,927.97	62,816,572.56	46,212,410.63
利润总额	21,737,414.45	75,849,854.32	62,031,633.90	45,851,680.63
净利润	18,470,002.07	64,113,936.05	52,372,033.81	37,676,428.89
归属于母公司股东的净利润	18,470,002.07	64,113,936.05	52,372,033.81	38,176,115.31

小兵评析

1. 发行人是一家以硬软笔书法内容创意为核心的文化企业，主营业务包括字帖图书的策划、内容制作、发行及相关文化用品的开发与销售。2020 年 12 月首次上会时，发行人被暂缓审议，2021 年 3 月再次上会最终被否。

2. 在 3 月的上市委会议中，监管层再度追问公司涉嫌违规宣传，以及与田英章著作权许可使用合同纠纷诉讼再审情况。

3. 发行人的业务比较特殊：与著名的书法家签合同，书法家给发行人提供范字，发行人根据这些范字出版各种出版物，然后跟书法家进行稿酬的分配。这个行业看起来不错，但是规模又好像没有那么大，并且未来的发展也存在很大的制约因素。发行人的营业收入 2019 年超过了 2 亿元，发行人这样的营业规模在整个行业已经有了足够的市场地位。发行人在行业 Top100 畅销书中有接近一半的数量，发行人在整个行业的市场份额也接近了 30%。

4. 发行人本身所处的行业存在发展的制约，同时自身的经营也出现了重大的风险，那就是，发行人与田英章存在重大诉讼。发行人与田英章于 2004 年开始合作，并且后来成为发行人营业收入的最大来源，田英章相关作品占发行人营业收入的比例最高可以接近 80%。这基本上可以说是一个人养活了一个企业，但是一个人怎么可能养活一个上市公司呢?

5. 这种字帖类出版物的版税稿酬的计算方法跟小说类的不一样：出版社

是根据书法家提供的范字数量以及销售的规模计算稿酬，而不是直接根据出版的图书的数量核定稿酬。这也是书法家和出版社存在争议和引起诉讼的地方。书法家认为只要书出版了就应该付钱，发行人认为是根据范字给钱，书再版或者修订不涉及支付版税。

6. 尽管发行人一审和二审都胜诉了，但是这个养活公司的书法家肯定以后不会跟发行人合作了，这显然是最大的问题。发行人显然也知道这个问题的严重性，积极开拓其他的业务，同时将某些出版物的字体直接从田英章替换为其他的书法家，田英章最后一年收入的占比只有30%。田英章销售收入占比降低，既是发行人主动调整战略的结果，也是无奈的结果。因为田英章不会再提供新的范字，也不会有新的业务合作，那么，发行人后续关于田英章字帖的收入都是历史存货提供的，自然会降低。

7. 发行人经历了三次问询，每次都重点关注了田英章诉讼的问题，当然关注的问题很全面也很细致，大家可以结合案例的描述进行参考。小兵帮大家总结了几个要点：（1）发行人在合同期内还可以继续出版和销售田英章的作品，销售没有问题，可是出版是否有争议；（2）发行人的存货是否存在跌价的风险，是否需要进行重新估值；（3）发行人在“后田英章时代”该如何进行规划，新的替代者能否弥补这样的损失。

8. 发行人披露，发行人还存在私自使用“教育部门推荐练字用书”等字样，这个问题在后来上会中也被重点关注。

案例105 赛赫智能（科创板否决案例）——报告期持续亏损且亏损额瞬间放大，持续经营能力存在疑问

【问询问题】

1. 请发行人代表说明是否已向合肥市肥东县人民政府提交关于延后发行人对爱斯伯特出资期限的申请，预计何时可以获得肥东县人民政府的相关批复，是否存在实质性障碍。若无法及时获得上述批复，发行人是否面临丧失对爱斯伯特控制权的风险，以及是否对发行人的经营业绩

构成重大不利影响？请保荐代表人发表明确意见。

2. 请发行人代表说明如果其未能按时支付与收购 Expert 相关或有对价的违约责任和法律后果，以及如果 CMBC 并购贷款未能按时偿还，CMBC 行使股份质押权的法律后果，是否存在发行人丧失对相关境外子公司控制权的风险，进而对发行人的持续经营能力产生重大不利影响。请保荐代表人发表明确意见。

【披露信息】

公司属于智能制造装备行业，主营业务为汽车车身成型系统、总装系统的研发、生产、销售。目前销售的主要产品包括车身成型系统、车轮装配与检测系统、其他整车总装与整车下线检测系统等三大主要产品。此外，公司业务逐步拓展到航空航天、医用自动化设备、实验室试验设备等行业，报告期内实现少量收入。

报告期内，发行人利润表主要数据如下：

单位：万元

项目	2020 年度	2019 年度	2018 年度
营业收入	60,703.85	66,718.65	35,200.15
营业利润	-11,357.24	-657.21	-836.05
利润总额	-11,375.16	-736.90	-955.03
净利润	-10,459.23	-340.92	-737.57

小兵评析

1. 发行人是一家尚未盈利的智能制造装备企业，截至 2020 年年末，公司累计未分配利润为 -19,140.50 万元。在未来一段时间内，研发费用投入较大，可能导致未来一段时间仍无法盈利。

2. 科创板的上市标准虽然明确允许持续亏损的公司上市，但是前提是公司的生产经营是稳定的，尽管目前仍旧亏损但是未来盈利能力还是稳固和提高的。发行人 2020 年瞬间将亏损放大到 1 亿元以上，显然体现了持续经营能力的不稳定。

3. 虽然发行人报告期内营业收入分别为 35,200.15 万元、66,718.65 万元和 60,703.85 万元，2018~2020 年复合增长率为 31.32%，但导致营业收入增长的原因系海外并购做出了较大的贡献。

4. 发行人主要资产均已被质押和抵押，审核机构重点关注了发行人的偿债能力和偿债风险，最终认为不符合科创板上市条件，予以否决。

案例 106 丁点儿股份（深主板否决案例）——业绩规模不符合 IPO 隐形门槛

【问询问题】

1. 报告期发行人经销商模式收入占比 93% 以上。请发行人代表说明：(1) 经销商与发行人、主要股东、董监高等是否存在关联关系、异常交易或非交易性资金往来；(2) 向主要经销商的销售金额与该等客户自身经营规模和财务状况是否匹配，上述经销商是否存在主要销售发行人产品的情况；(3) 报告期主要产品大幅调价的商业合理性，是否存在经销商亏损经营的情形，向不同经销商销售的产品价格存在差异的原因及合理性；(4) 发行人设立少数股东持股比例较大的浙江丁点儿的商业合理性，浙江丁点儿的客户构成是否合理；(5) 报告期各项搭赠方案多次调整的原因，搭赠量与销量是否具有匹配关系；(6) 2020 年扣非归母净利润较 2019 年下降的主要因素，是否存在持续下滑风险，持续盈利能力是否发生重大不利变化；(7) 报告期经销商最终销售实现情况，是否存在向经销商压货、虚增收入的情况，是否符合《首发业务若干问题解答》相关要求。请保荐代表人说明核查依据、过程并发表明确核查意见。

2. 发行人存货以自制半成品为主，报告期各期末余额变动较大，且存货周转率低于同行业可比公司。请发行人代表说明：(1) 报告期各期自制半成品结存数量与全年耗用量相比是否具有商业合理性，报告期各种自制半成品产量结构占比出现较大波动的原因；（2）发行人存货周转率显著低于同行业可比公司的原因及合理性；（3）同种产品配方可以由不同半成品互相替代且变动较大的合理性，是否符合行业惯例；（4）调整配比对单位销售成本及利润的影响，发行人调整五种花椒油半成品比例的商业合理性；（5）说明2020年年末鲜红花椒油半成品持有量能否满足2021年的生产销售需求，发行人减少2020年7~9月鲜红花椒采购量的原因。请保荐代表人说明核查依据、过程并发表明确核查意见。

【披露信息】

公司主要从事川味特色调味料的研发、生产和销售，以“丰富生活点点滋味”为理念，打造了以川味复合调味料、川味特色花椒油为主导的产品体系。公司拥有领先的技术水平、先进的生产工艺和完善的食品安全控制体系，致力于推动川菜调味标准化、川菜菜品工业化的发展，为餐饮客户提供安全、便捷的调味标准化产品。

报告期内，发行人利润表主要数据如下：

单位：元

项目	2020年1~6月	2019年度	2018年度	2017年度
营业收入	70,493,535.06	219,706,181.30	193,755,893.38	187,382,890.90
营业利润	8,147,108.18	57,621,318.08	40,309,194.61	13,928,265.18
利润总额	7,755,128.13	60,471,681.10	43,077,052.48	14,172,598.80
净利润	5,999,996.19	51,658,852.89	36,415,188.54	11,187,112.42

小兵评析

1. 发行人算是餐饮行业的上游，调味料自然也会加入这个餐饮行业的风口之中。当然，前提是发行人能够有好的产品、明确的战略和清晰的目标。

2. 至少从目前发行人披露的收入和利润变动趋势来说，尽管业绩稳定增长，但是没有看出任何爆炸性增长的趋势，这可能跟企业战略有关系，也可能跟企业在行业的地位和竞争力有着直接的关系。行业是一片蓝海，但是不一定每一个跳入海里的企业都能够飞黄腾达，也有很多淹死都不冒泡的企业，发行人属于哪一种，至少现在还无法判断。这或许就是发行人 IPO 没有通过的一个重要因素。

3. 很多人一直在问：IPO 有没有隐形的门槛？既然是隐形的门槛，那么其在一般情况下就不会明确出现，但是有些时候你又会很真切地感受到他的存在。本案例发行人在最后一年 4000 多万元的净利润，距离申报深圳主板还是有一些差距的。

4. 发行人销售主要采用经销模式，这应该是符合商业惯例的，关注的问题也基本上都是常规关注问题，至少这些问题都不会直接影响发行人 IPO 的结果。当然，这里最核心的问题还是，发行人 2019 年业绩只有 4000 多万元，而 2020 年因为疫情的影响，发行人的业绩可能还会下滑，如果 2021 年这个趋势没有华丽的逆转，那么，基本上 IPO 不会有通过的可能。

5. 当然，根据问询问题，我们还需要关注发行人的销售模式是否经得起核查，是否已经彻底打消了审核人员的疑问，如搭售方案的多次调整、大幅提高经销销售价格、经销商是否囤货帮助增加业绩等。这些问题都是经销模式问题的核心，自然需要彻底解释清楚，不能有任何疑问。

6. 判断企业的竞争力，有两个核心的指标，一个是毛利率，另一个是周转率。毛利率指标小兵已经分析过很多次了，周转率倒是涉及的少一些。周转率还涉及存货周转率和应收账款周转率，这两个指标反映了企业资产运作的质量和效率，而这样的运作是需要上下游企业配合的，发行人在这个产业链中，在与上下游合作中是怎样的位置，通过这两个指标可以有一个很好的体现。尤其是，当与同行业可比公司进行指标对比的时候，这样的差异会更加明显和直接。一定要记住，在分析发行人的行业竞争力和市场话语权的时候，没有一个财务指标是多余的。

案例107 老铺黄金（深主板否决案例）——剥离亏损业务冲刺IPO

【问询问题】

1. 2016年12月，实际控制人将金色宝藏旗下“老铺黄金”品牌黄金类业务从金色宝藏剥离注入发行人作为主要上市资产，金色宝藏和文房文化于2017~2018年仍经营黄金类业务。请发行人代表说明：(1) 未采用原金色宝藏作为上市主体的原因及合理性，金色宝藏停止经营的具体情况，未进行注销的原因及合理性，历次股权转让是否依法履行必要程序、是否合法合规、有无纠纷及潜在纠纷；(2) 2017~2018年金色宝藏和文房文化将黄金类制品转让给发行人的定价依据及合理性；(3) 金色宝藏剩余存货处置中将红珊瑚、和田玉及沉香等转给实际控制人后，该等存货具体用途，目前盘点情况，是否存在免费提供给发行人使用的情形；(4) 金色宝藏和文房文化在剔除资产处置损失后，报告期内仍持续大幅亏损的原因，相关成本及费用是否归属上述公司；(5) 2017~2018年发行人仍与金色宝藏发生较大金额关联采购的原因，是否影响发行人独立性，是否存在利益输送，金色宝藏将相关黄金制品销售给发行人后又对外采购黄金的原因及合理性。请保荐代表人说明核查依据、过程，并发表明确核查意见。

2. 报告期内发行人收入增长较快，毛利率显著高于同行业可比公司。请发行人代表说明：(1) 收入增长幅度、单店销售收入、单店平效、单店毛利率等均高于同行业可比公司的具体原因和合理性，是否与行业消费及发展趋势一致，发行人不同区域自营店铺上述指标的对比情况及差异原因；(2) 产品售价、单位成本、产品结构的变动趋势，在此情况下其产品毛利率远高于同行业可比公司的原因及合理性；(3) 同一消费者线上线下同时消费和同一消费者在不同城市线下店铺消费的具体情形，上述消费行为的合理性，存在大额现金消费的原因及合理性；(4) 在联营模式下，发行人2017~2019年采用净额法、2020年采用总额法核算收入是否符合《企业会计准则》的相关规定。请保荐代表人说明核查依据、过程，并发表明确核查意见。

【披露信息】

老铺黄金是集中国古法手工金器研发设计、生产加工、多渠道零售于一体的专业运营商。公司产品按古法手工金器工艺分为花丝类、镶嵌类、錾刻类和素面类金器。

公司线下店铺/专柜全部采用自营模式，报告期各期末，公司线下店铺/专柜数量分别为 8 家、15 家、18 家、16 家，分布于北京、深圳、香港、沈阳、南京、杭州、厦门、西安等地的核心商业中心；另外，发行人开设了天猫旗舰店、微信精品店、武商网店、京东旗舰店，进行线上销售渠道布局。

报告期内，发行人利润表主要数据如下：

单位：元

项目	2020 年 1 ~ 9 月	2019 年度	2018 年度	2017 年度
营业收入	626,662,131.06	945,000,126.50	663,115,529.80	435,403,195.25
营业利润	90,607,655.07	121,328,911.09	51,923,046.94	43,239,833.75
利润总额	91,830,179.73	121,582,579.11	51,838,257.35	43,329,717.10
净利润	68,337,744.65	91,460,993.89	35,500,158.63	32,485,571.95

小兵评析

1. 2016 年，老铺有限对金色宝藏旗下“老铺黄金”品牌黄金类业务实施业务合并，将“老铺黄金”业务从金色宝藏进行剥离。发行人解释金色宝藏并不存在重大违法违规行为或者重大诉讼仲裁纠纷，是因为其不满足持续盈利能力的要求，不适宜作为上市主体，故进行剥离。然而，在剥离后的前两年，金色宝藏还存在与老铺黄金部分供应商重叠的情形，自 2019 年起金色宝藏停止经营，但一直未注销。

2. 在剥离金色宝藏后，老铺黄金还存在向金色宝藏采购的情形，并且通过金色宝藏及文房文化进行代销，代销费率为15%。这种情形难免令人生疑，将金色宝藏剥离是否就是为了通过关联交易，帮助老铺黄金营造盈利？

3. 此外，发行人报告期内第一或第二大客户为北京工美集团有限责任公司王府井工美大厦，而第一大供应商均为北京工美集团有限责任公司，且采购占比极高，北京工美集团有限责任公司王府井工美大厦系北京工美集团有限责任公司分公司。也就是说，发行人最依赖的供应商与大客户是一家人，关于工美集团既是发行人客户又是供应商的原因，相关交易定价是否公允，是否存在利益输送都是疑问。

案例108 吉凯基因（科创板否决案例）——毛利率大幅下降且亏损逐年扩大

【问询问题】

1. 请发行人代表说明：（1）发行人提供服务的可替代性；（2）发行人靶标筛选和验证方面的核心技术是不是行业内常规技术，是否具备较高的技术壁垒；（3）CHAMP平台和细胞治疗平台目前研发的产品大部分是不是针对常规成熟靶点，发行人技术优势和相应的研发能力。请保荐代表人对发行人技术先进性和科技创新能力发表明确意见。

2. 根据申请文件，发行人报告期持续亏损且亏损幅度扩大，毛利率持续下降，期间费用率远高于同行业可比公司。请发行人代表说明：（1）靶标筛选及验证服务业务收入下降幅度较大的原因；（2）公司服务的群体特殊且范围有限，公司经营情况改善是否有核心技术和市场空间方面的支撑；（3）公司2020年12月确认的向普米斯生物转让项目收入是否符合收入确认条件，公司是否符合《科创属性评价指引》对收入及增长率的要求。请保荐代表人对公司持续经营能力发表明确意见。

【披露信息】

公司成立于2002年，以标准化科研平台为基础，将临床中存在的待解决问题和治疗策略作为研究起点，为中国研究型医生以及高等院校、科研院所研究者等提供科研产品和服务，加快科研成果转化；并以持续开发创新药物为手段、以提高中国高发少药疾病（包括肺癌、肝癌、胃癌、结直肠癌等）患者的生存率和生活质量为使命，通过标准化基础研究平台与数据库为核心驱动力的药物研发平台，赋能公司及合作方在肿瘤领域以更低成本、更高成功率开发创新药物。公司以RNAi技术为核心，同时也通过CRISPR/Cas9、基因过表达等其他基因操作技术，开展药物靶标发现及其衍生业务。公司凭借多年在靶标发现及其衍生业务领域的技术积累已形成了GRP平台、CHAMP平台和细胞治疗平台等三大核心技术平台。

报告期内，发行人利润表主要数据如下：

单位：元

项目	2021年1～6月	2020年度	2019年度	2018年度
营业收入	116,337,686.60	243,170,553.01	207,902,677.07	157,454,883.07
营业利润	-96,363,612.28	-78,060,500.03	-43,232,948.02	-37,973,486.44
利润总额	-96,520,032.11	-78,450,803.92	-44,829,883.72	-39,485,322.43
净利润	-86,724,683.39	-72,456,996.88	-42,991,497.24	-40,805,469.40

小兵评析

1. 对于科创板IPO审核来说，报告期内连续亏损没问题，不过毛利率大幅下降且亏损逐年扩大，可能就是底线了。

（1）发行人报告期内，靶标验证业务收入分别为6023.53万元、6636.87万元和3645.08万元，降幅较大。

（2）靶标筛选及验证服务毛利率分别为68.20%、65.94%和52.82%。毛利率较可比公司成都先导、金斯瑞生物科技相似业务的毛利率更低，且降幅较大。

(3) 报告期内发行人净利润分别为 -4080.55 万元、-4299.15 万元和 -7245.70万元，亏损幅度呈扩大趋势。

2. 报告期内，发行人靶标筛选及验证服务占主营收入的七成左右，其主要客户为研究型医生，公司与研究型医生订立业务合同并向其交付产品或服务，医生客户通过其自主申请的科研课题经费、自有资金等进行支付。

3. 报告期内，发行人第三方回款占营业收入比例保持在 50% 左右，其中医院/院校等代个人客户回款的情况最多，发行人称该情形主要系靶标筛选及验证服务板块个人客户通过科研项目承担单位支付科研经费回款。

4. 报告期内，发行人的销售费用率为 34.51%、31.54%、29.02% 及 35.28%，同行业可比公司平均值为 7.18%、8.85%、8.91%、2.82%。发行人解释称，公司销售费用远超同行业平均水平的原因与公司客户结构和销售服务内容相关，主要原因为公司靶标筛选及验证业务的主要客户为研究型医生，客户集中度较低，需要拥有一定数量的销售人员对各地的研究型医生进行销售业务覆盖。显然，审核机构对于发行人的上述解释并不认可，再加上发行人的持续盈利能力存在重大障碍，最终被否决也并不意外了。

案例 109 润光股份（沪主板否决案例）——业务增长合理性遭质疑

【问询问题】

1. 报告期内，发行人营业收入增长较快。密闭除焦系统业务收入及占主营业务收入的比例增幅较大，主要通过专有技术方式获取业务。请发行人代表：(1) 说明发行人密闭除焦系统等核心技术的来源及其合规性，是否来源于与中石化等主要客户的合作研发或授权使用，相关产品或技术的归属或使用是否存在争议或潜在纠纷；(2) 说明密闭除焦系统相关产品是否符合“需要采用不可替代的专利或者专有技术”的标准，理由是否充分并可验证；发行人获取相关业务是否存在程序瑕疵；（3）说明中石化通过不同方式（专有技术以及招投标）采购同类型产品的原因、依据及合理性；（4）说明中石化依据招标投标法及相关条例确定不通过招投标进行采购是否存在瑕疵，是否涉嫌规避招投标程序、商业贿赂、不正当竞争等违法违规行为，是否影响发行人取得相关项目的合法合规性，是否可能对发行人造成重大不利影响；（5）结合技术发展趋势和竞争对手业务开展情况，说明通过专有技术方式获取业务是否长期可持续；是否对发行人未来的业务开展和经营业绩产生重大不利影响，发行人的应对措施及其有效性，相关风险披露是否充分；（6）说明密闭除焦业务收入是否对中石化存在重大依赖，双方合作是否具有可持续性；（7）说明主营业务收入、净利润大幅增长的原因，与行业发展状况是否匹配。请保荐代表人说明核查依据、过程，并发表明确核查意见。

2. 发行人主要产品密闭除焦系统和硫磺造粒系统基本采用验收确认方式。请发行人代表说明：（1）设备试运行结束后双方提请进入验收流程的具体过程，验收具体内容，验收后存在需整改事项时对验收结果的具体影响，是否存在导致人为提前或滞后确认收入的可能；（2）在合同对手方与终端客户不一致的情况下，发行人合同金额是否系按与终端客户招标或谈判结果确定，合同对手方采购后是否全部实现了终端销售，是否存在利用合同对手方抬高合同金额虚增收入的情形。请保荐代表人说明核查依据、过程，并发表明确核查意见。

【披露信息】

发行人是一家工业系统解决方案提供商，拥有突出的自主研究开发能力和完整的研发、生产、销售、服务体系，发行人主要产品包括延迟焦化装置远程智能水力除焦系统、密闭除焦系统、焦炭塔自动顶底盖系统、焦炭塔操作程序控制及联锁系统（Co－PCIS）、硫磺湿法造粒系统、延迟焦化除焦尾气处理系统、特殊阀门以及相关自动化控制系统等，同时提供特殊检测成套方案、工业管道机械清洗、化学清洗技术服务及石化装置非标设备运行维护等相关工业服务。

报告期内，发行人利润表主要数据如下：

单位：元

项目	2020 年 1～6 月	2019 年度	2018 年度	2017 年度
营业收入	193,473,043.94	281,028,656.81	178,042,177.36	121,525,877.75
营业利润	70,952,228.40	73,783,689.06	34,869,199.81	29,813,857.80
利润总额	74,794,821.40	73,974,965.76	35,015,224.92	29,993,579.83
净利润	64,088,226.83	61,147,591.11	28,046,034.49	25,647,909.84

小兵评析

1. 报告期内，发行人营业收入分别为 12,152.59 万元、17,804.22 万元、28,102.87 万元及 19,347.30 万元，净利润分别为 2604.78 万元、4185.46 万元、7690.11 万元及 5789.31 万元，发行人业绩增长速度较快，业务来源的合法合规性受到了关注。

2. 发行人客户集中度较高，主要与其所处石油化工行业目前特有的组织结构及经营模式相关。发行人部分专利的专利权人中均包含中石化，发审委对发行人的核心技术的来源及合规性提出了质疑，要求发行人说明其核心技术是否来源于与中石化等主要客户的合作研发或授权使用，相关产品或技术的归属或使用是否存在争议或潜在纠纷。

3. 鉴于发行人设立时为集体所有制企业，于 1997 年改制为股份合作制，故被关注到是否存在侵占集体、国有资产或损害职工利益等情形，是否构成本次发行上市障碍。

案例 110 才府玻璃（深主板否决案例）——业绩规模不达标

【问询问题】

1. 报告期内，发行人营业收入逐年增加，向非直接用户类客户销售波动较大。请发行人代表：(1) 说明 2020 年销售收入未受疫情影响且较 2019 年增长的原因，是否存在放宽信用政策调节收入的情形。(2) 说明 2019 年发行人向非直接用户上海尚程的销售金额及占比相对较小的原因，结合菲律宾 2020 年新冠疫情的严重程度，说明上海尚程向发行人所购产品大幅增加且全部向菲律宾出口的合理性。(3) 说明 2020 年向非直接用户类客户销售金额大幅增加的原因；在 2021 年上半年疫情较 2020 年好转且相关窑炉不存在检修的情况下，向非直接用户类客户销售金额大幅下滑的原因，是否存在向非直接用户类客户压货从而提前确认收入的情况。(4) 说明报告期内与主要客户的合作是否稳定且具有持续性；报告期内主要产品销售价格持续下滑的原因及合理性，相关负面因素是否会对发行人长期盈利能力造成重大不利影响，相关风险是否已经充分披露。(5) 结合以上问题说明针对非直接用户类客户及其终端销售的真实性，相关信息披露是否真实、准确、完整。请保荐代表人说明核查依据、过程，并发表明确核查意见。

2. 发行人前次申报时编制了 2019 年盈利预测报告，本次申报 2019 年经审计净利润不及前述盈利预测的 70%。请发行人代表：(1) 结合前次申报时相关盈利预测信息，说明发行人 2019 年完成的营业收入及净利润不及预测的主要原因及合理性；(2) 说明盈利预测中的产销率、收入预测基础是否合理，盈利预测采用的关键参数依据是否充分，已披露信息是否真实、准确、完整；(3) 说明盈利预测信息相关的内部控制制度是否健全并有效运行。请保荐代表人说明核查依据、过程，并发表明确核查意见。

3. 请发行人代表说明：(1) 发行人向华润雪花、百威啤酒等玻璃瓶用户采购碎玻璃的单价明显低于德清金雷且主要以后者为采购来源的合理性，采购价格的确定依据及其公允性；（2）原供应商德清国能、华隆制瓶的基本情况、股东及实际控制人，是否与发行人及其关联方存在非交易性资金往来，发行人关联方的认定及关联交易披露是否充分；（3）向非直接用户类客户销售的毛利率显著高于直接用户类客户的原因，是否具有商业合理性；发行人玻璃瓶罐类产品的毛利率远高于同行业可比公司山东华鹏同类产品毛利率的原因及合理性；（4）发行人管理人员人数和平均薪酬以及管理费用占比低于同行业可比公司的原因及合理性。请保荐代表人说明核查依据、过程，并发表明确核查意见。

【披露信息】

发行人的主营业务为日用玻璃包装容器的研发、生产与销售，主要产品包括玻璃瓶罐和玻璃器皿两大类，其中玻璃瓶罐包括酒水瓶、食品调味品瓶等，玻璃器皿包括蜡烛杯、组培容器等。

报告期内，发行人利润表主要数据如下：

单位：万元

项目	2020 年度	2019 年度	2018 年度
营业收入	59,737.52	53,783.27	45,413.73
营业利润	7971.17	8523.46	8774.07
利润总额	7958.94	8567.19	10,112.02
净利润	6942.53	7373.65	8604.14

小兵评析

1. 发行人 2017 年首次申报沪主板 IPO，2019 年 6 月 6 日被安排上会审核，当天公司撤回申报材料；2020 年 12 月 25 日改报深主板 IPO，2021 年 9 月 16 日上会审核中被暂缓表决；2021 年 11 月 11 日，再次上会被否，成为为数不多的暂缓表决之后，仍旧被否的 IPO 企业。为什么发行人的 IPO 之路如此坎坷呢？答案是业绩。

2. 在第一次审核的时候，发行人为了审核能够通过，还主动做了 2019 年的盈利预测，发行人 2019 年盈利预测的净利润应该是超过 1 亿元的，然而，实际不足 7000 万元，没有达到预测净利润的 70%。关于第二次审核，可以很明显地看出，发行人报告期内收入还能持续增长，但是实现净利润是逐年下降的，根本原因就是产品销售价格的逐年下降，显然这体现了发行人竞争环境的恶化和市场竞争力的退步。尽管在 2021 年的审核过程中，发行人用了更多努力解释业绩的问题，但是影响业绩下滑的因素没有明显改善的迹象，最后被否的命运也就无法避免了。

3. 不只是业绩波动的问题，发行人业绩真实性也存在疑问。影响发行人业绩真实性的因素包括：（1）发行人 2020 年向上海尚程这个非直接用户销售大幅增加的原因是什么，并且这个客户的产品全部出口到菲律宾，而在新冠肺炎疫情的大环境下，菲律宾如何消化这些产品，发行人和项目组是如何进行核查的，显然这个客户成为重中之重。（2）发行人 2020 年非直销用户的销售占比从 2019 年的 17.6% 增加至 25.3%，达到了 1.5 亿元的规模；而到了 2021 年，非直接销售客户比例有大幅下降。发行人对非直接销售客户的销售占比其实是直接跟直接客户的销售相关的，直接客户多了，向贸易商销售的就少了，这也体现出发行人对于客户合作稳定性的质疑。（3）发行人收入持续增长的原因是否合理，是否存在放宽信用周期的情形。

案例 111 梦金园（深主板否决案例）——净利率只有 1%，毛利率低于同行平均水平

【问询问题】

1. 发行人主营业务收入主要来自加盟模式。请发行人代表：（1）说明加盟店黄金产品库存金额较高的合理性，加盟店保留库存远超过年均销售规模的商业合理性，报告期内加盟店的终端销售情况及与发行人销售的匹配情况，加盟店是否存在大量库存积压，发行人是否提前压货销

售，是否存在通过加盟店调节收入的情况；（2）结合同行业可比公司情况，说明加盟店存货周转次数（尤其是黄金饰品）是否存在显著异常，加盟店存货周转次数远小于发行人存货周转次数的原因及合理性；（3）说明报告期内毛利率远低于同行业可比公司的原因及合理性；（4）说明发行人是否存在向加盟店提供财务资助或资金支持的情形，是否存在加盟店向发行人输送利益或承担成本费用的情形。请保荐代表人说明核查依据、过程，并发表明确核查意见。

2. 报告期内发行人存在对黄金饰品和K金饰品的以旧换新业务，占当期相关产品主营业务收入比例较高。请发行人代表说明：（1）以旧换新业务占比较高的原因及合理性，是否符合终端消费市场实际情况，同行业可比公司未大规模开展以旧换新业务的原因；（2）报告期内以旧换新来自加盟店与来自最终客户的数量及占比情况，以旧换新来自最终客户的真实性及核查手段、结论；（3）以旧换新业务相关内控是否健全有效，是否存在税务、收入确认、存货管理等方面的内部控制风险，是否存在通过以旧换新业务调节收入、成本、利润的情形；（4）是否存在利用以旧换新名义虚增收入及毛利，是否实质系省代或经销商退货；（5）在“一元换款”活动期间，发行人未约定相关换购条件的情况下，加盟店同意参与以旧换新的商业合理性。请保荐代表人说明核查依据、过程，并发表明确核查意见。

【披露信息】

发行人主要从事“梦金园”品牌黄金珠宝首饰的设计研发、生产加工、批发零售及品牌加盟业务，产品以高纯度黄金首饰为主，兼营钻石镶嵌、K金首饰等其他珠宝饰品。

报告期内，发行人利润表主要数据如下：

单位：万元

项目	2020 年度	2019 年度	2018 年度
营业收入	1,178,178.94	1,408,947.56	1,406,728.32
营业利润	20,088.17	22,047.21	24,479.40
利润总额	20,185.91	23,284.66	26,216.33
净利润	15,208.45	17,593.71	19,977.76

发行人毛利率与同行业对比情况：

公司名称	2020 年	2019 年	2018 年
老凤祥	10.14%	10.28%	10.16%
萃华珠宝	14.40%	16.83%	9.91%
明牌珠宝	13.07%	12.27%	8.68%
豫园股份	7.83%	8.40%	6.93%
中国黄金	4.17%	4.96%	2.70%
平均值	9.92%	10.55%	7.68%
中位值	10.14%	10.28%	8.68%
梦金园	5.91%	6.03%	4.35%

小兵评析

1. 梦金园主营业务是黄金首饰的加工和销售，产品主要由自己生产加工，销售基本采用加盟的模式，这样的经营模式符合行业惯例。从业务的另一个角度来说，发行人的目标市场应该主要是三四线城市以及一些发达的县级城市，在主流城市布局不多，算是非常接地气的平民品牌。从消费者的角度来说，发行人这样的企业的存在是非常有必要的，也算是差异化竞争。

2. 从判断企业竞争力的角度来说，发行人这样的企业未来的发展是否值得期待？小兵认为，可以从几个角度来论证发行人 IPO 被否的原因：（1）发行人报告期内收入存在较大的波动，净利润呈逐年下降的趋势，如果在 2021

年没有根本的改变，显然是影响 IPO 审核结果的重要因素；（2）发行人毛利率在 5% 左右，只有同行业平均值的一半，与中国黄金持平，发行人的生产工艺和品牌溢价都没有很好地体现出来；（3）发行人的净利润率在 1% 左右，如何看待这样的企业在行业的竞争力和话语权，是一个值得思考的问题；（4）发行人的存货账面金额与同行业差异不大，但是存货跌价准备计提比例从 2019 年的 0.66% 直接飙升到 5% 左右，这个比例也反映出发行人后续的盈利能力和发展潜力；（5）还有一点，小兵觉得是最重要的，那就是发行人是一个黄金饰品的加工销售企业，也像是一个贸易企业。终端客户主要来自中低端市场，加盟商的素质和内控水平决定了发行人自我的规范水平要求更高，在问询问题上也体现出了对于业绩真实性以及是否通过加盟商和以旧换新业务调节利润甚至虚增利润的质疑。

案例 112　世佳科技（创业板否决案例）——为了 IPO 冲击业绩不可取

【问询问题】

1. 2019 年发行人首次与金翼化工合作，当年即取得 1186.57 万元的销售收入，且主要集中在第四季度。2020 年以来，发行人与金翼化工的交易金额快速下降。请发行人结合与金翼化工业务合作的具体背景以及发行人境外销售变化情况，说明发行人对该客户的销售发生重大变化的原因及合理性。请保荐人说明针对金翼化工、境外终端客户情况以及交易真实性所履行的核查程序，并发表明确意见。

2. 发行人 2020 年 3 ~ 5 月的间接出口贸易业务收入、2020 年 12 月境内经销收入较往年同期增幅较大；2020 年第四季度境内第二大经销商客户杭州林源为发行人前员工之父控制的企业，郑州鼎典、宿迁泽丰等在成立当年或次年即成为发行人主要客户。请发行人：（1）说明发行人遴选经销商的相关内控制度是否健全且被有效执行；（2）说明对上述经销商的销售是否具有商业实质，收入确认是否符合企业会计准则；（3）结合与上述经销商的收入确认情况，说明相关月份业务收入较往年同期快速增长的合理性。请保荐人发表明确意见。

3. 请发行人结合所处行业地位、产品特点、研发投入等因素，说明2019～2020年：（1）除草剂产品毛利率显著高于可比公司，且变动趋势与可比公司不一致的原因及合理性；（2）内销毛利率高于可比公司的原因及合理性。请保荐人发表明确意见。

【披露信息】

发行人为以农药制剂产品研发、生产和销售为主营业务的高新技术企业。公司主要产品包括农业病虫草害防控、植物生长调节与生物刺激、林业病虫害防控等类型农药制剂。

报告期内，发行人实现的收入和净利润主要数据如下：

单位：元

项目	2021年1～6月	2020年度	2019年度	2018年度
营业收入	184,290,358.07	297,612,138.05	261,455,088.29	209,941,664.71
营业利润	38,798,898.83	53,160,283.18	38,380,807.79	32,898,491.18
利润总额	38,798,898.83	53,152,683.18	38,386,124.79	32,924,635.68
净利润	33,635,947.20	46,424,266.70	33,189,062.53	28,662,402.55

小兵评析

1. 根据小兵对于这些年IPO审核案例的分析，这几年主营业务是农药化肥种子等农资类产品上市的企业并不是很多，或者说几乎没有（先正达除外）。为什么出现这样的情况呢？最重要的原因就是这个行业的格局已经基本稳定，很难再有完全创新的技术或者路径能够支持一个新生的企业异军突起。同时，从下游客户的需求来看，这些产品的需求也是完全稳定的，不会有大的波动，行业发生的只能是存量的内部结构的调整。市场格局方面，已经取得市场竞争地位的企业牢牢占据市场份额且不可动摇。

2. 发行人看起来更像是一个中等规模偏下的农药生产销售企业，年均2000多万元的净利润也是发行人的正常水平。为了IPO，发行人硬是通过其他的方式拉扯出一个刚刚符合创业板IPO审核标准的企业模样。对于这种为了IPO突击冲击业绩的行为，暂且不论是否存在业绩造假的情形，至少从商业合理性和逻辑上就很难被认可和理解。

3. 发行人2019年合作新增一个客户，一开始就是1000多万元的合作，而该客户注册资本只有100万元。当然，这些还是可以解释的。最关键的问题是：这个客户其实是个贸易商，通过购买发行人产品再出口的方式对外销售，发行人将这种模式称为间接出口。如果说国内贸易商的销售，尽管困难重重但是对于最终销售还是有核查方式的；而如果是境外贸易商销售，对于财务核查则是很大的挑战。此外，还有一个问题。这个客户2019年是发行人第三大客户，而到了2020年合作就下滑严重，这到底是贸易商客户的问题，是发行人的问题，还是贸易商面对的境外客户的问题，抑或有其他原因？

第三章　单一客户依赖、关联交易

案例113　运高股份（沪主板否决案例）——不满足主板的隐形业绩门槛，客户只有一个且在西藏地区

【问询问题】

1. 发行人主营集中式光伏电站的建设及运营，近期国家及地方对光伏发电行业出台了系列政策。请发行人代表：（1）结合财建〔2020〕4号和5号文规定，说明发行人已运营项目持续执行国家发改委规定的西藏地区标杆电价的可行性，相关补贴是否存在持续下降或取消的可能；（2）说明保障性收购及全生命周期合理利用小时数等政策规定对发行人的影响；（3）说明造成弃光限电从而影响光伏企业发电量的因素是否会在短期内发生根本变化，及对发行人生产经营的影响；（4）说明未来年度各期项目平均利用小时数是否存在下降风险，是否对公司的持续盈利能力造成重大不利影响；（5）说明在西藏地区停止新增普通电站项目建设审批以及国家发改委对需国家补贴的普通电站实施严控等情况对发行人业务发展的影响；（6）结合近期光伏发电行业政策变化，说明发行人持续盈利能力是否存在重大不利变化，是否符合《首次公开发行股票并上市管理办法》的相关规定。请保荐代表人说明核查依据、过程，并发表明确核查意见。

2. 报告期各期可再生能源电价补贴占主营业务收入比重较高。请发行人代表说明：（1）发行人目前与西藏电网签订的购售电合同中，是否

明确约定执行现行国家发改委标杆电价，若约定执行西藏地区光伏上网电价，则对国家发改委标杆电价与西藏地区上网电价的差异处理情况在合同中是否有具体约定，是否导致发行人确认补贴收入的标准产生重大影响；（2）最近一期期末应收电价补贴余额较大的形成原因，结合报告期电价补贴收回情况，说明对发行人经营现金流量及偿债能力产生的影响。请保荐代表人说明核查依据、过程，并发表明确核查意见。

3. 发行人营业收入均来自西藏电网，签署的供电合同约定上网电量少于实际上网电量，发行人存在因电网消纳原因而限功率运行的情形。请发行人代表说明：（1）报告期签署的供电合同约定上网电量少于实际上网电量的具体情况，存在该情况的原因及商业合理性；（2）报告期因电网消纳原因而限功率运行的具体情况，形成此情形或风险的原因及影响因素，以及对发行人未来的潜在影响，发行人风险披露是否充分到位。请保荐代表人说明核查依据、过程，并发表明确核查意见。

【披露信息】

发行人主营业务为太阳能光伏电站的开发、投资、建设和运营，光伏电站可分为集中式光伏电站和分布式光伏电站，发行人主营业务属于集中式光伏电站发电。发行人主要产品为电力。

报告期内，发行人利润表主要数据如下：

单位：万元

项目	2019 年 1 ~ 9 月	2018 年度	2017 年度	2016 年度
营业收入	4759.00	10,011.51	8536.74	3221.88
营业成本	1342.38	2666.30	2004.58	752.83
营业利润	2505.75	5973.08	4072.13	1890.36
利润总额	2411.83	5790.58	4111.33	1731.28
净利润	2366.61	5791.00	4111.33	1731.28
扣除非经常性损益后的归属于公司股东的净利润	2451.19	5772.61	4618.01	1600.07

小兵评析

1. 发行人业务规模较小，报告期内的员工总人数分别为24人、27人、28人和29人。

2.《电力法》第25条规定："供电企业在批准的供电营业区内向用户供电。供电营业区的划分，应当考虑电网的结构和供电合理性等因素。一个供电营业区内只设立一个供电营业机构。"西藏电网的供电营业区域覆盖了发行人光伏电站项目所在的区域。西藏自治区内的电力调度、需求和销售都需要通过西藏电网进行交易。

3. 因此，发行人只能通过西藏电网进行电力销售，所以报告期内发行人的客户为西藏电网，而这也成为发行人唯一的客户，发行人报告期内全部营业收入均来自西藏电网，这造成严重的单一客户依赖。发行人只有一个客户，且销售地域仅局限在西藏，对当地的太阳能资源及当地用电需求存在严重依赖。

4. 报告期内发行人新能源补贴收入分别为42,829,203.12元、85,074,550.18元、66,839,653.85元、25,213,138.46元，占发行人营业收入的比例分别为90.00%、84.98%、78.30%、78.26%，也就是说，发行人绝大部分收入来源于新能源补贴。

5. 由于电价补贴拨款周期较长，形成应收账款。报告期各期末，发行人应收西藏电网的新能源补贴金额分别为2997.79万元、10,818.03万元、17,288.46万元和22,187.86万元，发行人应收账款余额以264.32%和53.07%的速度增长。如果这种情况无法改善，将会对发行人的现金流造成不利影响。

案例114 派特罗尔（沪主板否决案例）——90%以上收入来自中石油，对客户存在重大依赖

【问询问题】

1. 根据原申报报表及招股说明书，发行人采用"终验法"于钻井工程完工后一次性确认收入；发行人目前采用"工期进度"作为工作量法/

产出法计算完工进度的依据确认收入，并做了会计差错更正。发行人2020年毛利率较以前年度存在较大差异。请发行人代表：（1）说明目前采用“工期进度”作为工作量法/产出法计算完工进度的合理性，是否符合业务实质及合同约定，是否与同行业可比公司一致。（2）说明是否存在油田公司认可的有效工期及其认定依据，在任何情况下油田公司是否均有按工程进度支付工程款的义务，包括但不限于由于新冠肺炎疫情等原因造成的停工，如有，其计价标准是否和定额标价一致。（3）说明报告期内钻井工程收入在不同会计期间的划分是否有充分、恰当的依据；报告期内收入确认的时点是否存在较大的调节空间。（4）说明2019年12月31日的工程施工存货结转至2020年年初留存收益的原因及其合理性，是否符合收入确认准则和成本分摊原则。（5）结合会计差错更正对业绩的影响，说明该等会计差错是否属于重大会计差错更正，是否反映了发行人存在会计基础薄弱、内控重大缺陷的情形。请保荐代表人说明核查依据、过程，并发表明确核查意见。

2. 报告期内发行人销售占比高度集中，其中来自中石油下属企业的收入占主营业务收入的比重较高。发行人存在主要客户、供应商重叠的情况。请发行人代表说明：（1）发行人客户集中的原因、背景，与行业经营特点是否一致；（2）在中石油系统存在多家工程技术服务公司的前提下仍选择发行人为其提供钻井工程服务的原因及合理性；（3）发行人获取中石油下属公司业务订单的独立性及合规性，相关交易定价的公允性；（4）对第一大客户是否存在重大依赖，是否对发行人的业务独立性产生重大不利影响；（5）主要客户、供应商重叠的情况是否具有行业普遍性，是否存在利益输送等情形。请保荐代表人说明核查依据、过程，并发表明确核查意见。

【披露信息】

公司主营业务为油气钻井工程及技术服务，具体业务包括围绕钻井相关的工程服务、节能技术服务和专项技术服务三个方面，是一家施工经验丰富、管理规范的深井、超深井民营钻探作业，业务区域主要集中于新疆塔里木盆地、四川盆地等国内重点天然气产区。

报告期内，发行人利润表主要数据如下：

单位：万元

项目	2020 年 1～6 月	2019 年度	2018 年度
营业收入	79,115.43	146,305.60	51,283.97
营业利润	14,429.01	19,964.87	3468.05
利润总额	14,480.03	20,172.00	3081.90
净利润	12,324.61	17,064.05	2573.51

小兵评析

1. 发行人的主营业务是为油气勘探开采提供钻井服务，业务集中于新疆、四川盆地等天然气产区。

2. 发行人约 90% 的收入来自中石油，而中石油有自己的钻井队，却仍选择发行人为其提供钻井工程服务的原因及合理性受到审核机构的质疑。审核中要求发行人解释获取中石油下属公司业务订单的独立性及合规性，相关交易定价的公允性，对第一大客户是否存在重大依赖。

3. 此外，关于发行人的主要客户、供应商重叠的情况同样值得关注。

案例 115 正和科技（深主板否决案例）——依赖单一客户问题

【问询问题】

1. 发行人客户集中度较高，第一大客户陕汽商用车的销售额占比、毛利额占比较高。请发行人代表说明：（1）客户集中度较高的原因及合理性，是否为行业内普遍现象；（2）获取订单的方式、报告期各类方式实现的业务收入情况，是否存在商业贿赂、不正当竞争等情形；（3）发行人及其控股股东、实际控制人、董监高与陕汽商用车是否存在关联关系，是否存在其他利益安排；(4) 陕汽商用车向发行人大量采购的商业合理性，与其生产销售规模是否匹配，报告期内其向发行人采购占同类产品采购的比例，与陕汽商用车的业务未来是否具有稳定性与可持续性，发行人是否对陕汽商用车构成重大依赖；(5) 陕汽商用车在拥有总装及涂装生产线的情况下，仍向发行人大额采购并将发行人指定为唯一供应商的原因及商业合理性。请保荐代表人说明核查依据、过程，并发表明确核查意见。

2. 报告期内，发行人主营业务毛利率较高，原材料成本占营业成本的比重较大。请发行人代表：(1) 说明毛利率明显高于同行业可比上市公司的原因及合理性；(2) 说明在钢材价格大幅上涨的情况下，2021 年 1～6 月直接材料占营业成本比例较 2020 年有所降低的原因及合理性，并说明对毛利率的影响；(3) 结合 2020 年以来钢材价格的变动情况，说明 2020 年和 2021 年钢材价格对发行人主要产品单位成本、产品销售单价的影响，原材料成本变动与发行人经营业绩是否匹配；(4) 说明总装总成和焊装总成 2020 年及 2021 年 1～6 月收入持续下滑，2020 年度毛利率较 2019 年度大幅上升的原因及合理性，涂装总成 2020 年度收入大幅上升，毛利率高达 40.78% 的原因及合理性。请保荐代表人说明核查依据、过程，并发表明确核查意见。

3. 报告期内，发行人涂装总成业务快速增长，2021 年 4 月底襄阳分公司停止运营，不再向陕汽商用车供应涂装总成。请发行人代表说明：(1) 2020 年较 2019 年涂装总成收入大幅增加的原因及合理性；(2) 2021年 4 月底襄阳分公司停止运营并不再向陕汽商用车供应涂装总成，陕汽商用车涂装产能是否已恢复以及在上述情况下向该客户销售的涂装总成持续增长的原因及合理性；(3) 陕汽商用车涂装总成产能的恢复是否对发行人未来经营业绩产生重大不利影响。请保荐代表人说明核查依据、过程，并发表明确核查意见。

【披露信息】

发行人是独立商用车车身行业的专业制造商，拥有车身开发设计、模具研发制造和冲压、焊装、涂装、总装四大工艺的完整生产能力，公司产品结构全面配套各类轻、中、重卡车身，同时服务于传统燃油、燃气商用车和新能源商用车。

报告期内，发行人利润表主要数据如下：

单位：万元

项目	2021 年 1～6 月	2020 年度	2019 年度	2018 年度
营业收入	73,102.91	135,139.69	140,470.71	112,000.43
营业利润	10,868.31	18,043.53	15,518.59	8542.76
利润总额	10,886.48	17,124.03	15,304.00	7997.18
净利润	9558.72	14,663.48	13,332.75	6979.89

小兵评析

1. 发行人的业务基本上涵盖了车架业务四个最核心的工序——冲压、焊装、涂装和总装。发行人所处的十堰，是东风汽车的核心业务所在地，当地的很多企业都是从商用车的配套业务起家。从这个角度来说，发行人的业务发展路径是合理的。

2. 从业绩的角度来说，发行人报告期内业绩的变动趋势是持续高速增长的趋势，净利润无论是变动趋势还是绝对金额，都完全符合主板 IPO 的标准。这里有一个问题：发行人净利润高速增长的背后，发行人的收入却并不是这样的变动趋势，甚至发行人 2020 年的收入竟然比 2019 年下降了。从后面分析来看，是因为毛利率提高的问题，而毛利率提高是因为毛利率高的涂装业务增加了，就是不知道事实是否如此？

3. 这样一个行业和业绩都没有硬伤的 IPO 企业，被否的原因到底是什么呢？如果是发行人单一客户依赖的问题，就算是发行人对单一客户的销售占比超过了50%，也不一定会构成IPO的障碍。因为实践中客户集中的情形非常多，从发行人披露的信息来看，没有大的疏漏。纵然，发行人报告期内对陕汽的销售占比是逐年增加的，小兵认为以下问题可能需要深入思考：陕汽在自己有相关的生产线的情况下，还向发行人大额采购且是唯一供应商的商业合理性。更明确一些，其实就是发行人和客户互相依赖还是发行人单方面依赖的问题。

案例116 天地环保（科创板否决案例）——关联交易公允性存疑

【问询问题】

1. 根据申请文件，报告期固废处理业务公司向关联方采购粉煤灰及脱硫石膏等固体废弃物金额占同类交易比例为98.03%、99.21%和98.82%，大气污染治理综合解决方案关联销售占同类交易的比例为92.01%、74.25%和73.98%；脱硫特许经营全部为关联电厂服务且报告期委托关联电厂经营。相关业务毛利率高于同类非关联业务或其他可比公司相应毛利率。请保荐代表人对上述交易的公允性及发行人相关业务独立性发表明确意见。

2. 请发行人代表结合在手订单及执行情况说明：（1）报告期内发行人船舶脱硫业务收入是否源于限硫令生效实施前后船东抢装带来的阶段性收入，随着限硫令正式实施是否存在持续经营风险；（2）报告期发行人大气污染治理综合解决方案业务收入持续下滑，VOCs治理市场订单储备较少，无计划承接其他脱硫特许经营项目，上述业务是否存在持续经营风险。请保荐代表人结合行业变化及政策执行情况发表明确意见。

【披露信息】

公司专注于生态环境保护和治理行业，致力于成为国内领跑、国际领先的资源利用与环保综合方案解决供应商，主要从事大气污染治理业务及固废处理业务，业务范围包括超低排放及VOCs整体解决方案、船舶脱硫系统研发与制造、脱硫特许经营、固体废弃物综合利用以及催化剂研发与生产、水处理等。从方案咨询、工艺设计、产品研发、组织施工、安装调试，到配套催化剂、环保建材的生产等，公司业务覆盖从环保工程建设到资源利用的环保产业链，业务领域从以电力行业为主逐步发展至非电行业及市政相关领域，是国内少数能够提供废气、固废、水处理及资源利用的综合方案解决供应商。

报告期内，发行人利润表主要数据如下：

单位：元

项目	2020 年度	2019 年度	2018 年度
营业收入	2,779,964,530.79	2,267,703,596.23	1,479,920,692.98
营业利润	797,085,461.08	565,249,412.33	300,025,885.11
利润总额	798,553,286.79	560,052,509.07	300,825,882.51
净利润	662,211,919.82	463,213,127.74	251,401,564.56

小兵评析

1. 发行人存在大量的关联交易，然而，关联交易的公允性较难证实。

2. 关联交易延伸而来的问题则是其对关联方存在大量的应收账款，不仅会占用发行人资金流动性，也会对其运营能力产生不利影响。

3. 发行人的客户资源有限，其对关联方存在较大的依赖性，相关业务毛利率高于同类非关联业务或其他可比公司相应毛利率，发行人的业务独立性进而受到质疑。

第四章　创业板定位及科创属性

案例 117　鸿基节能（创业板否决案例）——因不符合创业板定位被否第一股

【问询问题】

1. 根据申报材料，发行人主营业务包括地基基础、既有建筑维护改造，所处行业为“土木工程建筑业”；发行人认为其属于传统产业与新技术、新业态的深度融合，符合创业板定位。请发行人代表：(1) 结合建筑业企业运用《建筑业10项新技术（2017版）》在列新技术开展业务的情况，说明发行人掌握并熟练运用行业通用技术属十传统产业与新技术深度融合的理由；(2) 结合既有建筑维护改造业务的特点、合同签订及对应收入确认情况，说明既有建筑维护改造业务属于新业态的理由，以及相关业务收入占比持续下降的原因；(3) 说明发行人的核心技术和研发优势。请保荐人代表发表明确意见。

2. 请发行人代表说明：(1)“高性能隔震建筑系列关键技术与工程应用”项目的参与单位和人员以及发行人董事长在该项目中发挥的作用；(2) 发行人利用该技术实施的工程建设及对应收入确认情况。请保荐代表人发表明确意见。

【披露信息】

发行人的主营业务为地基基础及既有建筑维护改造的设计和施工。地基基础包括桩基施工、基坑支护、地基处理和边坡支护等；既有建筑维护改造包括隔震加固、结构补强、整体移位、纠偏、顶升/迫降、地下空间开发利用和文物保护等。

报告期内，发行人利润表主要数据如下：

单位：元

项目	2020年1～6月	2019年度	2018年度	2017年度
营业总收入	165,337,953.26	557,473,535.10	465,367,596.48	328,671,912.57
营业利润	14,036,272.08	58,870,293.21	60,846,629.77	39,087,692.63
利润总额	14,030,410.56	59,887,411.22	60,975,383.78	39,140,742.31
净利润	11,804,417.89	52,721,719.47	53,732,205.03	33,602,273.90
归属于母公司所有者的净利润	11,804,417.89	52,721,719.47	53,732,205.03	33,602,273.90
经营活动产生的现金流量净额	-78,211,814.22	28,702,122.20	-78,719,208.52	14,716,770.79

小兵评析

1. 发行人在三轮反馈中均被问询到创业板定位的问题，即使发行人在每一轮反馈中都增加了相应解释内容，最终仍未获得认可。发行人成为在发布创业板负面清单之后首家明确因不符合创业板“定位”而被否的公司。

2. 根据《深圳证券交易所创业板企业发行上市申报及推荐暂行规定》（2020年6月12日生效）第4条的规定，属于建筑业行业的企业，原则上不支持其在创业板申报，但与互联网、大数据、云计算、自动化、人工智能、新能源等新技术、新产业、新业态、新模式深度融合的创新创业企业除外。

3. 发行人声称其“既有建筑维护改造业务”属于建筑业新兴领域和业务形态，在研项目与互联网、大数据、云计算、自动化、人工智能、新能源等深度融合。然而，在报告期内，发行人地基基础和既有建筑维护改造业务累计收入分别为126,275.22万元和25,409.88万元，占比分别为83.25%和16.75%，发行人"新技术""新业态"的营业收入占比分别为51.94%、56.33%、18.96%、24.94%，均呈急速下滑趋势，发行人的文字论述在现实数据面前难以支撑。

案例118 汇川物联（科创板否决案例）——物联网的自我定位被质疑不符合科创属性

【问询问题】

1. 请发行人代表说明：(1) 发行人前财务经理陈剑钗于发行人申报上市期间离职的原因，是否存在离职补偿或其他形式的补偿，以及未提供全部账户流水的原因；(2) 实际控制人与其亲友往来款项中是否存在最终流入发行人客户的情况。请保荐代表人发表明确意见。

2. 请发行人代表说明发行人业务实质与物联网定位是否相符，发行人公司名称使用"物联网"字样是否会对投资人造成误导。请保荐代表人发表明确意见。

3. 请发行人代表说明申报期受让的专利与发行人的主营业务直接相关的表述是否真实、准确。请保荐代表人发表明确意见。

【披露信息】

发行人是一家面向建筑、市政、交通、国土、文旅等行业专业提供远程智能监管整体解决方案的物联网高新技术企业。发行人主要产品和服务包括远程智能监管系统服务、设备销售和系统集成。

报告期内，发行人利润表主要数据如下：

单位：元

项目	2020年1~6月	2019年度	2018年度	2017年度
营业总收入	133,879,392.04	219,308,471.38	143,605,237.37	44,727,943.26
营业利润	92,435,430.37	133,235,492.06	80,350,061.46	14,426,456.92
利润总额	92,263,176.33	131,302,330.99	77,338,311.01	14,700,915.50

续表

项目	2020年1～6月	2019年度	2018年度	2017年度
净利润	78,924,705.54	112,635,952.15	66,484,179.24	12,757,251.22
归属于母公司股东的净利润	78,985,389.86	112,588,747.25	66,484,179.24	12,757,251.22

小兵评析

1. 发行人在2021年1月首次上会时被暂缓表决，于3月再次上会时被否。审核问询重点关注了以下事项：一是发行人物联网行业的认定依据及理由；二是专利与公司核心技术及主营业务的相关性，以及认定技术先进性的依据是否审慎、客观；三是发行人业务集中在福建省内，相关行业政策变化对持续经营的影响。

2. 关于发行人业务实质与物联网定位是否相符，是否符合科创板行业属性，发行人被多次问询。上市委认为发行人描述自己既满足“软件企业认定的资质要求”，又属于“物联网技术的创新应用”领域的逻辑存在问题。

3. 发行人曾在新三板挂牌，当时的证券简称为“汇川科技”，发行人申报IPO时采用“汇川物联”的简称。发行人经上市委多次问询后，认为普通投资者对“物联网”概念可能会存在不同范围的界定标准，为避免部分投资者误解，重新评估后决定再次将“汇川科技”作为证券简称，以避免存在关键信息披露不准确不真实、误导投资者的嫌疑。如此一来，发行人自己都认为应该将“物联网”字样删除，怎么还有充分的理由论证符合科创属性要求呢?

4. 发行人在申请上市前夕，财务经理忽然离职，被上市委要求补充披露其全部银行账户的流水，发行人进行了补充核查。

案例119 珈创生物（科创板否决案例）——未能充分披露核心技术的先进性，不符合科创属性

【问询问题】

1. 请发行人代表：（1）结合《中国药典》对相关检测工作内容、检测技术原理及方法等的描述，说明发行人主要从事的细胞检定业务的性质、技术通用性及稳定性、相关仪器及设备在其中所起的作用；（2）对比同行业检测机构，说明发行人所从事的该项业务的主要技术壁垒，分析发行人与同行业可比检测机构在检测技术上是否存在重大差异；（3）结合发行人部分核心技术专利由外部机构受让取得、发行人的自行研发投入较少、技术人员较少且人数在报告期内发生过较大波动等情况，论证发行人是否具有突出的创新能力。请保荐代表人发表明确意见。

2. 请发行人代表说明：（1）发行人所持《检验检测机构资质认定证书》（CMA认证）和《湖北省生物安全实验室备案凭证》（BSL－2）等资质是否为发行人从事主营业务所必备；（2）鉴于该等资质将于2022年到期，一旦无法续期，是否将对发行人的持续经营能力造成重大不利影响。请保荐代表人发表明确意见。

【披露信息】

发行人是一家为生物制品企业、医疗机构、科研院所提供细胞建库与保藏、细胞检定、生产工艺病毒去除/灭活验证及相应生物安全评估第三方服务的高新技术企业，目前提供的检测服务为细胞检定、生产工艺病毒去除/灭活验证。

报告期内，发行人利润表主要数据如下：

单位：元

项目	2020年度	2019年度	2018年度
营业收入	79,924,377.63	68,110,680.14	49,102,156.43
营业利润	45,129,417.96	33,172,812.32	28,415,343.60
利润总额	44,832,135.02	33,552,829.11	28,416,381.22
净利润	38,592,547.67	28,084,397.67	24,380,947.96

小兵评析

1. 发行人拥有已获授权专利共15项，但有10项发明专利来自转让。在核心技术人员方面，由创始人郑从义带头组建了7人研发团队，其中1人2020年4月才加入珈创生物，说明发行人的自主研发能力和人员配备不甚充足。

2. 发行人的实际控制人及股东大多数为武汉大学教授和老师，发行人与武汉大学进行合作研发，审核机构也关注到发行人是否对武汉大学、保藏中心存在依赖，进而关注到发行人是否具有独立持续经营能力。

3. 关于检测资质，发行人也认可CMA认证和BSL-2属于开展业务必备的资质、认证和备案，但无法说明相关资质续期计划。如果将来不能持续满足上述资质、认证或备案的相关要求，将对发行人经营活动造成不利影响。

4. 虽然发行人业绩增长显著，报告期内主营业务收入复合增长率达27.99%，但收入规模仍偏小。发行人报告期末实现营业收入不到8000万元，报告期内净利润不到3000万元，业绩表现也未能给发行人加分。

案例120 菲仕技术（科创板否决案例）——不符合科创板定位

【问询问题】

1. 请发行人代表说明：（1）2020年与2021年1~6月，与新能源汽车业务相关在建工程项目没有实质性投入的原因及合理性，相关在建工程项目继续确认利息资本化是否符合《企业会计准则》的规定；（2）在新能源汽车业务的收入及盈利下滑、产能利用率较低、主要客户北汽新能源产销率下降且库存增长较大的情况下，发行人对相关在建工程、已建成产能的相关固定资产、对应客户产销率下降车型的存货是否已充分计提减值准备或跌价准备；（3）在与新能源汽车业务相关在建工程项目尚未建成、已建成产能利用率较低的情况下，发行人动用募集资金继续建设新能源汽车项目的合理性与必要性。请保荐代表人发表明确意见。

2. 请发行人代表说明：在中国市场乘用车电动化快速推进的背景下，发行人选择进入商用车领域的原因及合理性，与吉利商用车所签协议转为实际订单是否存在重大不确定性。请保荐代表人发表明确意见。

【披露信息】

发行人专注于运动控制和能量转换领域，主要从事高精高效稀土永磁同步电机、伺服和驱动系统、控制系统和新能源汽车电驱动系统的研发、生产和销售。目前，公司产品已广泛应用于工业伺服装备（塑料机械、流体设备、包装印刷设备等），大型传动装备（风力发电、石油装备、高速电梯、缆车索道等），高端数控机床和新能源汽车四大下游应用业务板块。

报告期内，发行人利润表主要数据如下：

单位：元

项目	2021 年 1 ~6 月	2020 年度	2019 年度	2018 年度
营业收入	464,443,662.28	796,526,910.19	840,816,830.27	627,695,231.20
营业利润	-5,173,420.17	17,914,697.46	29,619,651.62	-1,018,607.91
利润总额	-4,616,295.39	18,232,964.06	27,843,641.61	-2,352,202.55
净利润	1,693,988.15	23,956,995.37	32,495,409.82	2,356,309.43

小兵评析

1. 科创板的 IPO 审核上市标准，小兵觉得简单总结就是两条：（1）技术先进（最好在“火热”的“赛道”上），那么，业绩和盈利的问题可以暂时不考虑。（2）技术不是那么先进，但是科创板的相关科创属性的标准还是可以轻松满足的，并且报告期内的业绩水平以及变动趋势满足一般的 IPO 审核的业绩标准（参考创业板）。

2. 发行人显然不太符合科创板 IPO 标准：（1）发行人是做伺服系统的，但是主要是传统的比较低端工业类的系统，占比接近 90%，只有 10% 左右的新能源汽车领域的服务客户。（2）行业分析有“硬蹭”新能源汽车的热点的嫌疑，发行人相关的收入占比不高，并且与客户北汽新能源的合作也存在较大的风险。（3）发行人净利率水平不足 1%，远低于同行业可比水平，行业的地位和竞争力也存在很大缺陷。（4）发行人报告期内业绩算是保持高速增长，从负数提高至 2020 年的 2800 万元，但是规模还是偏小。（5）最核心的还是，发行人传统工业伺服系统行业竞争力不足，新能源系统合作存在重大不确定性，总结就是持续经营能力存在重大风险。

3. 发行人本来的规划是要把新能源汽车的伺服系统作为未来重点发展目标的，2019 年新能源汽车行业收入超过 2 亿元，占比也接近 30%。如果后续发行人在新能源汽车领域还能保持这样的稳定增长，也算是比较成功的转型。现实是残酷的，因为新能源汽车行业的政策调整，以及发行人新能源汽车两个主要客户北汽能源和合众汽车合作的一些变化，导致发行人 2020 年的新能源收入骤降到 8000 多万元，占比也只有 10% 左右。与此同时，新能源业务的研发投入持续增大，每年有 8000 万元左右的投入，实现的净利润每年都是亏损。总体来说，发行人本来是要依靠新能源汽车实现战略转型的，结果这两年行业变动太大，转型进入阵痛期，从而导致各方面的财务指标都不太好看。

第五章　合规性问题

案例121　灿星文化（创业板否决案例）——疯狂并购，商誉爆雷

【问询问题】

1. 灿星有限成立至红筹架构搭建期间，贺斌等4名中国公民根据美国新闻集团安排持有灿星有限股权，灿星有限经营范围包括当时有效的《外商投资产业指导目录》中禁止外商投资的电视节目制作发行和文化（含演出）经纪业务。请发行人代表说明，上述安排是否存在规避相关外商投资规定的情形，相关风险是否已充分披露。请保荐代表人发表明确意见。

2. 2016年发行人收购共同控制人之一田明持有的梦响强音100%股权，收购价格20.80亿元，形成商誉19.68亿元。2020年4月，发行人基于截至2019年年末的历史情况及对未来的预测，根据商誉追溯评估报告对2016年年末商誉减值进行追溯调整，计提减值3.47亿元。请发行人代表说明：（1）收购价格的公允性；（2）报告期内未计提商誉减值的原因及合理性；（3）在2020年4月对2016年年末的商誉减值进行追溯调整是否符合《企业会计准则》的相关规定。请保荐人代表发表明确意见。

3. 截至2020年10月底，发行人作为被告的未决诉讼及仲裁共计8件，累计被请求金额约2.3亿元。请发行人代表说明：（1）未对上述事项计提预计负债的原因及合理性；（2）上述事项是否对发行人的核心竞

争力和持续经营能力构成重大不利影响。请保荐代表人代表发表明确意见。

【披露信息】

发行人专注于综艺内容制作和产业链开发运营，制作和运营的内容主要是综艺节目，节目形式涵盖音乐、舞蹈、人文、户外、谈话等多种类型。报告期内，发行人制作了包括《中国好声音》《中国新歌声》《蒙面唱将猜猜猜》《了不起的挑战》《这！就是街舞》《这！就是原创》《即刻电音》《中国达人秀》《了不起的长城》等多部知名大型综艺节目。

报告期内，发行人利润表主要数据如下：

单位：元

项目	2020年1~6月	2019年度	2018年度	2017年度
营业总收入	345,236,784.43	1,733,290,195.88	1,652,771,402.39	2,058,419,778.50
营业利润	76,065,457.06	388,326,463.82	522,996,233.97	539,032,055.26
利润总额	76,010,572.36	400,545,460.05	524,433,886.84	538,336,963.47
净利润	59,447,077.15	345,001,136.93	450,243,958.78	454,925,951.54
归属于母公司股东的净利润	59,690,970.25	345,447,240.30	452,608,830.52	451,612,270.20

小兵评析

1. 发行人历史上存在红筹架构的搭建、拆除情形，现有股权架构中各方权益比例及股权架构映射境外红筹架构，设计较复杂。上市委认为，灿星文化在拆除红筹架构后，股权架构设计复杂，认定实际控制人的理由不充分、披露不完整，不符合《创业板首次公开发行股票注册管理办法（试行）》等规定。

2. 截至2020年6月末，发行人商誉账面价值为163,551.96万元，主要系并购梦响强音形成，需要在未来每期末进行减值测试，若未来经济变化影响商誉可收回金额，发行人存在商誉减值的风险，会直接影响发行人经营业绩，减少当期利润。

3. 发行人收购梦响强音100%股权，支付对价合计208,000.00万元，购买日享有梦响强音归属于母公司的净资产份额为11,247.30万元，差额196,752.70万元确认为商誉。梦响强音并购梦响当然，收购对价2500.00万元，并购日享有梦响当然归属于母公司的净资产份额939.31万元，差额1560.69万元确认为商誉。2016年公司计提商誉减值准备34,761.44万元，2019年年末公司合并报表商誉163,551.96万元。

4. 2016年年末包含商誉的资产组现金流现值为165,000.00万元，2016年年末包含商誉的资产组账面价值为199,761.44万元。公司以此计算2016年商誉减值金额为34,761.44万元。

5. 发行人在2020年4月对收购梦响强音产生的商誉进行追溯调整，并在2016年计提减值损失3.47亿元，上市委认为上述会计处理未能准确反映发行人当时的实际情况，不符合《注册管理办法》等相关规定。

6. 此外，上市委还对公司的未决诉讼、仲裁及外商投资情况进行了关注。

案例122　康鹏科技（科创板否决案例）——因为安全环保问题，业绩连续大幅下滑

【问询问题】

1. 根据申请文件，泰兴康鹏与发行人被同一实际控制人控制，前者因委托无资质方处置危险废物构成污染环境罪。请发行人代表说明：(1) 泰兴康鹏上述犯罪行为相关业务与发行人业务是否紧密关联，发行人与其外协定价是否公允，上述模式是否降低了泰兴康鹏和发行人相应环保成本和风险；(2) 发行人实际控制人是否对泰兴康鹏犯罪行为存在管理或其他潜在责任，此后将泰兴康鹏剥离给张时彦是否存在关联交易非关联化情形；(3) 相关重组及兰州康鹏的业务是否会导致新的环保和安全生产风险，增加相应的成本费用。请保荐代表人发表明确意见。

2. 根据申请文件，发行人报告期及在审期间发生多起安全事故和环保违法事项，导致重要子公司停工停产，进而导致公司重要业务和经营业绩大幅下滑。请发行人代表说明：（1）衢州康鹏停工停产的原因及标准，是否与事故发生在核心生产环节、受处罚严重程度有关；（2）发行人及包括衢州康鹏、上海万溯、浙江华晶在内的重要子公司生产技术、安全和环保管理、资质等相关内控是否存在重大缺陷，相关整改是否完毕；（3）发行人业务是否存在高污染、高环境风险事项及相应的内控措施。请保荐代表人发表明确意见。

【披露信息】

发行人是行业领先的含氟精细化学品制造商，主要从事显示材料、新能源电池材料及电子化学品、医药化学品和有机硅材料等功能性材料及其他特殊化学品的研发、生产和销售。

报告期内，发行人利润表主要数据如下：

单位：万元

项目	2020 年度	2019 年度	2018 年度
营业收入	62,919.62	68,726.12	70,831.90
营业利润	11,363.97	16,664.33	37,931.03
利润总额	10,370.30	16,531.82	37,885.33
净利润	9260.78	14,279.95	32,555.23
归属于母公司股东的净利润	9027.67	14,136.86	32,258.04

小兵评析

1. 发行人报告期内发生多起安全事故和环保违法事项，发行人作为一家化学品制造企业，存在如此严重的安全和环保问题，实在令人担忧。

2. 实际控制人原来控制的企业还曾经发生过环保重大违法违规行为，达到构成刑事犯罪的标准。后来实际控制人将其剥离出去，明显存在关联交易非关联化情形。

3. 上面提到的关于环保合规问题以及安全生产问题都算是“因”，而最终造成的“果”则是发行人子公司停工停产，最终造成发行人业绩大幅下滑，纵然注册制有着更大的宽容，不过业绩大幅下滑仍旧是IPO审核的红线之一。

案例123 林华医疗（沪主板否决案例）——潜在的商业贿赂的重大风险

【问询问题】

1. 报告期内，发行人的销售费用率分别为29.25%、29.56%、30.53%，远高于行业可比公司。请发行人代表说明：（1）销售费用率远高于行业可比公司的原因及合理性；（2）销售人员工资增幅大于收入增幅的原因；销售人员能提供高质量专业服务的可行性和合理性，单位销售薪酬高于同行业水平的合理性；（3）销售人员人均工资远高于发行人平均职工薪酬的原因及合理性；是否存在商业贿赂，是否存在变向通过经销商资金回转实现销售等情况；（4）报告期内业务宣传费、业务活动费的主要支付内容，发行人及关联方是否与支付对象存在关联关系，是否存在通过业务宣传费、业务活动费进行商业贿赂或不当利益输送的情况；（5）发行人实控人大额现金收支的合理性，是否存在直接、间接与发行人、发行人经销商、供应商、终端医院及其他关联方存在交易或往来的情形，是否存在商业贿赂行为。请保荐代表人说明核查依据、过程，并发表明确核查意见。

2. 2016年，发行人以1500万元受让赵晓云持有的北京悦通100%股权。请发行人代表说明：（1）收购北京悦通股权的交易背景及其合理性；实际控制人与赵晓云签订相关协议，而非发行人与赵晓云签署协议的原因和合理性。（2）收购完成后短时间内全额计提商誉减值的原因及合理性。（3）在赵晓云未完成义务情况下，吴林元继续向赵晓云支付大额赔偿金的合理性，是否存在变相商业贿赂或其他利益输送情形。请保荐代表人说明核查依据、过程，并发表明确核查意见。

【披露信息】

发行人是专业从事临床血管给药工具研发、生产和销售的企业，主要产品包括Ⅲ类医疗耗材静脉留置针系列、输液港，以及医用敷料、注射器等其他产品。

报告期内，发行人利润表主要数据如下：

单位：万元

项目	2019 年度	2018 年度	2017 年度
营业收入	79,230.46	68,760.95	60,349.16
营业利润	25,032.96	22,208.28	20,342.01
利润总额	24,959.08	20,932.06	20,208.07
净利润	20,697.13	17,350.81	16,845.18

小兵评析

1. 尽管医疗耗材产品一直处于医疗器械这个行业的低端，不过因为市场规模巨大，因而某些领域和企业也具备很强的市场竞争力。

2. 市场竞争力主要体现在产品毛利率、产品占有率以及产品定价权等，从这个角度来说，本案例发行人都还算是行业里中等偏上的企业水平。发行人报告期内实现的净利润全部超过了 1 亿元且逐年增长，2019 年已经达到了 2 亿元的水平。

3. 既然行业没问题，净利润水平也表现得足够亮眼，为什么被否呢？小兵研究了发审会重点关注的四个问题，其实可以总结为一个思路：对于医疗企业行业的一些灰色地带或者商业贿赂问题该如何重新审视。这个行业存在独有的一些问题，这些问题是要尊重商业现实，只需要 IPO 审核的时候实现形式主义，还是要更加严格把握去净化和规范，是我们需要通过这个案例去思考的问题。

4. 小兵可以说得再直白一些：发行人 IPO 审核关注的这些问题都是行业普遍的问题，以前上市的企业也存在这些问题，只是这些问题现在关注的逻辑和深度可能发生了变化。

案例 124 德纳股份（沪主板否决案例）——因为九鼎导致的超长审核周期，直接拖垮企业

【问询问题】

1. 发行人 2020 年 EO 产品实际产量超过安全生产许可证所载生产能力。EO 系危险化学品，且发行人曾发生过安全生产事故。请发行人代表说明：（1）报告期内 EO 产品超产的原因，是否符合安全管理规定；（2）超产情形是否构成环境评价重大变动，是否需要重新报批环境影响评价程序，是否需要重新办理安全生产许可证；（3）签发安全生产许可证的主管机关对发行人超产能生产的意见，发行人认为不构成重大违法违规的依据是否充分，是否存在潜在处罚风险；（4）相关超产是否导致违规或超量排放，是否导致重大环境违法违规行为；（5）发行人生产经营是否合规，报告期各期环保投入与排污量相匹配情况，环保与安全生产的内控制度是否健全并有效执行。“响水爆炸事件”对发行人的影响及其风险是否充分披露。请保荐代表人说明核查依据、过程，并发表明确核查意见。

2. 九鼎投资、九鼎集团通过 JD Logan、鲁资九鼎合计持有发行人 16.33% 股份。请发行人代表说明：（1）JD Logan、鲁资九鼎投资发行人的原因及背景；（2）入股价格是否合理、公允；（3）JD Logan、鲁资九鼎投资资金的具体来源及合法性；（4）JD Logan 及鲁资九鼎是否属于私募股权投资基金，其向发行人提供借款是否符合基金合同约定，是否违反相关监管规定；（5）JD Logan、鲁资九鼎入股发行人是否符合相关规定。请保荐代表人说明核查依据、过程，并发表明确核查意见。

【披露信息】

公司主营业务为环氧乙烷衍生醇醚及其醋酸酯、环氧丙烷衍生醇醚及其醋酸酯等产品的研发、生产和销售，环氧乙烷的生产和销售，主要产品为环氧乙烷衍生醇醚及其醋酸酯（E 系列溶剂）、环氧丙烷衍生醇醚及其醋酸酯（P 系列溶剂）、环氧乙烷（EO）系列等。E 系列溶剂、P 系列溶剂主要应用于涂料、电子、油墨、化纤纺织、化肥农药等诸多领域，其中，公司电子级、半导体级醇醚及其醋酸酯溶剂是半导体产业光刻胶配方及其配套化学品中的主要溶剂；公司生产的 EO 产品部分作为生产 E 系列溶剂的原材料自用，部分直接对外进行销售。

报告期内，发行人利润表主要数据如下：

单位：万元

项目	2017 年度	2016 年度	2015 年度
营业收入	300,609.31	233,389.25	228,395.83
营业利润	20,153.05	10,113.45	3339.26
利润总额	20,047.11	10,769.43	2261.70
净利润	14,470.59	7893.62	1456.46

小兵评析

1. 德纳股份公示的招股书为 2018 年版本，之后的 3 年多时间里，公司的经营情况及发展变化等相关信息已无法从公开方渠道获取。

2. 鲁资九鼎持有发行人 4.90% 的股份，系发行人第五大股东。发行人首次申报时，九鼎集团被证监会立案调查，受此影响，九鼎集团参投的 IPO 项目纷纷中止。2021 年 9 月 29 日，发行人上会被否决，同日，九鼎集团发布公告称其董事长吴刚被证监会立案调查。

3. 此外，发行人在安全生产方面也存在较大问题。发行人 2020 年 EO 产品实际产量超过安全生产许可证所载生产能力。EO 为危险化学品，发行人曾发生过安全生产事故。报告期内，公司在安全生产、环境保护及消防安全方面受到15项行政处罚。

案例125 华泰永创（创业板否决案例）——客户被列为失信人，并通过第三方回款

【问询问题】

1. 徐列等管理层股东对发行人的历次出资中，部分资金系向发行人股东濮耐股份和秦冶重工的实际控制人借款取得，相关借款无利息、无期限、无明确还款计划。发行人称借款原因系管理层股东存在资金压力，但实际控制人徐列曾以2176.15万元收购发行人原子公司。请发行人说明：（1）股东之间借款的合理性；（2）徐列所持发行人的股份权属是否清晰。请保荐人发表明确意见。

2. 发行人客户铁雄冶金和铁雄新沙于2020年被列入失信被执行人后，委托第三方公司向发行人代付款项且金额较大。中介机构未获取相应资金流水以证明代付资金性质。相关期间末发行人应收上述客户款项未按单项计提坏账准备。请发行人说明：（1）上述第三方公司代付款项的真实性；（2）未对上述应收款项按单项计提坏账准备的理由。请保荐人发表明确意见。

【披露信息】

发行人为专业的焦化技术研发及推广应用输出集成服务商，以干熄焦技术为引领，致力于为冶金、焦化等行业客户提供焦化技术整体解决方案及焦化工程全生命周期一体化服务，主要业务包括焦化领域节能环保技术研发、焦化工程设计咨询，以及涵盖工程设计、项目管理、设备成套、生产调试的焦化工程总承包业务。

报告期内，发行人实现的收入和净利润主要数据如下：

单位：元

项目	2021 年 1～6 月	2020 年度	2019 年度	2018 年度
营业收入	632,950,064.62	1,032,035,819.80	543,432,410.63	484,276,635.03
营业利润	35,750,038.84	72,265,167.05	49,953,870.80	21,888,587.41
利润总额	36,001,364.96	72,053,777.91	49,796,138.40	22,449,632.56
净利润	32,297,928.70	68,678,137.94	41,211,497.24	19,083,851.82

小兵评析

1. 发行人股东和管理层用于出资的资金至少有 50% 以上都是来自于借款，后续再用分红来偿还，甚至还有借款没有偿还。这些借款的合理性和合规性存在很大疑点，对于股权清晰稳定存在很大的影响。

2. 发行人两个客户因为担保被列为失信人，可能赔付金额合计超过 50 亿元。这时候客户的资产应该都是受限的，而这时候发行人对这两个客户还有 1.5 亿元的应收账款，如果短期内客户的经营情况没有根本改变，那么是需要全额计提坏账的，这样的话，发行人最后一年的净利润就烟消云散了。可是，发行人还是跟客户一起做了尝试，那就是客户通过第三方企业的方式向发行人回款了 8000 多万元，还剩下 6000 多万元也是按照基本的账龄标准计提坏账准备。这样做存在两个问题：（1）既然客户的资产都是受限的，如何通过第三方向发行人回款，这有资产转移之嫌；（2）就算是回款了，那么剩下的 6000 多万元应收款到了快上会审核了仍旧没有收回，此时仍坚持 5% 的坏账计提比例，显然不合理。

3. 建龙集团本来是发行人的第一大客户，销售占比接近 40%，后来突击入股发行人，成为发行人当年第二大客户，销售占比 14%，这样的重要战略的合作很常见也合理。不过，根据发行人披露的财务数据，发行人 2018 年净利润只有 1000 多万元，到 2020 年就达到了 5000 多万元，在这种情况下，客户 2020 年入股价格跟 2017 年其他机构的入股价值基本一致，显然损害了其他股东的利益。

4. 关于关联交易的 IPO 审核标准，其实小兵看来很简单：只要保证关联交易的公允性，并且在扣除关联交易之后，发行人还能满足 IPO 的相关审核标准，那么，这个关联交易就不构成 IPO 的实质性障碍，而发行人显然并不满足这个标准。关于发行人供应商的关联交易，这些关联方的设立就是为了跟发行人交易，甚至本来是发行人的子公司，却从上市主体剥离出去给实际控制人，从而成为关联方，这从逻辑上很难进行合理解释。

案例 126 华南装饰（深主板否决案例）——财务数据屡踩红线，历史沿革存在问题

【问询问题】

1. 1993 年发行人前身成立时由深圳市华南投资开发股份有限公司全资投入。请发行人代表说明：(1) 叶芬芳参与设立龙子实业出资金额 250 万元的资金来源；在华南工程（发行人前身的曾用名）截至 1995 年 8 月 31 日净资产评估值仅为 18.6124 万元的情况下，发行人前身出资 250 万元参与设立龙子实业的资金来源。(2) 龙子实业股东双方的出资金额各为 250 万元显著高于实际收购股权金额 30 万元的必要性和合理性；龙子实业购买华南工程 95% 股权仅使用 30 万元，剩余资金的去向；华南工贸（龙子实业更名）在当时未分配利润仅为 212.23 万元的情况下对发行人增资 425 万元的来源。(3) 在龙子实业注册资本金本身即来源于发行人前身与叶芬芳出资的情况下，后续华南工贸（龙子实业更名）再向发行人增资，增资资金是否源于此前发行人前身对龙子实业的注册资本，是否构成对发行人的虚假出资。(4) 华南投资转让 95% 股权的过程、股权转让定价的公允性；华南投资向华南玻璃转让发行人 10% 股权的定价依据，追溯评估时是否纳入以及如何纳入发行人所持龙子实业和华南玻璃的权益，股权转让价格是否公允。(5) 相关国有股权转让是否履行了国

资审批程序，有权部门是否就涉及国有资产流失的情况出具明确意见，是否构成本次发行障碍，相关披露是否充分。请保荐代表人说明核查依据、过程，并发表明确核查意见。

2. 发行人报告期内应收账款及合同资产持续攀升。请发行人代表：(1) 结合主要客户经营状况、期后回收情况及房地产客户面临的经营环境，说明主要客户应收账款是否存在重大信用风险，减值准备计提的恰当性；针对逾期客户，说明是否存在减值风险显著提高的情况及减值准备计提的合理性。(2) 说明合同资产减值准备计提总体情况及重大合同资产单项计提减值准备的情况，确定合同资产账龄的具体标准，说明合同资产单项计提的原因及合理性；对于计提单项减值准备的合同资产，是否已充分预计相关合同资产损失。(3) 说明凯达尔与发行人就装饰工程款回款问题签署担保合同的担保方式和法律效力，以上述担保作为计提坏账准备依据的充分性及减值准备计提的恰当性。请保荐代表人说明核查依据、过程，并发表明确核查意见。

3. 报告期内，发行人业务获取方式包括招投标、直接委托、战略合作三种模式。发行人前员工彭某曾担任发行人董事，涉及黄某刑事案件。请发行人代表说明：(1) 业务获取方式是否合规，是否存在应履行招投标程序而未履行的情况，是否存在商业贿赂的情形；(2) 彭某支付给黄某资金的来源及其合理性，是否直接或间接来自于发行人、控股股东、实际控制人及其关联方；(3) 发行人的主要客户及其主要负责人、负责采购的人员是否直接或间接在发行人或其控股股东持有权益，是否存在利益输送；(4) 发行人防范行贿、串通投标等违规行为的内控制度是否健全并有效执行。请保荐代表人说明核查依据、过程，并发表明确核查意见。

【披露信息】

发行人自设立以来，公司聚焦建筑装饰工程领域，业务范围覆盖公共建筑装饰、住宅精装修等领域的方案设计、技术咨询、工程管理等服务。公司所承接装饰工程的具体项目类型包括：(1) 以地铁、机场、博物馆、医院为代表的公共设施装饰项目，其客户主要包括政府部门和大中型国有企业等；(2) 以写字楼、酒店、会所、购物中心为代表的商业建筑装饰项目，其客户以商业地产开发商和运营商为主；(3) 以生产厂房、车间、仓库为代表的工业建筑装饰项目，其客户主要是一般性制造企业；(4) 以精装商品房为主体的住宅建筑装饰项目，其客户主要为大中型房地产公司。

报告期内，发行人实现的收入和净利润主要数据如下：

单位：元

项目	2020 年度	2019 年度	2018 年度
营业收入	2,154,286,396.38	2,000,945,890.45	1,768,489,916.04
营业利润	100,508,697.69	123,502,665.24	65,739,059.01
利润总额	100,501,185.61	123,954,782.62	65,908,503.45
净利润	72,677,542.15	87,527,283.17	43,291,969.00

小兵评析

1. 发行人在描述业务结构的时候，将公装业务作为重点来描述，而将住宅精装修的业务作为一个淡化的描述对象，尽量不要引起重点关注。遗憾的是，数据是不会骗人的，很明显，发行人住宅装修的收入占比从 2018 年的 44% 直接增加到了 2020 年的 71%，这个增长速度，可以让人有很多的联想和质疑。到底是公装业务市场规模萎缩了，还是发行人的业务能力下降了？发行人住宅装修业务规模高速增长的原因是因为主动调整战略，还是因为公装业务下降得厉害为了保证业绩稳定不得已而为之？

2. 公司报告期各期末应收账款余额（包括应收款项融资中的应收账款余额和合同资产余额）分别为 146,167.44 万元、161,183.64 万元和 193,090.12 万元，占各期营业收入的比例分别为 82.65%、80.55% 和 89.63%，占比逐年提高，且没有彻底改善的痕迹。资产负债率也是一个很重要的指标，发行人的资产负债率（母公司）分别为 75.59%、72.62% 和 72.97%，也基本上接近 IPO 审核的红线了。

3. 小兵认为发审会问询问题是有顺序的，一般会按照所理解的重要性水平排序的。因而，一般情况下，关于业务独立性问题、持续盈利能力问题、财务数据核查和确认的问题等，会成为发审会问询问题的第一个问题和第二个问题，而后面的几个问题很多时候看起来就没有那重么重要。本案例将历史沿革问题作为最重要的一个关注问题，那就说明这个问题真的很严重，很可能涉及发行条件的事项。具体到本案例的情形，小兵觉得具体的情况可能很复杂，又因为历史久远可能很多事情没有强有力的证据去证明，因而被关注到。但是，从目前注册制审核的理念对于历史问题的态度来看，本次问询对历史出资和股权购买的问题如此执着和纠结，很可能是已经有一些证据证明这个历史过程存在重大的法律瑕疵和风险。

案例 127 扬瑞新材（创业板否决案例）——第一次 IPO 被否的问题没有解决

【问询问题】

1. 报告期各期，中国红牛对发行人营业收入的影响比例为 37.54%、30.64%、28.75% 和 26.76%，对净利润的影响比例为 56.10%、53.15%、42.78% 和 43.09%。截至目前，红牛商标权属仍然存在未决诉讼或纠纷，该争议将对发行人第一大客户奥瑞金及其他中国红牛的制罐供应商与发行人的业务合作带来重大不确定性影响。发行人披露“中国红牛对发行人销售收入具有一定的重要性，但不构成业务依赖；泰国红牛产品相关涂料也由发行人间接供应，即便奥瑞金或中国红牛败诉，中国红牛的市场份额被泰国红牛所替代，对公司订单量也不会造成显著影响”。请发行人：(1) 结合行业实际情况与诉讼或纠纷的最新进展，说明

“一定的重要性”与“不造成重大不利影响”的信息披露是否准确；(2) 结合最高法民事判决书［(2020) 最高法民终394号］关于驳回中国红牛就红牛系列商标享有合法权益的诉讼请求的相关判决内容，说明发行人通过奥瑞金向中国红牛销售是否涉及纠纷或侵权行为，是否存在相关的诉讼与仲裁等风险。请保荐人发表明确意见。

2. 奥瑞金系发行人多年以来的第一大客户，报告期的销售占比一直在30.00%以上，其持有发行人4.90%的股份。奥瑞金也是发行人实际控制人陈勇控制的博瑞特系列公司的主要客户，山东博瑞特与奥瑞金股东之间存在资金拆借行为。报告期内，陈勇与奥瑞金高管存在大额资金往来。请发行人说明：(1) 奥瑞金入股发行人是否影响发行人的业务独立性；(2) 发行人与奥瑞金高管之间存在大额资金往来的原因，是否存在代持入股、商业贿赂等利益输送或特殊利益安排的情形；(3) 陈勇控制的常州博瑞特、福建博瑞特、山东博瑞特与奥瑞金控股股东原龙控股以及奥瑞金之间资金借贷的必要性和商业合理性；(4) 2017年常州博瑞特以4.36亿元收购福建博瑞特后，在2019年以1.92亿元将福建博瑞特台湾子公司卖给奥瑞金的商业合理性；(5) 销售给奥瑞金的二片罐内涂粉末涂料价格较高的原因、合理性与可持续性；(6) 发行人未按“实质重于形式”的要求将奥瑞金认定为关联方并披露的原因。请保荐人发表明确意见。

3. 陈勇曾于1998年至2012年期间在苏州PPG包装涂料有限公司工作，2008年至2012年升任PPG中国区市场总监。发行人于2006年7月成立，当年即与PPG的重要客户奥瑞金开始业务合作关系并持续十余年。在2014年与苏州PPG前次诉讼中，陈勇曾经否认股份代持事实。请发行人说明：(1) 发行人成立当年即与奥瑞金开始长期业务合作的原因与商业合理性；(2) 上述合作是否侵害了苏州PPG的商业利益。请保荐人发表明确意见。

4. 报告期内，发行人第二大股东郑丽珍持有发行人18.20%的股份，其丈夫陈彬任昇兴集团子公司昇兴昆明总经理，其姐夫林建伶曾任昇兴北京、昇兴山东经理，现任昇兴安徽的三片罐总经理。昇兴集团是发行人的前五大客户之一。请发行人说明：（1）郑丽珍、陈彬、林建伶与昇兴集团及其董事长林永贤之间的关系，以及是否存在利益输送或其他特殊的利益安排；（2）发行人未按“实质重于形式”的要求将昇兴集团认定为关联方并披露的原因。请保荐人发表明确意见。

【披露信息】

发行人主要从事功能性涂料的研发、生产和销售，现阶段研发、生产和销售的功能性涂料包括食品饮料金属包装涂料、油墨和 3C 涂料。其中食品饮料金属包装涂料为公司现阶段主要的产品领域，包括三片罐涂料、二片罐涂料和易拉盖涂料等，最终应用于包括红牛、养元、露露、旺旺、娃哈哈、银鹭、加多宝、王老吉、雪花啤酒、百事可乐等知名饮料、啤酒、食品品牌的金属包装；油墨产品应用于多种类型的包装外涂，终端客户包括红牛、白沙、高露洁、云南白药等知名品牌；3C 涂料产品应用于消费电子产品，终端客户包括公牛电器。

报告期内，发行人实现的收入和净利润主要数据如下：

单位：元

项目	2021 年 1 ~6 月	2020 年度	2019 年度	2018 年度
营业收入	213,942,172.63	355,465,331.24	310,669,907.32	276,637,726.51
营业利润	41,696,084.64	96,684,076.34	77,108,309.70	81,034,423.73
利润总额	41,603,892.05	97,517,157.68	78,798,663.50	80,735,006.62
净利润	36,051,431.98	83,843,497.46	67,100,098.61	68,574,753.92

小兵评析

1. 两年时间内，发行人经历了两次 IPO 的审核，均被否。发行人 2019 年第一次被否，小兵做过分析，结合这一次的披露信息和问询意见，可以感受到很多事情没有本质变化，总结如下：（1）发行人主营业务和经营业绩没有太多变化。发行人就是这些红牛饮料的易拉罐的上游做涂料的，基本上还是能保持较高的毛利率和净利率。如果从 2015 年看到 2020 年的六年时间，发行人的收入从 2.5 亿元提高至 3.5 亿元，但是净利润水平却基本上保持在 6000 万元至 8000 万元之间，没有提高也没有下滑。（2）发行人与奥瑞金的合作没有变化，红牛商标的诉讼也没有一个根本结果。奥瑞金仍旧是发行人的第一大客户，同时持有发行人 4.9% 的股份。关于红牛商标的诉讼在第一次问询的时候就重点关注，这一次仍旧没有彻底解决。（3）实际控制人曾在苏州 PPG 任职的问题以及与昇兴集团交易价格不合理的问题等，基本上都是第一次问询关注的问题，而这一次还是关注了，并且没有根本的解决。

2. 从商业逻辑的角度来说，奥瑞金作为发行人的第一大客户，与发行人有着长期的战略合作，然后奥瑞金入股成为发行人的股东是具有合理性的。当然，持有 4.9% 的股份刻意规避 5% 重要股东的界定，是有点引人注意的。如果发行人与奥瑞金的合作值得足够信赖，就算是奥瑞金与发行人的交易被认定为关联交易也不一定构成 IPO 的实质性障碍。当然，这里有一个最基本的前提：发行人与奥瑞金的合作是完全合理公允的，与其他的合作没有本质差别，这些可以体现在销售价格、销售数量、信用周期、发货条件、付款节奏等方面。尤其是对于产品的销售价格，审核机构一直关注销售价格是高于其他客户的，且毛利率比较高，如果这个问题解释不清楚，再加上实际控制人与奥瑞金各种交易，这个问题就变得更加敏感。

3. 发行人实际控制人其实在体外还是有很多资产的，有的经营规模也非常大，甚至超过发行人的营收规模，如山东博瑞特。博瑞特花 4.6 亿元买了一个公司，在第一次审核的时候就准备将其中某个盈利最好的子公司卖给奥瑞金只是还没有卖，这个问题被关注到。结果，后来还是把这个子公司销售给了奥瑞金，金额只有 1.92 亿元。虽然买的是打包资产，向奥瑞金销售的只是其中一个子公司，但是可能是最好的盈利资产，且购买和销售的时候 PE 倍数差异较大，这也是这次审核对于这个交易的定价公允性非常关注和质疑的重要原因。